그리스 비극 걸작선

그리스비극 걸작선

— 오이디푸스 왕 外 3대 비극작가 대표선집

아이스퀼로스·소포클레스·에우리피데스 지음
천병희 옮김

그리스 비극 걸작선

제1판 1쇄 2010년 2월 10일
제1판 9쇄 2024년 7월 10일

지은이―아이스퀼로스·소포클레스·에우리피데스
옮긴이―천병희
펴낸이―강규순

펴낸곳―도서출판 숲
등록―2004년 3월 4일 제2014-000045호
주소―경기도 파주시 돌곶이길 108-14
전화―(031)944-3139 팩스―(031)944-3039
E-mail―book_soop@naver.com

ⓒ 천병희, 2010. Printed in Seoul, Korea
ISBN 978-89-91290-32-7 93890
값 20,000원

디자인―씨디자인

디오뉘소스, 일명 박코스(기원전 500년경, 항아리 세부)
비극경연대회는 포도 재배와 포도주의 신 디오뉘소스를 기리기 위해 국가가 주재하는 축제
대 디오뉘소스제(祭)의 하이라이트였다. 아테나이는 이 축제를 통해 그리스 세계에서 문화적 중심지로 부상했다.

오이디푸스와 스핑크스(앵그르 작)
수수께끼를 내어 대답하지 못하는 사람을 죽이는 스핑크스 때문에 테바이는 공포에 떨었다.
오이디푸스는 당당히 스핑크스의 수수께끼를 풀고 테바이의 왕으로 추대되어 선왕의 부인과 결혼한다.

오이디푸스와 안티고네 (요한 페테르 크라프트 작)

『안티고네』는 오이디푸스의 두 아들 에테오클레스와 폴뤼네이케스가 일대일 결투에서
함께 전사함으로써 저주받은 가문의 남계(男系) 혈통이 끊긴 시점에서 시작된다.

이피게네이아의 희생(티에폴로 작) ▲
아가멤논을 살해하기 직전의 클레타임네스트라(피에르 나르시스 게랭 작) ▶
트로이아 전쟁에 출전하려는 그리스군 함대를
아르테미스가 역풍을 보내 아울리스 항에 묶어버리자
아가멤논은 여신의 노여움을 풀기 위하여
딸 이피게네이아를 제물로 바친다.
이 때문에 클뤼타이메스트라는 10년 만에 트로이아를 함락하고 귀향한
남편 아가멤논을 살해할 계획을 짠다.

이아손과 황금 양모피(퀠리누스 작) ▲
분노하는 메데이아(외젠 들라크루아 작) ▶

왕권을 되찾기 위해 대규모 원정대를 이끌고 황금 양모피를 찾아 나선 이아손은
그에게 반한 콜키스 공주 메데이아의 도움으로 황금 양모피를 손에 넣고, 돌아오는 길에 그녀와 결혼한다.
그러나 세월이 지나고 메데이아에게 싫증이 난 이아손은 코린토스의 왕 크레온의 딸과 결혼하기로 결심한다.
질투와 복수의 화신이 된 메데이아는 남편을 자식 잃은 아비로 만들기 위해 자기 자식을 살해하기로 마음먹는다.

프로메테우스(왼쪽은 얀 코시에르스 작, 오른쪽은 루카 조르다노 작)
프로메테우스는 제우스를 도와 티탄 신족을 이기고 올림포스 신족의 시대를 열게 해주었지만,
불을 주고 기술을 가르쳐주는 등 인간을 편들다가 제우스의 미움을 사
헤파이스토스 등에 의해 카우카소스 산의 높은 암벽에 사슬로 결박당한다.

그리스 비극 걸작선_차례

옮긴이 서문__ 그리스 비극, 살아 있는 이슈로 우리 곁에 있는 심연 ················ 17
그리스 비극의 구성 ·· 25

아가멤논 *Agamemnon* ·· 27
결박된 프로메테우스 *Prometheus desmotes* ·· 111
오이디푸스 왕 *Oidipous Tyrannos* ·· 165
안티고네 *Antigone* ·· 235
메데이아 *Medeia* ·· 303
타우리케의 이피게네이아 *Iphigeneia he en Taurois* ···································· 369

일러두기

1. 고유명사 표기는 앗티케 방언을 따랐다. 현존하는 고대 그리스의 주요 고전들이 아테나이에서 사용되던 앗티케 방언으로 씌어 있어 그렇게 하는 것이 더 편리할 것이라고 생각했기 때문이다.
2. 대조하거나 참고하기 편리하도록 5행마다 행수를 표시해두었다. 코로스의 노래에서는 행수가 정확히 5행으로 나눠지지 않는 경우가 종종 있는데, 이 역시 텍스트를 일부 누락한 것이 아니라 텍스트에 따른 것이다.
3. 대사 가운데 한 행(行)을 두 명 이상의 배우가 나누어 말하는 경우(antilabe), 번역에서는 배우의 수에 맞춰 독립된 행으로 처리했다.
4. 코로스의 노래 중 편의상 스트로페(strophe)는 '좌'로, 안티스트로페(Antistrophe)는 '우'로, 에포도스(epoidos)는 '종가'로 줄였다.
5. 본문 중 설명이 필요하다고 생각되는 부분에는 주를 달았다.
6. 〔 〕은 훗날 가필한 것으로 추정되는 부분이다.

옮긴이 서문
그리스 비극, 살아 있는 이슈로 우리 곁에 있는 심연

아리스토텔레스는 『시학』 26장에서 시적 효과 면에서 비극이 서사시보다 더 우수한 예술 형식이라고 주장한다. 그 이유로 비극은 조사(措辭)·성격·사상·플롯 등 서사시가 가진 모든 것을 가지고 있을 뿐 아니라 음악과 장경(場景)을 가지는데, 그중 음악은 드라마의 쾌감을 생생하게 산출하며, 비극적 모방은 서사시보다 더 짧은 시간에 시적 효과를 산출하는데 압축된 효과는 분산된 효과보다 더 쾌감을 주며, 한 편의 서사시에서 여러 편의 비극이 만들어진 것으로 미루어 비극이 서사시보다 통일성이 더 강하다는 점을 내세우고 있다.

물론 호메로스의 서사시 『일리아스』와 『오뒷세이아』가 고대 그리스의 언어, 문학, 조형미술과 고대 그리스인들의 자의식 형성에 지대한 영향을 끼쳤다는 점에서 그리스 문학, 나아가 서양 문학의 원천이라는 것은 누구나 수긍하는 엄연한 사실이다. 하지만 호메로스가 담고 있는 신들의 이야기는 기원전 5세기에는 더 이상 있는 그대로 받아들여질 수 없는 것이 된다. 신화의 전통적 가치관이 현실 세계와 갈등하며 모순을 드러냈던 것이다. 그리하여 그리스 비극작가들은 신들과 자연보다는 인간 자신을 탐구 대상으로 삼던 시대정신에 따라 호메로스의 이야기를 끊임없이 재해석하고 정교화시키며 새로운 의미를 찾아내야 했다. 그리스 비극은 이러한 진지하고 치열한 종교적 성찰의 열매였으며, 2500년이 지난 오늘날에도 여전히 절박한 문제 제기로 우리에게 다가온다는 점에서 인간 정신이 쌓은 위대한 업적이라 할 만하다.

앗티케(Attike)[1]의 고전 문화는 페르시아 전쟁과 더불어 꽃피기 시작하여 펠로폰네소스 전쟁과 더불어 꽃이 지기 시작한다. 페르시아 전쟁(기원전 490~480)은 솔론(Solon)의 개혁, 참주 페이시스트라토스(Peisistratos)의 적극적인 상공 및 문예진흥책, 클레이스테네스(Kleisthenes)의 민주화 등을 통해 아테나이가 축적해온 내적인 힘에 분출구를 제공함으로써 문화의 불모지나 다름없던 아테나이[2]는 지적·예술적 활동의 중심지가 되고 또 그들 나름의 민주주의를 완성하여 이른바 '그리스 중의 그리스' 또는 '그리스의 학교'가 되는 결정적인 계기가 되었던 것이다.

그리스 비극의 '창시자'로 꼽히는 아이스퀼로스는 기원전 499년 24세의 나이로 비극경연에 처음 참가하여 프라티나스(Pratinas) 및 코이릴로스(Choirilos)와 우승을 다투었다. 관중을 위해 설치한 목조 좌석이 무너지는 불상사가 일어난 까닭에 이 경연은 사람들의 기억 속에 남게 된다. 그러나 파로스 섬의 대리석판(Marmor Parium)[3]에 따르면, 아이스퀼로스는 40세가 되던 기원전 484년에 첫 우승을 거머쥐고 그 후로 12번이나 우승을 차지한다. 그러니까 모두 13번 우승한 셈이다. 『수다 사전』(Souda)[4]에 보이는 28이라는 숫자는 그의 사후에 재공연된[5] 횟수까지 포함한 것으로 보인다. 기원전 468년의 비극경연에서 그는 28세의 소포클레스(Sophokles)에게 우승을 내어주지만 다음 해 아이스퀼로스는 '테바이(Thebai) 3부작'으로 우승을 하고, 기원전 458년에는 그의 가장 위대한 작품이며 현존하는 유일한 비극 3부작인 『오레스테이아』로 13번째이자 마지막 우승을 차지했다. 그때 그의 나이 68세였다.

아이스퀼로스는 '오만'(hybris)에 대한 신의 저주를 해석함에 있어서도 독특한 윤리적 세계관을 보여준다. 신들은 죄진 자에게 그 당대가 아니더라도 자식이나 자식의 자식 대에 가서라도 반드시 벌을 내린다는 생각을 심화시켜, 한번 지은 죄는 대를 이어 사악한 행동 속에 다시 그 모습을 드러내며 또 그러한 행동에는 반드시 재앙이 따른다고 생각했다. 아이스퀼로스의 이러한 생각은 『오레스테이아』에서 그 전모를 드러낸다.

그리스 비극의 '완성자'라 불리며 기교 면에서도 대가의 반열에 오른 소포클레스는 기원전 497/6년 아테나이 근교 콜로노스(Kolonos)에서 부유한 무기 제조업자 소필로스(Sophilos)의 아들로 태어났다. 아이스퀼로스가 전사(戰士)로 참전한 사실을 자신의 묘비명에 새기게 할 만큼 자랑스럽게 여겼던 마라톤 전

---

1 그리스 반도의 동남 지방으로, 그 수도가 아테나이(Athenai)다.
2 이 무렵까지도 그리스 문화의 중심지는 소아시아의 이오니아(Ionia) 지방이었으며, 아테나이의 주목할 만한 시인이래야 솔론 정도였다.
3 '파로스 섬의 대리석판'이란 에게 해의 파로스 섬에서 발견된 대리석판이다. 기원전 16세기부터 기원전 263년까지의 정치, 군사, 종교, 문학에 관한 주요 사건들이 연대순으로 기록되어 있다.
4 『수다 사전』은 기원후 10세기 말에 편찬된 그리스 문학에 관한 백과사전이다. 그리스 문학과 역사에 관한 귀중한 자료들이 수록되어 있다.
5 기원전 5세기의 아테나이에서 비극은 적어도 대 디오뉘소스제에서는 일회(一回) 공연이 원칙이었고, 에우리피데스의 『힙폴뤼토스』처럼 첫 번째 공연에서 우승하지 못한 비극들의 개정판만 재연(再演)이 허용되었다. 다만 아이스퀼로스의 경우 그의 사후 누구든지 그의 드라마들을 재연할 수 있도록 법령으로 정해졌다. 그러나 기원전 386년부터는 작가에 관계없이 이전의 비극들을 재연하는 것이 허용되었다.

투(기원전 490년) 때, 소포클레스는 6, 7세의 어린아이였다. 그러나 10년 뒤 살라미스 해전에서 그리스 동맹군이 승리를 거두었을 때, 소포클레스는 소년합창단의 선창자(先唱者)로 신에게 전쟁의 승리를 감사드리는 찬신가(paian)를 선창한다. 소포클레스가 활동하던 기원전 5세기, 그중에서도 특히 살라미스 해전이 끝나고도 그리스 반도에 남아 있던 페르시아 육군이 완전히 패퇴한 기원전 479년부터 결국 그리스를 쇠진하게 한 펠로폰네소스 전쟁이 발발한 기원전 431년까지의 50년은 아테나이뿐 아니라 그리스 문화의 최전성기였다. 무엇보다도 이 기간에 3대 비극작가의 비극과 아리스토파네스(Aristophanes)의 대부분의 희극들이 대 디오뉘소스제(祭)와 그 밖의 각종 축제에서 공연되었다. 또한 헤로도토스(기원전 480년경~425년경)의 『역사』가 집필되고, 폴뤼그노토스(Polygnotos 기원전 480~440년 사이에 활동)의 그림들이 '채색주랑'(彩色柱廊 Stoa Poikile)의 벽면에 그려졌다. 그리고 조각가 페이디아스(Pheidias)의 감독 아래 익티노스(Iktinos)와 칼리크라테스(Kallikrates)가 서양의 가장 아름다운 건축물로 남아 있는 파르테논(Parthenon) 신전을 세우는 등 도시가 아름다운 예술품으로 장식되었다. 정치적으로는 살라미스 해전에서 승리하는 데 결정적으로 기여한 도시 빈민층이 득세하여 페리클레스(Perikles)가 주도하는 민주주의가 꽃을 피웠다.

소포클레스는 람프로스(Lampros)에게서 음악을 배웠는데, 람프로스의 음악은 핀다로스(Pindaros)의 송시(訟詩)들처럼 진지하고 절도가 있어 에우리피데스에게 영향을 주었다고 하는 티모테오스(Timotheos)의 음악처럼 거칠고 사실적이지는 않았다고 한다.[6] 또한 소포클레스는 비극의 작시(作詩)를 아이스퀼로스에게 배웠다고 한다. 두 시인 사이에 개인적인 친분이 없지 않았겠지만 이 부분은 소포클레스가 처음에 아이스퀼로스에게서 많은 영향을 받았다는 뜻으로 받아들이면 될 것이다. 소포클레스 스스로도 자신은 먼저 아이스퀼로스의 화려함(onkos)에서 벗어나고, 다음으로 자신의 엄격함과 기교주의를 극복하고 나서야 비로소 등장인물의 성격에 맞는 최선의 문체에 도달할 수 있었다고 말하고 있다.[7]

소포클레스는 대체로 전통을 존중하는 편이었지만 비극의 개혁에도 여러 가지 노력을 기울였다. 그리하여 마치 아이스퀼로스가 제2의 배우를 추가함으로써 그리스 비극의 창시자가 되었듯이 그는 제3의 배우를 추가함으로써 그리스 비극의 완성자가 되었으며, 그 밖에도 무대에 배경 그림을 도입했다.[8] 또한 비극 3부작에서 3부작 모두가 하나의 소재를 연속해서 다루는 이른바 '연속 3부작'(the connected trilogy, Inhaltstrilogie)이라는 아이스퀼로스의 기법을 버리고, 개개의 비극이 그 자체로 완결되도록 했다. 이는 인간 운명의 주역을 신이 아닌 인간으로 보는 그의 인생관과 무관하지 않다.

고대 그리스인들은 역사적으로 중요한 사건들이 동시에 일어난 것으로 기술하려는 경향이 강한데, 3대 비극작가들의 생애에 관해서도 살라미스 해전과 관련지어, 아이스퀼로스는 전사로서 몸소 이 전투에 참가했고, 소포클레스는 소년합창단의 선

---

[6] 플루타르코스(Ploutarchos), 『음악에 관하여』(De musica) 31. 1142b 참조.
[7] 플루타르코스, 『미덕의 향상에 관하여』(De profectu in virtute) 7. 79b 참조.
[8] 『생애』 8 참조. 소포클레스 전기의 축소판으로, 짤막짤막한 단락으로 씌어진 『생애』의 주요 출전은 아리스토크세노스(Aristoxenos), 사튀로스(Satyros), 이스트로스(Istros)의 기록들이다.

창자로서 이 전투의 승리를 감사드리는 찬신가를 주도했으며, 에우리피데스는 전투가 있던 바로 그날 태어났다는 일화를 남기고 있다. 이 일화의 에우리피데스에 관한 부분은 다소 신빙성이 떨어지지만, 세 비극작가의 작품을 이해하는 데는 중요한 단서를 제공한다. 도저히 사실로 믿기지 않는 기적 같은 승리에서 페르시아인들의 '오만'(hybris)을 응징하는 신들의 위대한 힘과 교육적 의지를 몸소 겪었던 아이스퀼로스는 평생 동안 자신의 드라마에서 신들의 위대함을 찬미하고 신들의 섭리를 사색했다.

소포클레스는 아테나이의 욱일승천(旭日昇天)과 서산낙일(西山落日)을 모두 경험했다. 아이스퀼로스 못지않게 신들의 힘과 위대함을 인식하고 신을 공경하는 경건한 생활을 하지만 그에게 신은 항상 인간으로서는 알 수 없는 수수께끼 같은 존재였다. 아이스퀼로스가 시종일관 신들의 섭리를 증명하려 했다면, 소포클레스는 인간 존재의 한계를 보여주려 했다. 신에 대하여 불가지론적 입장을 취하는 소포클레스의 종교관은 따라서 델포이 신전의 문 위에 새겨져 있었다는 '너 자신을 알라'는 금언에 가깝다 하겠다. 신에 대한 이러한 상이한 태도는 아이스퀼로스의 비극에서는 신이 주역이지만, 소포클레스 비극에서는 인간이 주역이 되는 것과 밀접한 관계가 있다.

반면, 전후파였던 에우리피데스는 새로운 사조의 영향을 받아 다면적이고 유연한 사고로 비극의 범위를 넓히고, 새로운 인물과 새로운 기법을 도입했다. 비극 무대에 영웅들 대신 평범하고 미천한 인물을 등장시켜 인간의 감정을 구체적으로 그려냈다. 특히 여성의 심리 묘사에 탁월했다. 간혹 영웅이 등장한다 해도 그의 성격을 자유롭게 변형하여 영웅을 인간화시켰다. 조국 아테나이에 대한 그의 사랑은 진지한 것이었지만 전통의 입장에서 볼 때 전혀 문제가 없었던 것은 아니었으니, 무엇보다도 그의 작품들이 이를 가장 잘 입증한다. 그의 생애가 두 선배 시인에 비해 덜 알려져 있고, 그들만큼 인기를 얻지 못한 것도 아테나이의 제국주의 정책과 전통적 가치에 대한 그의 비판적 태도와 타고난 비사교적이고 무뚝뚝한 성격과 무관하지 않을 것이다.

에우리피데스는 '만물의 척도는 인간이다'라는 선언으로 유명한 소피스트 프로타고라스(Protagoras)와 같은 또래이고, 기원전 497/6년에 태어난 소포클레스보다는 10년 연하지만, 기원전 5세기 중엽에 시작된 격동의 시기에 10년은 짧은 시간이 아니었다. 중요한 것은 소포클레스는 소피스트 철학에 의해 유발된 정신적 혁명에 동요하지 않고 전통적 가치관을 견지할 수 있었지만, 에우리피데스는 그와 달랐다는 것이다. 그렇다고 에우리피데스를 아낙사고라스(Anaxagoras)와 프로디코스(Prodikos)와 프로타고라스의 제자로 본다면 사실을 지나치게 단순화하는 것이다. 그가 이들과 친분이 있었고 영향을 받은 것은 사실이지만 소피스트의 제자 또는 선전원이라기보다는 어디까지나 독자적 사고를 견지하며 소피스트 철학과 부단한 씨름을 했다고 보는 게 사실에 더 가까울 것이다.

고대의 작가들 가운데 에우리피데스만큼 다층적이고 난해한 경우도 드물다. 분명 고전기에 속하지만, 파르테논 신전이나 소포클레스의 원숙한 비극들이 보여주는 완결성과 자신감은 그의 작품에서 이미 해체되기 시작한 느낌을 준다. 격렬한 파토스(pathos)가 행동과는 거리가 먼 합리주의와 병존하고 있고, 잘 알려져 있지 않은 신들에게 노래가 바쳐지는가 하면, 어디서

나 확실한 답변보다는 문제 제기가 더 큰 비중을 차지한다. 이러한 다양성 때문에 에우리피데스의 작품을 한마디로 평가하기란 매우 어렵지만, 문학사에 나타난 최초의 '위대한 아웃사이더'였음은 분명하다.

위대한 창조자였던 이들 3대 비극작가는 인간에 대한 깊은 성찰과 지칠 줄 모르는 탐구정신에 힘입어 그리스 정신을 가장 위대하게 구현해냈으며, 인류는 마르지 않는 샘처럼 그리스 비극에서 끊임없이 새로운 가치와 상상력을 길어 올린다. 고대 그리스에서는 시와 노래, 춤과 웅변술 그리고 고급예술과 대중예술을 한데 묶은 종합예술로서 비극이 전 국민적인 사랑을 받았거니와, 금세기에 이르기까지 수많은 예술 작품에 소재와 주제를 제공하는 살아 있는 이슈로 우리 곁에 있다.

이 역서에서는 그리스 비극의 걸작들인 아이스퀼로스의 『아가멤논』, 『결박된 프로메테우스』, 소포클레스의 『오이디푸스 왕』, 『안티고네』, 에우리피데스의 『메데이아』, 『타우리케의 이피게네이아』를 한데 묶었다. 이 정도만 읽어도 그리스 3대 비극작가의 작품세계를 개관할 수 있으리라 생각했기 때문이다.

2010년 2월
옮긴이 천병희

그리스 비극의 구성

그리스 비극은 프롤로고스(prologos), 등장가(登場歌 parodos), 삽화(揷話 epeisodion), 정립가(停立歌 stasimon), 엑소도스(exodos)로 구성된다.

프롤로고스는 코로스가 오르케스트라(orchestra)에 등장하기 이전 부분으로, 드라마의 주제와 상황을 제시한다. 아이스퀼로스의 『탄원하는 여인들』이나 에우리피데스 작으로 알려졌던 『레소스』처럼 프롤로고스가 없는 특이한 경우 외에는, 프롤로고스는 한 장면 또는 여러 장면을 포함할 수도 있고, 신 또는 인간에 의해 말하여질 수도 있으며, 관객을 향한 독백 또는 대화로도 시작될 수 있다.

등장가는 코로스가 그들의 위치인 오르케스트라에 등장하며 부르는 노래다. **삽화**는 코로스의 노래와 노래 사이에 삽입된 대화 장면으로 현존하는 비극들에는 대개 3~6개의 삽화가 있는데, 이것이 훗날 로마의 세네카(Seneca)를 거쳐 근대극(近代劇)의 막(幕)으로 발전한다.

정립가는 코로스가 한곳에, 즉 오르케스트라에 자리 잡고 서서 또는 그 좌우로 움직이며 부르는 노래다. 대개 선행 삽화에 대한 성찰이나 감정을 표현하지만, 나중에는 차츰 선행 삽화와 무관한 막간가(幕間歌)로 변질된다.

엑소도스는 코로스가 오르케스트라를 떠나며 부르는 노래다. 초기 비극들은 으레 코로스의 노래로 끝났다고 하나 후기 비극들은 노래 대신 배우와 코로스 사이의 대화로 끝나기 때문에, 엑소도스란 마지막 정립가 다음의 대화와 동작을 의미하게 되었다.

그 밖에 많은 비극에서 볼 수 있는 **애탄가**(哀歎歌 kommos)는 코로스와 대개 한 명 때로는 두 명의 배우 사이의 서정적인 대화로서 모든 비극에 공통된 것은 아니며, 대개 고인(故人)을 애도하는 성격을 띠고 있다.

아가멤논
Agamemnon

작품 소개

현존하는 유일한 비극 3부작 『오레스테이아』(Oresteia '오레스테스 이야기'라는 뜻)로 아이스퀼로스는 기원전 458년 비극경연대회에서 13번째이자 마지막으로 우승을 차지한다.

3부작의 첫 번째 작품 『아가멤논』에서는 트로이아 전쟁에서 승리한 그리스군 총사령관 아가멤논이 트로이아에서 10년 만에 귀향하던 날 아내 클뤼타이메스트라와 그녀의 정부(情夫) 아이기스토스에 의해 욕조에서 무참하게 살해당한다. 아가멤논은 왜 그런 고통과 불행을 겪어야 하는가. 이것이 아이스퀼로스가 이 작품에서 풀어내고 싶은 이야기다.

아내는 남편이 10년 전 1천 척의 그리스 함대를 이끌고 트로이아로 떠날 때 폭풍을 달래기 위해 둘 사이에서 태어난 딸 이피게네이아를 제물로 바친 것을 용서할 수 없었다고 주장하고, 그녀의 정부는 아가멤논의 아버지 아트레우스가 자기 아버지를 추방하고 형들을 살해한 데 대한 정당한 복수라고 주장한다. '인간은 고통을 통해 깨달음에 이른다'(pathei mathos)는 아이스퀼로스의 주요 주제가 가장 잘 드러나 있는 작품이다.

등장인물

파수병

코로스 아르고스 시의 노인들로 구성된

클뤼타이메스트라 아가멤논의 아내

전령

아가멤논 아르고스의 왕, 아트레우스의 아들

캇산드라 프리아모스의 딸, 아가멤논의 포로

아이기스토스 튀에스테스의 아들, 클뤼타이메스트라의 정부

이 작품의 대본은 Aeschylus, *Agamemnon* edited with a Commentary by Eduard Fraenkel in 3vols. Oxford, 1950의 그리스어 텍스트다. 주석은 이 책에 있는 E. Fraenkel의 것과 J. D. Denniston/D. Page (Oxford 1957)의 것을 참고했다. 현대어 번역 중에서는 E. Fraenkel, R. Fagles (Penguin Books 1977), P. Vellacott (Penguin Books ²1959), C. Collard (Oxford 2002), R. Lattimore (University of Chicago Press 1942)의 영역과 J. G. Droysen (Kröner 1939), O. Werner (Tusculum ³1980), E. Staiger (Philipp Reclam 2002)의 독역을 참고했다.

장소 아르고스에 있는 아트레우스의 아들들의 궁전[1] 앞.
중앙에 큰 문이 있고, 양옆으로 작은 출입문이 나 있다.
중앙의 문 옆에는 아폴론의 석주상(石柱像)이 서 있다.
별이 총총한 밤. 궁전의 평지붕 위에 파수병이 누워 있다.

파수병 신들이시여, 제발 이 고역에서 벗어나게 해주소서!
긴긴 한 해 동안 나는 망을 본답시고 개처럼
여기 이 아트레우스의 아들들의 지붕 위에
팔베개를 하고 누워 밤하늘 별들의 집회와,
인간들에게 겨울과 여름을 가져다주는
창공에 빛나는 저 찬란한 왕자들[2]을 보아왔으며,   5
별들이 언제 뜨고 언제 지는지 알게 되었나이다.
지금 이 순간도 나는 횃불의 신호가, 트로이아의
함락을 알리는 찬란한 불빛이 오르기를 지켜보고
있나이다. 마음가짐이 사내대장부 같은 그 여인[3]이   10
기대감에 부풀어 이렇게 하도록 시켰기 때문이지요.
하나 밤의 휴식을 모르는 이슬에 젖은 잠자리를,
꿈조차 찾아오지 않는 잠자리를 지키노라면

1 이 드라마에서 아트레우스의 두 아들 아가멤논과 메넬라오스는 아르고스의 궁전에서 함께 살고 있다. 그러나 호메로스와 다른 시인들의 작품에서 메넬라오스는 스파르테의 왕으로 나온다.
2 '창공에 … 왕자(王者)들'이란 앞 행에 나오는 이름 없는 별들과 달리 세이리오스(Seirios 라/Sirius)·오리온(Orion)·플레이아데스(Pleiades) 등처럼 큰 별들 또는 별자리들을 말한다. 고대 그리스인들은 이런 큰 별들이 계절의 변화를 알려줄 뿐 아니라 가져다주는 것으로 여겼다.
3 클뤼타이메스트라.

―하긴 잠 대신 공포가 내 곁을 지키고 있으니
난들 어찌 눈을 감고 잠을 잘 수 있겠어요― 15
그래서 노래라는 약으로 잠을 쫓아버릴 양으로
노래를 부르거나 콧노래를 흥얼거릴라치면,
이전처럼 훌륭하게 다스려지지 않는 이 집안의 불행이
떠올라 노래는 어느새 눈물과 탄식으로 변해요.
제발 이젠 반가운 소식을 전하는 불빛이 어둠 속에 20
나타나 내 고역에 행운의 종말을 가져다주었으면!

(잠시 뒤 봉화가 보이자 파수병이 벌떡 일어선다)

오오, 반갑구나. 밤을 대낮같이 밝혀주는 불빛이여!
이제 네가 나타났으니 이 행운에 감사하고자
아르고스에는 수많은 합창가무단이 조직되겠지.
만세! 만세! 25
아가멤논의 아내에게 이 사실을 소상히 알려야지.
그녀는 당장 잠자리에서 벌떡 일어나 온 집 안이
다 들도록 목청껏 이 횃불을 반기는 환성을 올리겠지.
일리온[4]의 도시가 함락되었음이 분명하니까.
어둠 속에서 빛나는 저 횃불이 그걸 말하고 있어. 30
나부터 먼저 춤을 추어야겠어. 주인께서 던지신
행운의 주사위가 사실상 내 것이나 다름없을진대,
저 횃불은 나를 위해 세 번 거푸 여섯 점[5]을 던져주었으니까.
아아, 돌아오시는 주인님의 다정하신 손을
내 이 손으로 잡아볼 수 있다면 좋으련만! 35
하지만 다른 일들은 입 다물어야겠지. 내 혀에는
커다란 자물쇠가 채워져 있으니까.[6] 이 집 자체가
말할 수 있다면 그간의 내막을 가장 분명히 말해주련만.

나야 그저 알아듣는 사람에게나 말하고,

알아듣지 못하는 이에게는 모른 체해야지.

(파수병은 궁전 안으로 퇴장하고, 코로스 등장)

코로스   프리아모스[7]의 강력한 소송 상대자,   40

메넬라오스 왕과 아가멤논,

두 개의 왕좌와 두 개의 왕홀(王笏)의 영광을

제우스 신에게서 함께 물려받은

아트레우스의 늠름한 두 아들,

전쟁을 돕고자 아르고스인들[8]의   45

일천 척의 함선을 이끌고

이 땅을 떠난 지도 어언 십 년.

4 트로이아의 다른 이름.
5 고대 그리스인들은 세 개의 주사위로 운수를 점치곤 했는데, 세 개 모두 여섯 점을 보이면 큰 길조로 여겼다. '주인께서 던지신 행운의 주사위는 내 것이나 다름없다'는 것은 아가멤논이 트로이아를 함락했으니 이젠 자기도 지루한 망보기에서 해방되었다는 뜻이다.
6 이 구절은 직역하면 '내 혀에는 커다란 황소가 발을 올려놓고 있다'이다. 이는 일종의 격언으로 '말 못할 중대한 사정이 있다'는 뜻이라고 한다. 여기서는 클뤼타이메스트라와 그녀의 정부 아이기스토스가 아가멤논을 살해할 음모를 꾸미고 있음을 알지만 느닷없이 그런 말을 해봤자 아무 소용 없을 테니 차라리 모르는 체 함구하는 것이 좋겠다는 뜻이다.
7 프리아모스는 트로이아의 마지막 왕으로, 파리스의 아버지다. 트로이아 전쟁은 파리스가 그리스에 갔다가 메넬라오스의 아내 헬레네를 데려감으로써 시작되었다. 그래서 아이스퀼로스는 '프리아모스의 강력한 소송 상대자'라는 표현이 말해주듯, 트로이아 전쟁을 단순한 적대 행위가 아니라 불의에 대한 고발로 보는 것이다.
8 '아르고스인들'이란 좁은 뜻으로는 아르고스 사람들을, 넓은 뜻으로는 여기서처럼 그리스인을 말한다.

성난 가슴에서 우렁차게

전쟁의 함성을 지르던 그 모습,

마치 독수리들이 애써 돌본 보람도 없이 50

어린 새끼들을 잃고

극도의 슬픔에 잠겨

날개로 하늘을 노 저으며

둥지 위를 높이 떠돌 때와도 같았네.

하나 하늘에 계신 어떤 신께서, 55

아폴론 아니면 판[9] 또는 제우스께서

자기 영토의 거주자들인 이 새들의 애처로운

비명을 들으시고 측은히 여겨 범법자들에게

늦게라도 벌을 내리는 복수의 여신[10]을 보내시는도다.

꼭 그처럼 가정의 보호자[11]이신 통치자 제우스께서도 60

아트레우스의 아들들을 보내 알렉산드로스[12]를

치게 하셨으니, 여러 남편을 섬기는 한 여인[13]을

사이에 두고 혼례를 위한 첫 제물로서

다나오스 백성들[14]과 트로이아인들에게

다 같이 무릎을 먼지에 처박고 창 자루를 부러뜨리는 65

힘겨운 씨름을 쉴 새 없이 시키고자 함이네.

일은 지금 이렇게 되어가고 있으나,

만사는 결국 정해진 대로 이루어지고 마는 법.

불에 구운 제물과 헌주(獻酒)로도,

눈물과 불기가 닿지 않은 제물로도, 70

죄지은 자는 신의 가혹한 노여움을 풀지 못하리라.

하나 우리는 쓸모없는 늙은이들인지라

그때의 구원대(救援隊)에도 참가하지 못하고

뒤에 처져 어린아이와도 같은 힘을

이렇게 지팡이에 의지하고 다닌다네.   75

어린아이의 가슴속에 제아무리 혈기가 뛰어도

그 속에 아레스[15]가 들어 있지 않으니,

노인의 혈기와 무엇이 다르겠는가.

이렇게 고령이 되어 잎사귀 시든 채

어린아이처럼 허약한 몸을 이끌고   80

세 발로 걸어 다니니[16]

그 모습 떠돌아다니는 백일몽 같구나!

(그사이 하녀들이 제물과 제기를 들고 등장하고,

이어 클뤼타이메스트라가 등장하여 제물을 바치기 시작한다)

그대, 튄다레오스[17]의 따님이시여,

9 판은 원래 펠로폰네소스 반도 중부 내륙 지방인 아르카디아(Arkadia)의 산신(山神)이었으나, 나중에는 모든 숲과 산의 신이 되었다. 따라서 판은 독수리를 포함하여 산과 숲에 사는 모든 동물들의 보호자다.
10 그리스어로 Erinys.
11 제우스는 가정의 보호자로서 주인과 손님 사이의 신성한 묵계를 짓밟고 환대하던 주인 메넬라오스의 아내를 유혹하여 몰래 트로이아로 데려간 파리스의 처사에 크게 노했던 것이다.
12 알렉산드로스는 파리스가 산에 내다 버려지기 전의 본명이고, 파리스는 나중에 목자들의 손에 구출된 뒤 목자들이 붙여준 이름이다.
13 헬레네.
14 '다나오스 백성들'이란 좁은 뜻으로는 아르고스 사람들을, 여기서처럼 넓은 뜻으로 쓰일 때는 그리스인들을 말한다. 다나오스는 아르고스의 전설적인 왕이다.
15 아레스는 전쟁의 신이다. '아레스가 들어 있지 않다'는 것은 아직은 싸움터에 나가 싸울 만한 힘과 투지가 없다는 뜻이다.
16 지팡이를 짚고 다닌다는 뜻이다.
17 스파르테 왕으로, 클뤼타이메스트라와 헬레네의 아버지.

클뤼타이메스트라[18] 왕비시여,
어인 일이시오? 새로운 소식이라도 들으셨나요?   85
무슨 소문을 듣고, 누구의 말을 믿고,
이렇게 사방에 사람을 시켜 제물을 차리게 하시오?
가장 높으신 신들부터 지하의 신들에 이르기까지
하늘의 신들부터 장터의 신들에 이르기까지
이 도시를 지켜주시는 모든 신들의 제단이   90
선물들로 불타고 있소이다.
그리고 궁전의 안 창고에 비장해두었다가
신께 제물로 바친 신성한 기름의
부드럽고 거짓 없는 설득에 힘입어
불길이 여기저기서   95
하늘로 치솟고 있소이다.
이 일에 관하여 그대가 말씀하실 수 있는 것과
말씀하셔도 좋은 것은 부디 말씀해주시어
내 이 불안의 치유자가 되어주시오.
이 불안으로 나는 마음에 불길한 생각이 들다가도   100
그대가 바치는 제물들을 보니
거기서 희망이 솟아나 마음을 좀먹는
탐욕스런 근심걱정을 쫓아주기 때문이오.

(클뤼타이메스트라, 그들의 물음에 대답하지 않고 제물 바치는 일에만 열중하다가
코로스가 다음 노래를 부르는 동안, 궁전 안으로 퇴장한다)

(좌 1)[19] 내게는 우리 주군들의 상서로운 원정을 노래할 능력이 있으니,
몸은 비록 늙었어도 저 하늘의 신들께서 아직은 내게 노래의   105
설득력을 내려보내 나의 전사로서의 용맹이 되게 하셨음이오.[20]

들으시오. 아카이오이족[21]의 두 개의 왕좌를 가진 사령관들,

헬라스[22]의 젊은이들을 이끄는 한마음 한뜻의 장수들, 110

복수의 창과 팔로 무장하고 테우크로스[23]의 나라로 간 것은

용맹스러운 새[24]가 그들을 보냈기 때문이라네.

새들의 왕이 함대의 왕들에게 나타났을 때

한 마리는 검고 한 마리는 꼬리가 희었다네. 115

이들이 왕들의 처소 가까이, 창을 쥐는

오른손 쪽[25] 아래 환히 내다보이는 곳에 앉아

새끼를 배어 배부른 어미 토끼를 뜯어 먹었으니,

어미 토끼가 마지막 도망을 칠 수 없었음이네. 120

슬퍼하고 슬퍼하라. 하나 결국에는 선(善)이 이기기를!

(우1) 이에 진중의 현명한 예언자[26]는 한마음이 아닌 아트레우스의

18 대개 클뤼타임네스트라(Klytaimnestra)라고 하는데, n이 없는 클뤼타이메스트라(Klytaimestra)는 이 이름의 고형(古形)이다.
19 104~257행은 코로스가 극이 진행되는 동안 서 있거나 그 좌우로 움직이게 될 오르케스트라(orchestra)에 등장하며 부르는 이른바 등장가다.
20 몸은 늙어 싸움터에 나갈 수 없지만 노래의 힘을 빌려 사실을 밝힐 수 있으니 싸움터에 나가 싸우는 것에 진배없다는 뜻이다. 다시 말해 전공을 세우는 것도 중요하지만 그것을 노래로 읊어 후세에 전하는 것도 그에 못지않게 중요한 일이라는 뜻이다.
21 아카이오이족은 트로이아 전쟁 당시 그리스의 가장 강력한 종족이지만 대개 여기서처럼 '그리스인들'이라는 뜻으로 쓰인다.
22 '그리스'의 그리스어 이름.
23 테우크로스는 트로이아 왕국을 처음 건설한 전설적인 왕으로, 그의 딸이 훗날 트로이아 왕가의 시조가 된 다르다노스(Dardanos)와 결혼한다.
24 독수리.
25 고대 그리스인들은 왼쪽에서 오른쪽으로 움직이는 것을 길조로 여겼다.
26 다음에 나오는 칼카스를 말한다.

아가멤논 **37**

아들 형제를 보고는, 토끼를 먹어치운 용맹스런
독수리들이 뜻하는 것이 원정대의 사령관들임을 알고　　　　　125
그 전조를 이렇게 풀이했다네. "때가 되면 원정대는
프리아모스의 도시를 함락하리니, 성벽 앞의 모든 가축과
백성들의 풍족한 재물은 운명의 여신이 폭력으로
황폐케 할 것이오. 다만 신들께서 시기하여　　　　　　　　130
트로이아의 입에 물릴 큰 재갈인 진중의 군사들을 강타하여
전도를 어둡게 하시는 일이 없도록 하시오.
정결하신 아르테미스²⁷ 여신은 동정심이 많으신 분이라　　135
아버지의 날개 달린 개들²⁸이 떨고 있던 가련한 어미 토끼를
새끼도 낳기 전에 제물로 찢어 죽인 것에 원한을 품고 계시니,
이는 여신께서 독수리들의 잔치를 혐오하시기 때문이오."
슬퍼하고 슬퍼하라. 하나 결국에는 선이 이기기를!

(종가)　"아리따운 여신께서는 사나운 사자들의　　　　　　　140
　　　의지할 데 없는 어린 새끼들에게 그토록 상냥하시고
　　　들판을 헤매는 온갖 짐승들의
　　　젖먹이들을 그토록 사랑하심에도
　　　원정의 길흉을 동시에 보여주는
　　　이 전조들이 이루어지기를 허락하시오.²⁹　　　　　　145
　　　치유자 아폴론이시여, 그대에게 비노니,
　　　부디 여신께서 법에도 없고 먹을 수도 없는
　　　다른 제물³⁰을 마련할 양으로 다나오스 백성들에게　　150
　　　시간을 앗아 가고 함선을 억류하는 역풍을 보내
　　　그들을 항구에 붙잡아두지 못하게 하소서.
　　　그런 제물은 남편조차 두려워 않는 뿌리 깊은 가정불화의

씨앗이 될 것인즉, 그칠 줄 모르는 무서운 원한이 집을 지키며
자식의 원수를 갚고자 두고두고 흉계를 꾸밀 테니까요." 155
이에 맞추어
슬퍼하고 슬퍼하라. 하나 결국에는 선이 이기기를!

(좌 2) 제우스, 그분께서 어떤 분이시든, 160
이 이름으로 부르는 것이 마음에 드신다면
내 그분을 이 이름으로 부르리라.
아무리 저울질해보아도
그분께 견줄 만한 것은 아무것도 없구나.
근심에 싸인 마음에서 헛된 사념의 짐을 165
진실로 덜어줄 이는 오직 제우스 한 분뿐이라네.

(우 2) 일찍이 모든 싸움에서 용맹을 떨치며
권세를 누리던 자도 이제는 옛이야기가 되어
사람들 입에 오르내리지 않을 것이고, 170
그다음에 나타난 자도

27 아르테미스는 제우스와 레토의 딸로, 순결·출산·사냥의 여신이자 어린 야수들의 보호자인 만큼 새끼 밴 토끼를 잡아먹은 독수리에게 원한을 품는 것은 당연하다 할 것이다.
28 독수리들. 독수리는 제우스의 전령 새다.
29 여신이 아버지 제우스의 뜻대로 이 원정의 목적이 이루어지기를 바라기는 하지만 마음속으로는 탐탁지 않게 여긴다는 뜻이다.
30 아르테미스가 역풍을 보내 그리스군 함대를 아울리스 항에 묶어버리자 아가멤논은 여신의 노여움을 풀기 위하여 마지못해 딸 이피게네이아를 여신에게 제물로 바친다. 이 때문에 클뤼타이메스트라는 남편에게 원한을 품게 되어 결국 그를 죽인다.

오늘의 장사(壯士)를 만나 사라졌거니[31]
"승리자 제우스 만세!"를 진심으로 외치는 자만이
지혜의 과녁을 명중하게 되리라. 175

(좌 3) 그분께서는 인간들을 지혜로 이끄시되
고뇌를 통하여 지혜를 얻게 하셨으니,
그분께서 세우신 이 법칙 언제나 유효하다네.
마음은 언제나 잠 못 이루고
고뇌의 기억으로 괴로워하기에 180
원치 않는 자에게도 분별이 생기는 법.
이는 분명 저 두려운 키잡이의 자리에 앉아
힘을 행사하시는 신들께서 내려주신 은총이라네.

(우 3) 그리하여 아카이오이족 함대의
손위 사령관[32]도 예언자를 꾸짖지 않고 185
아카이오이족 백성들이 칼키스의 맞은편 해안
성난 파도가 밀려왔다 밀려가는 아울리스[33] 항에
발이 묶여 배를 띄우지도 못하고
굶주림에 시달리고 있을 때 자신에게 190
떨어진 운명의 돌풍을 순순히 받아들였다네.

(좌 4) 스트뤼몬[34]에서 강풍이 불어와
사람들을 하릴없이 빈둥거리게 하고,
굶주림에 시달리게 하고 주위를 배회하게 하며 195
배와 밧줄을 상하게 하니,
이렇듯 출항이 거듭 지연되는 가운데

아르고스인들의 꽃은 지쳐 시들어갔다네.
이에 진중의 예언자
이 모두가 아르테미스 탓이라고 밝히며
괴로운 폭풍을 진정시키기 위하여　　　　　　　　　　　200
그보다 더 괴로운 약을 사령관들에게
알려주니, 아트레우스의 아들 형제
손에 든 왕홀로 땅을 치며
흐르는 눈물을 억제하지 못했다네.

(우 4) 이윽고 손위 왕이 이렇게 말했다네.　　　　　　　　205
"복종치 않는다는 것은 진정 괴로운 일이오.
그러나 내 집안의 낙인 자식을 죽임으로써
제단 옆에서 이 아비의 손을
딸의 피로 더럽힌다면,
이 또한 괴로운 일이오.　　　　　　　　　　　　　　210
그 어느 것인들 불행이 아니겠소?
하나 어찌 동맹의 서약을 저버리고

31　신들의 권력투쟁에 관한 노래다. 처음으로 우주의 지배자가 된 우라노스는 아들 크로노스에 의해, 크로노스는 다시 아들 제우스에 의해 권좌에서 축출당했다.
32　아가멤논.
33　아울리스는 그리스 중동부 보이오티아 지방의 항구로, 에우리포스 해협을 사이에 두고 에우보이아 섬의 칼키스(Chalkis) 항과 마주보고 있다.
34　트라케 지방의 강. 스트뤼몬에서 불어오는 강풍이란 그리스인들이 보레아스(Boreas)라고 부르던 북북동풍을 말하는데, 이 바람이 불기 시작하면 그리스에서 에게 해를 건너 동북쪽의 트로이아로 돛단배를 타고 항해하기는 사실상 불가능하다.

함대를 이탈할 수 있단 말이오?
처녀의 피를 제물로 바치기를 그토록
열망하는 것도 바람을 잠재우기 위함이니   215
부당하다고는 할 수 없을 것이오.
나는 만사가 잘되기를 바라는 마음뿐이오."

(좌5) 그리하여 그가 한번 운명의 멍에를 목에 매니
그의 마음의 바람도 방향이 바뀌어 불경하고,
불손하고, 부정하게 되었다네. 이때부터 그는   220
마음이 변해 무슨 일이든 꺼리지 않게 되었다네.
치욕을 꾀하는 미망(迷妄)은 사람의 마음을 대담하게
만드는 법. 미망이야말로 모든 재앙의 시작이라네.
이제 그는 한 여인[35]의 원수를 갚는 전쟁을 돕고   225
함대를 위해 미리 제사 지내고자
제 딸을 손수 제물로 바치기로 결심했다네.

(우5) 그녀의 기도에도, "아버지!"라고 부르짖는
그녀의 절규에도, 그녀의 청순한 청춘에도
호전적인 지휘관들 아랑곳하지 않았다네.   230
그리고 그녀의 아버지는 기도를 드린 뒤
시종들에게, 자기 딸이 졸도하거든
그녀가 입고 있는 겉옷으로 사정없이 휘감아
새끼 양처럼 그녀를 제단에 올려놓되   235
가문을 저주하는 말을 내뱉지 못하도록
그녀의 아름다운 입을 틀어막으라고 명령했다네,

(좌6) 폭력과 소리 없는 노끈의 힘으로.[36]
그리하여 그녀가 샛노란 사프란색 옷을
땅에 떨어뜨리며 자신을 제물로 바치려는 자들에게 240
일일이 눈에서 애원의 화살을 쏘아 보내니,
그림에서처럼 돋보이던[37] 그녀,
그들의 이름을 부르며 말을 건네고 싶었음이네.
그럴 것이 남자들을 위해 푸짐한 잔치를 베풀곤 하던
아버지의 연회실에서 그녀가 노래 부른 것이 몇 번이며,
세 번째 헌주[38]에 이어 아버지의 축복받은 찬신가를 245
처녀의 청순한 목소리로 축하해드린 것이 몇 번이었던가!

(우6) 그 뒤 일어난 일은 보지 못했으니 말하지 않으리.
하나 칼카스의 예언은 반드시 이루어지고 마는 법.

35 헬레네.
36 여기서 월행(越行 enjambement)은 행뿐만 아니라 연(聯)까지 뛰어넘고 있다.
37 앞쪽의 제단 옆에 서 있는 장군들과 시종들은 뒤쪽에 서 있는 군사들과 더불어 이피게네이아의 모습을 더욱 돋보이도록 해주는 배경을 이룬다는 뜻이다.
38 당시에는 식사가 끝나고 본격적인 주연이 시작되기 전에 먼저 신들에게 삼배를 올리고 파이안(paian 찬신가)을 부르는 것이 관행이었다. 집주인이 헌주하며 기도를 드리고 나면 이에 맞춰 주연에 참석한 자들 전원 또는 한 명이 파이안을 불렀다. 여기서는, 아가멤논이 기도드린 뒤 파이안을 부르기 시작하면 그의 딸도 같이 부르기 시작했다는 뜻이거나, 기도가 끝나자마자 참석자 전원이 노래를 부르기 시작했지만 처녀의 맑은 목소리가 가장 또렷이 들렸다는 뜻인 듯하다. 이피게네이아가 자신을 제물로 바치려는 장군들에게 이름을 부르며 말을 건네고 싶었던 까닭은, 이런 연회를 통해 이미 친숙한 사이였기 때문일 것이다.

정의의 여신께서는 고난을 겪은 자들에게 250
지혜를 주시니, 미래사도 때가 되면
알게 되리라. 이를 미리 기뻐함은
미리 슬퍼함과 무엇이 다르랴! 아침 햇살과 더불어
모든 것이 명백하게 드러날 것을!

(클뤼타이메스트라, 궁전 문 앞에 나타난다)

아무튼 앞으로는 행운이 우리와 함께해주었으면! 255
왕에게 가장 가까운 이로서 아피아[39] 땅을 지키는
유일한 방벽인 저 여인도 그렇게 되기를 바란다네.

코로스장(長)   클뤼타이메스트라 마님, 내 그대의 권능을 존중하는 마음에서
그대를 찾아왔소이다. 주군의 왕좌가 비어 있을 때는
그분의 아내에게 경의를 표함이 마땅하기 때문이오. 260
그대가 제물을 바치는 것은 기쁜 소식을 들었기 때문인가요?
아니면 듣지는 못했지만 기쁜 소식을 바라기 때문인가요?
진심으로 듣고 싶어요. 하나 말씀 안 하셔도 원망은 않겠어요.

클뤼타이메스트라   속담에 이르기를, 기쁜 소식을 가져다주는 아침은
어머니 밤의 뱃속에서 태어난다고 했소. 265
그대는 기대 이상의 기쁜 소식을 듣게 될 것이오.
아르고스인들이 프리아모스의 도시를 함락했소이다.

코로스장   뭐라 하셨소? 믿기지 않는 말씀이라 잘 듣지 못했소.

클뤼타이메스트라   트로이아가 아카이오이족의 수중에 있다 했소. 이젠 알아들었소?

코로스장   너무 기뻐 눈물이 나오는군요. 270

클뤼타이메스트라   그대의 눈물은 그대의 충성심을 말해주고 있소.

코로스장   하지만 믿을 만한 증거가 있나요?

클뤼타이메스트라   물론이지요. 신께서 나를 속이시는 게 아니라면.

| 코로스장 | 그럴싸한 꿈의 환영을 믿으시는 것은 아니겠지요? |
| 클뤼타이메스트라 | 잠자는 마음의 환상 따위는 믿지 않아요. 275
코로스장	혹여 날개 달린 뜬소문을 듣고 기뻐하시는 것은 아니겠지요?
클뤼타이메스트라	그대는 내 생각이 어린애 같은 줄 아나 보군요.
코로스장	그럼 언제 도시가 함락되었지요?
클뤼타이메스트라	방금 이 아침 햇살을 낳아준 간밤에요.
코로스장	그럼 어떤 사자(使者)가 그토록 빨리 올 수 있었나요? 280
클뤼타이메스트라	헤파이스토스[40]지요. 그가 이데[41] 산에서 밝은 불빛을 보냈소.

그러자 불을 파발꾼 삼아 봉화에 봉화가 이어져
여기까지 온 것이오. 이데 산이 렘노스[42] 섬에 있는
헤르메스 바위로 불빛을 보내자, 거대한 횃불을 제우스의
아토스[43] 산정이 세 번째로 그 섬으로부터 이어받았소. 285
그곳으로부터 여행하는 횃불의 힘이 바다의 등을
즐거운 마음으로 껑충 뛰어넘어 달리니
소나무의 화광은 마치 태양과 같이
그 황금 불빛을 마키스토스[44]의 망대로 보냈소.
그러자 마키스토스도 잠을 자지 않고 지키고 있다가 290
지체 없이 사자로서의 맡은 바 임무를 다하니,

---

39 펠로폰네소스 반도의 다른 이름으로, 아르고스의 옛 왕 아피스에게서 유래했다.
40 불의 신.
41 트로이아 근처에 있는 산.
42 에게 해 북동부 트로이아 서쪽에 있는 큰 섬.
43 아토스(Athos)는 마케도니아 지방의 칼키디케 곶 최동단에 있는 높은 산이다:
44 마키스토스(Makistos)는 에우보이아 섬에 있는 것은 확실하지만, 지금 그런 이름의 산이 없어 어느 산을 가리키는지 확실치 않다.

봉화의 불빛은 멀리 에우리포스의 바닷물을 가로질러
멧사피온[45]의 파수병들에게 자신의 도착을 알렸소.
그러자 그들은 이에 호응하여 오래된 황무지의
건초 더미에 불을 질러 이 소식을 전방으로 보냈소.   295
그리하여 강렬한 불빛은 여전히 약해지지 않고
밝은 달처럼 아소포스[46]의 들판을 가로질러
키타이론[47]의 바위에 이르러서는 거기서
불을 전달해줄 다른 교대자를 깨워 일으켰소.
그래서 그곳 파수대가 멀리서 보내온 불빛을   300
물리치지 않고 시킨 것보다 더 많은 불을 지르니,
불빛은 고르고피스 호수[48] 위를 쏜살같이 날아
아이기플랑크토스[49] 산에 이르러서는
불의 지시를 존중하라고 재촉했소.
그리하여 그곳 파수병들이 힘을 아끼지 않고 불을 질러   305
커다란 불길의 수염을 계속 앞으로 보내자, 그것은 계속
활활 타오르며 사로니코스[50] 해협이 내려다보이는 갑(岬)[51] 위를
지나 쏜살같이 날아와 아라크나이온[52] 산정에 이르렀으니
그곳은 우리 도시에서 가장 가까운 파수대가 있는 곳이오.
그리하여 이데 산에서 타오른 불의 직계자손인 이 불빛은   310
이곳 아트레우스 아들들의 집으로 날아온 것이오.
그렇게 하도록 내가 봉화의 전달자들에게 지시해두었지요.
이렇게 차례차례 전달해 각자 자기 임무를 다하도록 말이오.
처음 달린 자도 승리자이지만 마지막 달린 자도 승리자요.
내 남편이 트로이아에서 보내준 이 증표,   315
이것이 내가 그대에게 제시하는 증거요.

코로스장   부인, 신들께는 나중에 기도드리겠어요.

|클뤼타이메스트라| 지금은 이 이야기를 다시 한 번 끝까지 듣고
그대의 이야기에 감탄하고 싶어요.
트로이아는 바로 오늘 아카이오이족의 수중에 들어갔소. 320
도시 안에서는 아마 융화되지 않는 목소리들이 똑똑히
들릴 것이오. 식초와 기름을 한 그릇에 담으면, 그대는
아마 이것들을 정답지 않게 갈라서는 자들이라 부를 것이오.
꼭 그처럼 포로와 정복자의 목소리는 서로 구별될 것이니,
그들에게 떨어진 운명이 서로 상반되기 때문이오. 325
한쪽에서는 남편과 형제들의 시신 위에 쓰러져,

---

45 멧사피온(Messapion)은 보이오티아 지방의 산이다.
46 아소포스(Asopos)는 보이오티아 지방의 남쪽을 흘러 에우보이아 만으로 흘러드는 강이다.
47 테바이 남쪽에 있는 산으로, 오이디푸스가 태어나자마자 내다 버려진 곳이기도 하다.
48 '고르고피스(Gorgopis) 호수'는 고유명사가 아니라 '고르고의 눈과 같은 호수'라는 뜻으로 이해하는 이들도 있다. 이들은 대개 이 호수를 코린토스 만으로 뻗어 나온 페리코라(Perikora) 반도의 서단 남쪽에 있는 불리아그메니(Vouliagmeni)일 것으로 보고 있다. 그러나 지도를 놓고 키타이론 산과 사로니코스(Saronikos) 만의 서단을 거쳐 아라크나이온(Arachnaion) 산을 연결해보면 이런 견해는 받아들이기 어렵다. 현재로서는 그 위치를 알 수 없다.
49 '아이기플랑크토스(Aigiplanktos) 산' 역시 고유명사가 아니라 '염소가 풀을 뜯으며 돌아다니는 산'이라는 뜻으로 보는 이들이 있다. 고유명사가 아니라면 게라네이아(Geraneia) 산맥을 가리키는 말로 볼 수도 있을 것이다.
50 사로니코스(Saronikos)는 아테나이 서남쪽의 만으로, 지금은 운하가 개설되어 서쪽의 코린토스 만과 이어져 있다.
51 어느 곳인지 확실치 않다.
52 아라크나이온(Arachnaion)은 아르고스에서 에피다우로스(Epidauros)로 가는 고속도로 북쪽을 따라 서에서 동으로 뻗어 있는 지금의 아르나(Arna) 산맥을 말하는 것으로 추정된다.

그리고 아이들은 집안 어른들의 시신 위에 매달려
이미 자유를 잃은 목청으로
사랑하던 사람들의 죽음을 슬퍼할 것이고.
한쪽에서는 밤새 전투하느라 지친 나머지 330
그저 닥치는 대로 도시 안에 있는 것으로
주린 배를 채울 테니 말이오. 그들은 제 몫을 알맞게
할당받은 게 아니라 각자 운수대로 제비를 뽑아 지금쯤
정복당한 트로이아인들의 집에 숙소를 정했겠지요.
노천의 서리와 이슬에서 해방된 그들은 335
축복받은 자들처럼 보초도 세우지 않고
밤새도록 단잠을 자게 되겠지요.
그리고 정복당한 나라의 수호신들과
여러 신들의 제단에 경의를 표하기만 한다면
정복자들이 도로 정복당하는 일은 없을 것이오. 340
제발 그동안 물욕에 눈이 어두워진 군사들이
신성한 물건을 약탈하는 일은 없어야 할 텐데.
그들이 무사히 고향에 돌아오려면
갔던 거리만큼 되돌아와야 하니까요.
신들의 노여움을 사지 않고 군대가 돌아온다면 345
갑작스레 새로운 재앙이 덮치지 않는 한
죽은 자들의 원한도 풀릴 수 있으련만.
이것이 여자인 내가 그대에게 들려줄 수 있는 말이오.
부디 선(善)이 이겨 미심쩍게 보이지 않았으면!
내겐 미래의 많은 축복보다 현재의 즐거움이 더 좋으니까요. 350

코로스장 부인, 그대는 현명한 남자처럼 지혜롭게 말씀하시는구려.
내 이제 그대에게서 확실한 증거를 들었으니

　　　　　여러 신들께 감사 기도를 드릴까 하오.
　　　　　우리의 노고에 적절한 보답이 주어졌으니까요.

　　　　　(클뤼타이메스트라, 궁전 안으로 퇴장)

코로스53　오오, 제우스 왕이시여, 그리고 위대한 영광을　　　　355
　　　　　얻게 해주신 그대 자애로운 밤이여,
　　　　　그대는 트로이아의 성채에 그물을
　　　　　덮어씌워, 어른이든 아이든
　　　　　어느 누구도 그 예속의 큰 그물을,
　　　　　모든 것을 잡아들이는 운명의 그물을,　　　　　　　360
　　　　　벗어나지 못하게 하셨나이다.
　　　　　이 일을 성취해주신 가정의 보호자,
　　　　　위대한 제우스께 나는 경의를 표하나이다.
　　　　　그분께서는 알렉산드로스를 향하여 오래전부터
　　　　　활을 당기시되 화살이 과녁에 미치지 못하거나　　365
　　　　　별 너머로 헛되이 날지 않게 하셨음이네.

(좌1)　그들이 말할 수 있는 것은
　　　　그것이 제우스의 일격이라는 것.
　　　　그 발자취를 더듬어 올라가는 것은 누구나
　　　　할 수 있는 일. 그분께서는 정하신 대로 하셨음이네.　370
　　　　신성한 물건들의 은총을 짓밟는 자 있어도
　　　　신들께서는 그런 자들에게 관심 두는 것을

53　355~488행은 첫 번째 정립가다. 정립가란 코로스가 그들의 위치인 오르케스트라에 자리 잡고 서서 또는 제단이나 신상(神像) 등을 나타내는 중앙의 건조물을 중심으로 좌우로 움직이며 부르는 노래다.

수치스럽게 여기신다고 사람들은 말해왔으나,
그런 말을 하는 자들은 경건하지 못한 자들이라네.   375
집안의 부귀가 도를 넘어 극에 달하자
지나치게 교만을 부리던 자들,
이제 그들의 자손들에게는 재앙이 내렸다네.[54]
하나 슬기로운 마음이 몫으로 주어진 자에게는
무해(無害)한 것이 주어져, 이것이 그를 만족케 해주기를!   380
부귀에 싫증이 나서
정의의 여신의 위대한 제단을
걷어차버린 자에게는
피난처가 없는 법.

(우1) 흉계를 꾸미는 아테[55]의 딸 가증스런 페이토,   385
폭력을 행사하는 그녀에게 당할 도리 없으니,
아무리 치료를 해도 허사라네. 죄는 감춰지지 않고
무섭게 빛나는 불빛인 양 또렷이 보일 뿐이네.
불순한 놋쇠가 긁히고 찌그러지면   390
그 색이 변하듯,
죄지은 자도 심판을 받으면
새까맣게 변색되는 법.
보라, 한 소년[56]이 나는 새를 쫓다가
제 백성들에게 참을 수 없는 고통을 안겨주었네.   395
그의 기도에 귀 기울이시는 신은 한 분도 안 계시니,
신은 그런 일을 일삼는 불의한 자들을
오히려 끌어내리신다네.
파리스가 바로 그러한 자였으니,

그는 아트레우스의 아들들의 집에 들어가 400
남의 아내를 도둑질함으로써
환대하는 식탁을 모욕했다네.

(좌 2) 아아 그녀,⁵⁷ 동족에게는 방패와 창을 든 전사들의
요란한 소음과 무장한 선원들을 남겨두고, 405
일리온을 위해서는 파멸이라는 지참금을 갖고
발걸음도 가벼이 대문을 빠져나갔으니,
차마 못할 짓을 했구나.
이에 집안의 예언자들 크게 탄식하며 이렇게 말했다네.
"아아, 슬프고 슬프도다. 집이여, 집이여, 그리고 왕자들이여! 410
슬프도다. 침대여, 그리고 남편을 사랑하는 발걸음이여!
눈에 보이는 것은 버림받은 자들의 침묵,
명예도 질책도 믿음도 없는 침묵뿐이로다.
바다 건너 저편에 있는 그녀만 그리워하니
집안은 마치 그녀의 유령이 지배하는 듯하구나. 415
아름다운 조각들의 우아함도
남편에게는 역겨울 뿐이니,
그리움에 주린 그의 눈에는
사랑의 온갖 매력이 사라졌음이네."

54 이 부분의 텍스트는 확실치 않다.
55 아테는 광기, 광기에서 저지른 행동, 거기에서 빚어지는 불행, 이 세 가지를 동시에 뜻하는 여신으로, 아이스퀼로스의 작품세계를 이해하는 데 중요한 개념 중 하나다. 페이토는 설득의 여신이다.
56 파리스.
57 헬레네.

(우 2) "그리고 슬픔에 잠긴 그의 꿈속에 환영이 나타나 420
기쁨을 주지만, 그것은 공허한 기쁨일 뿐.
사랑하는 이를 보는구나 생각하는 순간
환영은 어느새 그의 품속을 떠나
잠의 동반자인 날개를 타고
영영 떠나가버리니, 425
어찌 공허하다 하지 않으리오."
왕가의 화롯가에 깃든 슬픔은 이러했거니와
다른 슬픔은 이보다 컸으니,
헬라스 땅을 떠나 함께 싸움터로 간
백성들의 집집마다 꿋꿋한 마음으로 430
슬픔을 참고 견디는 모습 역력했다네.
실로 가슴 아린 일 많았으니,
그들이 떠나보낸 이들이
누구인지 알건만
집집마다 돌아오는 것은 435
사람 대신 단지와 유골뿐이었다네.

(좌 3) 시신을 황금과 교환하는 아레스,[58]
창검의 싸움터에서 저울질하는 그이
일리온에서 사람 대신 유골 든 단지만을 440
가족들에게 돌려보내니,
불에 타고 남은 재, 들기에는 가벼우나
애통의 눈물 참기에는 너무 무겁구나.
그리하여 가족들은 그들 각자를 찬양하며 445
말했다네. "이 사람은 전투에 능했고,

저 사람은 사람 잡는 싸움터에서

영광스럽게 전사했지, 남의 아내를 위해서."

이런 불평을 속삭이는 백성들

소송의 주역인 아트레우스의 아들 형제에게   450

원한에 찬 증오심을 품게 되었다네.

하나 다른 사람들은 그곳 성벽 옆에

영광스런 모습으로 트로이아 땅의 무덤을

차지하고 누웠으니, 그들을 감추고 있는 땅

한때는 적지였으나 지금은 그들 소유가 되었다네.   455

(우 3) 시민들이 원한을 품고 하는 말은

무서운 법이니, 백성들의 입에서 나온

저주는 반드시 실현되기 때문이라네.

어둠 속에 감춰진 것을 듣게 되지나 않을까

내 마음 그지없이 불안하니,   460

피를 많이 흘리게 한 자 신들의 눈길을

피하지 못함이네. 때가 되면 복수의 여신들의

검은 무리가 불의한 번영을 누리는 자의

운명을 역전시켜 그의 삶을 역경으로   465

몰아넣고 그를 미약하게 할 것인즉,

사그라지는 그에게 구원은 없으리라.

지나친 명성은 위험한 법,

제우스의 눈에서 벼락이 떨어짐이라.   470

나의 소망은 시기를 사지 않는 행복이니,

58　고대에는 전사한 아들이나 형제의 몸값으로 황금을 지불하는 경우가 허다했다.

나는 도시의 파괴자가 되고 싶지도 않거니와
나 자신이 남의 포로가 되어
종살이하는 꼴도 보고 싶지 않노라.

(종가) 불이 반가운 소식을 전하자   475
온 시내에 재빨리 소문이 퍼지는구나.
하나 그것이 과연 진실인지 아니면
신들의 속임수인지 누가 알랴?
뜻하지 않은 화염의 전갈을 받고
마음이 후끈 달았다가   480
이야기가 달라지면 금세 낙담하고 마는
그런 유치하고 얼빠진 자 누구란 말인가?
하나 여인이 통치하는 곳에서는
사실이 밝혀지기도 전에 감사드리는 일이 어울리지.
여인의 명령은 하도 그럴싸해서 잰걸음으로   485
퍼져나가지만, 여인이 낸 소문은
금세 시들어 자취를 감추는 법이지.

코로스장 빛을 가져다주는 횃불들의 봉화와
불의 계주가 과연 진실인지 아니면   490
그토록 반가웠던 불빛이 꿈처럼 우리의 마음을
속인 것인지 이제 곧 알게 될 것이오.
저기 올리브 가지로 몸을 가린 전령이 해안에서
오고 있는 것이 보이니 말이오. 진흙의 형제요
이웃인 목마른 먼지가 확실히 말해주듯,   495
음성이 없지도 않고 산속의 나무에 불을 놓지도 않는

저 전령은 불의 연기로 신호를 보내지 않고
제 입으로 반가운 소식을 더욱 분명히 전해주거나
아니면… 아니, 그 반대의 말은 듣고 싶지도 않소이다.
나는 기왕의 좋은 일에 좋은 일이 겹치기를 빌 뿐이오.　　　　　500
이 일을 두고 우리 도시를 위해 달리 비는 자가 있다면
그런 자는 스스로 제 마음의 과오의 열매를 거두기를!

(전령 등장)

전령　오오, 내 선조들의 땅이여, 아르고스 땅이여!
십 년 만에 내 오늘 너에게 돌아왔노라.
수많은 희망의 닻줄이 끊어졌지만,　　　　　505
한 가지는 이루어졌구나. 죽어 이곳 아르고스 땅에
묻히리라고는 꿈에도 생각지 못했으니까.
나 이제 만세를 부르노라, 대지여, 햇빛이여!
나라의 최고신이신 제우스이시여, 그리고 퓌토[59]의 왕이여,
그대는 우리에게 다시는 화살을 쏘아 보내지 마소서.　　　　　510
우리는 스카만드로스[60] 강변에서 그대에게 실컷
미움 받았으니[61] 이제는 우리의 구원자와 치유자가
되어주소서, 아폴론 왕이시여! 그리고 집회를 주관하시는

59　델포이의 옛 이름. '퓌토의 왕'이란 아폴론을 말한다.
60　트로이아 평야의 강.
61　『일리아스』 1권에는 아폴론이 그리스군 진영에 역병(疫病)의 화살을 쏘아 보내 막대한 피해를 주는 장면이 자세히 그려져 있다. 이것은 그리스군 총사령관 아가멤논이 전쟁 포로로 잡힌, 아폴론 신의 사제의 딸 크뤼세이스(Chryseis)를 간곡한 청원에도 아버지에게 돌려주기를 거절한 데 대한 보복이었다.

모든 신들, 특히 나의 보호자이시며 모든 전령들이
숭배하는 하늘의 전령 헤르메스[62]께 문안드리나이다. 515
그리고 우리를 내보내신 영웅들[63]이시여, 창끝에서
살아남은 군사들을 상냥하게 도로 받아주소서!
오오, 우리 왕들의 궁전이여, 정든 거처여,
엄숙한 왕좌들과 떠오르는 해를 향하고 있는 신상들이여,
전에도 그러셨다면 많은 세월이 지난 오늘도   520
환히 빛나는 눈으로 격식에 맞게, 왕을 맞아주소서.
아가멤논 왕께서는 그대들과 여기 있는 모든 이들을
위하여 어두운 밤에 빛을 가지고 돌아오셨소이다.
자, 그분을 크게 환영하시오. 그래야 마땅하오.
그분께서는 정의의 구현자이신 제우스의 곡괭이로   525
트로이아를 파서 무너뜨렸소이다. 그래서 들판이
온통 파헤쳐지고 [제단과 신전들이 파괴되고]
온 나라의 씨앗이 말라가고 있소이다.
아트레우스의 장남이신 우리 왕께서는 트로이아의 목에
그와 같은 멍에를 씌워놓고 돌아오셨소이다.   530
그분이야말로 축복받은 인간이며 이 시대의
모든 인간들 중에 가장 존경받아 마땅한 분이시오.
파리스도 그자와 한통속인 도시도 당한 것보다 행한 것이 많다고
자랑하지 못할 것이오. 그자는 강도죄와 절도죄를 선고받고
제 약탈물을 잃었을 뿐 아니라 국토와 함께 조상들의 집이   535
쑥대밭이 되었으니까요. 프리아모스의 아들들은 이렇듯
자신들의 죄과에 대해 이중의 대가를 치렀소.

코로스장 아카이오이족 군대의 전령이여, 그대에게 기쁨이 있기를!
전령 기쁘고말고요. 이젠 죽어도 여한이 없소이다.

코로스장	그리도 애타게 조국을 그리워했단 말이오?	540
전령	그렇소. 기쁨의 눈물이 눈에서 쏟아질 만큼.	
코로스장	그렇다면 그대들은 달콤한 병에 걸렸던 것이오.	
전령	그대의 말은 설명이 있어야 알아들을 수 있겠는데요.	
코로스장	그대들을 그리워한 자들을 그대들도 그리워했다는 말이오.	
전령	군대가 고국을 그리워하듯 고국도 군대를 그리워했던가요?	545
코로스장	답답한 마음에서 한숨지은 적이 한두 번이 아니었소.	
전령	무엇 때문에 그렇게 괴로워하고 답답해했지요?	
코로스장	오래전부터 침묵은 해악에서 나를 지켜주는 약이라오.	
전령	어째서요? 왕들도 안 계신데 누가 그리도 두렵단 말이오?	
코로스장	그대의 말처럼 죽음조차 큰 은총으로 여겨질 정도였소.[64]	550
전령	그렇겠지요. 일이 잘되었으니까. 오랜 시간에 걸쳐	
	일어난 일들 중에는 잘됐다고 할 수 있는 일도 많지만	
	잘못된 일도 있기 마련이지요. 하지만 신이 아닌 이상	
	평생 동안 늘 편안할 수만은 없지 않겠어요?	
	우리의 노고와 불편한 잠자리에 관해 말하자면,	555
	한날한시도 한숨이 나오지 않는 때가 없었지요.	
	좁은 갑판 통로에서 아무렇게나 잠을 잤으니까요.	
	하지만 육지에서의 고생은 한층 더 심했지요.	
	우리는 적의 성벽 가까이에서 야영을 했는데,	
	하늘에서는 이슬이 내리고 풀이 난 땅에서는	560

62 헤르메스는 신들, 특히 제우스의 전령이다.
63 고대 그리스인들은 신들뿐만 아니라 조국을 위해 전사한 영웅들의 혼백도 나라를 수호해준다고 믿었다.
64 코로스장은 재앙이 닥칠 것 같은 불길한 예감에서 이렇게 말하지만, 오랫동안 객지에 나가 있던 전령은 그 말뜻을 이해하지 못한다.

습기가 올라와 한시도 편할 때가 없었으며,
우리의 털옷엔 이가 바글바글했지요.
겨울은 또 어떻고요. 새도 얼어 죽을 정도였어요.
이데 산의 눈이 그만큼 견딜 수 없는 추위를 가져다주니까요.
더위는 또 어떻고요. 한낮에 바다가 낮잠을 잘 때면   565
물결은 잔잔하고 바람 한 점 없어요.
하지만 이런 일들을 슬퍼할 필요가 어디 있겠소?
고통은 이제 다 지나갔어요. 죽은 자들에게도.
그래서 그들은 다시는 일어서려고 하지 않겠지요.
하거늘 산 자가 죽은 자들을 일일이 호명하며   570
그들의 비참한 운명을 슬퍼할 필요가 어디 있겠소?
이제는 모든 불행과 작별할 참이오.
우리들 살아남은 아르고스인들의 군사들에게는
이익이 우세하고 고통은 그와 균형을 이루지 못하오.
그러니 우리는 마땅히 저 햇빛을 향해 크게 자랑하여   575
우리의 이 자랑이 바다와 육지 위로 날아다니게 해야 하오.
"아르고스인들의 원정대는 일찍이 트로이아를 함락하고
여러 신들을 위하여 헬라스의 모든 신전마다
이러한 전리품들을 옛날의 영광으로서 걸어두었노라."
이 말을 듣는 이들은 반드시 우리 도시와 장군들을   580
찬양할 것이오. 그리고 이 일을 성취해주신 제우스의
은총도 높이 찬양받을 것이오. 내 말은 여기까지요.

코로스장 내 그대의 말에 압도되었소. 하지만 유감은 없소이다.
노인들도 배울 수 있을 만큼은 항상 젊으니까.
그대의 말은 우선 이 집과 클뤼타이메스트라에게
관련되는 것이지만 내게도 반가운 소식이오.   585

(클뤼타이메스트라 등장)

클뤼타이메스트라   얼마 전 불의 첫 사자(使者)가 밤중에 와서
일리온이 함락되고 파괴되었음을 알렸을 때
나는 기뻐서 크게 환성을 올렸어요. 그러자 많은
사람들이 이런 말로 나를 나무랐지요. "불의 신호를 믿고   590
트로이아가 이제 폐허가 되었다고 생각하세요?
쉽게 감격하는 게 여자에게 어울리는 일이긴 하죠."
이런 말은 나를 제정신이 아닌 사람처럼 보이게 했어요.
그럼에도 나는 제물을 바쳤고, 그들도 여자인 나를 따라
시내 곳곳에서 기쁨의 환성을 올렸어요.   595
신전마다 향을 머금은 불을 피우고
향기로운 그 불꽃 위에 술을 부으며 말이오.[65]
그리고 더 자세한 이야기라면 지금 그대가 내게 말할
필요가 없소. 사건의 전말을 왕에게서 직접 듣게 될 테니까.
그러니 나는 서둘러 존경하는 남편의 귀국을   600
성대히 환영할 준비나 해야겠소. 신들의 가호로
전장에서 무사 귀환하는 남편을 위해 문을
열어주는 날보다 아내 된 자에게 더 달콤한 날이
또 어디 있겠소? 그대는 내 남편에게 전하시오. 온 도시가
고대하고 있으니 지체 없이 돌아오시란다고 말이오.   605
그리고 그이의 아내로 말하면, 그이가 돌아와 보면
아내는 그이가 떠날 때처럼 집 안에서 수절하고 있음을
발견하시게 될 것이오. 그이에겐 충직하고 그이의 적에겐
적의에 찬 집 지키는 개처럼. 그 밖에 다른 일들도

---

65 이 부분의 텍스트는 확실치 않다.

긴긴 세월 봉인 하나 뜯지 않았음을 발견하시게 될 것이오.   610
다른 남자와 재미를 본다든가 추문 같은 것은
쇠의 담금질⁶⁶만큼이나, 나와는 인연이 머니까.
이것이 내 자랑이오. 그리고 이것은 어디까지나 사실이므로
큰 소리로 말해도 고귀한 숙녀에게 수치가 되지 않을 것이오.

(클뤼타이메스트라 퇴장)

코로스장 그녀가 말은 그렇게 해도, 그녀의 그럴싸한 이 말은   615
올바른 통역관이 있어야 제대로 이해할 수 있다오.
자, 말해주시오. 메넬라오스에 관해 알고 싶소.
이 나라의 소중한 통치자이신 그분께서도
그대들과 함께 무사히 고향으로 돌아오셨나요?

전령 그럴싸한 거짓말을 하여 친구들로 하여금 오랫동안   620
그 열매를 따게 할 능력이 내겐 없습니다.

코로스장 그렇다면 진실에 관해 좋은 말을 하여 과녁을 맞히시오.
좋은 것과 진실한 것은 갈라서면 금세 탄로가 나는 법이니까.

전령 그분께서는 아카이오이족 군대에서 실종되었습니다.
그분 자신도, 함선도. 이것은 거짓말이 아니오.   625

코로스장 그렇다면 그분은 그대들이 보는 앞에서 일리온을 출범하셨소,
아니면 공동의 재앙인 폭풍이 그분을 군대에서 앗아 갔소?

전령 그대는 뛰어난 궁수처럼 과녁을 명중하시는군요.
긴 고통을 짤막한 말로 표현하다니.

코로스장 다른 항해자들은 그분에 관해 뭐라고들 하오?   630
살아 계신다 하오, 아니면 돌아가셨다 하오?

전령 확실한 소식을 전할 수 있을 만큼 아는 사람은 아무도 없습니다.
지상의 모든 생명을 기르시는 태양신⁶⁷을 제외하고는.

코로스장 그렇다면 신들의 노여움이 일으킨 그 폭풍이

어떻게 함대를 덮쳤고, 어떻게 끝났는지 말해보시오.   635

전령 경사스런 날을 나쁜 소식을 전하는 목소리로 더럽히는 것은
어울리지 않는 일이오. 그런 축하는 하늘의 신들과는 거리가
먼 것이니까요. 어떤 사자가 침울한 표정으로 돌아와
패배한 군대의 무서운 재앙을 시민들에게 전하면서
도시는 모든 시민들에게 공통된 상처를 입었으며   640
많은 집에서 나간 많은 남자들이 아레스가 사랑하는
이중의 채찍, 두 창의 불행, 피 묻은 한 쌍[68]에 의해
저승으로 추방당했다고 전하는 경우라면,
사자가 그런 재앙의 짐을 지고 돌아오는 경우라면,
그런 복수의 여신들의 찬가를 부르는 것도 어울리겠지요.   645
하나 나로 말하면, 기뻐하는 도시에 모두 무사하다는
기쁜 소식을 갖고 왔는데, 아카이오이족에 대한
신들의 노여움이 일으킨 폭풍에 관해 말함으로써,
어찌 좋은 것에다 나쁜 것을 섞을 수 있겠소?
전에는 그토록 상극이던 불과 바다가   650
이번에는 동맹을 맺고 자신들의 맹약을 과시하려고
가련한 아르고스인들의 군대를 유린했던 것입니다.

---

66 쇠의 담금질은 고도의 기술을 요하는 작업이다. 여기서 클뤼타이메스트라가 말하고자 하는 바는 자기는 쇠의 담금질을 모르는 만큼이나 다른 남자와 재미 볼 줄도 모른다는 것이다.
67 그리스어로 Helios.
68 '이중의 채찍'이란 국가와 개인을 동시에 치는 채찍이라는 뜻이다. '두 창의 불행'이란 전투할 때는 반드시 투창을 두 자루 갖고 싸운 것을 빗대어 말한 것이다. '피 묻은 한 쌍'은 무엇을 말하는지 알 수 없으나, 전차의 두 바퀴를 말하는 것으로 보는 이들도 있다.

아가멤논 **61**

사악한 파도의 재앙이 일어난 것은 밤이었소.
트라케에서 폭풍이 불어와 함선들을 서로 받아 부수게 하자,
세찬 폭풍과 억수 같은 비 속에서 함선들은 655
심하게 떠받히다가 사악한 목자에게
심한 매를 맞고는 어디론가 자취를 감추었소.
그러다가 태양의 찬란한 빛이 떠오르니,
아이가이온[69] 바다에 아카이오이족의 시신과
난파선의 파편들이 여기저기 떠 있는 것이 보였소. 660
하지만 우리 자신과 선체가 파손되지 않은 우리 함선은
인간이 아닌 어떤 신께서 키를 잡고 몰래 빼돌리셨거나,
아니면 파멸을 면하도록 기도해주셨던 것 같아요.
그리고 구원을 가져다주시는 행운의 여신께서 자비롭게도
우리 함선에 앉아 계셨기에, 그것은 포구에 닻을 내리고 665
밀려드는 파도에 대항하거나 암초에 걸려 침몰하지 않았던
것입니다. 그리하여 우리는 바다에서의 죽음은 면했으나
밝은 대낮에도 우리의 행운을 믿지 못하고
우리 함대가 난파당하고 비참하게 얻어맞았던
그 뜻밖의 재앙만을 마음속으로 슬퍼하고 있었지요. 670
그리고 지금 이 순간 그들 중에 숨 쉬는 자가 있다면,
그는 우리가 죽었다고 말하겠지요. 당연하지요.
우리도 그들에게 이런 일이 일어났으리라 믿고 있으니까요.
아아, 일이 잘되었으면 좋으련만! 믿어주시오.
메넬라오스 왕께서는 꼭 돌아오십니다. 675
만일 태양의 빛살이 무사하고 건강하신 그분을
찾아내기만 한다면, 아직은 이 집안을
완전히 멸하실 의향이 없으신 제우스의 계략에 의해

그분께서 다시 집으로 돌아오실 희망은 있어요.

그대는 내가 들려준 말이 모두 진실임을 알아두시오. 680

(전령, 바다 쪽으로 퇴장)

코로스70(좌) 누가 이토록 어울리는 이름을 지었을까?

양편이 서로 다투는 저 창검의 신부를

헬레네라고 이름 지은 이는 누구일까?

우리 눈에 보이지 않는 누군가

정해진 운명을 미리 내다보고 자신의 혀를 685

과녁을 향하여 똑바로 인도한 것일까?

그녀는 과연 그 이름에 걸맞게

함선을 파괴하고 남자와 도시를 파괴하며71

곱게 짠 침실의 장막에서 나와 690

거한(巨漢) 제퓌로스72의 입김을 받으며

배를 타고 떠났다네.

그리하여 수많은 장정들이 방패를 들고

사냥꾼처럼 사라져버린 노들의 발자국을 695

69 아이가이온(Aigaion)은 '에게 해'의 그리스어 이름이다.
70 681~781행은 두 번째 정립가다.
71 헬레네(Helene)라는 이름과 '함선을 파괴하는'(helenaus), '남자를 파멸시키는'(helanandros), '도시를 파괴하는'(heloptolis)의 발음이 비슷하여 언어유희를 하는 것이다.
72 제퓌로스(Zephyros)는 서풍의 신이다. 당시 아테나이인들은 제퓌로스를 수염이 없는 건장한 젊은이로 여겼다고 한다. 여기서는 헬레네 일행이 때마침 불어오는 강한 서풍(정확하게는 남서풍)을 받아 트로이아로 순항할 수 있었음을 강조하기 위하여 '거한'(巨漢)이라고 한 듯하다.

아가멤논 **63**

　　　　뒤쫓았으나, 그녀의 일행[73]은 어느새
　　　　시모에이스[74]의 무성한 기슭에 올랐으니,
　　　　이는 피비린내 나는 불화의 여신[75] 뜻이라네.

(우1)　마음속 생각을 이루고야 마는 분노의 여신[76]
　　　　일리온을 위해 재앙의 결혼[77]을　　　　　　　　　700
　　　　주선하였으니, 훗날 때가 되면
　　　　친척들이 불러야 했던 축혼가를,
　　　　신부를 위해 부르는 노래를,
　　　　소리 높이 축하해준 백성들에게　　　　　　　　　705
　　　　가정의 보호자 제우스와
　　　　환대하는 식탁을 모독한 죄로
　　　　벌을 내리고자 함이라네.
　　　　그리하여 축혼가는 잊고 대신 비탄의 노래를
　　　　배우는 프리아모스의 연로한 도시,[78]　　　　　710
　　　　파리스를 불행한 결혼을 한 자라 부르며
　　　　크게 탄식하는구나.
　　　　· · · · · ·
　　　　· · · · · · [79]　　　　　　　　　　　　　　　　715
　　　　가엾게도 피를 흘린 뒤.

(좌2)　꼭 그처럼 언젠가 어떤 이가 집에서
　　　　어린 새끼 사자 한 마리를 길렀다네.
　　　　어미젖을 먹지 못해 아직도 젖꼭지가 그리운
　　　　그 새끼 사자, 어린 시절에는 유순하여　　　　　720
　　　　아이들에게는 좋은 친구요

노인들에게는 낙이었다네.
그리고 때로는 젖먹이처럼
그들의 품에 안겨 맑은 눈빛으로
손을 올려다보며[80] 아양을 떨었지만 725
이는 다 배가 고파 한 짓이었다네.

(우 2) 하나 그 새끼 사자 세월이 흘러 장성해지자
부모에게서 타고난 본성을 드러냈다네.
길러준 은혜 갚는답시고
시키지도 않았는데 양 떼를 도륙하여 730
잔치를 준비하니,
집안은 피로 물들었다네.
집안 사람들에게는 막을 수 없는 고통이요
많은 사람들을 죽음으로 몰아넣는
큰 재앙이었으니, 그가 집안에서 735

73 헬레네와 파리스 일행.
74 트로이아 평야를 흐르는 강.
75 그리스어로 Eris.
76 그리스어로 Menis.
77 그리스어 kedos는 재앙과 결혼이라는 두 가지 뜻을 가지고 있다. 여기에서는 그 뜻을 한 단어로 나타내기 어려워 '재앙의 결혼'이라고 옮겨보았다.
78 늙어서 비탄의 노래를 배워야 한다면 괴로운 일일 것이다. 시인은 여기서 '연로한'이라는 말과 '배운다'는 말로 트로이아의 비참한 운명을 표현하고 있다.
79 텍스트가 파손된 부분이다.
80 '맑은 눈빛으로 손을 올려다본다'는 것은 새끼 사자가 고양이처럼 눈을 동그랗게 뜨는 주인이 손에 들고 있는 먹이를 낚아채려고 쳐다보는 것을 말한다.

아테의 사제로 자란 것도 다 신의 뜻이었다네.

(좌3) 내 말하노니, 그녀 처음 일리온의 도시에
왔을 때 바람 없는 바다의 마음씨요, 740
달콤한 재산의 낙이요,
부드러운 눈의 화살이요,
가슴을 찌르는 애욕의 꽃이었다네.
하나 그녀는 곧 옆길로 빠져
결혼을 비참한 종말로 이끌며 745
사악한 거주자, 사악한 동반자로서
가정의 보호자 제우스의 인도 아래
프리아모스의 아들들에게 덤벼드니,
신부들에게 눈물을 안겨주는 복수의 여신이었다네.[81]

(우3) 사람들 사이에 전해오는 옛말에 이르기를, 750
인간의 행복이 클대로 커지면 반드시
자식을 낳고 자식 없이 죽지 않는 법이라
그 자손들에게 끝없는 고통이 755
행운으로부터 태어난다고 했다네.
하나 나는 그렇게 생각지 않는다네.
불경한 짓은 제 뒤에
그 종족을 닮은
더 많은 자식을 낳지만, 760
정의를 지키는 집에서는
언제나 훌륭한 자식이 태어난다네.

(좌4)　오래된 오만은 조만간 때가 되면
　　　새로운 오만을 낳고 싶어 하는 법, 765
　　　인간의 불행 속에서 꽃피는 이 젊은 오만은
　　　새로운 증오요, 복수하는 악령이요,
　　　싸움도 전쟁도 소용없는
　　　불경한 만용이요, 어버이를 닮은
　　　집안의 검은 아테라네. 770

(우4)　그러나 정의의 여신은 연기에 그을린 오두막에서도
　　　환히 빛나니, 바른 생활을 존중하기 때문이라네. 775
　　　황금이 번쩍이는 저택이라도 그 안에 더러운 손이
　　　있으면, 여신은 눈길을 돌리며 그곳을 떠나
　　　정결함을 향해 나아가시니, 사람들이 그릇 찬양하는
　　　부(富)의 힘을 존중하지 않기 때문이라네. 780
　　　여신은 이렇듯 만사를 정해진 목표로 인도하시네.

(아가멤논, 여행용 마차를 타고 등장. 그의 뒤에는 반쯤 가려진 캇산드라가 앉아 있다)

코로스장　오오! 왕이시여, 트로이아의 정복자이시여,
　　　그대 아트레우스의 아드님이시여,
　　　내 그대에게 어떻게 인사드려야 하나요? 785
　　　그대에게 어떻게 경의를 표해야
　　　지나치거나 모자람 없이 예의에 맞을까요?

81　여기서 헬레네는 전쟁으로 남편을 잃은 신부들에게 눈물을 안겨주는 복수의 여신으로 그려져 있다.

　　　　이 세상의 많은 사람들이 정의의 경계를
　　　　뛰어넘어 실속보다는 외관을 더 존중하지요.
　　　　누구나 불행을 당한 자를 보면 같이 탄식하려 하지만　　　　790
　　　　그렇다고 비탄의 찌르는 듯한 아픔을
　　　　마음속으로 느끼는 것은 결코 아니지요.
　　　　또한 그런 자들은 남이 기뻐하면 얼굴에
　　　　억지웃음을 지으며 같이 기뻐하는 체하지요.
　　　　그러나 양 떼의 심중을 잘 헤아리는 자라면　　　　795
　　　　충성스런 마음에서 우러나온 것처럼 보이지만
　　　　사실은 물을 탄 불순한 우정으로 아첨하는
　　　　그런 눈빛에는 속지 않겠지요.
　　　　헬레네를 위해 군대를 내보내실 때는
　　　　솔직히 말씀드려 나는 그대에게　　　　800
　　　　아주 나쁜 인상을 갖고 있었어요.
　　　　그리고 그대가 제물[82]로 용기를 불어넣어
　　　　전사들을 죽음의 길로 인도하실 때는
　　　　마음의 키를 잘못 조종하시는 것으로 여겼지요.
　　　　하나 지금은 마음속으로부터, 그리고 진정한　　　　805
　　　　충성심에서 '성공한 자에게는 노고도 달다'는
　　　　옛말이 옳았음을 시인하겠어요. 시민들 중에
　　　　누가 도시를 잘 지켰고 누가 잘못 지켰는지는
　　　　심문해보면 차차 아시게 될 것이오.
아가멤논　　아르고스와 이 나라의 여러 신들께 인사부터 드려야겠소.　　810
　　　　신들의 도움으로 나는 귀국할 수 있었고, 프리아모스의
　　　　도시로부터 내가 요구한 정당한 보상도 받을 수 있었으니까.
　　　　말씀드리지도 않았는데 신들께서는 양편의 주장을

들으시고는 남자들의 죽음과 일리온의 파멸을 위하여
자신들의 표를 만장일치로 피의 항아리 안에 던져 넣으셨고   815
그 반대의 항아리에는 희망만이 접근했을 뿐, 그 안에
표를 던져 넣는 손은 하나도 없었던 것이오. 지금도
함락된 도시는 연기에 의해 쉬이 알아볼 수 있을 것이오.
파멸의 돌풍은 살아 있으나 타다 남은 잿더미는 도시와 함께
죽어가며 부의 기름진 입김을 내뿜고 있을 것이오.   820
이에 대해 우리는 신들께 두고두고 감사해야 할 것이오.
우리는 파렴치한 강도 행위에 대해 보상을 요구했고,
그리고 도시는 한 여인으로 말미암아
아르고스의 괴물[83]에게 유린당하고 말았기 때문이오.
방패를 든 백성들을 뱃속에 품은 그 말의 새끼[84]가   825
플레이아데스 별자리가 질 무렵[85] 제 발로 껑충 뛰었소.
그리하여 날고기를 먹는 사자[86]는 성벽을 뛰어넘어

---

82 이피게네이아를 제물로 바쳤던 일을 말한다.
83 트로이아의 함락에 결정적인 역할을 한 목마(木馬)를 말한다.
84 목마.
85 '플레이아데스 별자리가 질 무렵'에 관해서는 의견이 분분하다. 밤 시간을 뜻하는 표현이라는 데는 이의가 없으나, 어떤 이는 11월 초 해 뜨기 전이라고 보는가 하면, 어떤 이는 3월 말 밤 10시경이라고 보고 있다. 전자의 논지는 1년 중 이 별자리들이 지는 것을 육안으로 처음 볼 수 있는 것이 11월 초 해 뜨기 전이라는 것이다. 후자의 논지는 시인은 필시 이 드라마가 공연되던 대 디오뉘소스제(祭) 때의 이 별자리들의 위치를 염두에 두었을 것인즉, 대 디오뉘소스제가 열리던 3월 말 아테나이에서는 이 별자리가 밤 10시에 지기 때문이라는 것이다. 둘 다 나름대로 일리가 있으나, 여기에서는 지나친 상상을 피하여, '한밤중'이라는 뜻으로 보는 것이 문맥상으로도 무난할 것이다.
86 목마.

왕자들의 피를 실컷 빨아먹었던 것이오.
신들을 위해 나는 이렇게 긴 서언을 말했소이다.
그대의 생각에 관해 말하자면 잘 듣고 명심해두겠소. 830
나는 그대와 동감이며 그대의 대변인이 될 것이오.
행운을 누리는 친구를 시기하지 않고 칭송하는,
그런 기질을 타고난 사람은 그리 흔치 않기 때문이오.
그러나 마음에 악의를 품고 있는 자는
그 독기로 인하여 이중의 고통을 당하는 법이오. 835
말하자면 그는 자신의 불행으로 고통 당하는 동시에
남의 행복을 보고 탄식하게 마련이니까요.
이는 내가 확실히 알고 하는 말이오.
나는 많은 사람들과 접촉해보았기 때문이오.
하나 내게 가장 헌신적인 체하던 자들은 거울에 비친
그림자에 불과했소. 오직 한 사람 오뒷세우스만이 840
처음에는 마지못해 배에 올랐으나[87] 일단 마차에 매자
충성스러운 말임을 보여주었소. 하지만 나는 지금
그의 생사를 알지 못하오. 도시와 신들에 관한
그 밖의 다른 일들은 회의를 열어
모든 사람들이 모인 앞에서 의논하기로 합시다. 845
좋은 것은 앞으로도 존속시키도록 하고,
수술이 필요한 것은
재빨리 칼이나 불을 써서
병의 해악을 근절토록 노력합시다. 850
자, 이제는 집 안의 화롯가로 가서
나를 멀리 내보냈다가 다시 돌아오게 하신
신들께 먼저 인사드려야겠소.

나를 따라온 승리가 오래오래 머물러 있기를!

(클뤼타이메스트라, 궁전에서 하녀들을 데리고 등장)

클뤼타이메스트라 아르고스 시민들이여, 이 자리에 와 있는 원로들이여, 855
나는 남편에 대한 내 사랑을 떳떳이 말할 수 있다고
생각해요. 세월과 함께 수줍음도 사라지기 마련이니까요.
남에게 들은 이야기가 아니라 남편이
일리온에 가 계신 긴긴 세월 나 자신이 얼마나
비참한 삶을 살아왔는지 말씀드리려는 거예요. 860
우선 무엇보다도 여자가 남편과 떨어져
독수공방한다는 것은 참으로 괴로운 일예요.
그다음으로 괴로웠던 것은 끝임없이 비보를 듣는 일예요.
한 사람이 나쁜 소식을 갖고 오면 곧 다른 사람이
더 나쁜 소식을 갖고 와 온 집 안이 다 들도록 865
외치는 거예요. 만약 이이가 집 안에 들려오는
소문만큼 많은 상처를 입으셨다면,
몸에 그물보다 많은 구멍이 났겠지요.
그리고 들려오는 소문만큼이나 자주 전사하셨다면,
이이는 몸뚱이가 셋인 제2의 게뤼온⁸⁸이 되어 870
세 겹의 흙옷을 입고 있노라고 자랑하실 수 있었을
거예요. 몸뚱이 하나가 죽을 때마다 한 번씩
죽었을 테니 말예요. 이런 무서운 소문을 듣고
목을 매려 한 적이 한두 번이 아니었어요. 875

---

87 오뒷세우스는 아내와 어린 아들을 두고 고향을 떠나 트로이아로 가기 싫어 미친 체한 적이 있다.
88 몸뚱이 또는 머리가 셋인 거한.

남들이 내 목에 맨 밧줄의 고리를 억지로 풀었기에 망정이지.
(아가멤논에게) 그래서 우리 백년가약의 담보인
오레스테스는 우리 곁에 있어야 당연한데도
이곳을 떠났어요. 하지만 이상히 여기실 건 없어요.
우리의 우호적인 동맹자인 포키스의 스트로피오스[89]가   880
그 애를 잘 보살피고 있으니까요. 그분은 이중의 불행을
경고했는데, 그분 말인즉 당신도 트로이아에서 어찌될지
알 수 없는 일이고, 이곳도 백성들이 통치자가 없다고
떠들다 보면 민심이 동요될지 모른다는 거예요.
쓰러진 자일수록 세상 사람들은 더 세게 차는 법이니까요.   885
이것이 그 애가 출타한 이유이고 딴생각이 있었던 건 아녜요.
나 자신에 관해 말하자면 너무 많은 눈물을 흘려
이제는 눈물마저 말라버렸어요. 더는 나올 게 있어야죠.
새벽까지 뜬눈으로 지새우다 보니 눈도 상했어요.
당신의 봉화를 기다리며 나는 울었지요. 하나 당신의   890
봉화는 좀처럼 오르지 않더군요. 그리고 꿈결에도
각다귀 날개 소리에 깜짝 놀라 잠을 깨곤 했지요.
내가 잠든 시간에 실제로 일어날 수 있는 것보다
더 많은 고통이 당신을 엄습하는 것을 보았으니까요.
이 모든 고통을 나는 참았어요. 하나 이제 비탄은   895
사라졌으니, 당신이야말로 양 우리를 지키는 개와도
같으시고, 배를 안전하게 지키는 버팀줄과 같으시고,
높은 지붕을 지탱하는 기둥과 같으시고, 대를 이을
외아들과 같으시고, 절망에 빠진 선원들에게 나타난
육지와 같으시고, 태풍이 지난 뒤의 쾌청한 날씨와 같으시고,   900
목마른 길손 앞에 나타난 솟아오르는 샘물과 같으세요.

오오, 온갖 고난에서 해방된 기쁨이여!
당신은 정말 이런 칭송을 받아 마땅해요.
제발 신들께서 시기하시지 않았으면! 우리는 이미
많은 고통을 참아냈으니까요. 사랑하는 낭군이시여, 905
자, 이제 그만 마차에서 내리세요. 하지만 왕이시여,
트로이아를 짓밟으시던 그 발로 흙을 밟으시면 안 돼요.

(하녀들을 향하여)

하녀들아, 너희는 뭘 꾸물대느냐?
길에다 융단을 깔라고 내 너희에게 이르지 않았더냐?
어서 자줏빛 길을 만들도록 해라. 정의의 여신께서 910
돌아오리라 생각지도 못했던 이분을 집으로 인도하시도록.
그러면 뒷일은 잠도 정복하지 못하는 내 이 마음이
신들의 도움으로 적절히 알아서 처리할 것이다.[90]

(하녀들이 마차와 궁전 문 사이에 융단을 깔기 시작한다)

아가멤논 레다의 따님이여, 내 집의 수호자여,
내가 집을 길게도 비웠지만 915
그에 맞춰 당신 인사도 꽤나 길구려.
하나 적절한 칭찬은 남에게 받아야 할 선물이
아니겠소! 그리고 여자처럼 나를 나약하게 대하지 마시오.
마치 동방의 군주인 양 머리를 조아리며
큰 소리로 칭찬하지 말고, 길에 천을 깔아 920
신들의 시기를 사지 않도록 하시오.
이런 의식은 신들에게나 어울리니까.

---

89 포키스 왕으로, 오레스테스의 죽마고우인 퓔라데스의 아버지.
90 남편에 대한 살의를 은연중에 내비치고 있다.

인간이 어찌 화려하게 수놓은 천을 밟을 수 있겠소!
두려워서도 나는 감히 그런 짓은 못하겠소.
나는 신이 아니라 인간으로 존경받고 싶소. 925
발 멍석과 수놓은 천은 듣기에도 서로 다르며,
교만하지 않은 마음은 신이 주신 가장 위대한
선물이오. 행복한 가운데 삶을 마감하는 자만이
축복받은 자라 할 것이오. 이상으로 나는
어떻게 행동해야 마음이 편한지 이야기했소. 930

클뤼타이메스트라 그렇다면 이것도 말씀해주세요. 진심에서 그러시는 거예요?

아가멤논 알아두시오. 나는 마음에 없는 거짓말을 하는 사람이 아니오.

클뤼타이메스트라 위급 시라면 당신도 나처럼 하겠다고 신들께 서약하셨을 거예요.[91]

아가멤논 잘 아는 예언자가 이런 의식을 행하도록 지시했다면 그랬겠지요.

클뤼타이메스트라 프리아모스가 이런 일을 해냈다면 어떻게 했으리라 생각하세요? 935

아가멤논 틀림없이 수놓은 천을 밟으며 걸었겠지요.

클뤼타이메스트라 그렇다면 사람들이 욕할까 두려워하지 마세요.

아가멤논 하지만 백성들의 목소리는 큰 힘이 있는 법이오.

클뤼타이메스트라 시기의 대상이 안 되는 자는 경쟁 상대도 못 돼요.

아가멤논 시비를 거는 일은 여자에게 어울리지 않아요. 940

클뤼타이메스트라 행운을 누리는 자는 져주는 것도 어울려요.

아가멤논 이 입씨름에서 이기는 게 당신에게 그리 중요한 일이오?

클뤼타이메스트라 양보하세요. 져주시면 승리는 사실상 당신 것이니까요.

아가멤논 당신 뜻이 정 그렇다면 좋소. 내 발을 위해 노예처럼
봉사해온 이 신발의 끈을 누가 지체 없이 풀도록 하라. 945
그래야만 신들에게 어울릴 이 자줏빛 천을 밟는 나에게
멀리서 누군가 시기의 눈길을 보내지 않을 테니까.
은을 주고 산 귀중한 천을 흙발로 밟아

집안의 재물을 낭비하고 싶은 마음은 추호도 없노라.

(하녀 한 명이 아가멤논의 신발 끈을 풀고 신발을 벗긴다. 아가멤논이 차에서 내린다)

이 일은 이쯤 하고, 이 이방의 여인[92]을 상냥하게 집 안으로 950
데려가시오. 힘이 있어도 그 힘을 온건하게 행사하는 자에게는
신께서 저 멀리서 호의의 눈길을 보내시는 법이오.
자진하여 노예의 멍에를 질 사람은 아무도 없을 테니까.
이 여인은 군대가 준 선물로, 수많은 재물 가운데
특별히 나를 위해 뽑은 꽃으로서 나를 따라온 것이오. 955
내 당신에게 져서 이제 당신 말을 들어야 하니,
이 자줏빛 천을 밟으며 궁전 안으로 들어가겠소이다.

(아가멤논, 문 쪽으로 천천히 걸어간다)

클뤼타이메스트라 저기 바다가 있어요. 누가 그것을 말릴 수 있겠어요?
저 바다에서는 옷을 물들이는 은처럼 귀한
자줏빛 염료가 쉴 새 없이 솟아오르고 있어요. 960
왕이시여, 우리 집에는 신들의 은총으로 그런 물건들이
풍족해요. 이 집은 가난이라는 걸 모르니까요.
어떻게 하면 이이가 무사 귀환할 수 있을까 그 방법을
생각하고 있을 때, 신탁이 명령했다면, 나는
더 많은 옷이라도 발로 밟겠다고 서약했을 거예요. 965

---

91 이 구절을 '신이 두려워서 그런 짓을 안 하기로 결심하셨나요?'라고 해석하는 이들도 있다. 그러나 고대 그리스인들은 위기에 빠지거나 무엇을 간절히 바랄 때는 자기의 소원을 이루어주면 이러저러한 제물을 바치겠다고 신에게 서약하는 버릇이 있었는데, 무엇을 바치겠다고 서약하는 것이 아니라 무엇을 하지 않겠다고 서약한 예는 어떤 문헌에서도 찾아볼 수 없으므로 이러한 해석은 받아들일 수 없다는 것이 E. Fraenkel의 견해다.

92 캇산드라.

뿌리가 살아남으면 다시 새 잎이 돋아나 지붕 위에서
그늘을 드리워 천랑성[93]의 열기를 막아주듯,
당신이 가정의 화롯가로 돌아오시니
엄동설한에 따뜻한 햇볕을 만난 것 같아요.
그리고 제우스 신께서 쓰디쓴 포도로 포도주를   970
만드실 때도, 가정을 성취하는 가장이 돌아다니면
집 안이 갑자기 서늘해지는 법이지요.

(아가멤논, 집 안으로 들어간다)

오오, 성취자 제우스이시여, 내 기도를 성취해주소서.
그리고 그대가 성취하시고자 하는 일을 유념해주소서!

(클뤼타이메스트라, 아가멤논을 따라 궁전 안으로 퇴장)

코로스[94](좌 1) 어인 일일까?   975
예감으로 설레는 내 가슴 앞을
마치 수호자인 양 이 두려움이
이다지도 끈덕지게 날아다니는 것은?
청하지도 않은 노래 보수도 받지 않고
예언자 노릇을 하건만, 내 이를   980
뚜렷한 뜻이 없는 꿈인 양
쫓아버리고 내 가슴의 왕좌에
확고한 신념을 앉힐 수 없음은
대체 어인 일일까?
무장한 함대가 일리온으로 떠날 때
매어둔 밧줄을 풀어 던지자   985
모래가 날아오르던 것도
이미 오래전 이야기가 아니던가!

(우1) 내 이제 그들이 돌아왔음을
　　　내 이 눈으로 보아 알고 있노라.
　　　하나 아직도 내 가슴속 영혼은　　　　　　　　　　990
　　　희망의 신념이라고는 조금도
　　　갖지 못한 채, 뤼라[95]도 없이
　　　스스로 배운 복수의 여신들의
　　　만가(輓歌)를 부르고 있노라.
　　　인간의 내심은 헛되이 예감하지 않는 법.　　　995
　　　감정이 성취의 소용돌이 속에서 마음을 향하여
　　　사납게 날뛰어도 마음은 정의의 응보를
　　　알고 있음이라네. 하나 내 이 두려움은
　　　부디 성취되지 말고
　　　거짓이 되어 땅에 넘어지기를!　　　　　　　　1000

(좌2) 아무리 좋은 건강이라도
　　　결국은 상하고 마는 법.
　　　담 너머 이웃에
　　　질병이 도사리고 있음이라네.　　　　　　　　1005
　　　그와 같이 순풍에 돛 단 인간의 행운도
　　　눈에 보이지 않는 암초에 걸리는 법.
　　　그러나 재물을 구하고자 신중에 신중을 기하여
　　　지나친 부분을 알맞게 재서

93　그리스어로 Seirios.
94　975~1034행은 세 번째 정립가다.
95　뤼라(lyra)는 길이가 같은 일곱 개 현으로 된 고대 그리스의 발현악기다.

물속에 던져버린다면, 1010
과중한 풍요로 말미암아
집 전체가 침몰하는 일은 없을 것이며,
선장도 배를 바닷속에
가라앉히는 일은 없으리라.
제우스의 선물은 풍성하거늘 1015
해마다 들판에 풍작을 내려주시어
기아의 고통을 쫓아주심이라네.

(우2) 그러나 인간의 검은 피
한번 죽어 대지를 적시면,
어느 누가 마술로 1020
이를 되돌릴 수 있으랴?
죽은 자를 일으킬 수 있었던 그이[96]조차
제우스의 제지를 받았으니,
이는 후환을 막기 위함이로다.
정해진 몫을 초과하여 1025
신들에게서 더 많은 것을
얻지 못하도록, 정해진
운명이 막지 않는다면,
내 마음 혀를 앞질러
이 모든 것을 털어놓으련만. 1030
하지만 괴로운 내 마음, 제때에 일을
성취할 가망도 없이 속만 태우며
어둠 속에서 혼자 중얼거리고 있네.

(클뤼타이메스트라 등장)

클뤼타이메스트라	그대도 안으로 들라, 캇산드라여.	1035

제우스 신께서는 자비를 베푸시어 그대에게
다른 노예들과 함께 집 안의 제단 옆에 서서
성수(聖水)⁹⁷에 참여하는 것을 허락해주셨으니까.
자, 너무 거만하게 굴지 말고 차에서 내리거라.
알크메네의 아들⁹⁸도 한때는 노예로 팔려 가   1040
별수 없이 하인들의 거친 음식을 먹었다지 않느냐?
어차피 이런 운명의 멍에를 질 바에는 대대로
부귀영화를 누려온 주인을 만난 게 천만다행이지.
뜻밖에 벼락부자가 된 자들은 하인들에게
매사에 가혹하고 깐깐하게 굴기 마련이니까. 하나   1045
우리 집 풍습이 어떻다는 것은 방금 내게서 들었겠지.

코로스장 그대에게 하시는 말씀이오. 너무나 자명한 말씀일 텐데.
기왕 운명의 올가미에 걸려든 이상 복종하도록 하구려,
복종하겠다면. 그러나 복종하고 싶지 않은 모양이구려.

클뤼타이메스트라 제비처럼 알아들을 수 없는   1050
야만족의 말을 쓰지 않는다면
말로 설득할 수도 있으련만.

---

96 아폴론의 아들로, 의신(醫神)인 아스클레피오스(Asklepios)를 말한다. 그는 아르테미스 여신의 부탁을 받고 죽은 힙폴뤼토스(Hippolytos)를 되살린 까닭에 우주 질서의 파괴를 우려한 제우스의 벼락에 맞아 죽는다.

97 제물 바치는 의식은 손을 씻은 것으로 시작해 성수를 뿌리는 것으로 끝났다.

98 헤라클레스는 제우스와 알크메네의 아들로, 그리스의 대표적인 영웅이다. 그는 헤라가 발광케 하자 처자를 적인 줄 알고 죽이는데, 그 죄를 정화하기 위하여 에우뤼스테우스(Eurystheus) 왕 밑에서 12년간 종살이를 하며 12고역을 치르게 된다.

| 코로스장 | 따라가구려. 지금은 이분 말씀을 따르는 게 상책이오.
여기 이 마차 위의 자리에서 내려 복종하구려.
| 클뤼타이메스트라 | 여기 문밖에서 이러고 있을 시간이 없어. 1055
집 안의 큰 화롯가에는 벌써 제물로 바칠
양들이 준비되어 있으니까. 그러니 내 말대로 할
생각이 있거든 어서 서두르도록 해라.
하지만 아직도 내 말을 못 알아듣겠다면 1060
야만인들처럼 손짓이라도 해보든지.
| 코로스장 | 이방의 이 여인에게는 똑똑한 통역이 필요한 듯하오.
그 태도가 갓 잡혀온 야수 같으니 말이오.
| 클뤼타이메스트라 | 확실히 돌았군. 말을 안 듣기로 작정한 모양이오.
함락된 도시를 떠나 방금 이곳으로 온 터라 1065
피거품을 토하며 자만심을 버리기 전에는
아직 재갈을 물 생각이 없는 모양이오.
더는 말을 말아야지. 결국 내 망신이니까.

(클뤼타이메스트라 퇴장)

| 코로스장 | 내 그대가 불쌍해 화내지는 않겠소. 자, 차에서
내려요, 불행한 여인이여. 그리하여 몸에 익지 않은 1070
이 굴종의 멍에를 자진하여 지도록 하구려.

(좌 1) 99

| 캇산드라 | 아아, 슬프고 슬프도다.
아폴론이여, 아폴론이여!
| 코로스장 | 어인 일로 록시아스[100]를 부르며 그다지도 애통해하시오?
그분에게는 만가가 어울리지 않을 텐데. 1075

(우 1)

캇산드라 아아, 슬프고 슬프도다.

아폴론이여, 아폴론이여!

코로스장 불길한 목소리로 그분을 또 한 번 부르는구려.

하나 그분은 결코 비탄에 참가하시지 않을 것이오.

(캇산드라, 마차에서 내려 궐의 문을 향하여 걷기 시작한다.

조금 걷다가 문 앞에 아폴론의 석주상이 있음을 발견한다)

(좌 2)

캇산드라 아폴론이여, 아폴론이여, 1080

길의 신이여, 나의 파괴자[101]여,

그대는 나를 두 번이나 완전히 파괴하시는군요.

코로스장 보아하니, 자신의 불행을 예언하려는 모양인데

노예가 된 마음에도 신의 선물[102]은 그대로 남아 있구려.

(우 2)

캇산드라 아폴론이여, 아폴론이여, 1085

길의 신이여, 나의 파괴자여,

99 1072~1177행은 이른바 '아모이바이온'(amoibaion)으로, 배우와 코로스 또는 배우끼리 주고받는 서정적인 대화다.

100 아폴론의 별명 중 하나.

101 그리스어로 아폴론 신의 이름과 똑같은 apollon이다. 캇산드라는 여기서 자기를 파멸로 인도한 아폴론 신과 '파괴자'라는 뜻의 그리스어 apollon이 글자와 발음이 동일하여 언어유희를 하고 있다.

102 캇산드라는 프리아모스 왕의 딸로, 아폴론 신에게서 예언의 능력을 부여받았으나 신의 구애를 거절한 까닭에 그녀가 하는 예언은 아무도 믿지 않는 벌을 받았다.

| 코로스장 | 아아, 나를 어디로 데려오셨나요? 이 무슨 집으로?
아트레우스의 아들들 집이오. 모르겠다면 내 그대에게
말해주겠소. 설마 내 말이 거짓이라고는 못하겠지.

(좌 3)

| 캇산드라 | 아아, 아아!
신을 두려워하지 않는 집. 친족을 살해하고, 1090
목을 베고, 얼마나 많은 악행이 저질러졌던가!
남자들의 도살장, 땅에다 피를 뿌리는 곳.[103]
| 코로스장 | 이 이방의 여인이 개처럼 냄새를 잘 맡는구먼.
꼭 찾아낼 만한 살인만을 뒤쫓으니 말이오.

(우 3)

| 캇산드라 | 여기 믿을 만한 증거가 있어요. 여기 자신들이 1095
도살되었다고 슬피 우는 어린아이들이 있고,
아비들이 먹어치운, 불에 구운 살코기도 있네요.
| 코로스장 | 그대가 예언 잘한다는 말은 우리도 들어 알고 있소만,
우리가 찾는 것은 예언자가 아니오.

(좌 4)

| 캇산드라 | 아아, 끔찍하기도 해라. 이 무슨 음모인가? 1100
이 무슨 새로운 불행인가? 이 집의 안쪽에서는
너무나 끔찍한 악행을 꾸미고 있네요.
혈육 간에는 참을 수 없는 일을,
도저히 구제할 길 없는 일을 말예요.
하지만 구원의 손길은 저 멀리 떨어져 있어요.

82

코로스장　지금 한 예언은 전혀 모르는 일이나, 아까 한 말이라면　1105
　　　　　나도 아는 바요. 온 도시가 떠드는 말이니까.

(우 4)

캇산드라　아아, 가엾은 여인! 그런 짓을 하려 하다니!
　　　　　잠자리를 같이하는 남편을
　　　　　욕조에서 깨끗이 씻긴 뒤—
　　　　　내 어찌 끝까지 말하리?
　　　　　곧 끝장이 날 것을!　1110
　　　　　벌써 손을 자꾸만 앞으로 내밀고 있네요.
코로스장　아직도 알아듣지 못하겠구려. 그녀의 수수께끼 같은 이야기
　　　　　모호한 신탁처럼 나를 더욱 어리둥절하게 할 뿐.

(좌 5)

캇산드라　아아, 슬프고 슬프도다! 여기 보이는 것은 뭐지?
　　　　　지옥의 그물[104]인가? 아니, 그와 잠자리를 같이한,　1115
　　　　　살인에 가담한 덫[105]이로구나. 이 가문에 깃든
　　　　　탐욕스런 불화여, 돌로 쳐죽임으로써
　　　　　복수하게 될[106] 제물을 보고 환성을 올리려무나!

103　캇산드라는 여기서 자신의 예언 능력에 힘입어 환상을 보고 있다. 아가멤논과 메넬라오스의 아버지 아트레우스는 아우인 튀에스테스를 초청해놓고 그의 자식들을 죽여, 그 살점으로 잔치를 베풀었던 것이다.
104　클뤼타이메스트라는 아가멤논을 그가 입었던 겉옷으로 씌운 뒤 흉기로 쳐죽이는데, '그물'이란 그가 입었던 겉옷을 말한다.
105　클뤼타이메스트라.
106　오레스테스는 훗날 어머니를 죽이고 아버지의 원수를 갚는다.

| 코로스장 | 어인 일로 그대는 복수의 여신들더러 이 집을 보고
소리치라는 것이오? 그대의 말은 달갑지 않구려. | 1120 |

코로스   노랗게 물든[107] 핏방울이 내 심장으로 몰려드는구려.
이러한 핏방울은 창에 맞아 쓰러진 자들에게,
꺼져가는 생명의 석양과 함께 찾아오는 것이오.
그리하여 순식간에 파멸이 덮치는 것이오.

(우 5)

캇산드라   아아, 보세요. 저것 보세요. 암소에게서 황소를   1125
떼어놓으세요. 그녀가 옷으로 그를 싸잡아
뿔 달린 검은 흉기[108]로 내리치니, 그가 물이 담긴
그릇 속[109]으로 쓰러지고 있네요. 사람을 음흉하게
죽이는 가마솥[110]의 흉계를 말하고 있는 거예요.

코로스장   내가 신탁풀이를 썩 잘한다고 자랑할 수는 없지만   1130
이건 아무래도 불길한 일인 듯하오.

코로스   하나 신탁이 언제 인간들에게
반가운 소식을 전한 적이 있었소이까?
예언자들의 수다스러운 재주는
불행을 말함으로써 공포를 가르쳐줄 뿐이오.   1135

(좌 6)

캇산드라   아아, 이 가엾은 여인의 불행한 운명이여!
불행의 잔을 채우며 통곡하는 것이 내 자신의 고통이로구나.
어쩌자고 이 가엾은 여인을 이리로 데려왔나요?
결국 같이 죽게 하려고? 그 밖에 또 무슨 이유가 있나요?

코로스장과
코로스   신이 들려 그대는 아무래도 제정신이 아닌 것 같구려.   1140

울어도, 울어도 시원치 않아 서글픈 마음으로
"이튀스, 이튀스!" 하고 부르며
불행했던 자신의 일생을 통곡하는
밤꾀꼬리[111]와 같이 자신에 관하여

107 고대 그리스인들은 사람이 죽거나 놀라면 피가 노래진다고 믿었다.
108 이 드라마에서 아가멤논을 살해하는 데 사용된 흉기는 도끼라고 주장하는 이들도 있고, 칼이라고 주장하는 이들도 있다. 전자의 논지는 이 드라마에서 살인 행위를 표현할 때 언제나 '친다'는 말을 쓰고 있으며, 이 드라마와 3부작을 이루는 『제주를 바치는 여인들』 889행에서도 클뤼타이메스트라가 덤벼드는 오레스테스를 치기 위해 도끼를 찾는다는 것이다. 후자의 논지는 클뤼타이메스트라가 『아가멤논』 1528행에서 남편을 살해하는 것은 딸 이피게네이아를 제물로 바친 데 대한 정당한 보복이라는 점을 암시하고 있는데, 고대사회에서는 '눈에는 눈, 이에는 이'라는 동종보복(同種報復)이 일반적인 관행이므로 아가멤논 역시 이피게네이아처럼 칼에 맞아 죽었다고 보는 것이 타당하다는 것이다. 또한 『제주를 바치는 여인들』 1011행에서 아이기스토스의 칼이 언급되고 같은 작품 978행과 『아가멤논』 1612행 이하에서 아이기스토스가 아가멤논의 살해 음모에 가담했다는 언급으로 미루어, 그 칼은 아이기스토스가 빌려준 칼이라는 것이다. 여기서는 '뿔 달린 검은 흉기'라고 말하고 있는데, '검다'는 말은 재앙을 암시하고 '뿔'이란 앞서 나온 황소와 암소에서 따온 비유로 생각된다.
109 욕조.
110 '가마솥'이란 1539행 이하에서 '은으로 테두리를 댄 욕조'와 같은 것으로 생각된다.
111 트라케 왕 테레우스(Tereus)는 아테나이 왕 판디온(Pandion)의 딸 프로크네(Prokne)와 결혼하지만 처제 필로멜레(Philomele)를 겁탈한 다음 발설할까 두려워 혀를 자르고 유폐한다. 필로멜레는 자신이 당한 일을 천에 수놓아 언니에게 보내자 프로크네는 아우의 원수를 갚기 위해 자신과 남편 테레우스 사이에서 태어난 아들 이튀스(Itys)를 죽여 그 살점으로 요리를 만들어 남편 앞에 내놓는다. 나중에 이 사실을 알게 된 테레우스가 두 자매를 죽이려 하자 제우스가 테레우스는 후투티로, 필로멜레는 제비로, 프로크네는 밤꾀꼬리로 변신시켜 아들의 죽음을 영원히 슬퍼하게 했다. 이튀스는 밤꾀꼬리 울음소리의 의성어다.

곡조도 없는 노래를 부르고 있으니 말이오. 1145

(우 6)

캇산드라 아아, 노래하는 밤꾀꼬리의 죽음이여!¹¹²
 신들께서는 날개 달린 모습과 눈물 없는
 즐거운 삶을 밤꾀꼬리에게 주셨지요.
 하지만 나를 기다리는 것은 쌍날칼에 찢기는 것.

코로스장과 하늘이 보낸 이 격렬하고 무익한 1150
코로스 고통의 출처가 대체 어디기에
 그대는 알아들을 수 없는 큰 소리로
 이토록 무서운 노래를 부르는 거요?
 불행을 말하는 이 예언의 노래를
 그대는 대체 어디서 배웠소? 1155

(좌 7)

캇산드라 아아, 결혼이여, 결혼이여,
 친척들에게 파멸을 안겨준 파리스의 결혼이여!
 아아, 내 조국의 강물 스카만드로스여!
 가련한 이 몸, 한때는 네 기슭에서 1160
 크고 자랐건만 이제 곧
 코퀴토스 강변과 아케론¹¹³의 기슭에서
 내 예언을 노래하게 되겠구나.

코로스장과 그대가 그토록 알아듣기 쉽게 말하다니
코로스 어린애라도 알아들을 수 있겠구려.
 그대의 애절한 노래, 듣기에도 애처로우니
 그대의 잔혹한 운명에 1165

내 가슴은 치명상을 입는구려.

(우 7)

캇산드라 아아, 고통이여, 고통이여,
완전히 멸망한 도시의 고통이여!
아아, 아버지께서 성벽 앞에서 아낌없이
바치셨던 풀을 뜯던 양 떼의 제물이여!
그것들도 이 비참한 운명에서   1170
도시를 구하지 못했구나.
나 또한 머지않아 뜨거운 피를 땅에 뿌리리라.

코로스장과 이렇게 똑같은 말투로 말에 말을
코로스 잇는 것을 보니, 어떤 사악한 힘이
그대를 무겁게 짓누르며   1175
쓰라린 고통을 노래하게 함이 분명하오.
하나 어떻게 끝이 날지 나는 알지 못하오.

캇산드라 자, 이제부터 내 예언은 갓 결혼식을 올린 신부처럼
면사포 사이로 내다보는 그런 예언이 되지 않고,
신선한 바람처럼 환히 빛나며 떠오르는 태양을 향해   1180
세차게 불어갈 것인즉, 그러면 그보다 더 큰
불행이 밝은 빛을 향해 파도처럼 밀려들 거예요.

112 캇산드라는 여기서 프로크네의 슬픈 이야기와는 다른 밤꾀꼬리 이야기를 말하고 있다. 아테나이 공주 아에돈(Aedon)은 테레우스의 칼에 죽기 직전 신들의 은총으로 밤꾀꼬리가 되어 평화롭게 살다 죽었다고 한다.

113 코퀴토스와 아케론은 저승을 흐르는 강이다. 전자는 '비명' 또는 '눈물의 강'이라는 뜻이고, 후자는 '재앙' 또는 '통곡의 강'이라는 뜻이다.

이제 더 이상 수수께끼 같은 말은 하지 않겠어요.
그리고 내가 바싹 뒤쫓으며 먼 옛날 저질러졌던 악행의
자국을 냄새 맡거든 여러분이 증인이 되어주세요. 1185
합창가무단이 한시도 이 집을 떠나지 않고 있네요.
하지만 그들의 노래가 듣기 좋은 것은 아녜요.
그들이 들려주는 말이 즐겁지 못하니까요. 그들은 인간의 피를
빨아먹고 점점 대담해졌어요. 이 집안과 일족 간인 복수의 여신들
무리가 이 집에 산단 말예요. 이 주정뱅이들은 내쫓지도 못해요. 1190
그들은 방을 몽땅 차지하고 그들의 노래를 불러요.
이 모든 재앙의 단초가 된 눈먼 마음을 노래해요.
그리고 형의 침상을 짓밟은 자[114]를 증오하며 차례차례
그 침상을 저주하고 있네요. 내가 잘못 맞혔나요, 아니면
궁수처럼 바로 맞혔나요? 아니면 이 집 저 집 찾아다니는 1195
수다스런 돌팔이 예언자인가요? 그렇다면 이 집안의 오래된 악행을
들은 바도, 아는 바도 없다고 맹세하시고 그 증거를 대보세요.

코로스장 제아무리 굳게 맹세한들 지금 와서 그게 우리에게
무슨 도움이 되겠소? 하지만 우리와 다른 말을 쓰며
바다 건너 저편에서 자란 그대가 마치 이곳에 있었던 양 1200
사실을 바로 알아맞히니 감탄하지 않을 수 없구려.

캇산드라 예언자 아폴론이 내게 그런 임무를 주셨지요.

코로스장 신이신 그분께서도 연정의 포로가 되셨던가요?

캇산드라 전에는 이런 말을 하는 것을 창피하게 여겼어요.

코로스장 형세가 좋을 때는 누구나 까다롭게 구는 법이오. 1205

캇산드라 그래요. 그분은 내게 강렬한 은총의 입김을 내뿜는 씨름꾼이었지요.

코로스장 그렇다면 그대들도 남들처럼 아이를 낳았나요?

캇산드라 약속은 했으나 결국 내가 록시아스를 속였지요.

코로스장	그때는 이미 예언의 능력을 부여받은 뒤인가요?
캇산드라	나는 이미 백성들에게 닥쳐올 모든 재앙을 예언했지요.	1210
코로스장	그럼 틀림없이 록시아스의 노여움에 무사하지 못했을 텐데?
캇산드라	그분을 배신한 뒤로 아무도 내 말을 믿어주지 않았어요.
코로스장	하지만 우리에게는 그대의 예언이 믿을 만해 보이오.
캇산드라	아아, 아아, 이 고통!

진정한 예언자의 무서운 고통이 또다시 1215
전주가를 부르며 맹렬한 기세로 나를 엄습하는구나.
저기 어린아이들이 꿈속의 환영과 흡사한 모습을 하고
집 바로 옆에 앉아 있는 것이 보이지 않으세요?
친족들에게 살해된 어린아이들이네요. 손에는
식탁에 올랐던 자신들의 살점을 잔뜩 들었어요. 1220
그리고 그들 아버지가 먹어치운 끔찍한 내장덩어리를 든
모습도 또렷이 보이네요. 그래서 누군가
복수할 음모를 꾸미고 있어요. 어떤 비겁한 사자[115]가
집 안에 도사리고 앉아, 침상에서 뒹굴며 돌아오는 주인에게,
내 주인에게—내가 그분의 멍에를 져야 하니 1225
그분은 내 주인인 셈이지요—음모를 꾸미고 있단 말예요.
하지만 함대의 사령관이요 트로이아의 정복자인 그분은,
더러운 암캐의 혓바닥이 음흉한 아테처럼 반가운 표정을
지으며 그럴싸한 말을 길게 늘어놓자, 악의 축복을 받으며
그녀가 대체 무슨 짓을 저지르려 하는지 모르고 있어요. 1230

---

114 튀에스테스는 형인 아트레우스의 아내 아에로페(Aerope)를 유혹하여 간통했다.
115 아이기스토스.

그녀는 그만큼 대담해요. 아내 된 몸으로 남편을 죽이다니!
도대체 어떤 가증스런 괴물의 이름으로 그녀를 불러야
어울릴까요? 쌍두사(雙頭蛇)라 할까요, 아니면 선원을
잡아먹으며 바위틈에 사는 스퀼라[116]라 할까요? 아니면
가족에게 끝없는 전쟁을 걸어오는 광기에 사로잡힌   1235
지옥의 어머니라 할까요? 참 뻔뻔스럽기도 하지.
전쟁에서 돌아온 개선장군처럼 승리의 환호성까지 지르다니.
그러고도 그분이 무사히 돌아온 것을 반기는 체하다니!
물론 내 말을 안 믿어도 괜찮아요. 올 것은 오고야 마니까.
이제 그대는 곧 현장 목격자가 되어 연민의 눈물을 흘리며   1240
나를 너무나 진실한 예언자라 부르겠지요.

코로스장 제 자식들의 살점을 먹은 튀에스테스의 잔치라면
나도 알고 있소. 그리고 상상을 통해서가 아니라
사실 그대로를 듣고 나니 공포와 전율이 나를 사로잡는구려.
하지만 그 밖에 다른 이야기는 전혀 종잡을 수 없구려.   1245

캇산드라 아가멤논의 죽음을 보시게 될 거란 말예요.

코로스장 닥치시오, 가련한 여인이여. 그런 불길한 말은 입 밖에 내지 마오.

캇산드라 하나 내가 말하는 이 일을 관장하시는 분은 구원자가 아니세요.

코로스장 그런 일이 일어난다면, 물론 아니겠지. 제발 일어나지 말았으면!

캇산드라 그대는 기도하지만 그들은 죽이려 해요.   1250

코로스장 그런 끔찍한 짓을 저지르려는 자가 대체 어떤 놈이란 말이오?

캇산드라 그대는 내 예언을 전혀 알아듣지 못하고 있어요.

코로스장 글쎄, 나는 이 계획을 실행하려는 자들이 누군지 모르니까.

캇산드라 하지만 나는 헬라스 말을 너무나 잘 알고 있는걸요.

코로스장 퓌토[117]의 신탁도 헬라스 말이긴 하나 역시 이해하기 어렵소.   1255

캇산드라 아아, 슬프도다.

어찌 이리 맹렬한 불길이 나를 엄습하는가!

아아, 아아,

뤼케이오스[118] 아폴론이여, 아아, 가련한 내 운명이여!

그녀는 고귀한 수사자가 집을 비운 사이

늑대와 잠자리를 같이한 두 발 달린 암사자이거늘,

그녀가 이제 이 가련한 여인을 죽이려 해요. 그리고 약을   1260

조제하는 이처럼 자기가 만든 독약에 내 몫까지 첨가할 거예요.

그녀는 남편에게 칼을 갈면서 나를 데려온 것에

죽음의 복수를 하겠노라 큰소리를 치고 있어요.

하거늘 나는 무엇 때문에 망신스럽게 이따위 장식들과

지팡이와 예언자의 목 띠를 아직 지니고 있는가!   1265

내 운명의 시간이 오기 전에 너라도 부수어놓으리라.

부서져라! 땅에 떨어진 이 순간이나마 네게 앙갚음하리라.

나 대신 다른 여인을 네 저주와 불행으로 가득 채우려무나.

보세요, 아폴론이 내 예언의 옷을 벗기고 있어요.

그분은 내가 이 옷을 입고 크게 조롱당하는 걸   1270

보았어요. 나는 친구들[119]에게 조롱당했지요.

친구들은 나를 미워했고, 분명 제정신들이 아니었어요.

---

116 스퀼라는 머리는 여섯이고 발은 열두 개인 괴물로, 시칠리아 섬, 메시나(Messina) 해협의 바위 동굴에 살며 지나가는 선원들을 잡아먹었다고 한다.
117 델포이의 옛 이름.
118 뤼케이오스는 아폴론의 별명 가운데 하나로 그 뜻은 확실하지 않다. 더러는 '빛'이라는 뜻의 lux에서, 더러는 '늑대'라는 뜻의 lykos에서, 더러는 지명인 뤼키아에서 유래한 것으로 보고 있다. 여기서 아폴론을 왜 이 이름으로 부르는지 알 수 없지만, 캇산드라의 눈에 아이기스토스가 늑대로 보이기 때문일 것으로 해석하는 이들도 있다.
119 그녀와 동족인 트로이아인들.

그리고 나는 떠돌이 비렁뱅이 예언자처럼
"배를 곯는 가련한 거지"라고 불러도 꾹 참았지요.
한데 이제 예언자이신 그분이 예언자인 내게 빚을   1275
갚으라시며 이런 죽음의 운명으로 나를 인도하셨어요.
아버지의 제단 대신 도마가 나를 기다려요. 내가
장례 제물로 죽을 때 내 뜨거운 피로 붉게 물들 도마요.
그러나 신들은 우리의 죽음을 꼭 복수해주실 거예요.
우리의 원수를 갚아줄 다른 사람이 와요. 어미를 죽여   1280
아버지의 원수를 갚을 자식[120]이 올 거란 말예요.
그는 지금 고국을 떠나 비참한 유랑 생활을 하지만
언젠가 돌아와 가문을 위해 이 모든 악행의 갓돌을 놓게
될 거예요. 땅속에 누운 아버지의 시신이 그를 고향으로
인도할 거예요. 한데 나는 왜 이렇듯 처량하게 울고 있지?   1285
이미 일리온의 도시가 그토록 비참한 종말을
고하는 것을 보았고, 또 그 도시를 함락한 자들도
신들의 심판에 의해 이렇게 죽어가는 것을 보았으니,
가서 나도 용감하게 죽음을 감당하겠어요.
여기 이 문을 저승의 문으로 알고 인사하겠어요.   1290
비노니, 제발 단 한 번의 치명적인 일격에 피를 쏟으며
버둥대지 않고 편안한 죽음을 맞게 해다오.
그러면 나는 눈을 감고 고이 잠들 테니까.

코로스장 아아, 정녕 가련하기도 하지만 정녕 지혜로운 여인이여,   1295
그대는 무척이나 많은 이야기를 했소. 하지만 진실로
자신의 죽음을 안다면, 어째서 신에게 끌려가는 암소처럼
그토록 겁도 없이 제단을 향해 걸어가는 것이오?

캇산드라 피하려 해도 이젠 피할 수 없어요. 이방인들이여!

코로스장	하지만 최후의 시간은 언제나 가장 소중한 법이오.	1300
캇산드라	그날이 온 거예요. 도망쳐도 별 소용 없는.
코로스장	알아두시오. 그대야말로 용감하고 참을성 많은 사람이오.
캇산드라	행복한 사람은 그런 말을 듣지 않지요.
코로스장	하지만 명성을 얻고 죽는다면 인간에게는 하나의 은총이오.
캇산드라	아버지, 나는 아버지와 아버지의 고귀한 자녀들을 위해 슬퍼해요.	1305

(캇산드라, 문턱을 넘으려다 말고 뒷걸음친다)

코로스장	왜 그러시오? 뭐가 무서워 뒷걸음치는 거요?
캇산드라	아아, 슬프도다!
코로스장	왜 그러시오? 공포의 환영이 그대를 사로잡은 것은 아니요?
캇산드라	이 집이 피가 뚝뚝 듣는 살인의 입김을 내뿜고 있네요.
코로스장	그럴 리가? 화롯가에서 흘러나오는 제물 냄새겠지요.	1310
캇산드라	이것은 무덤에서 나오는 것과 같은 증기예요.
코로스장	이 집을 영광으로 가득 채우는 쉬리아산(産) 방향은 말도 않고.
캇산드라	가겠어요. 가서 집 안에서 내 자신의 운명과 아가멤논의
운명을 슬퍼하겠어요. 나는 살 만큼 살았으니까요.
(다시 걸음을 멈춘다) 아아, 이방인들이여, 나는 덤불을	1315
	피하는 새처럼 결코 두려워 비명을 지르는 게 아녜요.
그러니 여인인 나로 인하여 한 여인이 죽고,
악처를 만난 남자로 인하여 한 남자가 쓰러지거든,
여러분은 내가 어떻게 죽었는지 증언해주세요.
내 죽음을 앞두고 이런 호의를 여러분에게 부탁해요.	1320
코로스장	가엾은 여인이여, 그대가 예언한 죽음에 동정을 금할 수 없구려.
캇산드라	한마디만, 아마도 내 자신의 만가가 될 한마디만 할게요.

120 오레스테스.

나는 이 마지막 햇빛을 향하여 태양신에게 빌겠어요.

내 복수자들이 살인자들을 베어 눕힐 때

왕의 죽음뿐만 아니라, 비록 간단히 없애버릴 수 있는   1325

노예의 몸이긴 하지만 나의 죽음에도 복수해주도록 말예요.

아아, 가련하구나, 인간의 운명이여! 행복할 때는

하나의 그늘이 행복을 뒤바꾸어놓고, 불행할 때는

젖은 해면이 한꺼번에 그림을 지워버리는구나!

그리고 후자는 전자보다 한결 애통한 일이로다.   1330

(캇산드라, 궁전 안으로 퇴장)

코로스 인간은 부귀영화에 만족할 줄 모르누나.

남들이 손가락을 들어 가리키는 궁전을 가졌어도

"이젠 더 이상 들어오지 마!"라며

이를 물리치는 자 아무도 없음이라네.

여기 이 사람을 보시오. 축복받은 신들은   1335

그에게 프리아모스의 도시를 함락케 하셨고

그는 하늘의 영광 속에서 고향에 돌아왔다네.

하나 그런 그가 선조들이 흘린 피의 대가를 치러야 하고,

죽은 자들에게 자신의 죽음으로 죽음을

보상해야 한다면, 죽어야 할 인간들 중에   1340

누가 이 말을 듣고도 재앙을 모르는

행운을 타고났다 자랑할 수 있겠소?

아가멤논 (궁전 안에서) 아아, 정통으로 얻어맞았구나. 치명타로다!

코로스장 조용히들 해요. 누군가 치명타를 입었다고 소리치지 않소?

아가멤논 아아, 또 한 번. 두 번째로 얻어맞는구나.   1345

코로스장 왕의 신음 소리로 미루어 범행이 이미 저질러진 듯하오.

　　　　　무슨 좋은 방안이 있을지 함께 의논해봅시다.

　　　　　(열두 노인들, 차례차례 말한다)

코로스 1　거리낌 없이 내 의견을 말하겠소. 전령들을 시켜 시민들을
　　　　　지체 없이 이 궁전으로 불러 모으는 것이 좋겠소이다.

코로스 2　내 생각 같아서는, 지금 당장 안으로 뛰어들어 칼에 아직　　　1350
　　　　　피가 묻어 있는 동안 범행을 확인하는 게 좋을 듯하오.

코로스 3　나도 그 제안에 찬성하오. 무슨 행동이든
　　　　　행동을 해야 하오. 지금은 지체할 때가 아니오.

코로스 4　이것은 분명 우리 도시에 참주정치¹²¹를 하겠다는 전조요.
　　　　　그들의 행동이 이를 말해주고 있소.　　　　　　　　　　　　1355

코로스 5　우리가 우물쭈물하기 때문이오. 하지만 그들은 신중(愼重)의
　　　　　명예를 짓밟고 있고, 그들의 손은 쉴 줄을 모르오.

코로스 6　어떤 계획을 제시해야 할지 나는 모르겠소이다.
　　　　　계획을 세우는 것은 역시 행동하는 자가 할 일이오.

코로스 7　나도 같은 생각이오. 죽은 사람을 말로써 다시　　　　　　　1360
　　　　　일으켜 세울 방도를 나는 모르기 때문이오.

코로스 8　그렇다면 목숨을 연장하기 위해 이 집을 더럽힌 자들을
　　　　　우리 통치자로 떠받들겠단 말씀인가요?

코로스 9　그건 안 될 말, 차라리 죽는 편이 낫지.
　　　　　죽음이 참주정치보다는 더 나은 운명이니까.　　　　　　　　1365

코로스 10　하지만 신음 소리만 듣고 그분께서 돌아가셨다고
　　　　　확실히 말할 수 있겠소?

코로스 11　먼저 확실히 파악한 다음 이 일을 논의합시다.
　　　　　추측과 확실한 지식은 전혀 별개의 것이오.

121　일종의 독재정치.

| 코로스장 | 여러모로 생각해보니, 먼저 아트레우스의 아드님께서
| | 어떡하고 계신지 확실히 알아보는 것이 좋을 듯하오. 1370

(그들이 결정을 내리지 못하고 있는 사이 문들이 활짝 열리며, 클뤼타이메스트라가 욕조 옆에 서 있는 것이 보인다. 욕조에는 수놓은 큰 옷에 덮인 채 아가멤논의 시신이 누워 있다. 바로 그 옆으로 캇산드라의 시신이 누워 있다)

| 클뤼타이메스트라 | 상황에 맞춰 나는 잠시 전에 많은 말을 했는데,
| | 이제 그와 반대되는 말을 한다고 부끄럽게 여기지 않소.
| | 해치우려는 적이 친구인 척하는데, 그렇게 하지 않고서야
| | 어찌 그 적이 훌쩍 뛰어넘어 달아나지 못하도록 1375
| | 재앙의 그물로 울타리를 높이 칠 수 있겠소?
| | 해묵은 불화를 끝내줄 이 결전을 나는 오래전부터
| | 계획하고 있었고 이제 드디어 성취했을 따름이오.
| | 그를 내리친 그 자리에 나는 서 있소. 일을 끝내고 말이오.
| | 그가 자신의 운명을 피하거나 막지 못하도록 1380
| | 나는 이렇게 해치웠고 부인하고 싶지 않소.
| | 나는 끝없는 그물을 고기잡이 그물처럼 그의 주위에 던졌소.
| | 재앙으로 가득 찬 이 옷 말이오. 그러고는
| | 그를 두 번 쳤소. 그러자 두 번 신음 소리를 내고는
| | 그는 그 자리에 사지를 뻗었소. 그가 쓰러지자 1385
| | 세 번째 타격을 가했소. 세 번째 타격은 사자(死者)의
| | 구원자인 지하의 제우스¹²²에게는 반가운 제물이었지요.
| | 이렇게 쓰러지며 그는 자신의 목숨을 토해냈소.
| | 그리고 그는 단검처럼 날카롭게 피를 내뿜으며
| | 피이슬의 검은 소나기로 나를 쳤소. 그래서 나는 1390
| | 이삭이 팰 무렵 제우스의 풍성한 비의 축복을 받아
| | 기뻐하는 곡식 못지않게 기뻤소. 일이 이러하니

여기 있는 아르고스의 원로들이여, 기뻐할 테면 기뻐하시오.
나는 이 일을 자랑스럽게 여기오. 그리고 시신에
제주를 붓는 것이 격식에 맞는다면, 이러한 내 행동[123]은   1395
정당하다 할 것이오. 정당하고말고요. 이 사람은
집안에 그토록 많은 저주스러운 악으로 잔을 채워놓고는
이제 귀국하여 스스로 그 잔을 비우고 있으니 말이오.

코로스장 그토록 대담한 말을 하는 그대의 혀가 놀랍기만 하오.
제 남편을 향하여 그토록 큰소리를 치다니!   1400

클뤼타이메스트라 지각없는 여자인 양 그대가 나를 시험하는구려.
그러나 나는 조금도 겁내지 않고 그대에게 말하겠소.
그대는 알 만한 사람이니까. 그대가 나를 칭찬하든
비난하든 아무래도 좋아요. 여기 이 사람이 내 남편
아가멤논이오. 하지만 지금은 시신이오. 올바른 일꾼인   1405
내 오른팔이 해놓은 일이오. 일이 지금 이렇게 되었소.

(좌 1)

코로스 오오 여인이여,
그대는 땅에서 자란 독초를 먹었소,
아니면 바다에서 솟은 독액을 마셨소?
대체 무슨 독약을 먹고 자랐기에 그대는

---

122 '지하의 제우스'란 저승의 신 하데스를 말한다. 고대 그리스인들은 주연에
     앞서 먼저 신에게 삼배를 올리는데, 세 번째 잔은 구원자 제우스(Zeus
     soter)에게 바쳤다. 여기서 클뤼타이메스트라는 하데스를 제우스에, 아가
     멤논에게 가한 세 번째 가격을 구원자 제우스에게 바치는 세 번째 잔에 빗
     대어 말하고 있다.
123 남편 아가멤논을 죽여놓고 자랑스럽게 여기는 것을 말한다.

	이토록 백성들의 원성과 저주를 짊어지는 것이오?	
	그대는 자르고 던졌으니,[124] 시민들의 격렬한	1410
	증오의 대상이 되어 도시에서 추방될 것이오.	
클뤼타이메스트라	지금 그대는 내게 도시로부터의 추방과 시민들의 증오와	
	백성들의 원성과 저주라는 판결을 내리는구려.	
	하지만 그대는 여기 이 사람이 트라케의 바람을	
	잠재우기 위해 내 산고(産苦)의 소중한 결실인	1415
	그 자신의 딸을 제물로 바쳤을 때는 잠자코 있었소.	
	탐스러운 털을 가진 수많은 양 떼 중 한 마리가 죽는 양	
	그는 제 자식의 죽음을 대수롭지 않게 여겼소.	
	부정(不淨)한 짓을 대가로 이 나라에서 추방했어야 할 사람은	
	바로 이 사람이 아니겠소? 한데 그대는 내 행동을	1420
	심리할 땐 엄한 판관이 되었구려. 그대에게 이르노니,	
	나도 그대 못지않게 대비한다는 사실이나 알고	
	협박을 해요. 그대가 힘으로 나를 이긴다면 그대가 나를	
	지배하게 되겠지만, 신께서 그와 반대되는 결정을 내리신다면	
	그대는 늦게나마 겸손이 무엇인지 배우게 될 것이오.	1425

(우 1)

코로스	크고 대담하도다, 그대의 생각은!	
	오만불손하도다, 울려 퍼지는 그대의 말들은!	
	피가 뚝뚝 듣는 이 일에 그대의 마음이 뒤집혔음에랴.	
	그대 두 눈에 핏자국이 선명하구나.	
	하나 그대는 이제 그 죗값으로 친구들을 잃고,	
	주먹을 썼으니 주먹맛을 보게 되리라.	1430
클뤼타이메스트라	그렇다면 그대는 정당한 내 맹세도 들으시오.	

내 자식의 원수를 갚아주신 정의의 여신과 아테와
복수의 여신들에게 나는 이 사람을 제물로 바쳤거늘,
이들 여신의 이름으로 맹세하건대 여전히 내게 충성을
다하는 아이기스토스가 내 화로에 불을 지피는 동안에는   1435
나를 위해 희망이 공포의 집을 거니는 일은 없을 것이오.[125]
우리에게 아이기스토스는 작지 않은 신뢰의 방패니까요.
여기 제 아내를 모욕하고 일리온 앞에서
크뤼세이스[126]들을 농락하던 사람이 누워 있소.
그리고 창으로 얻은 그의 포로이며 점쟁이며   1440
그의 충실한 첩이었던 여인도 누워 있소.
이 여인은 그의 잠자리 친구였으며 함선 위에서는
나란히 앉아 있었소. 이들은 응분의 보답을 받은 셈이오.
그는 내가 말한 그대로 죽었고, 그의 애인이었던 그녀는
백조처럼 자신의 마지막 만가를 부르고 나서   1445
여기 누웠소. 그리하여 그녀는 나의
성대한 잔치에 맛을 더하는 양념이 된 셈이오.

(좌 2)

코로스   아아, 고통도 없고 병석에 오래 눕지도 않는
어떤 운명이 내게 다가와 끝날 줄 모르는
영원한 잠을 내게 가져다준다면!   1450
이제 우리의 상냥하신 보호자

---

124   클뤼타이메스트라의 행동을 마구 자르고 던지는 광적인 폭행에 비기고 있다.
125   내 집은 공포의 집이 아니니 희망이 내 집에 발을 들여놓으리라는 뜻이다.
126   주 61 참조.

한 여인의 소행으로

많은 고통을 당하신 뒤 누워 계시니

그 여인의 손에 목숨을 잃었기 때문이라네.

(종가)

코로스   아아, 헬레네여, 그대 미친 헬레네여,

그대 혼자서 그 많은 생명을   1455

트로이아의 성벽 밑에서 전멸시키다니!

이제 그대 마지막으로 잊지 못할 완전한 화환으로,

씻지 못할 피로 자신을 장식했구려!

철벽 같은 이 집에 남편의 파멸을 초래하는   1460

불화가 생긴 것은 진정 그때[127]였다네.

클뤼타이메스트라   이 일에 상심하여

죽음의 운명을 기구하지도 말고,

그대의 노여움을 헬레네에게 돌리지도 마시오.

또한 그녀를 남자들의 파괴자라거나, 그녀 혼자서   1465

수많은 다나오스 백성들의 생명을 파괴함으로써

견딜 수 없는 슬픔을 가져다주었다고 말하지도 마시오.

(우 2)

코로스   이 집과 탄탈로스의 두 자손[128]에게 덮친 악령이여,

그대는 두 여인[129]을 통하여 똑같은 힘을 과시하며   1470

내 심장을 찢어놓는구나.

그는 밉살스런 까마귀처럼 시신 위에 앉아

곡조도 없는 노래를 부르며 뻐기는구나.

클뤼타이메스트라   세 번씩이나 게걸스레 먹어치운[130]   1475

이 집안의 악령을 부르는 걸 보니,

이제 그대도 생각을 고친 듯하구려.

다름 아닌 그의 소행으로 말미암아 피를 빨려는

욕망이 뱃속에서 자랐으며, 묵은 고통이

끝나기도 전에 새 종기가 곪았던 것이오.   1480

(좌 3)

코로스　그대는 집안을 좀먹고, 무서운 원한을

품고 있으며, 사악한 성공에 물리지 않는

강력한 악령을 칭찬하지만,

아아, 그것은 나쁜 칭찬이라오.

아아, 슬프도다. 이 모두 제우스의 뜻일지니,   1485

만사의 원인이며 만사의 실행자이신 제우스 없이

무슨 일이 필멸의 인간들에게 이루어지리?

이 가운데 어느 것이 신께서 결정하신 일이 아니리?

아아, 왕이시여, 왕이시여,

내 그대를 위하여 어떻게 울어야 하나이까?   1490

127　아가멤논이 아울리스 항에서 이피게네이아를 제물로 바쳤던 때를 말한다.
128　아가멤논과 메넬라오스. 탄탈로스는 이들의 증조부다.
129　클뤼타이메스트라와 헬레네 자매.
130　'세 번씩이나 게걸스레 먹어치운'과 관련해서는 의견이 분분하다. 탄탈로스→펠롭스→아트레우스→아가멤논으로 이어지는 3대를 뜻한다고 보는 이들도 있고, 신들의 전지를 시험하려고 아들 펠롭스의 살점으로 신들을 접대했다가 그 벌로 저승에서 영원한 허기와 갈증에 시달리고 있는 탄탈로스와, 제 자식의 살점으로 만든 요리를 먹은 튀에스테스와 아가멤논을 가리키는 것으로 보는 이들도 있다. 또 이런 해석은 무리라 하여 '세 번씩'이라는 말은 단순한 강조에 지나지 않는다고 보는 이들도 있다.

그대를 사랑하는 이 마음 무어라 말해야 하나이까?
그대는 처참하게 숨을 거두시고
거미줄에 걸리어 여기 누워 계시나이다.
아아, 슬프도다.
아내의 손에 쌍날 흉기를 맞고
음흉한 죽음을 당하신 채   1495
여기 이렇듯 비천하게 누워 계시나이다.

클뤼타이메스트라   그대는 이것이 내 소행이라 믿고 있구려.
하지만 나를 아가멤논의 아내라 생각하지 마시오.
무자비한 잔치를 베푼
아트레우스의 악행을   1500
복수하는 해묵은 악령이
여기 죽어 있는 자의 아내의 모습을 하고 나타나
어린것들에 대한 보상으로, 마지막을 장식하는
제물로서 이 성숙한 어른을 죽인 것이라오.

(우 3)

코로스   그대가 이 살인과 무관하다고   1505
누가 증언하겠소? 그건 안 될 말이오.
하지만 아버지의 죄악에서 생겨난
복수의 악령은 그대를 도와주겠지요.
솟아오르는 혈족의 피의 흐름 속을
늙고 검은 아레스[131] 폭력을 휘두르며   1510
사납게 달리니, 그는 가는 곳마다
어린것들을 잡아먹는 서리를 내릴 것이오.
아아, 왕이시여, 왕이시여,

　　　　　　　내 그대를 위해 어떻게 울어야 하나이까?
　　　　　　　그대를 사랑하는 이 마음 무어라 말해야 하나이까?　　　　　1515
　　　　　　　그대는 처참하게 숨을 거두시고
　　　　　　　거미줄에 걸리어 여기 누워 계시나이다.
　　　　　　　아아, 슬프도다.
　　　　　　　아내의 손에 쌍날 흉기를 맞고
　　　　　　　음흉한 죽음을 당하신 채
　　　　　　　여기 이렇듯 비천하게 누워 계시나이다.　　　　　　　　　　1520
클뤼타이메스트라　이 사람이 비천한 죽음을 당했다고
　　　　　　　난 생각지 않소. 집안으로
　　　　　　　재앙을 불러들이기 위해
　　　　　　　그는 물론 간계를 쓰지는 않았소.
　　　　　　　내가 그에게서 잉태했던 내 자식을,
　　　　　　　두고두고 눈물을 흘리게 했던 이피게네이아를　　　　　　　1525
　　　　　　　그는 남들이 보는 앞에서 공공연히 죽였으니까.
　　　　　　　그는 자기 행동에 대한 응분의 벌을
　　　　　　　받은 것이오. 칼에 찔려 죽음으로써
　　　　　　　죗값을 치른 셈이니 저승에 가서도
　　　　　　　그는 큰소리치지 못할 것이오.

(좌 4)

코로스　　집이 무너져 내리고 있건만　　　　　　　　　　　　　　　　1530
　　　　　마음속에 확고한 대책이 없으니,

　　131　전쟁의 신 아레스는 비극에서 흔히 '재앙'의 뜻으로 쓰이는데, 여기에서는
　　　　'동족상잔'이라는 뜻이다.

　　　　　　내 어디로 가야 할지 모르겠구나.
　　　　　　쉬엄쉬엄 소나기는 그쳤어도, 억수 같은
　　　　　　피의 비 집을 무너뜨릴까 두렵구나.
　　　　　　그리고 운명은 새로운 악행을 성취하고자　　　　　1535
　　　　　　새 숫돌에 정의의 칼날을 갈고 있구나.

(종가)　　오오, 대지여, 대지여, 차라리 네가 나를 받아주었더라면!
　　　　　　그랬더라면 나는 은으로 테두리를 댄 욕조의 더러운 침대에
　　　　　　그분께서 누워 계신 것을 보지 않았을 텐데!　　　　1540
　　　　　　누가 그분을 묻어줄 것인가?
　　　　　　누가 그분을 위해 만가를 불러줄 것인가?
　　　　　　그대는 감히 제 손으로 죽인 남편을 위해 통곡하며
　　　　　　그분의 위대한 공적에 대한 보답으로 그분의 혼백을 위해　1545
　　　　　　무엄하게도 친절 아닌 친절을 베풀려 할 것인가?
　　　　　　아아, 누가 이 신과 같은 영웅의 무덤에 눈물을 뿌리며
　　　　　　고인을 찬양하는 노래를 부를 것이며,
　　　　　　누가 그곳에서 그분을 진심으로 애도할 것인가?　　1550

클뤼타이메스트라　그것은 그대가 염려할 일이 아니오.
　　　　　　그는 내 손에 쓰러져 내 손에 죽었으니,
　　　　　　그를 묻는 것도 내 손으로 할 것이오.
　　　　　　집안 사람들은 아무도 그를 애도하지 않을 것이오.
　　　　　　하지만 그의 딸 이피게네이아는　　　　　　　　　1555
　　　　　　재빨리 흘러가는
　　　　　　재앙의 여울목에서
　　　　　　법도에 따라 반가이 아버지를 맞아
　　　　　　두 팔로 껴안고 입 맞춰주겠지요.

(우 4)

코로스 이렇게 비난에 비난이 맞서니 1560
사리를 판단하기가 어렵구나.
하나 약탈자는 약탈당하고, 살해자는 대가를 치르나니,
제우스께서 왕좌에 계시는 동안에는
행한 자는 당하기 마련. 그것이 곧 법도임에랴.
누가 이 집에서 저주의 씨앗을 몰아낼 수 있을 것인가? 1565
이 가문에는 재앙이 아교처럼 단단히 붙어 있나니.

클뤼타이메스트라 그대가 드디어 진실을 말하는구려.
하지만 나는 플레이스테네스[132]가(家)의 악령과
계약을 맺고, 비록 어려운 일이긴 하지만,
지금까지 있었던 이 모든 일을 1570
기꺼이 참고 견딜 것이오.
그가 앞으로 이 집을 떠나 다른 가문을
동족상잔으로 멸망시키겠다면 말이오.
만일 내가 동족상잔의 광기를
이 집에서 내쫓을 수만 있다면, 1575
재산은 조금밖에 없어도 만족할 것이오.

(아이기스토스, 호위병들을 데리고 등장)

아이기스토스 오오, 정의의 날의 상냥한 햇빛이여!
통쾌한지고. 여기 이자가 제 아비의 죗값을 치르고

---

[132] '플레이스테네스'라는 이름은 1602행에도 나오는데, 그가 아트레우스가의 계보에서 어떤 자리를 차지하는지는 확실하지 않다. 이름 외에는 알려진 것이 아무것도 없기 때문이다.

복수의 여신들이 짠 옷을 휘감고 누운 걸 보니,
이제야 드디어 인간을 벌하시는 신들께서   1580
저 높은 곳에서 지상의 고통을 유심히
굽어보고 계신다고 말할 수 있겠구나!
내 분명히 밝혀두거니와, 이 나라의 왕이던
이자의 아비 아트레우스는 나의 아버지이시며
자기 아우인 튀에스테스에게 왕권을 도전받게 되자   1585
그분을 도시와 집에서 추방했소이다.
가련한 튀에스테스께서는 다시 고향에 돌아오시어
화로를 붙들고 애원한 끝에 죽음을 면하셨고,
고향 땅을 당신 피로 물들이지 않아도 되게 되셨소.
하지만 신을 두려워하지 않는 이자의 아비 아트레우스는   1590
나의 아버지를 열렬히 환영하는 척하며, 축제일을
기념한답시고 형제간의 우애 이상의 열의를 보이며
그분의 친자식들의 살점으로 그분께 잔치를 베풀었소.
아트레우스는 발 부분과 팔의 끝 부분들을 잘게 썰어
접시 위쪽에 담은 뒤 따로 떨어져 앉아 계시던   1595
튀에스테스 앞에 내놓았소. 그분은 영문도 모르고
잘 구별되지 않는 부분들을 잡수셨고, 이 식사는
그대도 보다시피 이 가문에 파멸을 안겨주었소.
하지만 이 끔찍한 소행을 알게 되자 그분께서는
비명을 지르고 살육을 토하며 뒤로 넘어지셨고,   1600
식탁을 걷어차며 이렇게 정의의 저주를 내리셨소.
"플레이스테네스의 자손들은 모두 이렇게[133] 멸망할지어다!"
이런 연유로 이자는 여기 쓰러져 누워 있는 것이오.
그리고 내게는 이번 살해를 모의할 정당한 이유가 있었소.

	이자는 불쌍하신 내 아버지와 함께 그분의 열하고도 세 번째	1605
	아들인 나를 추방했소, 포대기에 싸인 어린애를. 하지만	
	성인이 되자 정의의 여신이 나를 도로 고향에 데려다주셨소.	
	그리하여 나는 이 치명적인 모든 계획을 함께 세움으로써	
	현장에 있지 않으면서도 손을 내밀어 이자를 붙잡았던 것이오.	
	이제 죽어도 여한이 없소이다. 내 눈으로 이자가	1610
	정의의 여신의 올가미에 걸린 것을 보았으니 말이오.¹³⁴	
코로스장	아이기스토스여, 남의 불행에 기뻐 날뛰는 것은	
	결코 잘하는 짓이 아니오. 그대는 이분을 계획적으로 살해했고,	
	이 처참한 죽음을 혼자 모의했다고 공언했는가?	
	그대에게 이르노니, 똑똑히 알아두라. 심판의 시간에	1615
	그대의 머리는 백성들이 던지는 돌¹³⁵과 저주를 면치 못하리라.	
아이기스토스	키잡이 자리에 앉은 자들이 배의 통치자이거늘	
	밑에 앉아 노나 젓는 주제에 내게 그따위 말을 하다니.	
	그대가 분별 있는 행동을 강요받게 된다면, 그 나이에	
	가르침을 받는다는 것이 얼마나 괴로운 일인지	1620
	늙어서 알게 되리라. 노인을 가르칠 때도 감옥의 속박과	
	굶주림의 고통은 마음의 가장 훌륭한 의사요	
	예언자니까. 그대는 눈을 뜨고도 보지 못하는가,	
	돌부리를 차면 발부리만 아프다는 것을?	
코로스장	이 비겁자여, 전장에서 막 돌아온 분에게 이런 짓을 하다니!	1625
	집 안에만 틀어박혀 그분의 침상까지 더럽힌 주제에	

133 그와 그의 자식들이 당한 대로.
134 아이기스토스의 이 대사는 '정의'로 시작해서 '정의'로 끝난다. 클뤼타이메스트라와 마찬가지로 그도 아가멤논의 죽음을 죗값이라고 주장하고 있다.
135 고대 그리스에서는 공동체의 분노를 사는 중죄인은 시민이 돌로 쳐 죽였다.

전장에 나가 있는 장군에게 이따위 죽음을 모의하다니!

아이기스토스　그 말 역시 그대에게 회오에 찬 눈물의 씨앗이 되리라.
그대의 혓바닥은 오르페우스의 그것과는 영 딴판이로구나.
그는 자기 음성으로 만물을 즐거움으로 이끌었는데, 1630
그대는 주책없는 소리로 사람을 노엽게 하니 그대 자신이
끌려가게 되리라. 한번 혼이 나면 좀 고분고분해지겠지.

코로스장　또한 그대는 아르고스인들의 통치자가 되고 싶겠지.
이분에게 죽음을 모의해놓고 막상 실행 단계에 이르자
제 손으로 이분을 살해할 용기도 없었던 주제에. 1635

아이기스토스　속이는 것은 자고이래로 분명 여자들 몫이고,
나로 말하면 이자의 숙적(宿敵)으로 의심받아 왔으니까.
하지만 이제 나는 이자의 재산을 밑천 삼아 시민들을
다스릴 작정이다. 그리고 복종하지 않는 자에게는
무거운 멍에를 씌울 참이야. 내게 그런 자는 1640
보리를 먹여 키우는 경마용 망아지가 결코 아니니까. 천만에.
그런 자는 어둠¹³⁶의 가증스런 동거자인 굶주림이 부드럽게 해주리라.

코로스장　그렇다면 어째서 그대는 비겁하게도 여기 이분을
제 손으로 죽이지 않고, 여자를 시켜 죽임으로써
이 나라와 이 나라의 신들을 모독했단 말인가? 1645
아아, 오레스테스가 어딘가 살아서 햇빛을 보고 있다면,
상서로운 행운의 인도를 받아 이곳으로 돌아와
이 두 남녀를 죽이고 승리를 쟁취하련만!

아이기스토스　그대가 정녕 이따위로 행동하고 말하기로 작정했다면, 지체 없이
본때를 보여주리라. 자, 호위병 친구들, 자네들이 할 일이 생겼네. 1650

코로스장　자, 모두들 칼을 빼들고 대비토록 하시오.

아이기스토스　나도 칼을 빼든 이상 죽음도 불사하겠다.

코로스장	그대의 죽음이라니 듣던 중 반갑구나. 그대의 말대로 해주겠다.
클뤼타이메스트라	제발 불행에 불행을 쌓지 말아요. 내가 가장 아끼는 남자여!
	여기 이것만 해도 거둬들일 게 많아요. 불행의 수확이에요. 1655
	재앙은 이것으로 충분해요. 이젠 피 흘리는 것은 피하도록 해요.
	노인장들은 집으로 돌아들 가세요. 그대들의 행동이 고통을
	가져다주기 전에. 우리는 주어진 운명을 받아들여야 해요.
	고통이 이것으로 끝날 수 있다면, 우린 기꺼이 받아들여야 해요.
	비록 악령의 무거운 발굽에 호되게 얻어맞긴 했지만. 1660
	그대들이 귀 기울이겠다면, 이것이 여자로서의 내 생각이에요.
아이기스토스	하지만 이자들이 자신들의 운명을 시험해보려고
	허튼 혀를 놀려 내게 그따위 욕설을 퍼붓지 뭐요.
	주인을 이렇게 모욕하다니 그대는 필시 제 마음이 아니구나.
코로스장	악당에게 아첨하는 것은 아르고스인답지 못한 짓이지. 1665
아이기스토스	하지만 훗날 그 언젠가 내 그대에게 앙갚음하리라.
코로스장	운명이 오레스테스를 고향에 데려다준다면 그렇게는 안 될걸.
아이기스토스	추방당한 자들이 희망으로 살아간다는 것쯤은 나도 알지.
코로스장	잘해보구려. 정의를 모독하며 살이나 찌구려. 할 수 있을 때.
아이기스토스	때가 되면 이따위 어리석은 짓의 대가를 반드시 치르리라. 1670
코로스장	암탉 옆의 수탉처럼 큰소리나 탕탕 치구려.
클뤼타이메스트라	허튼소리는 그만 무시해버리세요. 나와 당신은
	이 집의 주인으로서 만사를 잘 꾸려나가야 하니까요.

(클뤼타이메스트라와 아이기스토스는 궁전으로 퇴장하고

코로스는 오르케스트라를 떠난다)

136 감옥.

결박된 프로메테우스
Prometheus desmotes

작품 소개

『결박된 프로메테우스』는 아이스퀼로스 작이 아니라, 그가 죽은 뒤 다른 사람이 완성했거나 썼을 것으로 추정하는 이들도 있다. 운율, 문체, 공연 기술 등에서 그의 작품이라 전해지는 다른 6편의 비극과는 판이하게 다르고, 그의 작품들 가운데 유일하게 '공연자료집'(didaskalia)에 공연 정보가 남아 있지 않기 때문이다. 하지만 그의 작품 90편 가운데 지금 7편만 남아 있음을 고려할 때 속단할 수 없다는 신중론자들도 있다.

프로메테우스는 전에 제우스를 도와 티탄 신족을 이기고 올륌포스 신족의 시대를 열게 해주었건만, 불을 주고 기술을 가르쳐 주는 등 인간을 편들다가 제우스의 미움을 사 헤파이스토스 등에 의해 카우카소스 산의 높은 암벽에 결박당한다. 이때 암소로 변신한 이오가 그곳을 지나자 프로메테우스는 그녀에게 미래사를 말해주며 제우스가 몰락하게 될 것이라고 예언한다.

이오가 떠난 뒤 헤르메스가 나타나 제우스가 몰락하게 될 비밀을 말해주기를 요구하지만, 프로메테우스는 끝까지 거절하다가 제우스의 벼락으로 산산조각이 난 바위 조각들과 함께 심연 속으로 가라앉는다.

등장인물

힘과 폭력

헤파이스토스

프로메테우스

코로스 오케아노스의 딸들로 구성된

오케아노스

이오 아르고스의 왕 이나코스의 딸

헤르메스

이 작품의 대본은 Aeschylus, *Prometheus Bound* edited M. Griffith, Cambridge University Press 1983의 그리스어 텍스트다. 주석은 이 책에 있는 M. Griffith 의 것을 참고했다. 현대어 번역 중에서는 Vellacott (Penguin Books 1961), D. Grene (University of Chicago Press 1942), J. Scully/C. J. Herington (Oxford 1975)의 영역과 J. G. Droysen (Kröner 1939), O. Werner (Tusculum ³1980), E. Staiger (Philipp Reclam 2002)의 독역을 참고했다.

장소 그리스에서 북서쪽으로 멀리 떨어진 외딴 곳.
　　　　암벽 너머로 바다가 보인다.

힘[1]　우리는 대지의 가장 먼 경계에 도착했소이다.
　　　여기가 바로 스퀴티스 땅으로 인적미답의 황무지요.
　　　헤파이스토스여, 그대는 어서 아버지[2]의 명령을
　　　이행하시오. 여기 이 주제넘은 자를 강철 사슬의
　　　부술 수 없는 족쇄로 높고 가파른 바위에　　　　　　　　5
　　　붙들어 매란 말이오. 그자는 그대의 꽃을,
　　　무엇이든 만들어내는 불의 광채를 훔쳐내
　　　필멸(必滅)의 인간들에게 주었기 때문이오.
　　　그 죗값으로 그자는 신들에게 벌 받아 마땅하오.
　　　그래야만 그자는 제우스의 통치에 순응하여 인간을　　10
　　　사랑하는 태도를 버리는 법을 배우게 될 테니까요.

헤파이스토스　힘과 폭력이여, 그대들 둘은 제우스의 명령을
　　　완수했으니, 더 이상 할 일이 없소이다.
　　　하지만 나는 차마 내 친척[3] 신을 폭풍 몰아치는
　　　암벽에 강제로 붙들어 맬 용기가 나지 않는구려.　　　15

1　여기에 나오는 힘(kratos)과 폭력(bia)은 티탄 신족을 누르고 새로 탄생한 제우스 통치가 철권통치임을 말해주고 있다.
2　제우스.
3　헤파이스토스는 제우스와 헤라의 아들인데, 이들의 어머니인 레아(Rhea)는 프로메테우스의 어머니 테미스와 자매간이다.

그럼에도 이 일을 위해 나는 용기를 내지 않을 수 없구려.
아버지 말씀을 무시하는 것은 위험하니까.

(프로메테우스에게) 바른 조언을 하는 테미스의
생각이 원대한 아들이여, 그대도 나도 원치 않는 일이지만
나는 풀 수 없는 청동으로 이 인적미답의 절벽에　　　　　　　　　20
그대를 꽁꽁 붙들어 매지 않을 수 없소. 그러면 그대는
이곳에서 인간의 음성과 모습을 듣지도 보지도 못하며,
작열하는 태양의 열기에 그을려 꽃다운 살갗을 잃을 것이오.
그때는 별빛 찬란한 옷을 입은 밤이 햇빛을 가려주고,
새벽 서리를 다시 태양이 쫓아주면 그대는 그것이　　　　　　　25
반가울 것이오. 그리고 항시 곤란한 일이 생겨 그대는
지쳐 녹초가 될 것이오. 이것이 바로 인간을 사랑하는
그대의 태도가 그대에게 가져다준 결실이오. 그대는
자신이 신이면서도 신들의 노여움 앞에 움츠러들지 않고
인간들에게 과분한 명예를 주었소.　　　　　　　　　　　　　30
그 대가로 그대는 아무런 기쁨도 없는 이 바위를
지키게 될 것이오. 곧추서서는 잠도 자지 못하고, 무릎도
구부리지 못한 채. 그대는 수많은 탄식과 비명을 내뱉게
되겠지만 다 소용없는 짓이오. 제우스의 마음은 달래기
어려우니까요. 새로 권력을 쥔 자는 누구든 가혹한 법이오.　　　35

힘　자, 자! 그대는 왜 꾸물대며 쓸데없이 동정을 보이는 게요?
　그대는 왜 신들에게 미움 받는 신을 미워하지 않는 게요?
　그자는 그대의 특권[4]을 인간들에게 내주지 않았던가요?

헤파이스토스　친족관계라는 것은 강력한 것이오. 친교(親交)도 그렇고.

힘　그건 그렇소. 하지만 아버지[5]의 말을 듣지 않는 것,　　　　　40
　그건 어떻고요? 그대는 그게 더 무섭지 않나요?

헤파이스토스	그대는 언제나 잔인하고 과감하기 짝이 없구려.	
힘	그자를 위해 울어봤자 아무 소용 없어요.	
	무익한 일에 쓸데없이 헛수고하지 마시오.	
헤파이스토스	오오, 내 손재주여, 나는 네가 정말 밉구나!	45
힘	손재주는 왜 미워하시오. 솔직히 그자가 처한 지금의	
	이 어려운 처지에 그대의 손재주는 전혀 책임이 없을 텐데요.	
헤파이스토스	이 손재주가 다른 이에게 주어졌더라면 좋았을 것을!	
힘	모든 소임은 다 괴로운 법이오. 신들을 다스리는 것 말고는.	
	제우스 외에는 아무도 자유롭지 못하니 말이오.	50
헤파이스토스	이것들⁶을 통해 그런 줄 알았소. 내 반박하지 않겠소이다.	
힘	그렇다면 어서 여기 이자에게 사슬을 두르시오.	
	그대가 늑장부리는 것을 아버지께서 보시지 않도록.	
헤파이스토스	자, 보시오. 여기 사슬이 준비되어 있소이다.	
힘	그자의 손에 그것을 채우고는 망치를 힘껏 휘둘러	55
	바위에 그자를 꽁꽁 붙들어 매시구려!	
헤파이스토스	나는 벌써 내가 할 일을 하고 있소이다. 그것도 실수 없이.	
힘	더 세게 치시오. 바짝 죄시오. 한군데도 느슨해서는 아니 되오.	
	그자는 교활해 어떤 궁지에서도 빠져나갈 길을 찾아낼 테니까요.	
헤파이스토스	여기 이 팔은 단단히 묶여 절대로 풀 수 없을 것이오.	60
힘	이번엔 이쪽 팔도 못으로 단단히 고정시키시오.	
	제아무리 교활해도 제우스보다는 굼뜨다는 것을 알도록.	
헤파이스토스	여기 이 프로메테우스만이 내 작업을 정당하게 흠잡을 수 있을 것이오.	

4 불.
5 제우스.
6 프로메테우스가 묶일 바위와 쇠사슬과 여러 가지 도구들.

| 힘 | 이번에는 강철 쐐기의 무자비한 이빨을
그자 가슴에 힘껏 두들겨 박으시오.[7] | 65 |

헤파이스토스 프로메테우스여, 내 그대의 고통을 보니 탄식이 절로 나는구려.

| 힘 | 그대는 또 꾸물대며 제우스의 적을 위해 탄식하는 게요?
언젠가 그대 자신을 동정하는 일이 없도록 조심하시오. |

헤파이스토스 그대는 차마 눈 뜨고 볼 수 없는 광경을 보고 있소.

| 힘 | 나는 여기 이자가 정당한 대가를 치르는 것을 보고 있소.
자, 그자의 양 옆구리에 무쇠 띠를 두르시오! | 70 |

헤파이스토스 어차피 내가 하지 않을 수 없는 일이니, 너무 재촉하지 마오.

| 힘 | 내 이번에는 정말로 재촉하고, 몰아대기까지 하겠소.
그대는 아래로 내려와 그자의 양다리에 쇠고리를 채우시오. |

헤파이스토스 내 그 일도 해치웠소이다, 오래 수고하지 않고. | | 75 |

| 힘 | 이번에는 구멍 뚫린 족쇄들을 힘껏 쳐서 고정시키시오.
이 일을 검사하실 분[8]은 엄한 분이시니까요. |

헤파이스토스 그대는 말하는 것과 생긴 것이 똑같소그려.

| 힘 | 그대나 나약하시고, 내 완고함과
거친 기질은 제발 헐뜯지 말아주시오! | 80 |

헤파이스토스 자, 갑시다. 그는 사지가 그물에 감겨 있소.

| 힘 | *(프로메테우스에게)*

이제는 여기서 오만불손하게도 신들의 특권들을 훔쳐내어
그대의 하루살이들[9]에게 줘보시지. 필멸의 인간들이
어떻게 그대의 고통을 덜어줄 수 있을까? 신들이 그대를
'사전에 생각하는 자'[10]라고 부르는 건 잘못되었소. | 85 |

이 정교한 그물에서 어떻게 빠져나갈 수 있을지,
그대 스스로 '사전 생각'이 필요하게 되었으니 말이오.

(헤파이스토스와 힘과 폭력, 퇴장)

프로메테우스¹¹ 오오, 고귀한 대기여, 날랜 날개의 바람의 입김이여,
강의 원천들이여, 바다 위 파도들의
무수한 미소들이여, 만물의 어머니 대지여,   90
그리고 만물을 굽어보는 둥근 태양이여,
내 그대들을 부르고 있습니다. 그대들은 보시오,
신인 내가 신들에게서 어떤 일을 당하는지!

보아두시오, 내가 어떤 모욕과 고통에 시달리며
만 년 동안이나 괴로워하게 될 것인지!   95
축복받은 신들의 새 지도자가 나를 위하여
이런 모욕적인 결박을 생각해냈소.
아아, 나는 현재의 고통과 미래의 고통을
동시에 한탄하고 있소이다. 앞으로 어떻게
내 이 고난에 종말이 밝아올 것인가?   100

한데 내가 지금 무슨 말을 하고 있는가?
앞으로 일어날 일을 나는 다 알고 있으며,
어떤 고통도 느닷없이 나를 찾아오는 일은 없으리라.
내게 정해진 운명을 나는 되도록 가볍게 견뎌내야 해.
필연의 힘에 맞서 싸울 수 없다는 것을 나는 잘 아니까.   105

---

7   프로메테우스는 손발만 사슬에 묶이는 것이 아니라, 그의 가슴에도 강철 쐐기가 박힌다.
8   제우스.
9   인간들.
10 프로메테우스.
11 88~127행은 프로메테우스의 독백이다.

결박된 프로메테우스 **119**

하지만 이런 내 운명에 대해 침묵을 지키는 것도,
침묵을 지키지 않는 것도 내게는 불가능하구나.
인간들에게 큰 특권을 선물한 까닭에 나는 이런
고통의 멍에를 지고 있는 거야. 나는 회향풀[12] 줄기에 싸서
불의 원천을 훔쳐냈는데, 인간들에게 그것은   110
온갖 기술의 교사(敎師)가 되고 큰 도움이 되었지.
그런 죄를 지은 까닭에 나는 지금 벌을 받고 있어.
노천에서 사슬에 꽁꽁 묶인 채.

아니, 아니, 이게 뭐지?
무슨 소리가, 무슨 냄새가 눈에 보이지 않게 다가오는 거지?   115
신들의 것일까, 인간들의 것일까, 아니면 둘이 섞인 것일까?
대지의 끝에 있는 이 암벽을 찾아오다니,
내 고통을 보려고? 아니면 무엇을 원해서?
그렇다면 보시구려. 사슬에 묶인 이 불행한 신을,
인간을 너무나 사랑했기에   120
제우스의 적이 되고,
제우스의 궁전으로 들어가는
모든 신들에게 미움 받는 이 모습을!
아아, 새들이 윙윙거리는 소리 같은 것이
들려오는구나. 날개를 가볍게 쳐대니   125
대기도 덩달아 윙윙 울리는구나.
무엇이 다가오든 나는 두렵기만 하구나.

(코로스, 날개 달린 마차를 타고 공중에 등장)

(좌 1)[13]

코로스 두려워하지 마세요. 우리 일행은
        아버지의 마음을 간신히 설득하여
        날개들이 서로 속력을 다투는 가운데   130
        그대의 친구로서 이 암벽을 찾아왔으니까요.
        빨리 날라다주는 바람이 우리를 데려다주었어요.
        요란한 망치 소리가 우리 동굴의 맨 안쪽까지
        들려와, 나는 수줍음도 잊어버리고
        이렇게 샌들도 신지 않은 채
        날개 달린 마차에 뛰어올랐어요.   135

프로메테우스 아아, 아아!
        자식이 많은 테튀스의 따님들이여,
        쉴 새 없이 온 대지를 감돌아 흐르는
        아버지 오케아노스의 따님들이여,
        그대들은 똑똑히 보시오.   140
        내가 어떻게 사슬에 묶이고 못으로 고정된 채
        우뚝 솟은 이 암벽 꼭대기에서
        아무도 부러워하지 않는 파수를 보고 있는지!

(우 1)

코로스 보고 있어요, 프로메테우스 님.

12 키 큰 회향풀(그리스어로 narthex)의 줄기에 들어 있는 마른 고갱이는 천
    천히 타기 때문에 불을 다른 곳으로 옮길 때 이용했다고 한다.
13 128~192행은 등장가다.

그대가 강철에 묶여 이런 수모를   145
당하며 암벽에서 시들어가는 것을
보고 있자니, 나는 두려움에
눈물이 앞을 가려요.
새로운 키잡이들이 올륌포스를 통치하고
있기 때문이죠. 제우스는 법도를   150
무시한 채 새 법에 따라 통치하며,
전에 강력했던 것을 지금 말살하고 있어요.

프로메테우스 그가 풀 수 없는 사슬들로 나를
잔혹하게 묶어 지하로, 사자들을 받아들이는
하데스[14]의 집으로, 끝없는 타르타로스[15]로   155
보내버렸다면 좋았을 것을! 신도, 다른 어떤 자도
내 이 꼴을 보고 좋아할 수 없도록.
한데 나는 가련하게도 바람의 노리개가 되어
고통을 당하고 있구나. 내 적들이 기뻐하도록.

(좌 2)

코로스 신들 가운데 누가 이런 일을 보고   160
기뻐할 만큼 마음이 가혹하겠어요?
누가 그대의 불행에 함께 분개하지 않겠어요,
제우스만 빼고? 그는 악의에 차
언제나 굽힐 줄 모르는 마음을 품고
우라노스의 자식들[16]을 제압하고 있지요.
그는 그만두지 않을 거예요. 성에 차거나,   165
아니면 쉬운 일은 아니겠지만 누군가

          손으로 그의 통치권을 빼앗기 전에는.

프로메테우스 내 비록 족쇄에 꽁꽁 묶여 수모를 당하지만,
          축복받은 신들의 우두머리[17]에게
          내가 필요한 날이 반드시 올 것이오.
          그의 왕홀과 왕위를 빼앗게 될   170
          새 음모를 그에게 밝혀주도록 말이오.
          그때는 꿀처럼 달콤한 설득의 말로도
          나를 호리지 못할 것이며, 나도 결코
          그의 무서운 위협에 굴복하여 그 비밀을
          알려주지 않을 것이오. 그가 가혹한 사슬에서   175
          나를 풀어주고, 내가 받은 이 수모에 합당한
          대가를 지불하려 들기 전에는.

(우 3)

코로스 그대는 용감하게도 쓰라린 고통에
          조금도 굴하지 않고 거리낌 없이
          말하는군요. 하지만 나는   180
          에는 듯한 공포에 마음이 불안해요.
          나는 그대의 운명이 두려워요.
          언제 그대가 이 고난의 종점에 무사히
          상륙하는 것을 볼 수 있을까 하고.

14 저승을 다스리는 신.
15 저승의 가장 깊숙한 곳.
16 티탄 신족.
17 제우스.

크로노스의 아들[18]은 아무도 다가갈 수 없는
기질과 말로 설득할 수 없는 마음을 갖고 있어요.   185

프로메테우스   알고 있소. 그가 가혹하고 제멋대로
정의를 행사한다는 것을. 하지만
언젠가 반드시 마음이 온순해질 것이오.
앞서 말한 그런 식으로 타격을 받게 되면 말이오.
그때는 양보할 줄 모르는 그의 성질도 누그러져,   190
그는 나와 동맹을 맺고 친구가 되고자 그러잖아도
그러기를 바라는 나를 서둘러 찾아올 것이오.

코로스장   다 털어놓으세요. 우리에게 사실대로 말해주세요.
도대체 무슨 죄를 지었기에 제우스가 그대를 붙잡아
이렇듯 불명예스럽고 가혹한 고문을 하는지.   195
우리에게 가르쳐주세요. 말해도 해를 입지 않으신다면.

프로메테우스   그에 관해서는 말하는 것도 내게는 괴로운 일이고
말하지 않는 것도 괴롭소. 어느 쪽도 괴롭긴 마찬가지요.
신들 사이에서 불화가 고개를 들어,   200
더러는 앞으로 제우스가 통치할 수 있도록
크로노스[19]를 권좌에서 축출하기를 원하고,
더러는 반대로 제우스는 절대 신들을 통치해서는
안 된다고 열을 올렸을 때, 나는 최선의 조언을 했으나
우라노스와 가이아의 자식들인 티탄 신족을   205
설득할 순 없었소. 그들은 현명하고 교묘한 내 조언을
무시하고는 완고한 자신감에 차 힘들이지 않고도
완력으로 주인이 될 수 있을 거라 생각했소.

한데 테미스라고도 불리는 내 어머니 가이아[20]께서
— 이름은 여럿이지만 사실은 한 분이시지요 —   210
미래사가 어떻게 될 것인지 누차 예언해주셨소.
힘이나 폭력에 의해 승리가 얻어지는 것이 아니라,
지략이 뛰어난 자들이 승리하게 되어 있다고 말이오.
그래서 내가 티탄 신족에게 이 모든 것을 말해주었으나
그들은 내 말을 일고의 가치도 없는 것으로 여겼지요.   215
그래서 당시의 여러 가지 가능성 가운데 내게는
역시 어머니를 모시고 제우스 편에 가담하는 것이
상책으로 보였고, 그것은 또 양측이 다 원하는 바였소.
내 조언 덕택에 타르타로스의 검고 깊은
심연이 옛날에 태어난 크로노스를   220
그의 모든 전우들과 함께 감추고 있는 것이오.
그렇듯 내 덕을 보았건만 배은망덕하게도
신들의 폭군[21]은 내게 이런 보답을 하지 뭐요.
친구들을 믿지 못하는 것이야말로
모든 폭정이 앓는 질병이니까요.   225
그대들은 내가 무슨 죄를 지었기에 그가 나를
고문하느냐 물었는데, 이제 그것을 밝히겠소.
그는 아버지의 왕좌에 앉자마자 지체 없이
여러 신들에게 저마다 다른 특권과 직위를

18 제우스.
19 제우스의 아버지.
20 헤시오도스 『신들의 계보』 135행에 따르면, 테미스는 우라노스와 가이아의 12자녀 중 한 명이지만, 여기에서는 테미스와 가이아가 동일한 여신이다.
21 제우스.

나눠주며 자신의 통치권을 분배했으나, 230
불쌍한 인간들은 거들떠보지도 않았소.
아니, 그는 인간의 종족을 모조리 없애버리고
다른 종족을 새로 만들려 했소. 나 말고는
이에 반대하는 자는 아무도 없었소. 하지만 나는 과감히
반대했소. 그리하여 나는 인간들이 박살 나 하데스의 235
집으로 내려가지 않도록 인간들을 구해주었소.
그 때문에 나는 견디기 괴롭고 보기 민망한
이런 고문을 당하고 있는 것이오. 인간을
동정하다가 나 자신은 동정받을 가치가 없다고 여겨져
이런 무자비한 벌을 받고 있지만, 240
이런 광경은 제우스에게 불명예가 될 것이오.

코로스장 프로메테우스 님, 그대의 고통을 보고도 동정하지
않는 자는 틀림없이 무쇠의 심장을 갖고 있고 돌로
만들어졌을 거예요. 이런 광경을 보지 말았어야 하는 건데.
보고 나니까 너무나 가슴이 아파요. 245

프로메테우스 그럴 테지요. 친구들에게는 내가 보기 딱하겠지요.

코로스장 그대는 우리에게 말한 것보다 한술 더 뜨시진 않았나요?

프로메테우스 그래요. 나는 인간들이 자신의 운명을 내다보지 못하게 했지요.

코로스장 그 병에 대해 그대는 어떤 약을 발견하셨지요?

프로메테우스 그들의 마음속에 맹목적[22]인 희망을 심어놓았지요. 250

코로스장 그대는 인간들에게 큰 도움을 주셨네요.

프로메테우스 게다가 나는 그들에게 불도 주었지요.

코로스장 하루살이 인간들이 벌써 환한 얼굴의 불을 갖고 있단 말인가요?

프로메테우스 인간들은 불에서 많은 기술을 배우게 될 것이오.

코로스장 그러니까 그런 죄를 지었다고 제우스가 그대를… 255

프로메테우스	고문하고 있고, 그 고통은 결코 완화되지 않을 거요.
코로스장	그리고 그대에게 이 고난의 종말은 정해져 있지 않나요?
프로메테우스	정해져 있지 않아요. 제우스에게 그럴 마음이 생기기 전에는.
코로스장	어떻게 마음이 생기죠? 그럴 희망이 있나요. 그대의 잘못이
	안 보이세요? 그대가 어떻게 잘못했는지 말한다는 것은 260
	내게도 반갑지 않고 그대에게도 괴로운 일예요.
	그건 말하지 말기로 하고, 이 고난에서 벗어날 방도나 찾으세요.
프로메테우스	재난을 당하지 않고 그 바깥에 서 있는 자가
	고통 당한 자에게 조언하고 경고하기란 쉬운 일이오.
	사실 나는 그대가 말한 것을 다 알고 있었소. 265
	나는 의도적으로 잘못했고, 그랬음을 부인하지 않겠소.
	인간들을 도와줌으로써 나는 고난을 자초했소.
	물론 허공에 매달린 바위에서
	이웃도 없는 외딴 암벽에서
	이런 고문을 당하며 시들게 될 줄은 몰랐소. 270
	하지만 그대들은 지금의 내 처지를 슬퍼하지 마시오.
	자, 그대들은 땅에 내려와 다가올 내 미래를 들으시오.
	그대들도 사건의 전말을 알게 되도록 말이오.
	자, 내 말대로 하시오. 그리고 지금 핍박받고 있는
	나와 고통을 함께하시오. 고통은 떠돌아다니다가 275
	오늘은 갑에게, 내일은 을에게 내려앉으니 말이오.

22 희망이 '맹목적'이라 한 까닭은, 희망은 인간이 죽음을 내다보지 못하고 열심히 살아가게 하기 때문일 것이다. 헤시오도스의 『신들의 계보』에 나오는 프로메테우스 이야기를 변형한 구절로, 여기서 프로메테우스는 인간에게 더 나은 삶을 위해 불만이 아니라 희망을 준 것으로 그려져 있다.

| 코로스장 | 프로메테우스 님, 그대가 외쳤던 그 소원을

기꺼이 이루어드릴게요. 이제 우리는

가벼운 발걸음으로 날아다니는 날랜 마차와

신성한 대기와 새들이 날아다니는 길을 떠나 280

울퉁불퉁한 대지로 다가가겠어요.

그대의 고난을 처음부터 끝까지

빠짐없이 다 듣고 싶어요.

(코로스, 본무대 뒤로 내려온다)

오케아노스 *(날개 달린 말을 타고 등장하며)*

이제 드디어 목적지에 도착했구먼.

그대를 방문하러 나는 먼 길을 왔소이다, 285

프로메테우스여. 이 날개 달린 새를

고삐도 없이 생각으로 몰면서 말이오.

알아두시오. 나도 그대의 불행을 함께

괴로워하고 있소. 우리가 친척이라는 사실이

나로 하여금 그대를 동정하게 만드는 것 같소. 290

그대가 내 친척이라는 점 말고도, 내가 그대보다

더 존경하는 이는 아무도 없소이다. 그것이

사실임을 그대는 알게 될 것이오. 빈말로

아부하는 것은 내 성미에도 맞지 않소이다.

그러니 어떻게 그대를 도울 수 있는지 말해보시오! 295

그러면 그대는 오케아노스보다 그대에게

더 성실한 친구가 있다는 말은 하지 못할 것이오.

프로메테우스 아니, 여긴 어인 일이시오? 그대도 내 고난을

구경하러 왔나요? 그대가 어찌 감히 그대의

이름을 딴 강물과 지붕이 바위로 된, 저절로   300
만들어진 동굴을 떠나 무쇠의 고장인 이 나라에
왔단 말이오? 그대가 정말 내 운명을 보고,
내 불행을 동정하러 왔단 말이오?
자, 보시구려, 이 광경을, 제우스를 도와
그의 독재 왕국을 세웠던 이 제우스의 친구가   305
그의 지시에 의해 어떤 고문을 당하는지!

오케아노스 보고 있소, 프로메테우스여! 그대 비록 영리하지만
내 그대에게 가장 유익한 충고를 해주고 싶소.
그대 자신을 알고, 그대 생각을 새롭게 바꾸도록 하시오.
신들의 통치자도 새로 바뀌었기 때문이오.   310
그대가 그렇게 거칠고 날 세운 말들을 내뱉는다면,
비록 저 위 먼 곳에 앉아 있기는 하지만 제우스가
곧 그대의 말을 듣게 될 것이고, 그러면 지금 그대가 진
고난의 짐도 어린애 장난처럼 보일 것이오.
자, 가련한 자여, 그대는 분을 삭이고   315
지금의 고난에서 벗어날 방도를 찾으시오.
그대에게는 내 말이 고리타분하게 들리겠지요.
하지만 오만불손하게 큰소리쳤다가 이런 대가를
치르고 있지 않소, 프로메테우스여! 그대는 여전히
고분고분하지 않고, 불행 앞에서 물러서기는커녕   320
지금의 불행에 다른 불행을 보태려 하고 있소.
그대가 내 충고를 따른다면 몰이 막대기를 차는 짓은
더 이상 하지 않게 될 것이오. 그대도 보시다시피,
가혹한 독재자가 누구에게도 책임지지 않고 통치하고
있지 않소. 그래서 내 지금 가서, 혹시 그럴 수 있을는지,   325

	그대를 이 고난에서 구하도록 노력해볼 참이오.	
	그대는 잠자코 있고, 말을 너무 함부로 하지 마시오.	
	그대는 누구보다 영리하니 허튼소리를 하면	
	벌 받는다는 것쯤은 잘 알고 있을 것이오.	

프로메테우스 나는 그대가 부럽소. 그대는 나와 모든 것을 나눠 갖고　　　330
나와 함께 감행했는데도[23] 책임은 지지 않으니 말이오.
이제 나를 내버려두고, 더 이상 내 염려는 하지 마시오.
그대는 제우스를 설득하지 못해요. 그는 설득당하지 않아요.
이번 걸음으로 봉변당하지 않도록 그대나 조심하시오!

오케아노스 그대는 천성적으로 자신보다 남들에게 훨씬 더　　　335
좋은 충고를 할 줄 아시는구려. 말이 아니라, 행동이
그걸 입증하고 있소. 그대는 내 열의를 제지하지 마시오.
나는 믿소. 굳게 믿소. 제우스가 내게 호의를 베풀어
이 고통에서 그대를 풀어줄 것이라고.

프로메테우스 나는 그대에게 감사하며, 감사하기를 그만두지　　　340
않을 것이오. 그대의 호의에는 부족함이 없소.
하지만 수고하지 마시오. 그대가 수고를 아끼지 않는다 해도,
내게는 아무 도움이 되지 못하고 헛수고가 될 테니까요.
그대는 얌전히 있고, 이 일에서 손을 떼시오.
나는 내가 불행하다고 해서, 그 때문에 되도록　　　345
많은 이들이 고초를 겪기를 원하지 않기 때문이오.
천만에. 나와 형제간인 아틀라스가 당한 운명만 생각하면
나는 벌써 마음이 아프오. 그는 세상의 서쪽 끝에 서서
하늘과 대지의 기둥을, 결코 견디기 쉽지 않은
짐을 양어깨에 떠메고 있으니 말이오.　　　350
그리고 킬리키아의 동굴에 사는 대지의 아들로

일백 개의 머리를 가진 무시무시한 괴물인 사나운 튀폰이
힘에 의해 제압되는 것을 보았을 때도,
나는 측은한 생각이 들었소. 그자는 모든 신들과 맞섰고,
무서운 턱들에서 쉿쉿 소리를 내며 공포를 내뿜었소. 355
그리고 눈들에서 사납게 노려보는 광채를 내뿜으며
그자는 제우스의 독재 통치를 힘으로 무너뜨리려 했소.
하지만 제우스의 깨어 있는 날아다니는 무기가 그자를
덮쳤소. 아래로 떨어지며 화염을 내뿜는 벼락 말이오.
벼락이 그자를 쳐서 큰소리와 호언장담을 제지했소. 360
그자는 정통으로 심장을 얻어맞았고,
그자의 힘은 벼락에 타 재가 되어버렸소.
그리고 지금은 큰 대자로 뻗은 쓸모없는
몸뚱이로서 그자는 아이트네[24] 산의 뿌리에
짓눌린 채 그곳 바다의 해협 가까이 누워 있지요. 365
그 산꼭대기에는 헤파이스토스가 앉아서 발갛게 단
무쇠를 두드리고 있소. 그곳에서 언젠가 불의 강들이
터져 나와 그 사나운 턱으로 아름다운 열매의
시켈리아[25]의 넓은 들판을 먹어치우게 될 것이오.
튀폰은 비록 제우스의 벼락에 까맣게 타버렸지만, 370

---

23 잘 납득되지 않는 부분이다. 오케아노스는 프로메테우스와 함께 제우스에게 벌 받을 만한 짓을 한 적이 없고, 234행에서 프로메테우스도 자기만이 인간들을 보호해주려 했고, 그래서 벌 받게 된 것이라고 말하고 있다. 또 헤시오도스에 따르면, 오케아노스는 제우스를 우두머리로 한 올림포스 신족과 티탄 신족 사이의 전쟁에 개입하지도 않았다.
24 시칠리아 섬 동북부의 화산.
25 시켈리아(Sikelia)는 시칠리아의 그리스어 이름이다.

　　　　　　접근할 수 없는 불의 입김의 뜨거운 화살들로
　　　　　　그렇게 자신의 분노가 끓어오르게 할 것이오.
　　　　　　그대는 세상 물정에 어둡지 않으니 내 충고가 필요 없을
　　　　　　것이오. 그대는 자신이나 구하시오. 그 방법은 그대가
　　　　　　알고 있소. 나는 지금의 이 불행을 마지막 한 방울까지　　　375
　　　　　　다 마실 것이오, 제우스가 노여움을 풀 때까지.
오케아노스　프로메테우스여, 그대는 모르시오, 노여움에
　　　　　　병든 마음에는 말이 곧 의사라는 것도?
프로메테우스　그렇겠지요. 때가 되었을 때 마음을 가라앉히고,
　　　　　　부풀어 오른 노여움을 억지로 누그러뜨리려 하지 않는다면.　　380
오케아노스　하지만 누가 그대를 동정하고 그것을 드러내는 게
　　　　　　무엇이 잘못되었다는 거죠? 좀 가르쳐주시오.
프로메테우스　그것은 헛수고이자 불필요하고 경솔한 선의일 뿐이오.
오케아노스　그런 병이라면 앓게 내버려두시오. 현명하면서도
　　　　　　어리석어 보이는 것이 가장 이득이 되니 말이오.　　　　　385
프로메테우스　하지만 이번 경우 어리석어 보이는 것은 내가 되겠지요.
오케아노스　그대의 말은 분명 나를 집으로 돌려보내는구려.
프로메테우스　그래야 그대가 나를 위해 슬퍼하다 미움을 사지 않을 테니까요.
오케아노스　새로 권좌에 오른 자에게 말인가요?
프로메테우스　그가 역정을 내지 않도록 조심하시오.　　　　　　　　390
오케아노스　프로메테우스여, 나는 그대의 불행을 교훈으로 삼겠소.
프로메테우스　떠나시오. 어서 가시오. 지금 그 생각을 잘 간직하시오.
오케아노스　그렇게 재촉하지 않아도 나는 떠나는 중이오.
　　　　　　나의 네발 달린 새가 대기의 넓은 주로를
　　　　　　날개로 치고 있소. 녀석은 집에 돌아가　　　　　　　　　　395
　　　　　　제 마구간에서 무릎을 구부리고 싶은 모양이오.

(오케아노스 퇴장. 그사이 코로스가 오르케스트라로 나온다)

코로스[26] (좌 1) 내 그대의 비참한 운명을
탄식해요, 프로메테우스 님.
부드러운 눈에서 방울방울
눈물을 흘리며 내 볼을   400
젖은 물줄기로 적셨어요.
제우스가 자의적인 법에 따라
이렇듯 아무 제약 없이 통치하며
옛 신들에게 오만한 창끝을 보이다니요.   405

(우 1) 벌써 온 대지가 소리 높여 비탄해요.
그들은 그대와 그대 형제들의
위대하고 오래되고 존귀한
지위를 생각하고 비탄하는 거예요.   410
신성한 아시아에 정착하여
그곳에 있는 집에서 살고 있는
모든 사람들이 그대의 고난을 동정하여
크게 비탄하고 있어요.

(좌 2) 콜키스[27] 땅에 사는   415

---

26 397~435행은 첫 번째 정립가다.
27 흑해 동안의 도시. 아이스퀼로스는 콜키스와 아마조네스족과 카우카소스 산조차 흑해의 북쪽 또는 북서쪽에 있는 것으로 생각하고 있다. 723행 이하 참조.

전쟁을 두려워하지 않는 처녀들[28]도,

대지의 맨 끝에,

마이오티스 호[29] 주변에 사는

스퀴타이족의 무리도.

(우2)   그리고 카우카소스[30] 산 근처의   420

암벽 성채를 지키는

아라비아의 호전적인 꽃들도.

그들은 무서운 군대로 끝이 뾰족한 창을

휘두르며 함성을 지르곤 하지요.

(좌3)[31] 그대 말고 나는 지금까지 단 한 명의   425

티탄 신이 지칠 줄 모르는 고난의 사슬에 묶여

괴로워하고 있는 것을 보았어요.

둥근 하늘을 엄청난 힘으로

혼자 등에 떠메고 그 밑에서

쉴 새 없이 신음하는 아틀라스 말예요.   430

(우3)   바다의 파도도 부서지며 함께 비탄하고,

바다 밑도 비탄하고, 대지의 맨 안쪽인

어두운 하데스도 밑에서 메아리치고,

맑게 흐르는 강들의 원천도

그대의 가련한 고통을 비탄하고 있어요.   435

프로메테우스 *(한참 뒤에)* 그대들은 내가 오만하고 완고해서 침묵을 지켰다고

생각지 마시오. 오히려 나는 이런 수모를 당하는

나 자신을 보니 괴로워 가슴이 찢어질 듯하오.
사실 따지고 보면 새 신들에게 특권을 나눠준 것은
내가 아니고 누구란 말이오?³² 하지만 이 일은   440
말하지 않겠소. 나는 그대들이 아는 것만 말하겠소.
들어보시오. 인간들이 겪었던 고통과,
전에는 어리석었던 그들에게 내가 어떻게
사고력과 지적 능력을 주었는지 말이오. 이런 말을
하는 것은 인간들을 폄하하기 위해서가 아니라,   445
내 선물들이 호의에서 전달되었음을 밝히기 위해서요.
인간들은 전에는 눈을 뜨고도 보지 못했고,
귀가 있어도 듣지 못했소. 아니, 인간들은 꿈속의
형상처럼 긴긴 일생 동안 모든 것을 아무렇게나
되는대로 뒤섞었소. 그들은 양지바른 곳에   450
벽돌집을 지을 줄도 몰랐고, 목재도 다룰 줄 몰랐으며,
득시글거리는 개미 떼처럼 햇빛도 들지 않는
토굴 안에 파묻혀 살았소. 그들에게는
겨울과 꽃향기 가득한 봄과 결실의 늦여름이 다가와도

---

28 아마조네스족.
29 흑해 북동부에 있는 지금의 아조프 해.
30 여기서는 흑해 맨 북쪽에 있는 산.
31 여기서 좌 3(425~430행)은 6행이고 우 3(431~435행)은 5행으로 정확히 동일한 구성을 이루고 있지 않아, 좌 3과 우 3이 합쳐서 종가를 이룬다는 견해도 있고, 좌 3은 나중에 가필된 것이라고 보는 견해도 있다.
32 229~230행에서 프로메테우스는 제우스가 신들에게 특권을 나눠주었다고 말해놓고는 여기에서는 자신이 그랬다고 주장하고 있는데, 당시에 프로메테우스가 제우스의 협력자였다는 점을 생각하면 자가당착이라고 할 수는 없을 것이다.

그것을 말해줄 확실한 징표가 없었소. 455
그들은 모든 것을 지각없이 해치웠지요. 그들에게
별들이 언제 어디서 뜨고 지는지 — 사실 그것은
가늠하기 어려운 일이지요 — 내가 가르쳐주기 전에는.
그 밖에도 나는 그들을 위해 발명품의 진수인 수(數)를
발명해냈고, 문자의 조립도 찾아내어, 그것이 그들에게 460
모든 것의 기억이 되고, 예술의 창조적인 어머니[33]가 되게
했소. 나는 또 처음으로 들짐승들에게 멍에를
얹었소. 봇줄의 노예가 된 야수들이 가장 힘든 노역에서
인간들을 구해주도록 말이오. 나는 또
말들을 수레 앞으로 끌고 가 고삐에 복종케 함으로써 465
부자들이 자신의 사치를 자랑할 수 있게 해주었소.
아마포의 날개를 달고 바다 위를 떠돌아다니는
선원들의 수레를 발명해낸 것도 다름 아닌 나였소.
가련한 나는 인간들을 위해 그런 기술들을
발명했건만, 나 자신은 지금 이 곤경에서 470
벗어날 방도를 찾아내지 못하고 있소.

코로스장 그대는 치욕적인 수모를 당했어요. 그래서 그대는
당황하여 헤매고 있고, 스스로 병에 걸린 의사처럼
절망한 나머지 어떤 약이 그대를 낫게 해줄지
스스로 알아내지 못하고 있는 거예요. 475

프로메테우스 내가 어떤 기술들과 방도들을 생각해냈는지 내 말을
마저 들어보시오. 그러면 더욱 놀라게 될 것이오.
가장 큰 것부터 말하겠소. 인간들 가운데 누가
병에 걸리면 병을 막아줄 것은 아무것도 없었소.
먹을 것도, 바를 것도, 마실 것도. 480

인간들은 약이 없어 죽어갔소. 내가 그들에게
온갖 질병을 물리칠 수 있는 약초들을
섞는 방법을 보여주기 전에는 말이오.
나는 또 수많은 종류의 점술을 정리했는데,
내가 처음으로 꿈들 가운데 어떤 것이 깨어 있는 동안   485
실현되는지 가려주었고, 풀이하기 어려운 소리들과
길 가다 만나는 것의 전조를 알려주었소.
나는 또 발톱이 구부정한 새들의 비상(飛翔)도 정확히
가려주었소. 어떤 새들이 그 본성에 따라 오른쪽으로 날며
길조를 보여주고, 어떤 새들이 흉조를 보여주는지,   490
새들은 제각기 어떤 생활방식을 갖고 있는지,
또 새들이 어떻게 서로 미워하고 좋아하고 어울리는지.
또 내장이 매끈해야 한다는 것과, 쓸개가 어떤
색깔을 띠고 있어야 신들의 마음에 드는지, 그리고
간이 발갛게 잘생겨야 한다는 것도 설명해주었소.   495
나는 또 기름 조각에 싼 넓적다리뼈와 긴 등뼈를 태우며[34]
인간들을 이 난해한 기술로 인도했으며,
전에는 어둠에 가려 있던 불타는 전조들이
눈에 보이게 만들어주었소.
그 이야기는 이쯤 하기로 하고, 대지 아래   500
감춰져 있는, 인간들에게 유익한 것들인
청동이며 무쇠며 은이며 금은 대체 누가 나보다

---

33 구전(口傳) 시인에게는 기억의 여신인 므네모쉬네(Mnemosyne)가 시가
(詩歌)의 여신인 무사(Mousa)들의 어머니였지만, 기원전 5세기의 시인들
에게는 문자에 의한 기록이 기억의 원천이 되었던 것이다.

34 신들에게 바치는 제물로.

	먼저 발견했다고 주장할 수 있겠소?	
	확신컨대 아무도 없소. 허풍선이가 아니라면.	
	모든 것을 간단히 요약해서 말하자면, 인간들의	505
	모든 기술은 프로메테우스가 준 것이오.	
코로스장	그대는 인간들을 과분하게 도와주지 마세요.	
	불운한 그대 자신은 돌보지도 않고 말예요.	
	나는 여전히 믿어요, 언젠가는 그대가 이 결박에서	
	풀려나 제우스 못지않게 강력해지리라고.	510
프로메테우스	모든 것을 성취하는 운명의 여신이 아직은 그 일이	
	그렇게 되도록 정해놓지 않았소. 먼저 수많은 고난에	
	휜 다음에야 나는 이 사슬에서 풀려나게 될 거요.	
	기술은 필연보다 훨씬 약하기 때문이오.	
코로스장	그럼 필연의 키는 누가 잡고 있나요?	515
프로메테우스	세 명의 운명의 여신들과 잊지 않는 복수의 여신들이지요.[35]	
코로스장	그럼 제우스는 이들보다 약한가요?	
프로메테우스	그도 정해진 운명에서 벗어날 수 없으니까요.	
코로스장	그럼 늘 통치하는 것 외에 제우스에게 무엇이 정해져 있나요?	
프로메테우스	아직은 알려 하지 마시오. 그런 청은 하지 마시오.	520
코로스장	그렇게 감추시는 것을 보니, 틀림없이 엄숙한 비밀인 것 같네요.	
프로메테우스	다른 것에 관해 이야기합시다. 아직 그것은	
	말할 때가 아니오. 아니, 그것을 나는 되도록 깊숙이	
	감춰야 하오. 잘 감추고 있어야만 나는 언젠가	
	수치스런 사슬과 고통에서 벗어날 수 있으니까요.	525

코로스[36](좌 1)	만물을 지배하는 제우스가 내 생각에 반(反)하여
	자신의 힘을 행사하는 일이 결코 없기를!

아버지 오케아노스의 휴식을 모르는 강물 가에서
신성한 제물을 바칠 때, 내가 소의 제물을 가지고   530
신들에게 다가가는 일을 게을리하지 않게 되기를!
내가 말로 죄를 짓지 않게 되기를!
이런 내 생각이 굳건히 버티고 녹아내리는 일이
없기를!   535

(우1) 이 얼마나 즐거운 일인가,
확신과 희망을 품고 명대로 살아가며
밝고 명랑한 가운데 마음을 기른다면!
하지만 그대가 온갖 불운한 고통에   540
찢기는 것을 보니, 나는 마음이 오싹해요.
프로메테우스 님, 이는 그대가 제우스를 두려워하지 않고
제멋대로 인간들을 과분하게 존중한 탓이에요.

(좌2) 자, 친구여, 말씀해보세요. 그대의 호의가   545
얼마나 보답받지 못했는지! 그대를 위한 구원은
어디 있으며, 하루살이들로부터는 어떤 도움이 있었지요?
그대는 보지 못했나요, 허약하고 꿈같은 무기력이
인간들의 눈먼 종족의 발을 묶고 있음을? 인간들의   550
계획이 제우스의 질서를 벗어나는 일은 결코 없을 거예요.

(우2) 그대의 잔혹한 운명을 보고 내 그것을 알았어요,

35   운명의 여신들이 영원불변하는 우주 질서라면 복수의 여신들은 그들의 대리자로서 우주 질서를 교란하는 자들을 벌주거나 교정하는 역할을 한다.
36   526~560행은 두 번째 정립가다.

프로메테우스 님! 이 노래[37]는 전혀 다르게 울려 퍼졌어요.
내가 전에 그대의 결혼식을 축하하며 그대의 결혼 목욕[38]과   555
침대를 위해 축혼가로 불러주던 그 노래와는.
그대가 우리 언니 헤시오네[39]를 구혼 선물로 설득하여
잠자리를 같이하는 아내로 삼았을 때 말예요.   560

(이오가 쇠뿔이 난 소녀로 등장)

이오 여기는 어떤 나라지? 어떤 종족이 살고 있을까?
암벽에 묶인 채 험악한 날씨에 내맡겨진 저이는
누구지? 대체 무슨 죄를 지었기에 그대는 이렇게
죽어가고 있나요? 말해주세요, 가련한 내가
대지의 어느 곳으로 표류해왔는지 말예요.   565

아이고, 아이고!
쇠파리가 또다시 불쌍한 나를 찔러대는구나.
천 개의 눈을 가진 내 감시자인,
대지가 낳은 아르고스[40]의 환영을 보면
나는 겁이 나요. 그자는 음흉한 눈길로
내 주위를 돌아다니고 있고,
죽었는데도 대지는 그자를 감추지 않아요.   570
오히려 그자는 저승의 사자들 사이에서
솟아올라 가련한 나를 사냥하며
굶주린 나를 바닷가 모래 위로 몰아대지요.

(좌1) 그리고 밀랍으로 이어 붙인 갈대피리[41]가
부드러운 소리로 자장가를 불러주는구나.   575

아아, 멀리 떠도는 방랑은 나를 어디로 데려가려는 걸까?

크로노스의 아드님[42]이시여, 그대는 내게서 무슨 잘못을

발견하셨기에 이런 고난의 멍에를 씌우시는 것이며,

아아, 미칠 듯한 괴로움에 몸부림치는 나를   580

쇠파리에 쫓기는 두려움으로 이렇게 괴롭히시나이까?

나를 불에 태우시거나, 대지의 품에 숨기시거나,

바다의 괴물들에게 먹이로 던져주시고,

내 이 소원을 거절하지 말아주소서, 왕이시여!

정처 없이 떠돌아다니며 시련을   585

겪을 만큼 겪었으나 어떻게 해야 이 고난에서

벗어날 수 있을지 알지 못하나이다.

그대[43]는 이 쇠뿔 달린 소녀의 목소리가 들리세요?

프로메테우스 내 어찌 쇠파리에 쫓기는 소녀인, 이나코스의 딸의

목소리를 듣지 못했겠소? 그녀는 제우스의 마음을   590

사랑으로 달구었고, 그래서 지금은 헤라의 미움을 사

끝없이 먼 주로를 달리지 않을 수 없게 되었지요.

37 프로메테우스를 위한 비탄의 노래.
38 당시에는 신랑신부가 신부의 집에서 목욕하는 풍속이 있었다고 한다.
39 여기에 나오는 헤시오네(Hesione)는 오케아노스의 딸로, 프로메테우스의 아내다.
40 전신에 눈이 달린 목자로, 헤르메스에게 살해당한 뒤에도 그의 혼백은 계속 이오를 감시했다고 한다.
41 목자인 아르고스가 불렀을 것으로 생각된다.
42 제우스.
43 프로메테우스.

(우 1)

이오　어떻게 알고 내 아버지 이름을 말하는 거죠?
　　　고통 받는 나에게 말해주세요, 그대가 대체 뉘신지.
　　　가련한 이여, 그대는 대체 뉘시기에 이 가련한 여인의　　　595
　　　이름을 그렇게 정확히 부르며, 멀리 떠돌아다니게 하는
　　　몰이 막대기로 찔러 나를 말려 죽이는,
　　　신이 보낸 이 병(病)에 관하여 말하는 거예요?
　　　아아, 그래서 나는 굶주림과 고통에 시달리며
　　　껑충껑충 뛰어 급히 달려왔지요, 헤라의 적의에 찬　　　600
　　　음모의 제물이 되어. 아아, 신들에게 미움 받는
　　　자들 가운데 누가 나처럼 이렇게 고통 받았지요?
　　　그대는 분명히 말해주세요. 어떤 고통이 아직도　　　605
　　　나를 기다리고 있는지. 어떤 방책이, 어떤 약이
　　　병을 고쳐줄지. 알고 있다면, 말해주세요. 불운하게
　　　떠돌아다니는 이 소녀에게 알려주고 말해주세요.

프로메테우스　그대가 알고 싶어 하는 것을 내 모두 분명히
　　　말해주겠소. 친구들에게 말할 때 그래야 하듯,　　　610
　　　수수께끼를 엮어 넣지 않고 간결하게. 그대는
　　　인간들에게 불을 선물한 프로메테우스를 보고 있소.
이오　모든 인간들에게 자선을 베푼 가련한 프로메테우스 님,
　　　그대는 무슨 일로 이런 벌을 받나요?
프로메테우스　나는 내 고난을 비탄하다가 방금 끝냈소이다.　　　615
이오　그대는 나에게도 그런 호의를 베풀지 않겠어요?
프로메테우스　용건을 말해보시오. 그러면 내가 다 말해주겠소.
이오　말해주세요, 누가 그대를 이 바위에 묶었는지.

| 프로메테우스 | 제우스의 계획과 헤파이스토스의 손이 그랬다오. |
| 이오 | 뭘 잘못했기에 그대는 이런 벌을 받나요? | 620
프로메테우스	내가 이미 밝힌 것으로 만족하시오.
이오	그 밖에 내 방랑의 종말에 관해서도 말해주세요.
	얼마나 긴 세월을 내가 괴로워해야 하는지.
프로메테우스	아는 것보다 모르는 것이 그대에게 더 나을 것이오.
이오	내가 어떤 고통을 당하게 되어 있는지 숨기지 마세요.	625
프로메테우스	내가 인색해서 그대에게 그런 선물을 거절하는 게 아니오.
이오	그렇다면 왜 모든 것을 알려주기를 망설이시죠?
프로메테우스	인색해서가 아니라, 그대의 마음을 불안하게 할까 봐 그러오.
이오	내가 원하는 것 이상으로 나를 염려할 필요는 없어요.
프로메테우스	그대의 뜻이 정 그렇다면 말하지 않을 수 없구려. 들어보시오.	630
코로스장	아직은 말하지 마세요. 우리도 이 즐거움에 끼게 해주세요.
	우리 먼저 이 소녀의 병에 관해 알아보도록 해요.
	그녀가 자신이 당한 수많은 불행을 제 입으로 말하고 나서
	남은 시련은 그대에게 들어 알게 하세요.
프로메테우스	이오여, 이들의 부탁을 들어주는 것은 그대 몫이오.	635
	무엇보다도 이들은 그대 아버지의 누이들이니까.⁴⁴
	듣는 이들로부터 동정의 눈물을 거둬들일 수 있는 장소에서
	자신의 불행을 실컷 울고 슬퍼하는 것은
	역시 그럴 만한 가치가 있는 일이 아니겠소.
이오	그대들의 요청을 거절하려야 거절할 수가 없네요.	640
	그대들은 원하는 모든 것을 알기 쉬운 말로

---

44 이오의 아버지 이나코스는 하신(河神)이므로 오케아노스의 아들인 셈이다. 따라서 이오는 오케아노스의 딸들에게는 질녀가 된다.

듣게 될 거예요. 신이 보내신 이 폭풍과
내 일그러진 모습이 가련한 나를 어디서
엄습했는지 나로서는 말하기조차 괴로워요.
밤만 되면 매번 환영(幻影)들이 내 규방에   645
들어와서는 상냥하게 말을 걸곤 했지요.
"큰 복을 타고난 아기씨, 왜 그렇게 오랫동안
처녀로 남아 계세요? 가장 위대한 결혼을 할 수 있는
기회가 있는데. 제우스께서 연정으로 달아올라
그대와 사랑으로 교합하기를 원하세요.   650
그러니 아기씨, 그대는 제우스와의 잠자리를
거절하지 말고, 풀이 무성한 레르나[45]의 풀밭으로,
아버지의 가축 떼가 있는 축사로 나가세요.
제우스의 눈이 그리움에서 휴식을 취할 수 있도록."
밤마다 그런 꿈들이 가련한 나를 찾아왔어요.   655
그래서 나는 마침내 용기를 내어 밤에 돌아다니는
환영들에 관해 아버지에게 알려드렸지요. 그러자
아버지는 퓌토[46]와 도도네[47]로 많은 사절들을 보내
어떻게 행동하고, 어떻게 말해야만
신들의 마음에 들겠는지 알아 오게 하셨지요.   660
하지만 그들은 돌아와서 모호하고 풀 수 없고
이해하기 어려운 신탁들만 알려주었어요. 드디어
아버지 이나코스에게 분명한 말씀이 주어졌는데,
그것은 오해의 여지 없이 명령하고 지시했어요.
나를 집과 고향에서 내쫓아 대지의 가장 먼 경계들까지   665
정처 없이 떠돌아다니게 하라고. 그리고 아버지가
거절하시면, 불의 얼굴을 한 벼락이 제우스에게서

다가와 온 집안을 쑥대밭으로 만들겠다고 했어요.
아버지는 록시아스⁴⁸의 이런 예언에 복종하시어
나를 내쫓고 대문을 잠그셨는데, 이는 양쪽 모두 670
원치 않는 일이었어요. 하지만 제우스의 고삐는
의사에 반해 그런 짓을 하도록 아버지를 강요했어요.
그러자 즉시 내 모습과 마음이 일그러졌어요.
보시다시피, 나는 뿔이 달린 채 따끔하게 물어대는
쇠파리에 쩔리며 미친 듯이 겅중겅중 뛰어 675
케르크네이아⁴⁹의 마실 수 있는 물과 레르나 샘으로
달려갔어요. 그러자 대지에서 태어난, 소 치는 목자로
성미가 급한 아르고스가 나와 동행하며
수많은 눈으로 내 발자국을 지켜보았어요.
하지만 뜻밖의 죽음이 갑자기 덮쳐 그자의 목숨을 680
앗아 갔어요. 하지만 나는 신이 보내신 채찍인 쇠파리에 쫓겨
이 나라에서 저 나라로 돌아다니고 있어요. 그대는
지금까지 일어난 일을 들었으니, 앞으로 어떤 고난이
나를 기다리고 있는지 말해줄 수 있다면 알려주세요.
나를 동정하여 거짓말로 나를 위로하려 하지는 마세요. 685
단언하건대, 꾸며낸 말이야말로 가장 수치스런 병이니까요.

코로스 아아, 그만두세요. 슬프도다!

---

45 아르고스 남쪽의 늪지대.
46 델포이의 옛 이름.
47 제우스의 신탁소가 있던 곳.
48 아폴론의 별명.
49 레르나 샘에서 멀지 않은 마을.

내 미처 생각지 못했어요,
이런 망측한 이야기가 내 귀에 들리리라고는.
그리고 이런 차마 눈 뜨고 볼 수 없는   690
고난과 고통과 공포가 양 끝에 침이 박힌,
몰이 막대기로 내 마음을 싸늘하게
식히리라고는. 오오, 운명이여, 운명이여,
이오의 고통을 보니 나는 등골이 오싹해요.   695

프로메테우스 그대는 너무 일찍 비탄하며 겁에 질리는구려.
남은 것도 마저 알게 될 때까지 기다리시오.

코로스장 말씀해주세요. 다 가르쳐주세요. 남은 고통을 모두
정확히 알아두는 것이 환자들에게는 도움이 되니까요.

프로메테우스 그대들의 첫 번째 요구는 힘들이지 않고 이루어졌소.   700
그대들은 먼저 여기 이 이오가 자신의 고난에 관해
제 입으로 말하는 것을 듣고 싶어 했으니 말이오.
이제 나머지도 들어보시오. 여기 이 소녀가 헤라에 의해
아직도 어떤 고난을 더 참고 견뎌야 하는지.
이나코스의 따님이여, 내가 하는 말을 명심하시오.   705
그대의 여행이 어디서 끝나는지 알도록 말이오.
그대는 먼저 여기서 해 뜨는 쪽으로 방향을 돌려
쟁기질하지 않는 들판을 걸어가시오. 그러면 그대는
훌륭한 바퀴가 달린 달구지 위에다 버들가지로
오두막을 엮어놓고 사는 유목민인 스퀴타이족에게   710
가게 될 텐데, 그들은 멀리 쏘는 활로 무장하고 있소.
하지만 그들에게 다가가지 말고, 파도가 신음하는
해안을 끼고 걸어서 그들의 나라를 지나치도록 하시오.

그러면 그대의 왼쪽에 무쇠를 다루는 칼뤼베스족이

살고 있을 텐데, 그들도 조심해야 하오. 715

유순하지 않고 나그네에게 불친절하니까요. 그러면

그대는 이름에 걸맞게 오만불손한 휘브리스테스 강에

이르게 될 텐데, 건널 만한 여울이 없으니 그 강은

건너지 마시오. 그대가 그 봉우리들에서 강의 힘이

아래로 내리쏟아지는 가장 높은 산인 카우카소스에 720

이르기 전에는 말이오. 별들과 이웃하고 있는

이들 봉우리를 넘어 그대는 남쪽 길로 가시오,

남자를 미워하는 아마조네스족의 무리에게

이를 때까지. 이들은 언젠가는 테르모돈 강변에 있는

도시 테미스퀴라에서 거주하게 될 텐데, 725

그곳에서는 살뮈뎃소스[50]의 바위투성이 바다 턱[51]이

배들의 의붓어미로서 선원들을 위협하고 있소.

아마조네스족이 그대에게 친절하게 길을 가르쳐줄 것이오.

호수[52]의 좁은 문 바로 옆에 있는 킴메리아 지협[53]에

그대는 이르게 될 것인데, 그대는 그곳을 뒤로하고 730

용감하게 마이오티스의 수로[54]를 건너도록 하시오.

---

50 혹해 서안에 있는 살뮈뎃소스를 아이스퀼로스는 여기서 훨씬 동쪽에 있는 것으로 생각하고 있다. 이 드라마에서 아이스퀼로스의 지리 지식은 믿을 만한 게 못 된다.
51 '바다 턱'이란 갑(岬)을 말한다.
52 마이오티스 호, 즉 지금의 아조프 해를 말한다.
53 지금의 크림 반도.
54 '마이오티스 수로'란 혹해와 아조프 해를 연결해주는 수로, 이른바 킴메리아의 보스포로스를 말한다.

그러면 인간들은 두고두고 그대가 물을 건넌 이야기를
하게 될 것이고, 그로 인하여 그곳은 보스포로스[55]라고
불릴 것이오. 그러면 그대는 에우로페[56]의 들판을 떠나
아시아 대륙으로 가게 될 것이오. 그대들[57]에게는   735
신들의 통치자[58]가 매사에 똑같이 잔인하다고 여겨지지
않나요? 그는 신이면서 인간인 이 소녀와 살을 섞기를
원하다가 그녀에게 이런 방랑의 짐을 지웠소.
소녀여, 그대는 정말 고약한 구혼자를 만났구려.
그대가 방금 들은 이야기는 그대가 앞으로 당할 고통의   740
서곡(序曲)에 지나지 않는 것으로 여겨질 테니까요.

이오 　아아, 슬프고 슬프도다!

프로메테우스 　그대는 또 비명을 지르며 탄식하는구려.
남은 고난을 마저 듣고 나면 어쩌려고?

코로스장 　아니, 이 여인이 당해야 할 고통이 아직도 남았단 말예요?   745

프로메테우스 　파멸과 고통의 겨울 바다가 아직 남아 있소.

이오 　그렇다면 산다는 것이 내게 무슨 의미가 있지요?
왜 나는 어서 이 가파른 바위에서[59] 아래로 몸을 던져
땅바닥에 박살 난 채 이 모든 고난에서 벗어나지
못하는 것일까? 날마다 고통 받으며 평생을 사느니   750
단번에 죽어버리는 편이 더 낫잖아요.

프로메테우스 　아마도 그대는 내 이 고난을 잘 견디지 못할 것
같구려. 나는 죽지도 못할 운명이니 말이오.
죽음은 사실 고통으로부터의 해방일 수도 있지요.
그러나 지금 내 고난에는 어떤 종말도 예정되어   755
있지 않아요. 제우스가 권좌에서 축출되기 전에는.

이오 　제우스가 권좌에서 축출된다는 것이 가능하기나 한가요?

프로메테우스	그대는 그런 일이 일어난다면 좋겠다는 투로군요.	
이오	어찌 안 그렇겠어요? 제우스 탓에 이런 고통을 당하는데.	
프로메테우스	그렇다면 믿어도 좋소. 반드시 그런 일이 일어난다고.	760
이오	대체 누가 그의 왕권을 빼앗게 되죠?	
프로메테우스	그 자신의 어리석은 생각이 빼앗게 된다오.	
이오	어떻게요? 해(害)가 되지 않는다면 알려주세요.	
프로메테우스	그는 언젠가는 후회하게 될 결혼을 하게 될 것이오.	
이오	여신과, 아니면 여인과? 말해도 된다면 말씀해주세요.	765
프로메테우스	어떤 결혼인지를 왜 묻나요? 그건 말할 수 없소.	
이오	그는 아내에 의해 권좌에서 축출되나요?	
프로메테우스	그래요. 그녀는 아버지보다 더 강한 아들을 낳게 될 것이오.	
이오	그에게 이런 운명을 막을 방도는 없나요?	
프로메테우스	없어요, 내가 이 사슬에서 풀려나지 않으면.	770
이오	하지만 제우스가 원치 않는다면 누가 그대를 풀어주겠어요?	
프로메테우스	그대의 자손들 가운데 한 명이 그렇게 하도록 되어 있소.	

55 보스포로스는 '소가 건넌 여울'이라는 뜻으로, 이오가 소로 변신하여 건넜다고 해서 이런 이름이 붙었다고 한다. 보스포로스라는 이름의 해협은 두 군데가 있다. 하나는 마르마라 해와 흑해를 이어주는, 뷔잔티온(지금의 이스탄불) 바로 옆에 있는 이른바 '트라케의 보스포로스'이고, 다른 하나는 흑해와 아조프 해를 이어주는 이른바 '킴메리아의 보스포로스'다. 이오는 대개 더 유명한 트라케의 보스포로스를 건넌 것으로 알려져 있으나, 여기에서는 또다시 전승된 이야기가 변형되어 있다.

56 '유럽'의 그리스어 이름. 고대 그리스인들은 킴메리아의 보스포로스와 타나이스(Tanais 지금의 Don) 강이 유럽과 아시아의 경계를 이루는 것으로 믿었다.

57 코로스.

58 제우스.

59 이오는 지금 프로메테우스가 결박된 암벽 위에 서 있는 것으로 생각된다.

이오 뭐라고요? 내 자식이 그대를 불행에서 구해준다고요?

프로메테우스 그렇소. 십하고도 삼 세손이.

이오 그 예언은 이제 이해하기도 쉽지 않네요. 775

프로메테우스 그렇다면 그대 자신의 고난도 더 알려 하지 마오.

이오 선심을 쓰시다가 도로 빼앗아 가지 마세요.

프로메테우스 그대에게 두 가지 이야기 가운데 하나를 들려주겠소.

이오 어떤 이야기들이죠? 먼저 알려주시고, 선택권을 주세요.

프로메테우스 좋소. 선택하시오. 그대에게 남은 고난을 자세히 780
말해줄까요, 아니면 나를 해방해줄 이를 말해줄까요?

코로스장 둘 중 하나는 이 여인에게, 다른 하나는 내게 베푸시되,
내가 그 이야기를 들을 자격이 없다고 여기진 마세요.
그러니까 이 여인에게는 그녀의 남은 방랑을, 내게는 누가
그대를 풀어줄지를 말씀해주세요. 알고 싶어요. 785

프로메테우스 그대들의 뜻이 정 그렇다면, 내 거절하지 않고
그대들이 알고 싶어 하는 것을 다 말해주겠소.
이오여, 먼저 우여곡절이 많은 그대의 방랑을 말할 터이니,
마음의 서판(書板)에 새기시오.
그대는 두 대륙을 갈라놓는 해협을 건너거든 790
불의 얼굴을 한 태양이 떠오르는 쪽을 향하여
파도가 철썩거리는 바다[60]를 끼고 가시오.
키스테네[61] 땅의 고르고 평야에 이를 때까지.
그곳에는 백조의 모습을 한 고령의 처녀들로
눈 하나와 이 하나를 공유하는, 포르퀴스의 795
세 딸[62]이 살고 있는데, 햇빛도 밤의 달도
일찍이 이들을 비춘 적이 없소. 근처에는
이들의 날개 달린 세 자매로 머리털이 뱀이고

사람을 미워하는 고르고 자매들이 살고 있는데,
이들을 본 인간은 누구라도 목숨을 부지하지 못하오.   800
이들이 곧 그 지방의 수비대라오.
그대는 또 다른 무시무시한 광경에 관해서도
들어보시오. 그대는 조심하시오. 이빨은 날카롭지만
짖을 줄 모르는 제우스의 개들인 그립스[63]들과
외눈박이 아리마스포이족[64]의 기마부대를. 그들은   805
황금을 흘려보내는 플루톤[65] 강의 여울가에 살고 있소.
그들에게는 다가가지 마시오. 다음에 그대는 머나먼
나라에, 흑인들의 부족에 이르게 되는데, 그들은
태양의 원천[66] 옆에, 아이티옵스 강 유역[67]에 살고 있소.
그대는 그 강둑을 따라가시오. 그러면 폭포[68]에   810
이르게 될 텐데, 바로 그곳에 있는 파퓌로스 산들[69]로부터

60 카스피 해를 말하는 듯하다.
61 먼 동쪽 지방.
62 그라이아이 자매들(Graiai). 포르퀴스는 네레우스(Nereus) 또는 폰토스(Pontos)의 아들로, 날 때부터 할머니들인 그라이아이 자매들과 보는 이를 돌로 변하게 한다는 고르고 자매들과 선원들을 잡아먹는다는 괴물 스퀼라의 아버지다.
63 사자의 몸에 독수리의 날개와 부리를 가진 괴수.
64 전설적인 외눈박이 부족.
65 플루톤('부자'라는 뜻)은 아마도 가공적인 강으로, '황금을 흘려보내기' 때문에 이런 이름이 붙은 것 같다.
66 '태양의 원천'이란 여기서 태양이 뜨는 곳이라는 뜻 같다.
67 '아이티옵스(Aithiops) 강 유역'이란 여기서 아이티오페스족(Aithiopes)의 나라, 즉 대지의 먼 남동쪽 지방 전체를 말한다.
68 엘레판티네(Elephantine) 시 바로 아래에 있는 나일 강 제1폭포를 말한다.
69 파퓌로스(Papyros) 산들에 관해서는 달리 알려진 것이 없다.

네일로스[70] 강이 신성한 맑은 물을 아래로 내려보내지요.
그 강은 그대에게 네일로스 강의 세모난 나라[71]로 들어가는
길을 가르쳐줄 텐데, 그곳에서, 이오여, 그대는 자신과
자손들을 위해 머나먼 식민지를 발견하도록 정해져 있소. 815
혹시 이 가운데 그대에게 모호하거나 이해하기 어려운
점이 있다면 묻고 또 물어서 확실히 알도록 하시오.
내게는 원하는 것 이상의 여가(餘暇)가 있으니까요.

코로스장 혹시 그대가 고난에 찬 방랑에 관해 이 여인에게
더 할 말이 있거나, 빠뜨린 것이 있으면 말씀하세요. 820
그러나 다 말씀하셨다면, 우리에게도 잠시 전에
부탁드린 호의를 베풀어주세요. 생각나시죠?

프로메테우스 이 여인은 자신의 방랑의 종말에 관해 이제 다 들었소.
하지만 내게서 들은 것이 허튼소리가 아니라는 것을
알도록, 나는 그녀가 이리로 오기 전에 고생했던 825
일들을 이야기해 내가 한 말의 증거로 삼고자 하오.
하지만 나는 대부분의 이야기는 생략하고
곧장 그대의 방랑의 종말을 향해 나아갈 것이오.
그대는 몰롯시아[72]의 평야와 가파른 능선의
도도네[73]로 갔소. 그곳에는 제우스 테스프로토스[74]의 830
신탁소와 믿기지 않는 기적인 말하는 참나무들이 있지요.
그런데 그 참나무들에게서 그대는
수수께끼 같은 말이 아니라 아주 분명한 말로
앞으로 그대가 제우스의 이름난 아내가 될 것이라는
인사를 받았소. 어때요, 그런 인사가 마음에 드시오? 835
그리고 나서 그대는 쇠파리에 찔려 해변 길을 따라
레아의 넓은 만(灣)[75]을 향해 질주하다가, 그곳에서

되돌아서서[76] 지금은 폭풍에 떠밀려 가고 있는 중이오.
잘 알아두시오. 앞으로 그 바다의 안쪽은
모든 인간들에게 그대의 여행에 대한 기념이 되도록   840
이오니오스 해[77]라고 일컬어질 것이오.
바로 이것이, 내 마음은 눈에 보이는 것보다
더 많이 볼 수 있다는 증거요. 남은 것들은
내가 이야기를 중단했던 곳에서 다시 시작하여
그대들과 이 여인에게 함께 들려주겠소.   845
나라의 맨 끝[78]에, 네일로스 강 하구와 물에 떠내려온
진흙 더미 옆에 카노보스[79]라는 도시가 있는데,
그곳에서 제우스는 그대가 다시 정신을 차리게 해줄 것이오.
더 이상 두렵지 않은 손으로 어루만지기만 함으로써.
그러면 그대는 살갗이 검은 에파포스를 낳게 될 터인데,   850
제우스가 낳아준 방법에 따라 그런 이름을 갖게 된 그는

70 나일 강의 그리스어 이름.
71 삼각주.
72 그리스 북서부 에페이로스 지방의 한 지역.
73 제우스의 가장 오래된 신탁소가 있던 곳.
74 제우스 테스프로토스(Zeus Thesprotos)는 '테스프로티스(Thesprotis) 지역의 제우스'라는 뜻이다. 테스프로티스는 남에페이로스 지방에 있다.
75 '레아(Rhea)의 넓은 만'이란 이오니오스(Ionios) 해, 즉 지금의 이오니아 해 북쪽의 아드리아스(Adrias) 해, 그러니까 지금의 아드리아 해를 말한다.
76 내륙으로, 즉 스퀴티스 지방으로.
77 이오니오스 해라는 이름은 소아시아 서부 해안 지대와 그 부속 도서들로 이루어진 이오니아(Ionia) 지방과는 무관하며, 이오가 이 바다의 해변 길을 달렸던 데서 유래한 이름이다.
78 이집트의 북서쪽 끝에.
79 훗날의 알렉산드레이아 근처에 있는 도시.

네일로스의 넓은 강물이 적셔주는 모든 땅에서 수확할 것이오.
쉰 명의 딸들[80]로 이루어진, 그로부터 다섯 번째 세대가
의사에 반해 도로 아르고스로 가게 될 것인데,
이 처녀들은 사촌과의 근친결혼을 피하고 싶어 한다오.   855
하지만 총각들은 마음이 후끈 달아올라,
마치 비둘기들에게 많이 처지지 않은 매처럼,
사냥할 수 없는 사냥감인 결혼을 사냥하러 오겠지만
신은 그들에게 처녀들의 몸을 내주지 않는다오.
그리고 펠라스고스[81]의 땅이 그들[82]을 받아들일 것이오.   860
여인들이 밤에 파수를 보다가 대담하게 전쟁을 걸어와
그들을 도륙하고 나면. 여인들은 저마다 제 남자의 목숨을
빼앗으며 쌍날칼을 목구멍에 적실 테니 말이오.
그런 모습으로 퀴프리스[83]가 내 적들에게 다가갔으면!
처녀들 중 한 명[84]만이 사랑에 홀려 자기와 동침한 남자를   865
죽이지 못하고, 계획이 무뎌지고 말 것이오.
그래서 그녀는 두 가지 중에서, 살인에 더럽혀지느니
차라리 비겁자라고 불리는 쪽을 택하게 될 것이오.
바로 그녀가 아르고스에 왕족을 낳아준다오.
이 일을 자세히 이야기하자면 긴 이야기가 필요하오.   870
하지만 그 씨앗에서 대담무쌍하고 활로 유명한 자[85]가 태어나
나를 이 고난에서 풀어주게 될 것이오.
그런 신탁을 옛날에 태어나신 내 어머니,
티탄 신족이신 테미스께서 내게 알려주셨소.
어떻게 그런 일이 일어날지 말하자면 긴 이야기가 필요하며,   875
다 알아도 지금 그대에게 아무런 도움이 안 된다오.

이오	아아, 슬프고 슬프도다!
	또다시 발작이 일어나고,
	마음을 혼란케 하는 광기가 나를 불태워요.
	쇠파리의 벼리지 않은 화살촉이 나를 찔러요. 880
	심장이 두려움에 가슴을 쿵쿵 치고,
	두 눈이 바퀴처럼 빙빙 돌아요.
	광란의 거친 폭풍 때문에 나는 주로에서
	멀리 벗어나 있고, 혀도 말을 안 들어요.
	그래서 뒤죽박죽이 된 말들이 끔찍한 재앙의 885
	파도에 부딪쳐보지만 아무 소용 없어요.
	(이오 퇴장)
코로스86(좌1)	현명하고 현명하도다,
	맨 먼저 마음속으로 저울질하고는
	말로 표현한 자는,
	같은 신분끼리 결혼하는 것이 상책이며, 890
	부(富)에 물러빠진 자들이나
	문벌을 뽐내는 자들과는
	품팔이꾼은 절대 결혼하지 말라고!

80 다나오스의 50명의 딸들.
81 다나오스가 아르고스에 갔을 때 아르고스의 왕.
82 아이귑토스의 50명의 아들들의 시신.
83 아프로디테의 별명 가운데 하나.
84 휘페르메스트라.
85 헤라클레스.
86 887~906행은 세 번째 정립가다.

(우1) 존엄한 운명의 여신들이여,
내가 아내로서 제우스의 침상에 다가가는 것을   895
그대들은 결코, 결코 보지 않게 되기를!
하늘의 신들 가운데 한 분이 내게 신랑으로
다가오는 일이 없기를! 남편을 싫어하는 처녀 이오가
헤라의 미움을 사 고통스럽고 힘든 방랑을 하느라
괴로워하는 것을 보니 무서워요.   900

(종가) 대등한 상대끼리의 결혼이라면 나는 두렵지 않아요.
내가 두려워하는 것은, 더 강력한 신들의 사랑이
내게 피할 수 없는 눈길을 보내지 않을까 하는 것.
그것은 싸울 수 없는 싸움이며, 길 없는 길이에요.
내가 어떻게 될지는 나도 몰라요.   905
제우스가 원한다면, 어떻게 그의 계획에서
벗어날 수 있을지 나도 모르니까요.

프로메테우스 마음이 거만한 제우스이지만 언젠가는 그도
의기소침해질 날이 올 것이오. 이미 그는
자신을 권좌에서 내던져 눈에 보이지 않게 해줄
결혼을 준비하고 있으니 말이오.   910
그러면 그의 아버지 크로노스가 오래된 권좌에서
떨어지며 내뱉은 저주가 완전히 이루어질 것이오.
그런 불행을 막아줄 방도는, 나 말고는 신들 중에
어느 누구도 그에게 분명히 말해줄 수 없소. 나만이,
그 일을, 그 일이 어떻게 이루어질 것인지 알고 있소.   915
그러니 지금은 그가 허공의 굉음을 믿고, 불을 내뿜는

벼락을 손으로 휘두르며 태평하게 앉아 있게
내버려두시오. 그 어느 것도 그의 불명예스럽고
참을 수 없는 추락을 막지 못할 테니.
그런 적대자를 그는 지금 자신에 반대하여   920
스스로 무장시키고 있소. 맞서 싸우기 어려운 괴물을.
그자는 벼락보다 더 강한 화염과, 천둥을 압도할
엄청난 굉음을 발견해낼 것이오.
그자는 또 대지와 바다를 뒤흔드는[87]
포세이돈의 삼지창도 산산이 부숴버릴 것이오.   925
그런 운명을 만나게 되면, 그때는 그도 알게 될 것이오,
통치하는 것과 노예가 되는 것은 천양지차라는 것을.

코로스장   제우스에 대한 그런 욕설은 그대의 희망 사항에 불과해요.
프로메테우스 내 소원이기도 하지만, 일어날 일을 말하는 것이오.
코로스장   제우스의 상전(上典)이 될 자가 과연 있을까요?   930
프로메테우스 그리고 그는 지금의 나보다 더 힘든 고통을 당하게 될 것이오.
코로스장   두렵지도 않으세요? 감히 그런 말씀을 하시다니.
프로메테우스 뭐가 두렵겠소? 어차피 나는 죽을 운명이 아닌데.
코로스장   하지만 그는 그대에게 이보다 더 심한 고통을 줄지도 몰라요.
프로메테우스 줄 테면 주라지요. 모든 걸 각오하고 있으니까.   935
코로스장   하지만 현명한 이들은 아드레스테이아[88]에게 적절한 경의를 표해요.
프로메테우스 그대나 존경하고 경배하시구려. 지배자가 누구든 언제나
          아첨하시구려. 나는 제우스 따위엔 아무 관심도 없소.
          얼마 남지 않은 기간 동안 제멋대로 행동하며

---

87 해신 포세이돈은 지진의 신이기도 하다.
88 인간들의 오만을 벌하는 응보의 여신 네메시스의 별명.

권세를 휘두르라 하시오. 그는 오랫동안 신들을   940
통치하지는 못할 테니까. 그런데 저기 제우스의
심부름꾼이 보이는군. 새 독재자의 시종 말이오.
분명 새로운 소식을 전하러 오는 것 같소.

(헤르메스 등장)

헤르메스   그대 교활한 자여, 독하디 독한 자여, 신들에게
죄를 짓고 하루살이 인간들에게 명예를 준 자여,   945
불의 도둑이여, 내 지금 그대에게 말하고 있소.
아버지께서 그대에게 명령하시기를, 그분을 권좌에서
축출하게 될 것이라고 그대가 허풍 치고 있는
그 결혼이라는 것이 대체 어떤 것인지 아뢰라 하셨소.
수수께끼 같은 말이 아니라 알기 쉽게 자세히 털어놓아   950
내가 두 번 걸음 않게 하시오, 프로메테우스여. 아시다시피,
제우스께서는 그대의 이런 태도에 결코 주눅 들지 않소.

프로메테우스   잠잖으면서도 불손하기 짝이 없는 그 말투,
과연 신들의 종다운 말투로다.
그대 신출내기들은 통치한 지가 얼마 안 되거늘   955
벌써 고통을 모르는 성채에서 살고 있는 줄 아는가?
그곳에서 나는 폭군이 벌써 둘[89]이나 떨어지는 것을 보았네.
지금 통치하고 있는 세 번째 폭군도 더없이 수치스럽게
금세 떨어지는 것을 나는 보게 될 테고.
자네는 내가 겁먹고 새 신들 앞에 굽실거릴 줄 알았나?   960
천만에. 그럴 마음은 추호도 없네. 그러니 자네는
왔던 길을 되돌아가도록 하게. 내게 묻는 것을
자네는 아무것도 알아내지 못할 테니.

헤르메스   그대는 전에도 이렇게 고집을 피우다가

	자신을 이런 고통의 항구에 정박하게 되었지.	965
프로메테우스	하지만 잘 알아두게. 나는 내 이 불행을	
	자네 종살이와는 결코 바꾸고 싶지 않네.	
헤르메스	이 바위에 종살이하는 편이 제우스의 충실한	
	사자 노릇을 하는 것보다 더 낫기도 하겠소!	
프로메테우스	그래서 오만한 자에게는 오만하게 대해야 하는 법이지.⁹⁰	970
헤르메스	그대에게는 지금 이 처지가 편한 것 같구려.	
프로메테우스	편하다고? 나는 내 적들이 이렇게 편한 것을	
	보았으면 싶네. 이제 나는 자네도 그들에 포함시키네.	
헤르메스	그대의 불행에 나까지 책임이 있다고 생각하시오?	
프로메테우스	간단히 말해, 내 선행을 부당하게도	975
	악으로 갚는 모든 신을 나는 증오한다네.	
헤르메스	들자하니, 그대는 미쳐도 단단히 미쳤구려.	
프로메테우스	미쳤겠지, 자신의 적들을 미워하는 것이 미친 짓이라면.	
헤르메스	그대가 잘나간다면, 그대를 참아내기란 불가능할 것이오.	
프로메테우스	아아, 슬프도다!	
헤르메스	아아, 슬프도다? 제우스께서는 그런 말은 알지 못하시오.	980
프로메테우스	세월이 가면 누구나 다 알게 마련이지.	
헤르메스	하지만 그대는 신중함이 무엇인지 아직 알지 못하는구려.	
프로메테우스	그렇지 않다면 나는 종에 불과한 자네와 말하지 않았겠지.	
헤르메스	한데 아버지께서 원하시는 것은 말하고 싶지 않은 것 같구려.	
프로메테우스	그에게 내가 신세를 졌다면 기꺼이 갚고 싶었을 텐데.	985
헤르메스	나를 어린애처럼 갖고 노는구려.	

89 우라노스와 크로노스.
90 앞에 한두 행이 없어진 것으로 생각된다.

프로메테우스　내게서 무얼 알아내리라 생각했다면, 자넨 어린애가
　　　　　　아니고 무엇이겠나? 아니, 어린애보다 더 철없다 해야겠지.
　　　　　　제우스는 어떤 고문으로도, 어떤 계략으로도 나를 움직여
　　　　　　내가 알고 있는 비밀을 말하게 할 수 없을걸세. 그가　　　　　990
　　　　　　이 치욕스러운 사슬에서 나를 풀어주기 전에는.
　　　　　　그러니 그가 불타는 화염을 하늘에서 아래로 내던지고
　　　　　　하얀 날개의 눈보라와 지하에서 천둥 치는 지진으로
　　　　　　이 세상 모든 것을 뒤죽박죽으로 만들라 하게. 하지만
　　　　　　그 어떤 것도 누가 권좌에서 그를 축출할지　　　　　　　　995
　　　　　　말해주도록 나를 굽힐 수는 없을걸세.
　헤르메스　자, 그러는 것이 과연 그대에게 도움이 될지 생각해보시오.
프로메테우스　이미 오래전에 생각했고, 그렇게 하기로 결심했네.
　헤르메스　오오, 어리석은 자여! 이만큼 고초를 겪었으면,
　　　　　　아직 시간이 있을 때 제발 정신 좀 차리시오.　　　　　　　1000
프로메테우스　마치 파도에 대고 말하듯, 자네가 아무리 졸라대도
　　　　　　소용없네. 내가 제우스의 의도에 겁을 먹고는
　　　　　　마음이 약해져 내가 몹시 미워하는 자에게
　　　　　　여자처럼 두 손을 들고 이 사슬에서 나를 풀어달라고
　　　　　　애원하게 되리라고는 꿈에도 생각지 말게.　　　　　　　　1005
　　　　　　나는 그런 짓은 절대로 하지 않을 테니까.
　헤르메스　나는 벌써 많은 말을 했건만 아무 소용 없을 것 같구려.
　　　　　　내가 간청해도 그대는 부드러워지거나 누그러지지
　　　　　　않으니 말이오. 그대는 갓 멍에를 멘 망아지처럼
　　　　　　재갈을 입에 물고 고삐에 맞서 싸우고 있소.　　　　　　　1010
　　　　　　하지만 그대의 거친 행동은 무익한 작전에서
　　　　　　비롯된 것이오. 지혜가 따르지 않는 고집은

그 자체로는 힘이 허약하기 짝이 없으니 말이오.
잘 생각해보시오. 그대가 내 말에 복종하지 않을 경우,
피할 길 없는 어떤 폭풍과 재앙의 너울이   1015
그대를 덮칠 것인지. 먼저 아버지께서는
이 들쭉날쭉한 암벽을 천둥과 벼락의 화염으로 부수어
그대를 땅속 깊이 묻으실 것인데, 그러면
바위가 팔을 구부려 그대를 껴안게 될 것이오.[91]
긴긴 세월이 지난 다음에야 그대는 햇빛으로   1020
돌아오게 될 것이오. 그러면 제우스의 날개 달린
개가, 피투성이가 된 독수리가 게걸스럽게
그대의 몸을 큼직큼직한 고깃덩어리로 갈기갈기
찢게 될 텐데, 이 불청객은 날마다 다가와
그대의 까매진 간을 포식하게 될 것이오.   1025
게다가 그대는 그런 고문이 끝나리라고 기대하지 마시오.
신들 중에 누군가 그대의 고통을 대신 떠맡아
햇빛이 들지 않는 하데스와 타르타로스의
캄캄한 심연으로 내려가기를 자청하기 전에는.
그러니 이 점을 유념하고 결심하시오. 괜히   1030
허풍 치는 게 아니라, 이건 어디까지나 진담이오.
제우스께서는 거짓말할 줄 모르시며, 당신
입으로 하신 말씀은 모두 성취하시기 때문이오.
그러니 그대는 이모저모 잘 생각해보고 심사숙고하되,
좋은 조언보다 고집이 더 낫다고 생각지 마시오.   1035

---

91 프로메테우스가 결박당해 있는 바위가 부서져 내려 그를 파묻어버릴 것이
    라는 뜻이다.

코로스장　우리가 보기에 헤르메스가 얼토당토않은 말을
　　　　　하는 것 같지 않아요. 그대더러 고집을 버리고
　　　　　현명한 조언을 구하라 하니 말예요. 그의 말대로 하세요.
　　　　　지혜로운 자에게는 실수한다는 것이 수치예요.
프로메테우스　그가 전하기 전에 이미 나는 전언을　　　　　　　1040
　　　　　알고 있었소. 서로 미워할 경우 적의 손에
　　　　　고통 당하는 것은 치욕이 아니오.
　　　　　그러니 두 갈래 진⁹² 번개가 나에게
　　　　　내던져지고, 천둥과 사나운 돌풍의
　　　　　경련에 대기가 요동치고,　　　　　　　　　　　　　1045
　　　　　바람이 대지를 밑바닥부터
　　　　　뿌리째 흔들려무나!
　　　　　바다의 물결이 높이 솟구쳐
　　　　　하늘의 별들의 길을 막으려무나!
　　　　　그리고 그가 내 이 몸을　　　　　　　　　　　　　1050
　　　　　필연의 세찬 소용돌이와 함께
　　　　　캄캄한 타르타로스로 던지려무나!
　　　　　그래도 그는 나를 죽이지 못할 것이오.
헤르메스　정신이 돌아버린 자들의 생각과 말이
　　　　　어떤 것인지 예서 들을 수 있겠구나.　　　　　　　1055
　　　　　그의 이 기도는 광기의 모습을 하나도
　　　　　빠트리지 않고 다 보여주는구나. 그의 광기는
　　　　　나아질 징후가 전혀 보이지 않아요.
　　　　　(코로스에게) 한데 그의 고통을 동정하는 그대들은
　　　　　이곳을 떠나 어서 다른 데로 가시오.　　　　　　　1060
　　　　　천둥의 사정없는 노호가 그대들을

	실신시키지 않도록 말이오.	
코로스장	다른 말을 하세요. 내가 따를 수 있는 충고를	
	해주세요. 그대가 억지로 끌어다 붙이는	
	그 말은 받아들일 수 없어요. 어째서 그대는	1065
	나더러 그런 비겁한 짓을 하라 하세요?	
	여기 이분과 함께 나는 어떤 고통도 참고	
	견디겠어요. 배신자들을 미워하도록	
	나는 배웠으니까요. 내게는 배신보다	
	더 경멸스러운 병은 없어요.	1070
헤르메스	그렇다면 미리 충고해두겠으니 내 말을	
	명심하시오. 재앙의 사냥감이 되더라도	
	그대들은 운명을 탓하지 말고, 제우스께서	
	그대들을 예기치 못한 고통에 빠뜨리셨다고	
	말하지 마시오. 그렇게 하지 마시오.	1075
	그것은 자업자득이니까요. 그대들은 느닷없이	
	또는 은밀히 그런 봉변을 당한 것이 아니라,	
	알면서도 자신들의 어리석음으로 인하여	
	피할 길 없는 재앙의 그물에 걸려든 것이니까요.	

(헤르메스가 퇴장하자 천둥소리가 들린다.)

프로메테우스	이젠 말이 아니라 실제로	1080
	대지가 요동치는구나.	
	그에 맞춰 지하로부터 천둥[93]이	

---

92 Z자 모양을 말한다.
93 지진.

으르렁거리고, 벼락이 작렬하며
뒤틀리고 번쩍이는구나. 회오리바람이
먼지를 빙글빙글 돌리고, 온갖 바람의   1085
입김들이 껑충껑충 뛰어오르며
서로 격렬한 내전을 벌이는구나.
하늘과 바다가 뒤섞여 하나가 되는구나.
그처럼 격렬한 기운이 제우스로부터 눈에 보이게
나를 향해 다가오는구나, 나를 겁주려고.   1090
오오, 존경스러운 어머니 대지여! 오오, 우리 모두를
비추도록 해를 굴려주는 하늘이여, 그대는 내가
얼마나 부당하게 고통 당하고 있는지 보고 있나이다.

(프로메테우스가 결박된 암벽이 무너져 없어진다. 코로스가 사방으로 흩어진다)

오이디푸스 왕
Oidipous Tyrannos

작품 소개

기원전 436~433년에 쓰여진 것으로 추정되는 『오이디푸스 왕』, 이 작품이 포함된 비극 3부작은 그해 비극경연에서 2등을 차지했다. 그러나 이 작품은 소포클레스의 최대 걸작으로 평가되며, 아리스토텔레스도 『시학』에서 "비극의 모든 요건을 갖춘 가장 짜임새 있는 드라마"라고 극찬하고 있다.

이 비극이 다루고 있는 오이디푸스 이야기는 다음과 같다.

스핑크스의 수수께끼를 푼 오이디푸스가 테바이의 왕이 되고, 왕비 이오카스테와 결혼하여 슬하에 2남 2녀를 두고 행복하게 살아간다. 그러던 중 나라에 역병이 창궐하자, 오이디푸스는 신탁이 말한 정화를 위해 선왕 라이오스의 살해범을 반드시 잡겠다는 열의를 보인다. 하지만 자신이 바로 그 이오카스테와 전에 삼거리에서 살해한 라이오스의 아들임이 밝혀져, 이오카스테는 자살하고 오이디푸스는 제 손으로 제 눈을 멀게 한다.

이 비극은 인간의 인식 능력, 즉 오이디푸스가 '어떻게' 스스로 저지른 행위들의 과정과 의미를 깨닫게 되며, 나아가 '어떻게' 이러한 절망적인 상황에 대응하는지를 다룬다.

등장인물

오이디푸스 테바이의 왕

사제 제우스의

크레온 이오카스테의 오라비

테이레시아스 눈먼 예언자

이오카스테 테바이의 왕비

사자(使者) 1 코린토스에서 온

사자 2 궁전에서 온

목자 선왕 라이오스의

코로스 테바이 원로들로 구성된

그 밖에 탄원하는 노인들, 젊은이들, 아이들.
오이디푸스와 이오카스테의 딸들인 안티고네와 이스메네.

이 작품의 대본은 Sophocles, *Oedipus Rex* edited by R. D. Dawe, Cambridge University Press 1982의 그리스어 텍스트다. 주석은 위 R. D. Dawe의 것과 R. Jebb (Cambridge University Press 1957)의 것을 참고했다. 현대어 번역 중에서는 R. Jebb (Cambridge 1957), H. D. F. Kitto (Oxford 1962), D. Grene (University of Chicago Press 1992), R. Fagles (Penguin Books 1984)의 영역과 W. Willige (München/Zürich 1995), W. Schadewaldt (Zürich 1968)의 독역을 참고했다.

장소 테바이의 궁전 앞. 무대 오른쪽 제단 가에는
다양한 연령층의 탄원자들과 함께 제우스의 사제가 서 있다.
궁전의 가운데 문이 열리며 오이디푸스 등장한다.

오이디푸스 내 아들들이여, 오래된 카드모스[1]의 새로 태어난 자손들이여,
어인 일로 그대들은 양털실을 감아 맨 나뭇가지[2]를 들고
여기 이 제단 가에 탄원자들로 앉아 있는 것이오?
온 도시가 향연(香煙)과 더불어 구원을 비는 기도와
죽은 이들을 위한 곡소리로 가득하구나.   5
이 일에 관해 남의 입을 통해 듣는다는 것은
도리가 아닐 것 같아, 세상에 명성이 자자한
이 오이디푸스가 몸소 왔소이다. 내 아들들이여.
(사제에게) 노인장, 여기서는 그대가 연장자이니
이들의 대변인이 되어주시오. 그대들은 무엇이 두려워,   10
아니면 무엇을 바라고 여기 앉아 있는 것이오.
내 무엇이든 기꺼이 도와주겠소. 이런 탄원에
연민의 정을 느끼지 않는다면 인정머리 없는 사람이겠지.

사제 이 나라를 통치하시는 오이디푸스 님, 그대의 제단을
차지하고 있는 우리가 어떤 연령층인지는 그대도   15
보고 있나이다. 더러는 멀리 날기에 아직은 너무나
연약한 어린것들이고, 더러는 노령에 휜 노인들로

---

1 테바이를 처음 세운 사람.
2 대개 올리브나 월계수 가지.

내가 제우스의 사제이듯, 그들도 사제들이옵니다.
또 더러는 젊은이들 중에서 뽑혀 온 자들이옵니다.
다른 백성들은 양털실을 감아 맨 나뭇가지를 들고
장터와 팔라스[3]의 두 신전 앞과 이스메노스[4]의
예언하는 불가[5]에 앉아 있나이다. 보시다시피, 도시가
이미 풍랑에 너무나 흔들리고 있고, 죽음의 파도 밑에서
아직도 고개를 들지 못하기 때문이옵니다.
이 나라에서는 대지의 열매를 맺는 꽃받침에도,
목장에서 풀을 뜯는 소 떼에게도, 여인들의 불모의
산고에도 죽음이 만연해 있나이다. 게다가 불을
가져다주는 신이, 가장 사악한 역병이 덮쳐 도시를
뒤쫓고 있으니, 카드모스의 집은 빈집이 되어가고,
어두운 하데스[6]는 눈물과 신음이 늘어나게 되었나이다.
나와 여기 이 아이들이 그대의 제단 가에 앉아 있는 것은
그대를 신과 같다고 여겨서가 아니라, 인생의 제반사에서나
신들과 접촉하는 일에서나 그대를
인간들 중에 으뜸가는 분이라고 여기기 때문이옵니다.
그대는 카드모스의 도성에 오셔서 우리가 가혹한
여가수[7]에게 바치던 피의 공물을 면제해주셨나이다.
그것도 우리한테서 무슨 도움이 될 만한 지식이나
암시를 받지도 않고 신의 도움으로 우리의 삶을 일으켜
세우셨나이다. 모두들 그리 말하고 그렇게 믿고 있나이다.
그래서 지금, 만인의 눈에 가장 위대하신 오이디푸스 님,
우리 모두가 탄원자로서 그대에게 애원하오니,
어떤 신의 음성을 들어 아시든 사람의 힘으로 아시든
그대는 우리를 위해 어떤 구원의 방도를 찾아주소서.

내가 알기로, 경험이 많은 사람들의 조언은
역시 가장 유익한 결과를 가져오기 때문이옵니다. 45
필멸의 인간들 중 가장 훌륭하신 분이시여, 이 도시를
다시 일으켜 세우소서. 그대의 명예를 지키소서. 전에
보여주신 열성 때문에 이 나라는 지금 그대를 구원자라고
부르나이다. 하오니 그대의 통치에 관해 우리가 처음에는
그로 인해 일어섰으나 나중에는 넘어졌다고 기억하는 일이 50
없게 하시고, 이 도시가 다시는 흔들리지 않게 세워주소서!
좋은 전조와 함께 그대는 그때 우리에게 행운을 주셨거늘,
지금도 그때와 같은 분이 되어주소서!
지금 통치하고 있듯이, 앞으로도 그대가 이 나라를
다스리고 싶으시면 빈 나라보다는 사람들을 통치하시는 55
편이 더 나을 것이옵니다. 성벽도 배도 텅 비어
그 안에 같이 살 사람이 없다면 무용지물이니까요.

오이디푸스 가엾은 내 아들들이여, 그대들이 무엇을 원하여 찾아왔는지
내 이제야 알겠소. 그대들이 모두 고통 당하고 있음을
잘 알겠소. 하지만 그대들이 고통 당한다 하더라도, 60
나만큼 고통 당하는 사람은 그대들 중에 아무도 없을 것이오.
그대들의 고통은 각각 당사자 한 사람에게만 영향을 주고,
다른 사람과는, 어느 누구와도 무관하기 때문이오.
하지만 내 마음은 도시와 나 자신과 그대들 모두를 위해

3 아테나 여신의 별명.
4 테바이의 강.
5 이스메노스 강변에 있는 아폴론 신전의 제단.
6 저승.
7 스핑크스.

오이디푸스 왕 **171**

비탄하오. 그대들은 잠자고 있던 나를 깨웠던 것이
아니오. 그대들은 내가 하염없이 눈물을 흘리며
수많은 생각의 길을 헤매고 있었음을 알아두시오.
내가 두루 살펴 찾을 수 있었던 유일한 대책을
이미 실천에 옮겼으니, 메노이케우스의 아들로
내 처남인 크레온을 퓌토[8]에 있는 포이보스[9]의
집으로 보내, 내가 어떤 행동이나 말로
이 도시를 구할 수 있겠는지 알아 오게 했소이다.
하지만 그사이 이미 여러 날이 지났음을 떠올리니
그가 무얼 하고 있는지 걱정스럽소. 이상하게도
그가 필요 이상으로 지체하고 있으니 말이오.
하지만 그가 돌아온 뒤에도 신이 게시한 모든 것을
내가 실행하지 않는다면 나는 나쁜 사람일 것이오.

사제 때맞춰 말씀 잘하셨나이다. 크레온이 오고 있다고
방금 저기 저들이 내게 신호를 보내왔으니까요.

오이디푸스 오오, 아폴론 왕이시여! 그의 밝은 얼굴처럼
제발 그가 구원의 밝은 소식을 가져왔으면!

사제 기쁜 소식인 것 같사옵니다. 아니라면 그는 머리에
열매가 주렁주렁 달린 월계관을 쓰지 않았겠지요.

오이디푸스 곧 알게 되겠지요. 가청(可聽) 거리 안에 들어왔으니까.
왕자여, 내 처남이여, 메노이케우스의 아들이여,
우리를 위해 자네는 신에게서 어떤 소식을 가져왔는가?

크레온 좋은 소식이옵니다. 참기 어려운 일이라도
결과만 좋다면 전체적으로 좋다고 할 수 있을 테니까요.

오이디푸스 어떤 신탁인가? 자네가 하는 말만 듣고는
안심할 수도 두려워할 수도 없으니 말일세.

크레온	이들 앞에서 공개적으로 듣고 싶으시다면 말씀드리지요.
	하지만 안으로 드시겠다면 나도 안으로 들겠나이다.
오이디푸스	모두 듣는 앞에서 말하게나. 내가 슬퍼하는 것은
	내 목숨보다도 내 백성들인 여기 이들을 위해서니까.
크레온	그러시다면 내가 신에게 들은 것을 말씀드리지요. 95
	포이보스 왕께서는 우리에게 분명히 말씀하셨어요.
	이 땅에서 양육되는 나라의 오욕(汚辱)을 몰아내고,
	치유할 수 없을 때까지 품고 있지 말라고.
오이디푸스	우리를 오염시킨 것이 무엇이고, 어떻게 정화하라고 하시던가?
크레온	사람을 추방하거나 피를 피로 갚으라 하셨어요. 100
	바로 그 피가 우리 도시에 폭풍을 몰고 왔대요.
오이디푸스	대체 어떤 사람의 운명을 신께서 드러내시는 것인가?
크레온	왕이시여, 그대가 이 도시를 바른길로 인도하시기 전
	우리에게는 라이오스가 이 나라의 통치자였지요.
오이디푸스	들어서 잘 알고 있네. 그분과 나는 생면부지니까. 105
크레온	그분은 살해되셨지요. 그래서 지금 신께서 그들이 누구든
	살인자들을 벌주라고 우리에게 분명히 명령하시는 거예요.
오이디푸스	세상 어디에 그자들이 있는가? 도대체 어디에서
	오래된 범죄의 희미한 흔적을 찾을 수 있단 말인가?
크레온	이 땅에서라고, 신께서 말씀하셨어요. 찾는 것은 잡힐 수 110
	있지만, 내버려두는 것은 달아나게 마련이지요.
오이디푸스	라이오스가 그렇게 살해된 것은 집 안에서인가,
	들판에서인가, 아니면 이국땅에서인가?

8 델포이의 옛 이름.
9 아폴론의 별명.

크레온   신탁을 들으러 델포이로 가신다고 그분 자신이 말씀하셨어요.
그리고 한번 떠난 뒤로 영영 집으로 돌아오시지 않았어요.

오이디푸스   목격자가 아무도 없었던가? 단서가 될 만한
소식을 전해줄 사자나 수행원도 없었단 말인가?

크레온   모두 죽고 한 사람만 도망쳐 왔지요. 하지만 그가 본 것 중에
확실히 말할 수 있는 것은 한 가지뿐이었어요.

오이디푸스   그게 무엇인가? 희망을 걸 수 있을 만한 작은 단서라도
발견한다면, 한 가지로 많은 것을 알아낼 수도 있지.

크레온   그의 말로는, 도둑들이 그들에게 달려들어 한 사람의
힘이 아니라, 많은 손으로 그분을 죽였다고 했어요.

오이디푸스   이 나라에서 누가 돈으로 매수하지 않고서야
도둑이 어찌 감히 그런 대담한 짓을 할 수 있었지?

크레온   그렇게들 생각했지요. 하지만 그 뒤 재앙이 덮치자
죽은 라이오스의 원수를 갚으려는 이는 아무도 없었어요.

오이디푸스   재앙이라니? 왕이 그렇게 살해되었는데, 대체
어떤 재앙이 범인을 알아내는 것을 방해했단 말인가?

크레온   수수께끼를 내는 스핑크스가 모호한 과거사는
내버려두고 발등의 불을 끄도록 강요했던 것이지요.

오이디푸스   그렇다면 내가 다시 시작하여 진실을 규명하겠소.
포이보스께서는 참으로 적절하게 고인을 위해
이런 염려를 해주셨고, 그 점에서는 자네도 마찬가지일세.
그대들도 보게 되겠지만, 나는 당연히 이 나라와
신을 위해 그대들의 복수에 가담할 것이오.
먼 친척을 위해서가 아니라, 나 자신을 위해
나는 이 나라에서 그 오욕을 내쫓을 것이오.
왕을 시해한 자라면 그가 누구든 내게도

그런 손으로 같은 짓을 시도할 수 있을 테니까요. 140
그러니 그분을 돕는 것은 나 자신을 위한 것이오.
　내 아들들이여, 그대들은 어서 제단에서 일어서
이 탄원자의 나뭇가지를 들고 떠나시오. 누군가
한 명은 가서 카드모스의 백성들을 이리로 불러오되,
내가 무엇이든 다 할 것이라고 전하시오. 우리가 145
흥하느냐 망하느냐는 신들의 도움에 달려 있소이다.

(오이디푸스와 크레온, 퇴장)

사제 내 아들들이여, 우리 일어서요. 우리가 이리로 온 것은
이분께서 자진하여 약속하신 바로 그 일 때문이었으니까.
우리에게 이 신탁을 보내주신 포이보스께서는 부디
우리를 구해주시고 역병에서 벗어나게 해주시기를! 150

(모두 퇴장하고 15명의 테바이 원로들로 구성된 코로스가

오르케스트라에 등장하여

방금 오이디푸스가 불러오게 한 카드모스 백성들 역할을 한다)

코로스[10] **(좌 1)** 제우스[11]의 달콤한 목소리의 말씀이여,
너는 무엇을 전하러 황금이 많은 퓌토에서
영광스러운 테바이로 왔는가?
나는 가슴이 설레고 마음이 불안하여
공포에 떨고 있노라,
비명을 들으시는 델로스의 치유자[12]여,

10　151~215행은 등장가다.
11　아폴론은 제우스의 대변자다.
12　아폴론.

그대 앞에 삼가 두려움을 느끼며. 155
네가 내게 이루고자 하는 것은 새로운 고통인가,
돌고 도는 세월 따라 다시 돌아온 고통인가?
말해다오, 불멸의 목소리여,
황금 같은 희망의 딸이여!

(우1) 먼저 그대를 부르나이다, 제우스의
따님이시여, 불멸의 아테나여!
그리고 그대와 자매간이자 이 나라의 160
수호여신으로 장터 한가운데의 왕좌에
앉아 계시는 아르테미스와 멀리 쏘는
포이보스도. 오오, 죽음을 막아주는
내 세 겹의 도움[13]이여, 내게 나타나소서!
일찍이 이 도시를 덮친 지난날의
재앙[14]을 막고자 그대들이 165
재난의 불길을 나라 밖으로 몰아내신
적이 있다면, 이번에도 와주소서!

(좌2) 아아, 슬프도다! 내가 견뎌야 할 고통은
헤아릴 수 없구나. 내 백성들은 모두 병들었건만,
내 생각은 이를 막아낼 무기를 찾지 못하는구나. 170
영광스런 대지의 열매는 자라지 못하고,
여인들은 아이를 낳다가 산고의
비명에서 일어나지 못하는구나.
그대도 보다시피, 목숨이 잇달아 175
날랜 날개의 새처럼, 날뛰는 불보다 힘차게

　　　　서방신(西方神)의 강기슭으로 달려가는구나.

(우2)　헤아릴 수 없는 죽음으로 도시는 죽어가고,
　　　이 도시의 자식들은 동정도 문상도 받지 못한 채　　　　180
　　　땅바닥에 누워 죽음을 퍼뜨리고 있구나.
　　　거기에 맞춰 아내들과 백발의 노모들은
　　　여기저기서 제단으로 몰려가 통곡하며
　　　쓰라린 고통에서 구해주기를 애원하고 있구나.　　　　185
　　　구원을 비는 기도 소리가 울려 퍼지고, 거기에 뒤섞여
　　　곡소리도 들리는구나. 이를 막기 위해 고운 얼굴의
　　　구원을 보내주소서, 제우스의 황금 같은 따님[15]이시여!

(좌3)　그리하여 사나운 아레스[16]가,　　　　190
　　　지금은 청동 방패도 들지 않고
　　　비명 소리 속에서 다가와
　　　나를 불태우는 사나운 아레스가 등을 돌려
　　　이 나라에서 황급히 달아나게 하시되,
　　　순풍에 실려 암피트리테의 큰 침실[17]이나　　　　195
　　　포구가 없는 트라케 해안의
　　　파도 속으로 들어가게 해주소서!

13　아테나·아폴론·아르테미스의 도움.
14　스핑크스.
15　아테나.
16　아레스는 소포클레스에게는 단순히 전쟁의 신이 아니라, '파괴' '재앙'의 대명사다. 여기에서는 '역병'과 동일시되고 있다.
17　지금의 대서양.

밤이 무엇인가를 빠뜨리면, 이를 이루려고
낮이 뒤따라오니까요.[18] 오오, 불을
가져다주는 번개의 힘을 다스리시는   200
분이시여, 오오, 아버지 제우스이시여,
그대의 벼락으로 그를 없애주소서!

(우 3) 뤼케이오스[19] 왕이시여, 원컨대, 황금실로 꼰
시위에서 그대의 무적의 화살들이 비 오듯
쏟아지게 하시어, 적 앞에서 우리를 지켜주소서.   205
그리고 여신 아르테미스께서 그것을 들고
뤼키아의 산들을 쏘다니시는
불타는 횃불도 쏟아지게 해주소서! 나는 또
황금 머리띠를 매고 계시고, 이 나라의
이름으로 불리시며,[20] 마이나스[21]들의   210
벗이시며, 신도들이 소리 높여 부르는
혈색 좋으신 박코스[22]도 부르오니,
부디 환히 비추는 관솔 횃불을 들고
가까이 오시어 우리와 손잡고, 신들 중에
아무 명예도 없는 그 신[23]에 대항해 싸우소서!   215

(오이디푸스, 궁전에서 등장)

오이디푸스 그대는 기구하고 있구려. 하지만 그대가 내 말에
귀를 기울이고 역병을 퇴치하려고 노력해야만
재앙에서 구원받고 짐을 덜 수 있을 것이오.
내가 이런 말을 하는 것은, 나는 그 이야기도 사건도
전혀 모르고 있기 때문이오. 아무 단서도 없이   220

나 혼자서 어찌 멀리 추적할 수 있겠소!
나는 사건이 일어난 뒤에 테바이 시민이 되었소.
그래서 지금 그대들 모든 카드모스 백성들에게 이렇게
선포하겠소. 그대들 중에 누구든 랍다코스의 아들
라이오스가 어떤 자에게 살해되었는지 아는 사람은   225
내게 사건의 전말을 알리시오. 이건 명령이오.
그리고 자신의 범행이 두려운 자는 자수하여
극형의 위험을 면하도록 하시오. 그는 아무 피해 없이 나라를
떠날 뿐, 그 밖에 다른 불쾌한 일은 겪지 않을 것이오.
그리고 누군가 이방인을 범인으로 알고 있다면,   230
그는 침묵을 지키지 마시오. 그에게 나는
상을 줄 것이고, 사의를 표할 것이오.
　하지만 그대들이 침묵을 지킨다면, 누군가 자신과
친구가 염려되어 내 명령을 거스르는 자가 있다면,
내가 어떻게 하려는지 내 말을 잘 들어두시오.   235
내 일러두거니와, 그 살인자가 누구든,
내가 권력과 왕좌를 차지하고 있는 이 나라에서는
어느 누구도 그자에게 은신처를 제공하거나
말을 걸어서는 안 되며, 그자와 공동으로 신들께
기도하거나 제물을 바쳐서도 안 되며, 그자에게   240

18　밤이 파괴하다 남겨둔 것을 낮이 마저 파괴한다는 뜻이다.
19　아폴론의 별명.
20　주신 디오뉘소스의 어머니 세멜레는 테바이를 건국한 카드모스의 딸이다.
21　박코스의 여신도.
22　디오뉘소스의 다른 이름.
23　아레스.

물로 정화의식을 베풀어서도 안 되오. 퓌토 신의
신탁이 방금 내게 밝혔듯이, 우리에게 역병을
가져다준 것은 그자이니, 모두들 그자를 집 밖으로
내쫓도록 하시오. 나는 신과 피살자를 위해
그런 동맹자가 되려 하오. 그리고 그 알려지지 않은 245
살인자는 혼자서 범행을 했든 여러 사람과
작당했든 사악한 인간인 만큼 불행한 일생을
비참하게 살다 가라고 나는 저주하오!
그리고 만일 내가 알고도 그자를 집 안의
화롯가에 받아들인다면, 방금 그자들에게 250
퍼부은 것과 같은 저주가 내게도 실현되기를!
내 명령을 모두 이행하라고 내 그대들에게 당부하오.
나 자신을 위해, 신을 위해, 그리고 하늘의 노여움으로
이렇게 열매 맺지 못하고 황폐해가는 이 나라를 위해.
설사 신께서 촉구하시지 않았더라도, 이 일을 이렇게 255
정화하지 않은 채 내버려두는 것은 옳지 못하오.
그토록 고귀하신 분인 그대들의 왕이 살해되었으니 말이오.
그대들은 찾아냈어야 할 것이오. 나는 이제
그분이 전에 갖고 있던 권력을 차지하고, 그분의 침대와
그분을 위해 씨를 잉태하던 아내를 이어받게 되었소. 260
그리고 후손에 대한 그분의 소망이 꺾이지 않았더라면,
ㅡ지금은 운명이 그분의 머리를 덮치고 말았지만ㅡ
한배에서 태어난 자식들이 그분과 나 사이에
인연을 맺어주었을 것이오. 그런 연유로 나는
내 친아버지의 일인 양 이 일을 위해 싸울 것이며, 265
살인범을 찾아내기 위해 무슨 일이든 다 할 작정이오.

오래된 아게노르의 아들인 먼 옛날의 카드모스, 그 아들인
폴뤼도로스, 그 아들인 랍다코스의 아들의 명예를 위해.
내 명령을 이행하지 않는 자들에게 신들께서는
대지의 수확도 여인들의 출산도 내려주지 마시고, 270
지금의 이 재앙에 의해, 아니, 이보다 더 참혹한
재앙에 의해 그들이 죽게 하시라고 나는 저주하오.
하지만 내 이런 처사를 기뻐하는 그대들 다른 카드모스의
백성들에게는 우리의 동맹자이신 정의의 여신과
다른 신들께서 늘 함께하시며 축복을 내려주시기를! 275

코로스장 왕이시여, 그대가 저주로 나를 묶으시니 말씀드립니다만,
나는 살해하지도 않았고 살인자를 밝힐 수도 없나이다.
그 문제라면 포이보스께서 보내주셨으니 다름 아닌
그분께서 범인이 누구인지 말씀해주셔야 하겠지요.

오이디푸스 옳은 말이오. 하지만 어떤 사람도 신들께서 원치 280
않으시는 것을 신들께 강요할 수는 없을 것이오.

코로스장 그렇다면 두 번째로 좋다고 생각되는 바를 말씀드리겠어요.

오이디푸스 세 번째로 좋은 것이 있다면 그것도 버리지 말고 말해주오.

코로스장 내가 알기로, 테이레시아스 왕[24]만큼 포이보스 왕의
의중을 잘 읽는 사람은 없나이다. 왕이시여, 285
그분에게 물어보시면 가장 확실히 알 수 있을 것이옵니다.

오이디푸스 그 일에도 늑장을 부리지 않았소이다. 크레온이 권해서
그를 데려오도록 두 번이나 사람을 보냈으니 말이오.

---

24 예언의 신인 아폴론뿐만 아니라 그의 사제도 여기서 '왕'이라 불리고 있는
데, 호메로스의 『오뒷세이아』 11권 151행에도 '테이레시아스 왕의 혼백'이
라는 말이 나온다.

	한데 그는 왜 오지 않는지 아까부터 이상히 여기고 있다오.	
코로스장	그렇다면 다른 이야기는 오래된 헛소문이었군요.	290
오이디푸스	어떤 소문 말이오? 나는 지푸라기라도 잡고 싶은 심정이오.	
코로스장	선왕께서는 길손들에게 살해되셨다고 하옵니다.	
오이디푸스	나도 그렇게 들었소. 하지만 범인을 본 사람은 아무도 없소.	
코로스장	그자가 두려움이 무엇인지 조금이라도 아는 자라면	
	그대의 이런 저주를 듣고 오래 버티지는 못할 것이옵니다.	295
오이디푸스	행동을 두려워 않는 자는 말도 두려워 않는 법이오.	
코로스장	하지만 그자의 죄를 들춰낼 분이 계십니다. 저기 저들이	
	신과 같은 예언자를 이리 모셔 오고 있으니까요.	
	사람들 중에 오직 저분 안에만 진리가 살아 있지요.	

(테이레시아스, 소년에게 인도되어 등장)

오이디푸스	가르칠 수 있는 것이든 말할 수 없는 것이든,	300
	하늘의 일이든 지상의 일이든 모든 것을 통찰하는	
	테이레시아스여, 그대 비록 눈으로 보지 못하지만,	
	어떤 역병이 이 나라를 덮쳤는지 알 것이오.	
	우리를 이 역병에서 구해줄 보호자와 구원자는 오직	
	그대뿐이오, 왕이여! 그대도 사자들에게 들었겠지만,	305
	포이보스께서는 우리의 물음에 이런 답을 보내왔소.	
	우리가 라이오스를 살해한 자들을 알아내어	
	사형에 처하거나 나라에서 추방하기 전에는	
	이 역병에서 벗어날 길이 없을 것이라고.	
	그러니 그대는 새들의 목소리[25]나 그 밖에	310
	그대가 가진 다른 예언의 기술을 아끼지 말고	
	그대 자신과 나라를 구하고 나를 구하고	
	피살자로 인한 오욕을 모두 제거하도록 하시오.	

	우리 운명은 그대에게 달렸소. 수단과 힘을 다해
	남을 돕는 것보다 더 고상한 일이 어디 있겠소. 315
테이레시아스	아, 슬프도다! 지혜로운 자에게 지혜가 아무 쓸모없는 곳에서
	지혜롭다는 것은 얼마나 괴로운 일인가! 잘 알면서 내가
	왜 잊었던가! 그러지 않았으면 예까지 오지도 않았을 텐데.
오이디푸스	왜 그러시오? 그렇게 의기소침해서 들어오시니 말이오.
테이레시아스	집으로 돌려보내주시오. 그대의 짐은 그대가, 내 짐은 320
	내가 지는 것이 상책이오. 내 조언에 따르시겠다면.
오이디푸스	뭣이, 말해주지 않겠다고? 그것은 온당하지도 않거니와,
	그대를 길러준 이 도시에 대한 불충(不忠)이외다.
테이레시아스	보아하니, 그대 말씀이 그대를 파멸로 인도할 것이기 때문이오.
	그래서 나도 같은 실수를 피하려고 말을 아니 하는 것이오. 325

(테이레시아스, 돌아서서 가려 한다)

오이디푸스	알고 있거든, 제발 부탁이오. 돌아서지 마시오.
	우리 모두 탄원자로 무릎 꿇고 빌고 있소이다.
테이레시아스	그대들은 다들 모르고 있으니까요. 결코 내 불행을—그대의
	불행이라는 말을 않으려고 그리 부르오—드러내지 않을 거요.
오이디푸스	무슨 말을 하는 거요? 알면서도 말하지 않겠다니, 330
	그대는 우리를 배반하고 도시를 파괴할 작정이시오?
테이레시아스	나는 나 자신도 그대도 괴롭히고 싶지 않소. 왜 그런 것들을
	물으시며 헛수고하시오? 그대는 내게서 듣지 못하실 것이오.
오이디푸스	이 천하에 몹쓸 악당 같으니라고! 돌이라도 그대에게
	화를 낼 수밖에. 그래, 끝내 말하지 못하겠단 말이오? 335
	이렇게 막무가내로 끝까지 고집을 부릴 작정이오?

25 고대 그리스인들은 새가 나는 방향이나 우는 소리를 듣고 점을 쳤다.

테이레시아스	그대는 내 성질을 나무라면서 그대와 동거하고 있는
	그대의 것[26]은 못 보시는군요. 그대가 나를 꾸짖다니.
오이디푸스	그대가 지금 이 도시를 이렇게 모욕하는데,
	그런 말을 듣고도 화내지 않을 사람이 어디 있겠소? 340
테이레시아스	내가 침묵으로 덮는다 해도 올 것은 제 발로 와요.
오이디푸스	기왕 올 것이라면 내게도 말해주어야 할 것 아니오?
테이레시아스	나는 더 이상 말하지 않을 것이오.
	그러니 화가 나신다면 실컷 화를 내십시오.
오이디푸스	암, 화내고말고. 그리고 기왕 화가 났으니, 남김없이 345
	내 생각을 말하겠소. 알아두시오. 그대는 내가 보기에
	그대 손으로 죽이지만 않았을 뿐 이 범행을 함께
	모의하고 함께 실행했소. 그대가 장님만 아니라면,
	나는 그대 혼자서 이 범행을 저질렀다고 말했을 것이오.
테이레시아스	진정이시오? 그렇다면 내 그대에게 이르노니, 350
	그대는 자신이 내린 명령에 따라 오늘부터는
	여기 이 사람들과 내게 한마디 말도 걸지 마시오.
	그대가 이 나라를 오염시킨 범인이기 때문이오.
오이디푸스	그따위 말을 하다니 어쩌면 저토록 뻔뻔스러울 수 있나!
	그러고도 어떻게 그 벌을 면하리라 생각하시오? 355
테이레시아스	벌써 면했소이다. 내 진리 안에 내 힘이 있기 때문이오.
오이디푸스	그건 누구에게 배웠소? 아무래도 그대의 재주는 아니오.
테이레시아스	그대에게 배웠지요. 싫다는데도 그대가 말하게 했으니까요.
오이디푸스	무슨 말을? 잘 알 수 있도록 다시 말해보시오.
테이레시아스	아까는 알아듣지 못했소? 아니면 말하도록 나를 부추기는 것이오? 360
오이디푸스	충분히 알아듣지 못했소. 그러니 다시 한 번 말해보시오.
테이레시아스	그대가 바로 그대가 찾고 있는 범인이라는 말이오.

오이디푸스	그런 모함을 두 번씩이나 하다니 그대는 반드시 후회하리라.	
테이레시아스	더 화나도록 더 말씀드릴까요?	
오이디푸스	실컷 하시오. 그래 봤자 다 허튼소리니까.	365
테이레시아스	그대는 부지중에 가장 가까운 핏줄과 가장 수치스럽게 동거하면서도, 어떤 불행에 빠졌는지 보지 못한단 말이오.	
오이디푸스	그런 말을 하고도 언제까지나 무사하리라고 믿는 게요?	
테이레시아스	물론이오. 진리에 어떤 힘이 있다면 말이오.	
오이디푸스	물론 있지. 그대가 아닌 다른 사람들에게는. 하지만 그대에게는 없소. 그대는 귀도, 지혜도, 눈도 멀었으니까.	370
테이레시아스	가련한 분 같으니라고! 머지않아 여기 있는 모든 사람들이 그대에게 퍼붓게 될 그런 욕설을 내게 퍼붓다니!	
오이디푸스	그대 영원한 어둠 속에 사는 자여, 그대는 나든 다른 사람이든 햇빛을 보는 자를 결코 해코지하지 못하리라.	375
테이레시아스	그대는 나로 인해 넘어질 운명이 아니니까요. 하지만 그런 일을 관장하시는 아폴론께서는 능히 그러실 수 있지요.	
오이디푸스	그런 생각을 해낸 것은 크레온인가, 그대 자신인가?	
테이레시아스	크레온이 아니라 그대, 그대가 그대의 재앙이지요.	
오이디푸스	오오, 부여, 권력이여, 치열한 생존경쟁에서 온갖 재주를 능가하는 재주[27]여, 너희들에 붙어 다니는 시기심은 얼마나 큰 것인가! 내가 구하지도 않았는데 이 도시가 내 손에 쥐어준 이 권력 때문에 내 옛 친구인 크레온이	380

---

26 그와 동거 중인 그의 어머니 이오카스테를 암시하는 말이다.
27 어떤 이들은 통치술을, 어떤 이들은 수수께끼를 푸는 재주를 가리키는 말로 보고 있다.

몰래 기어 들어와 나를 내쫓으려 385
했을 뿐 아니라, 이욕에만 눈이 밝고
예언술에는 눈이 먼 저따위 음흉한 마술사를,
교활한 돌팔이 설교사를 부추겼으니 말이오.
자, 말해보시오. 대체 어디서 그대는 자신이
진정한 예언자임을 보여주었소? 저 어두운 노래를 390
부르는 암캐²⁸가 이곳에 나타났을 때, 왜 그대는
이 나라 백성들을 구하기 위해 아무 말도 하지
않았지요? 그 수수께끼로 말하자면 아무나 풀 수
있는 것이 아니었고, 거기에는 예언술이 필요했소.
하지만 그대는 그런 예언술을 새들의 도움에 의해서도 395
신의 계시에 의해서도 분명 갖고 있지 않았소.
그때 내가 나타났소, 이 무식한 오이디푸스가.
그리고 새들의 가르침이 아니라 내 자신의 재치로 맞혀
그녀를 침묵시켰소. 그러한 나를 그대가 내쫓으려 하고 있소.
크레온의 왕좌 옆에 바싹 붙어 있겠다는 생각에서. 400
그대와 그대의 공범은 나라를 정화하겠다는 자신들의 열성을
후회하게 되리라. 나이 들어 보이지만 않았으면 그대는 그것이
주제넘은 생각이었음을 고통을 통해 배우게 되었을 텐데.

코로스장 보아하니, 저분의 말씀이나 그대의 말씀이나, 오이디푸스 님,
모두 노여움에서 나온 말씀 같사옵니다. 하지만 우리에게 405
필요한 것은 그런 말씀들이 아니라 어떻게 하면 신의 명령을
가장 잘 이행할 수 있겠는지 궁리하는 것이옵니다.

테이레시아스 그대 비록 왕이지만 답변할 권리만은 우리 두 사람에게
똑같이 주어져야 할 것이오. 나도 그럴 권리가 있어요.
나는 그대의 종이 아니라 록시아스²⁹의 종으로 살아가니까요. 410

그러니 나는 크레온을 보호자[30]로 삼고 그 밑에 등록되지는
않을 것이오. 내가 눈먼 것까지 그대가 조롱하니 하는 말이지만,
그대는 눈이 있어도 보지 못하고 있소. 그대가 어떤
불행에 빠졌는지, 어디서 사는지, 누구와 사는지 말이오.
그대가 누구 자손인지 알고나 있나요? 그대는 모르겠지만, 415
그대는 지하와 지상에 있는 그대의 혈족에게는 원수외다.
그러니 어머니와 아버지의 저주라는 이중의 채찍이 언젠가
그대를 무서운 발걸음으로 뒤쫓으며 이 나라 밖으로
몰아낼 것이오. 지금은 제대로 보는 그 눈도 그때는 어둠만 보게
될 것이오. 그토록 순조로운 항해 끝에 저 집 안에서 그대를 420
숙명의 항구로 인도해준 축혼가의 의미를 그대가 깨닫는 날에는,
어느 항구에 그대의 비명 소리가 미치지 않을 것이며,
키타이론[31] 산의 어느 구석에 그대의 비명 소리가 메아리치지
않을 것인가! 그대는 또 그대와 그대의 자식들을 동등하게
해줄 또 다른 무리의 불행도 보지 못하고 있소이다. 425
　　그러니 크레온과 내 말을 실컷 조롱하시구려.
필멸의 인간들 가운데 앞으로 그대보다 더 비참하게
마멸될 자는 그 누구도 없을 테니 말이오.

오이디푸스　저자에게 이런 말을 듣고도 참아야 한단 말인가?
파멸 속으로 꺼져버려라! 어서 빨리 되돌아서서 430
이 집에서 썩 물러가지 못할까!

28　스핑크스.
29　아폴론의 별명.
30　당시 아테나이의 재류외인(在留外人 metoikos)은 법정에서 보호자의 입을
　　통해서만 변론하게 되어 있었다.
31　테바이 남쪽에 있는 산.

테이레시아스	그대가 부르지 않았다면 내가 자진해 오지는 않았을 것이오.
오이디푸스	그대가 바보 같은 소릴 지껄일 줄은 몰랐지. 그렇지 않았다면 그대를 부르러 사람들을 보내기까지 오랜 시간이 걸렸겠지.
테이레시아스	그대에게는 내가 그런 바보로 보이겠지만, 435 그대를 낳아준 부모에게는 현명한 사람이었소.
오이디푸스	어떤 부모 말인가? 게 섰거라. 인간들 중에 누가 나를 낳았지?
테이레시아스	바로 오늘이 그대를 낳고 그대를 죽일 것이오.
오이디푸스	온통 수수께끼 같은 모를 소리만 하는군.
테이레시아스	수수께끼를 푸는 데는 그대가 가장 능하지 않았던가요? 440
오이디푸스	내 위대함을 보여준 바로 그 일로 나를 조롱하다니.
테이레시아스	하지만 바로 그 재주³²가 그대를 파멸케 한 것이오.
오이디푸스	나는 이 도시를 구했으니, 그런 것은 아무래도 좋아.
테이레시아스	그렇다면 나는 가겠소. 얘야, 데려가다오.
오이디푸스	그 애가 그대를 데려가게 하라. 그대는 여기서 방해만 되고 445 성가시니까. 가고 나면 나를 더 이상 괴롭히지 못하겠지.
테이레시아스	가긴 가되 내가 온 까닭을 말하고 나서 가겠소. 그대의 얼굴쯤은 두렵지 않소. 그대는 나를 파멸케 할 수 없소. 단언하건대, 그대가 위협적인 말로 라이오스의 피살 사건을 규명하겠다고 공언하며 450 아까부터 찾고 있던 그 사람은 바로 여기 있소이다. 그는 이곳으로 이주해온 이방인으로 여겨지고 있지만 머지않아 토박이 테바이인임이 밝혀질 것이오. 하지만 그는 그런 행운을 달가워하지 않을 것이오. 앞 못 보는 장님이 되고 부자 대신 거지가 되어 455 지팡이로 앞을 더듬으며 이국땅으로 길을 떠날 운명이니까요. 그리고 그는 같이 살고 있는 그의 자식들의 형이자

아버지이며, 그를 낳아준 여인의 아들이자 남편이며,
그의 아버지의 침대를 이어받은 자이자 그의 아버지의
살해자임이 밝혀질 것이오. 안으로 드시어 그 일을　　　　460
곰곰이 생각해보오. 그러고도 내 말이 틀렸거든
그때부터는 내가 예언에 관해 무식하다고 말하시오.

(테이레시아스는 소년에게 인도되어 퇴장하고, 오이디푸스는 궁전으로 퇴장한다)

코로스33(좌1)　대체 누구인가, 예언하는 델포이의
바위34가 이르기를, 형언할 수 없는
끔찍한 짓을 피 묻은 손으로　　　　　　　　　　　　　　465
저질렀다고 하는 그는?
이제야말로 그는 도주하기 위해
폭풍처럼 날랜 말들보다 더 힘차게
발을 움직여야 할 때로다.
제우스의 아드님35께서 불과 번개로
무장하고 그에게 덤벼드시고,　　　　　　　　　　　　　　470
그분과 더불어 저 무시무시하고 피할 길 없는
복수의 여신들36이 뒤쫓고 있으니까.

32　'재주'(techne) 대신 '행운'(tyche)으로 읽는 텍스트들도 있다.
33　463~512행은 첫 번째 정립가다.
34　델포이 시와 신전은 파르낫소스 산 남쪽 기슭의 높은 바위 언덕에 자리 잡고 있다.
35　아폴론.
36　원어는 Keres. 아이스퀼로스는 이들을 복수의 여신들과 동일시하고 있다. 『테바이를 공격한 일곱 장수』 1055행 참조.

(우1) 눈 덮인 파르낫소스 산으로부터
방금 주어진 그 목소리 번쩍이며
나타나 드러나지 않은 그를   475
어떻게든 찾아내라 하시네.
그는 야생의 수풀 속으로 숨어들어 가
동굴과 바위 사이로
황소처럼 사납게 기쁨 없는 길을
불행 속에서 쓸쓸히 헤매고 있네.
대지의 배꼽³⁷에서 나온 운명의 말씀을   480
벗어나려 하면서. 하지만 그 말씀 언제나
살아서 그의 주위를 맴돈다네.

(좌2) 무섭도록, 정말 무섭도록 현명한 그 예언자
나를 격동시키건만, 나로서는 시인도 부인도   485
할 수 없고 무슨 말을 해야 할지 모르겠구나.
불안한 예감에 안절부절못하는 내 마음
현재도 미래의 일도 보지 못하네.   490
랍다코스³⁸의 아들과 폴뤼보스³⁹의 아들 사이에
무슨 원한이 있었는지, 예나 지금이나 들은 바 없으니,
그것을 증거로 내세워 백성들 사이에서의
오이디푸스의 명망을 공격할 수도 없고,   495
밝혀지지도 않은 죽음 때문에 랍다코스의
아들을 위해 복수할 수도 없구나.

(우2) 제우스와 아폴론께서는 진실로 명철하시어 인간사를
모두 알고 계시도다. 하지만 역시 한낱 인간인   500

예언자가 나보다 뛰어나리라는 것은 옳은 판단일 수
없으리라. 한 사람이 다른 사람보다 지혜가 뛰어날 수
있다 해도. 하지만 그 말이 옳다는 것을 보기 전에는
사람들이 그분을 비난해도 나는 505
결코 동조하지 않으리라. 만인이 보는 앞에서
저 날개 달린 소녀[40]가 그분에게 다가갔을 때
그분은 시험을 통하여 이 도시에 호의를
품고 있는 현자임이 밝혀졌거늘, 내 어찌 510
마음속으로 그분에게 유죄판결을 내리리오!

(크레온 등장)

크레온   시민 여러분, 나는 오이디푸스 왕께서
나를 비난하는 끔찍한 말씀을 하셨다는 얘기를 듣고
참다못해 이 자리에 나왔소이다. 지금과 같은 515
어려운 시기에 그분께서 나한테 말로든
행동으로든 해코지를 당했다고 생각하신다면,
나는 진실로 그런 비난을 받으며 오래 살고
싶지 않소이다. 만약 내가 도시 안에서,
그리고 그대와 친구들에게 악당이라 불린다면, 520
이런 소문이 가져다줄 손실은 내게는 간단한
문제가 아니라, 실로 중대한 문제이기 때문이오.

코로스장   하지만 노여움을 이기지 못해 그런 비난의 말씀을

---

37   고대 그리스인들은 델포이가 대지의 배꼽, 즉 중심이라고 믿었다.
38   라이오스의 아버지.
39   코린토스 왕으로, 오이디푸스의 양부.
40   스핑크스.

크레온	하신 것이지, 진심에서 그러신 것은 아닐 것이오.	
크레온	아무튼 그런 말씀을 하신 것은 사실이오?	525
	내가 시켜서 예언자가 그런 거짓말을 했다고.	
코로스장	그런 말씀을 하긴 하셨어요. 하지만 그 진의는 알지 못하오.	
크레온	그렇다면 내게 그런 비난의 말씀을 하실 때	
	눈썹 하나 까딱하지 않고 제정신으로 그러시던가요?	
코로스장	모르겠소. 윗사람들이 하시는 일을 내가 어찌 알겠소?	530
	마침 저기 그분께서 몸소 집에서 나오고 계시군요.	

(오이디푸스 등장)

오이디푸스	자네, 여긴 어인 일로 왔는가? 자네 어찌	
	그리도 후안무치하단 말인가? 의심할 여지 없이	
	나를 살해하려 하고, 분명 내 권력을	
	도둑질하려는 주제에 감히 내 집까지 오다니!	535
	자, 신들께 맹세코 말해보게. 내게 이런 음모를 꾸미다니,	
	자네 나를 겁쟁이나 바보로 알았나?	
	자네가 이렇게 몰래 나를 향해 기어 들어오는 것을	
	내가 모르거나, 알더라도 막지 않을 줄 알았나?	
	추종자들이나 친구들도 없이 왕권을 쥐려 하다니,	540
	그런 짓을 하는 자네야말로 어리석지 않은가!	
	왕권은 추종자들이나 돈 없이는 쥘 수 없는 법이네.	
크레온	내 말 좀 들으세요. 말씀하셨으니 내 대답도	
	들으셔야지요. 그러고 나서 판단하세요.	
오이디푸스	말하는 데는 자네가 능하겠지만, 나는 자네 말을	545
	알아들을 수 없네. 자네가 내 위험한 적임을 발견했으니까.	
크레온	그럼 우선 그것에 관한 설명부터 들어주세요.	
오이디푸스	자네가 악당이 아니라는 그 설명만은 하지 말게.	

크레온　그대가 지혜 없는 고집을 소중한 것으로
　　　　여기신다면, 그건 옳지 못한 생각이죠. 550

오이디푸스　자네가 친척에게 몹쓸 짓을 하고도 벌을 면할 수 있을
　　　　　것으로 생각한다면, 그건 좋지 못한 생각일세.

크레온　옳은 말씀이고 나도 동감이에요. 한데 그대가 내게
　　　　어떤 해코지를 당하셨다는 것인지 가르쳐주세요.

오이디푸스　그 젠체하는 예언자를 부르러 사람을 보내야 한다고 555
　　　　　자네가 나에게 권고했나, 안 했나?

크레온　그 일이라면 나는 지금도 여전히 같은 생각이에요.

오이디푸스　그렇다면 얼마나 많은 세월이 지났지, 라이오스가…

크레온　그분께서 뭘 하셨다는 거죠? 무슨 말씀인지 모르겠네요.

오이디푸스　치명적인 폭행을 당해 사람들 눈앞에서 사라진 지? 560

크레온　벌써 여러 해가 지났지요.

오이디푸스　당시에도 그 예언자는 그의 기술에 종사하고 있었는가?

크레온　지금과 똑같이 현명했고 똑같이 존경받았지요.

오이디푸스　그렇다면 그때도 그가 나에 관해 무슨 말을 한 적이 있는가?

크레온　그런 적 없었어요. 적어도 내가 가까이 있을 때는. 565

오이디푸스　하지만 자네들은 피살자를 위해 수색을 하지 않았던가?

크레온　물론 했지만 우리는 아무것도 알아내지 못했지요.

오이디푸스　그렇다면 그때 저 현자는 왜 이런 이야기를 하지 않았지?

크레온　모르겠어요. 그리고 내가 모르는 일은 말하고 싶지 않아요.

오이디푸스　하지만 이 정도는 자네도 알고, 분명 말할 수도 있을 텐데. 570

크레온　그게 뭐죠? 내가 아는 일이라면 부인하지 않겠어요.

오이디푸스　그자가 자네와 결탁하지 않았다면 라이오스의 죽음이
　　　　　내 소행이라고 결코 말하지 않았을 것이라는 것 말일세.

크레온　그가 그런 말을 했는지는 그대가 알겠지요. 하지만 그대가

	내게 물으신 만큼은 나도 그대에게 물을 권리가 있겠지요.	575
오이디푸스	마음대로 묻게. 하지만 내가 살인자로 밝혀지는 일은 없을걸세.	
크레온	말씀해주세요. 그대는 내 누이와 결혼하셨지요?	
오이디푸스	자네가 묻고 있는 것은 부인할 수 없는 사실이네.	
크레온	그대는 내 누이와 동등한 권한으로 이 나라를 통치하시지요?	
오이디푸스	그녀는 원하는 것은 무엇이든 내게서 얻고 있지.	580
크레온	그리고 나는 세 번째이니, 그대들 두 분과 대등하지 않나요?	
오이디푸스	그러니까 자네는 사악한 친구로 드러난 것일세.	
크레온	그렇지 않지요. 그대도 나처럼 이치를 따져보시면.	

먼저 이 점을 심사숙고해보세요. 동등한 권력을
가질 수 있는데도, 두려움 없이 발 뻗고 자기보다는   585
두려움 속에서 통치하기를 더 바랄 사람이 있을까요?
아무튼 나는 통치자로 행세하기보다 통치자가 되기를
열망하는 그런 사람으로 태어나지 않았으며,
생각이 현명한 사람이라면 누구나 그럴 거예요.
지금 나는 그대에게서 두려움 없이 무엇이든 얻고 있어요.   590
하지만 내가 통치자라면 싫은 일도 많이 해야겠지요.
하거늘 어찌 고통 없는 통치와 권력보다
왕권을 쥐는 것이 내게 더 달콤할 수 있겠어요?
아직은 이익이 되는 명예 대신 다른 명예를
바랄 만큼 나는 마음이 눈멀지 않았어요.   595
지금은 모두들 나를 축하하고, 내게 인사하며,
그대에게 청탁이 있는 이들이 나를 불러내지요.
그들에게는 모든 성공이 내 호의에 달려 있으니까요.
하거늘 내가 어찌 이것을 버리고 저것을 가지겠어요.
〔생각이 현명한 자는 결코 배신자가 될 수 없어요.〕   600

나는 원래 배신하기를 좋아하는 기질이 아니고,

남이 꾸민 음모에 가담하는 것도 딱 질색이에요.

증거가 필요하시면, 퓌토에 가서서 내가 과연

신탁의 말씀을 그대에게 바로 전했는지 물어보세요.

그런 다음에 내가 예언자와 공모한 사실이 드러나거든, 605

그때는 한 사람이 아니라 두 사람의 판결에 따라,

즉 그대와 내 판결에 따라 나를 잡아 죽이세요.

하지만 증거도 없이 혐의만으로 나를 죄인으로 몰지 마세요.

악당들을 덮어놓고 착한 사람으로 여기는 것도,

착한 사람들을 악당으로 여기는 것도 옳지 못하니까요. 610

단언하건대, 진정한 친구를 버리는 것은

가장 소중히 여기는 제 목숨을 버리는 것과 같아요.

이것은 세월이 지나야만 확실히 알 수 있지요.

올바른 사람은 세월만이 드러내 보여주지만,

악당은 난 하루면 알아볼 수 있는 법이니까요. 615

코로스장 왕이시여, 넘어지지 않으려고 조심하는 자들을 위해 그는

좋은 말을 해주었나이다. 속단하는 자는 안전하지 못해요.

오이디푸스 몰래 음모를 꾸미는 자가 빨리 다가오고 있을 때는,

나도 빨리 대책을 세워야 하오.

내가 안일하게 지체한다면, 그자의 목적은 달성되고, 620

내 목적은 빗나가고 말 것이오.

크레온 어쩌시겠다는 거죠? 나를 나라 밖으로 내쫓기라도 하실 건가요?

오이디푸스 아니, 내가 원하는 것은 자네의 죽음이지 추방이 아닐세.

크레온 ･ ･ ･ ･ ･ ･ 41

---

41 1행 없어졌음.

오이디푸스 시기하면 어떻게 되는지 자네가 보여줄 수 있을 테니까.

크레온 양보하거나 믿지 않기로 작정하고 말씀하시는군요. 625

오이디푸스 42

크레온 내가 보기에, 그대는 제정신이 아니에요.

오이디푸스 내 일에는 제정신일세.

크레온 그렇다면 내 일에도 그러셔야지요.

오이디푸스 자네는 악당이야.

크레온 만약 그대가 잘못 생각하고 계시다면?

오이디푸스 그래도 나는 통치해야 해.

크레온 잘못 통치할 바엔 통치하지 말아야죠.

오이디푸스 오오, 도시여, 도시여!

크레온 이 도시는 그대만의 도시가 아니라 내 도시이기도 해요. 630

코로스장 나리님들, 그만두십시오. 마침 저기 그대들을 위해
이오카스테 마님이 집에서 나오고 있는 것이 보이는군요.
저분의 중재로 이 말다툼을 끝내도록 하십시오.

(이오카스테 등장)

이오카스테 오오, 딱하신 분들, 어쩌자고 그런 분별없는 말다툼을
벌이세요? 부끄럽지도 않으세요? 나라가 이렇듯 635
병들어 있는데, 사사로운 불행으로 소란을 피우시다니!
자, 당신은 집 안으로 드세요. 크레온, 너도 네 집으로
가거라. 그리하여 별일도 아닌 것을 키우지 마세요.

크레온 누님, 누님의 남편이신 오이디푸스께서 내게 끔찍한 짓을
저지르시겠대요. 나를 선조들의 나라에서 내쫓든지, 아니면 640
잡아 죽이든지 두 가지 불행 중 한 가지를 택하시겠대요.

오이디푸스 그렇소. 저자가 나쁜 꾀로 내 몸에 나쁜 짓을 하려다가
내게 붙잡혔기 때문이오, 여보.

크레온	그대가 내게 씌우고 있는 것과 같은 짓을 조금이라도 했다면,
	행운을 누리지 못하고 당장 저주받아 죽어도 좋소이다. 645
이오카스테	제발 부탁이니 그의 말을 믿으세요, 오이디푸스 님.
	방금 신들의 이름으로 행한 그의 맹세를 존중해서라도,
	다음은 나와 여기 그대 옆에 서 있는 분들을 봐서라도.

애탄가(좌 1)

코로스	제발 너그러이 자비를 베푸소서, 왕이시여!
오이디푸스	그대는 내가 무엇을 양보하기를 원하시오? 650
코로스	전에도 어리석지 않았지만, 지금은 맹세함으로써
	강력해진 저분을 존중하소서.
오이디푸스	그대가 요구하는 것이 무엇인지 알고나 있소?
코로스	알고 있나이다.
오이디푸스	그렇다면 말해보시오. 655

(좌 2)

코로스	맹세까지 한 그대의 친구에게 불확실한 추측만으로
	불명예스런 죄를 씌우지 말라는 것이옵니다.
오이디푸스	그렇다면 잘 알아두시오. 그대가 그것을 요구하는 것은
	내가 죽거나 이 나라에서 추방되기를 원하는 것이오.
코로스	모든 신들의 우두머리인 태양신에 맹세코 660
	그렇지 않사옵니다. 내 만일 그런 생각을 품고 있다면
	신의 축복도, 친구도 없이 죽어도 좋사옵니다.
	가련한 내 마음은 지칠 대로 지쳤나이다. 665

42 1행 없어졌음.

나라는 망해가는데 이전의 불행에 설상가상으로

그대들 두 분으로 인한 불행이 겹치니 말이옵니다.

오이디푸스 그렇다면 그가 가게 내버려두시오. 내가 살해당하거나,

불명예스럽게 추방당할 것이 확실하지만 말이오. 670

그의 입이 아니라 애처로운 그대 입이 나를 움직였소.

하지만 이자는 어디 있든 내게 미움 받게 될 것이오.

크레온 그대는 화났을 때 노발대발하더니 양보하실 때도

뚱하시군요. 그런 기질은, 당연한 일이지만,

그들 자신에게 가장 견디기 어려운 법이지요. 675

오이디푸스 나 좀 가만히 내버려두고 꺼지지 못할까?

크레온 가고 있어요.

나는 그대에게는 오해받았지만, 이 사람들 눈에는 옳아요.

(크레온 퇴장)

(우 1)

코로스 마님, 어째서 이분을 집 안으로 모시지 않으세요?

이오카스테 그러기 전에 먼저 무슨 일이 있었는지 알아야겠어요. 680

코로스 무심코 이야기하시다 의심하게 되었는데, 부당한 것도 찌르지요.

이오카스테 양쪽이 서로 싸움을 걸었나요?

코로스 네.

이오카스테 둘이서 어떤 이야기를 했지요?

코로스 더는 묻지 말아주세요. 나라가 고통 당하고 있는 마당에 685

그 이야기는 멈춘 곳에 그대로 머물게 하는 것이 좋겠어요.

오이디푸스 그대는 좋은 의도에도 불구하고 내 마음을 느슨하고 무디게

하려다가 스스로 어떤 처지가 되었는지 알고나 있소?[43]

(우 2)

|코로스| 오오, 왕이시여, 내 이미 누차 말씀드렸거니와,
믿어주소서. 내 만일 사랑하는 내 조국이 괴로워   690
정신을 잃었을 때 바른길로 인도하셨고
지금도 우리의 훌륭한 길라잡이로 밝혀지실 것 같은
그대를 멀리한다면, 나야말로 분명 미치광이요   695
올바른 생각을 할 줄 모르는 자일 것이옵니다.

이오카스테 제발 부탁이니 내게도 말씀해주세요, 왕이시여.
무슨 일로 당신이 그토록 화가 나셨지요?
오이디푸스 말하겠소. 여보, 나는 이 사람들보다 당신을 더 존중하오.   700
그건 크레온이 내게 음모를 꾸몄기 때문이오.
이오카스테 어떻게 말다툼이 시작되었는지 자세히 말씀해주세요.
오이디푸스 크레온은 내가 라이오스의 살해자라고 말하고 있소.
이오카스테 그가 알고 하는 말인가요, 남에게 듣고 하는 말인가요?
오이디푸스 그게 아니라, 그는 사악한 예언자를 부추겼던 것이오.   705
그 자신은 의심받을 말을 입 밖에 내지 않았으니 말이오.
이오카스테 그런 일이라면 조금도 염려 마세요. 그대는
내 말을 듣고 명심해두세요. 필멸의 인간은
어느 누구도 미래사를 예언할 수 없어요.
이에 대해 내가 간단한 증거를 보여드릴게요.   710
전에 라이오스에게 신탁이 내린 적이 있었어요.
아폴론 자신이 아니라 그분의 사제로부터 말예요.

43 멈춘 곳에 그대로 머물게 하는 것이 옳다면 왜 이에 관해 말하지 못하며, 옳지 않다면 왜 나를 제지했는가라는 뜻이다.

그 신탁이란 운명이 그를 따라잡아 그이와 나 사이에서
태어난 아들의 손에 그이가 죽게 되리라는 것이었어요.
그런데 소문대로라면, 라이오스는 마차가 다닐 수 있는   715
세 길이 만나는 곳에서 어느 날 다른 나라 도둑들의 손에
살해당했다는 거예요. 그리고 아들은 태어난 지
사흘도 안 돼 라이오스가 두 발[44]을 함께 묶은 뒤
하인을 시켜 인적 없는 산에다 내다 버렸어요.
그리하여 아폴론께서는 아이가 아버지를 살해하게 되고   720
라이오스는 아들의 손에 죽는다는, 그이가 두려워하던
끔찍한 일이 일어나지 않게 해주셨던 것이지요.
그렇게 되도록 신탁이 미리 정해놓았던 거예요.
　그러니 신탁이라면 염려 마세요. 신께서 필요하여
구하시는 것이라면 신께서 몸소 쉬이 밝히실 거예요.   725

오이디푸스　여보, 당신에게 이제 그런 말을 듣고 나니,
내 마음 갈피를 못 잡고 이리저리 흔들리는구려.

이오카스테　뭐가 그리 불안하고 두렵단 말예요?

오이디푸스　나는 마차가 다닐 수 있는 세 길이 만나는 곳에서
라이오스가 살해당했다는 말을 당신에게 들은 것 같구려.   730

이오카스테　그런 말이 떠돌았고, 지금도 떠돌고 있어요.

오이디푸스　그런 사건이 일어난 곳이 대체 어디요?

이오카스테　그 나라는 포키스라고 불리며, 델포이에서 오는 길과
다울리아에서 오는 길이 서로 만나는 곳이지요.

오이디푸스　그런 일이 있고 얼마나 많은 세월이 지났소?   735

이오카스테　당신이 이 나라의 통치자가 되기 직전에
그 소식이 도시에 알려졌지요.

오이디푸스　오오, 제우스이시여, 그대는 내게 어떤 운명을 정해놓으셨나요?

이오카스테	오이디푸스 님, 어째서 그 일이 당신 마음에 걸리는 거죠?
오이디푸스	아직은 묻지 마시오. 말해보시오. 라이오스가
	어떻게 생겼으며, 나이는 얼마쯤 되었는지. 740
이오카스테	키는 큰 편이었고 흰 머리가 나기 시작했으며,
	생김새는 당신과 별로 다르지 않았어요.
오이디푸스	아아, 가련한 내 신세! 나는 그런 줄도 모르고 방금
	나 자신에게 끔찍한 저주를 퍼부었구나! 745
이오카스테	무슨 말씀이세요? 당신을 보고 있자니 떨려요, 왕이시여!
오이디푸스	그 예언자가 장님이지 않았나 몹시 두려워요. 한 가지만
	더 말해주신다면 내게 더 많은 것을 보여주실 것이오.
이오카스테	몹시 떨리지만, 당신이 묻는 말에 아는 대로 대답할게요.
오이디푸스	그분이 길을 떠날 때 소수의 수행원만 데려갔나요, 750
	아니면 국왕답게 무장한 호위병들을 많이 거느리고 갔나요?
이오카스테	모두 다섯 명이었는데, 그중 한 명은 전령이었어요.
	그리고 마차는 라이오스를 태운 것 한 대뿐이었어요.
오이디푸스	아아, 이미 백일하에 드러났구나! 그런데 여보,
	대체 누가 이 소식을 그대들에게 전해주었소? 755
이오카스테	하인이요. 그자만 살아서 돌아왔지요.
오이디푸스	그리고 그자는 지금 집에 있겠구려.
이오카스테	아녜요. 그자는 그곳에서 돌아온 뒤

44 Jebb 이후 고전학자들이 그리스어 arthra~podoin~enzeuxas를 '복사뼈를 뚫어(못으로) 고정시킨 뒤'로 번역하고 있는데, Dawe는 arthra~podoin은 '복사뼈'가 아니라 '발'이라는 뜻이며, enzeuxas를 '~뚫어 (못으로) 고정한 뒤'로 번역하는 것은 Oidipous('부은 발'이라는 뜻)라는 이름에서 비롯된 비약이라며 소포클레스의 현존하는 작품 어디에도 그런 해석을 뒷받침할 만한 구절을 없다고 말하고 있다.

당신이 권력을 쥐고 라이오스가 죽은 것을 보고는
내 손을 잡으며, 이 도시에서 보이지 않는   760
되도록 멀리 떨어져 있는 들판으로,
양 떼의 목장으로 자기를 보내달라 간청했어요.
그래서 내가 그자를 보내주었지요. 노예였지만
그자는 더 큰 혜택이라도 받을 만했으니까요.

오이디푸스   그자는 당장이라도 우리에게 돌아올 수 있겠구려?   765
이오카스테   가능하지요. 하지만 왜 그가 오기를 원하시죠?
오이디푸스   여보, 내가 말을 너무 많이 하지 않았나 두렵소.
　　　　　그래서 나는 그자를 만나 물어보고 싶은 거요.
이오카스테   그자는 올 거예요. 하지만 당신을 괴롭히는 게 무엇인지
　　　　　나도 알 권리가 있다고 생각해요, 왕이시여.   770
오이디푸스   내 불길한 예감이 이 지경에 이르렀으니, 내 어찌
　　　　　그대에게 거절할 수 있겠소? 이런 시련을 통과하며
　　　　　내가 믿고 말할 사람이 당신 말고 또 누가 있겠소.
　　　　　　내 아버지는 코린토스 왕 폴뤼보스였고,
　　　　　내 어머니는 도리에이스족인 메로페였소. 그리고 나는   775
　　　　　그곳 코린토스에서 으뜸가는 시민으로 여겨졌소.
　　　　　그런데 하루는 이상한 일이 일어났소. 이상한 일이긴 했으나,
　　　　　내가 열의를 보일 만한 그런 일은 아니었소.
　　　　　연회석에서 술을 잔뜩 마시고 곤드레만드레가 된 어떤 사내가,
　　　　　내가 내 아버지의 아들이 아니라고 말했소.   780
　　　　　그래서 나는 화가 났지만 그날은 꾹 참았다오.
　　　　　하지만 이튿날 나는 어머니와 아버지에게 다가가
　　　　　물어보았소. 그러자 그분들은 내게 그런 모욕적인 말을 한
　　　　　그자에게 노발대발하셨소. 그래서 나는

두 분에 관한 한 마음이 놓였소. 하지만 그 일은 계속 785
내 마음을 괴롭혔소. 그 소문이 쫙 퍼졌기 때문이오.
그래서 나는 어머니와 아버지 몰래 퓌토에 갔소.
그러자 포이보스께서는 내가 찾아간 용건에는
대답조차 않고 나를 내보내시며, 대신 슬픔과 공포와
고통으로 가득 찬 다른 일들을 알려주셨소. 말하자면 790
나는 내 어머니와 살을 섞을 운명이고, 사람들에게
차마 눈 뜨고 볼 수 없는 자식들을 보여주게 될 것이며,
나를 낳아준 아버지를 죽이게 되리라는 것이었소.
이 말을 듣고 난 뒤 나는 코린토스로 돌아가지 않고
별들을 보고 멀리서 그곳의 위치를 재면서 795
내 사악한 신탁이 예언한 치욕이 이루어지는 것을
보지 않게 될 곳으로 줄곧 떠돌아다녔다오.
그렇게 방황하던 나는 왕이 살해당했다고
당신이 말하는 바로 그곳에 이르렀소.
내 이제 당신에게 사실대로 말하겠소, 여보. 800
내가 걸어가다가 세 길이 만나는 곳에 이르렀을 때,
나는 전령과 망아지들이 끄는 마차와 마주쳤는데,
마차에는 당신이 말하는 것과 같은 남자가 타고
있었소. 그러자 그 길라잡이[45]와 노인이
나를 억지로 길 밖으로 밀어내려 했소. 805
그래서 나는 화가 나서 나를 옆으로 밀어낸
마부를 때렸소. 그러자 이것을 본 노인이
내가 지나가기를 기다렸다가 마차에서 끝에 침이

---

45 전령.

둘 박힌 몰이 막대기⁴⁶로 내 머리를 사정없이 내리쳤소.
하지만 노인은 똑같은 벌을 받은 것이 아니라,
내 이 손이 잽싸게 휘두르는 지팡이에 얻어맞고는
마차에서 굴러떨어져 뒤로 벌렁 나자빠졌소.
그리고 나는 그들을 모조리 죽여버렸소.
하지만 그 낯선 남자가 혹시 라이오스와 친척간이라면,
〔세상에 나보다 더 비참한 자가 어디 있을 것이며,〕
나보다 더 신에게 미움 받는 자가 어디 있겠소?
어떤 이방인도, 어떤 시민도 나를 집 안에 받아들여서는
안 되고, 아무도 내게 말을 걸어서는 안 되며,
모두들 나를 집 밖으로 내쫓아야 하니 말이오. 그리고 나를
그렇게 저주한 것은 다른 사람도 아닌 나 자신이었소.
그리고 나는 내가 죽인 사람의 침대를 그를 죽였던
이 두 손으로 더럽히고 있소. 나야말로 사악하지요?
또한 아주 불결하지 않소? 나는 추방되어야 하고,
추방자로서 내 가족을 만나보아서도 안 되고,
내 조국에 발을 들여놓아서도 안 된다면 말이오.
그렇게 하지 않으면 나는 내 어머니와 결혼하고,
나를 낳아 길러주신 폴뤼보스를 죽일 운명이니까요.
무정하신 신들께서 이런 일들을 내게 보내주신 것으로
누군가 판단한다면, 그는 옳은 말을 하는 게 아닐까요?
오오, 정결하고 두려우신 신들이시여, 결코,
결코 내가 그날을 보지 않게 해주소서! 내가 그런
오욕으로 더럽혀지는 것을 보기 전에,
내가 이 세상에서 흔적 없이 사라지게 해주소서!

코로스 왕이시여, 우리도 그 일이 걱정스러워요. 하지만 현장에

		835
	있었던 자에게서 경위를 알아보기 전에는 희망을 가지소서.	

오이디푸스 아닌 게 아니라 내게 남은 희망이라야 그것뿐이오.
어디, 그자를, 그 목자를 기다려봅시다.

이오카스테 그자가 나타나면 어떡하실 작정이세요?

오이디푸스 당신에게 말하겠소. 그자의 말이 당신 말과
일치하는 것으로 드러나면 나는 재앙을 면할 것이오. 840

이오카스테 내게서 무슨 특별한 말이라도 들으셨나요?

오이디푸스 당신 말에 따르면, 그자는 라이오스가 도둑들의 손에
살해되었다고 보고했소. 만일 그자가 여전히
같은 수를 말한다면, 살해자는 내가 아니오.
한 사람은 여러 사람과 같을 수 없으니까. 845
하지만 그자가 외톨이 길손이 그랬다고 말한다면,
그때는 분명 내가 유죄판결을 받게 될 것이오.

이오카스테 그자는 분명 그렇게 말했어요. 믿으세요.

46 화살촉 같은 침이 둘 박힌 몰이 막대기는 말이나 가축 떼를 모는 데 사용되었다. 마부가 오르막길을 오르려고 마차에서 내렸을 때 몰이 막대기를 마차에 두고 내렸던 것이다. 오이디푸스가 아버지 라이오스를 살해하는 장면을 Jebb은 다음과 같이 재구성하고 있다.
오이디푸스가 좁고 가파른 길을 걸어 내려가다가 전령 막대기를 들고 마차 앞에서 걷던 전령과 마주친다. 전령이 그에게 길을 비키라고 꾸짖고 마차를 탄 라이오스도 이에 합세한다. 그리고 말고삐를 잡고 언덕길을 오르던 마부가 주인의 명령을 듣고 오이디푸스를 길 밖으로 밀어내려 한다. 그러자 자제하고 있던 오이디푸스가 울컥 치밀어 마부를 때린다. 그러고 나서 마차 옆을 지나가다가 라이오스의 몰이 막대기로 머리를 얻어맞는다. 화가 난 오이디푸스가 라이오스를 마차 밖으로 밀어내려 하자 전령이 주인을 구하러 달려온다. 오이디푸스는 라이오스와 전령과 마부를 때려 죽인 뒤 마차 옆에서 또는 마차 뒤에서 걷던 두 하인 중 한 명을 죽인다. 다른 한 명은 오이디푸스의 눈을 피해 구사일생으로 테바이로 돌아가 소식을 전한다.

　　　　　그자가 그걸 취소한다는 것은 불가능해요.
　　　　　나 혼자가 아니라, 온 도시가 다 들었으니까요.　　　　　850
　　　　　설사 그자가 전에 말한 것에서 다소 벗어난다 해도,
　　　　　왕이시여, 라이오스의 죽음이 예언과 일치함을
　　　　　결코 보여줄 수 없을 거예요. 록시아스께서는 라이오스가
　　　　　내 아들의 손에 죽을 운명이라고 말씀하셨으니까요.
　　　　　그런데 불쌍한 그 아이는 라이오스를 죽이기는커녕　　　855
　　　　　그러기 전에 자신이 먼저 죽어버렸어요.
　　　　　그러니 예언 때문이라면 차후에 내가
　　　　　좌고우면(左顧右眄)하는 일은 결코 없을 거예요.
오이디푸스　옳은 생각이오. 그럼에도 불구하고 사람을 보내
　　　　　그 농부를 데려오되, 이 일을 소홀히 하지 마시오.　　860
이오카스테　당장 사람을 보내겠어요. 하지만 우리는 집 안으로 들어요.
　　　　　나는 당신이 싫다는 짓은 아무것도 하지 않을 거예요.

(오이디푸스와 이오카스테, 궁전으로 퇴장)

코로스47(좌 1)　오오, 법도에 맞는 온갖 말과
　　　　　행동 가운데서 경건한 정결을
　　　　　지키는 것이 내 운명이었으면!　　　　　　　　　　　865
　　　　　저 높은 곳을 거니는 법도는
　　　　　태어나자마자 밝고 높은 하늘에 가득 차고,
　　　　　올륌포스만이 그의 아버지이고
　　　　　필멸의 인간의 본성이 그를 낳지 않아
　　　　　망각이 그를 결코 잠재우지 못할 것이거늘,　　　　　870
　　　　　그 법도 속에서 신은 위대하시고 늙지 않으신다네.
　(우 1)　오만은 폭군을 낳는 법. 오만은 시의에

적합하지도 유익하지도 않은 부(富)로
헛되이 자신을 가득 채우고는   875
꼭대기로 기어 올라갔다가
가파른 파멸 속으로 굴러떨어진다네.
거기서는 두 발도 무용지물이라네.
하지만 나라에 유익한 경쟁일랑 결코
억압하지 마시도록 내 신께 비나이다.   880
나는 언제나 신을 보호자로 여기겠나이다.

(좌2) 정의의 여신을 두려워하지 않고,
신상(神像)들을 어려워하지 않고
행동이나 말에서 교만의 길을   885
걷는 자가 있다면, 불운한 교만 때문에
사악한 운명이 그를 잡아갈지어다.
그가 이익을 정당하게 얻지 않고,
불경한 짓을 삼가지 않고,
신성한 것들에 더러운 손을 얹는다면.   890
누가 감히 그런 짓을 하고도
신들의 화살로부터 목숨을
지킬 수 있다고 호언장담하리?
그런 짓들이 존경받을진대,   895
왜 내가 춤을 추어야만 하는가?[48]

---

47 863~910행은 두 번째 정립가다.
48 코로스의 노래와 춤은 신성한 종교의식의 일부인데, 경건한 자와 불경한 자가 같은 대접을 받는다면 그런 종교의식이 무슨 의미가 있겠냐는 뜻이다.

(우 2) 대지의 배꼽과 범할 수 없는 성소(聖所)도,
아바이[49]에 있는 신전도,
올륌피아[50]도 내 다시는
경건한 마음으로 찾지 않으리. 900
모두가 손가락으로 가리킬 수 있도록
이 일들[51]이 서로 부합하지 않는다면!
제우스이시여, 그대를 그렇게 부르는 것이 옳다면,
만물을 다스리는 통치자이시여, 그것[52]이 그대와
그대의 불멸하는 권세에서 벗어나지 못하게 하소서! 905
라이오스의 오래된 신탁은 시들어져
사람들이 벌써 그것을 업신여기니,
어디서도 아폴론은 영광 속에서 나타나지 못하고,
신들에 대한 공경도 사라져가고 있나이다. 910

(이오카스테가 화관과 향을 든 시녀 한 명을 데리고 궁전에서 등장)

이오카스테 나라의 어르신네들, 나는 이 나뭇가지와
향의 제물을 손에 들고 여러 신들의 신전을
찾아가기로 결심했어요. 오이디푸스 님이
온갖 괴로움으로 자기 마음을 지나치게 자극하고
있기 때문이에요. 그이는 분별 있는 사람처럼 915
과거사로 미래사를 판단하려 하지 않고,
아무나 무서운 말을 하는 자에게 자신을 내맡겨요.
내가 조언해도 아무 소용 없기에, 뤼케이오스
아폴론이시여, 여기 가장 가까이 계시는[53] 그대를
이런 탄원자의 상징을 들고 찾아왔나이다. 그대가 920
우리를 위해 부정(不淨)에서 벗어날 길을 찾아주실까 하여.

|사자| 배의 키잡이인 그이가 겁에 질린 것을 보고
우리는 지금 모두 불안에 떨고 있나이다.

(이오카스테가 화관을 제단에 올려놓고 향을 피우는 사이, 코린토스의 사자 등장)

사자 　오오, 이방인들이여, 그대들은 오이디푸스 왕의 집이
　　　어디 있는지 내게 가르쳐줄 수 있겠소? 아니, 그보다도　　　　925
　　　그분 자신이 어디 계신지 말해주시오. 알고 있다면.

코로스장 이방인이여, 이곳이 그분의 집이고 그분은 안에 계시오.
　　　그리고 이 부인이 그분의 자녀들의 어머니시오.

사자 　그렇다면 마님께서는 그분의 완전한 아내이시니
　　　행복한 가정에서 언제까지나 행복하시기를!　　　　　　　　930

이오카스테 그대도 그러하기를, 이방인이여. 이것은 그대의
　　　호의적인 인사에 대한 당연한 보답이오. 말해보시오,
　　　그대는 무엇을 구하러 왔고, 무엇을 전하러 왔는지.

사자 　마님의 집과 마님의 남편을 위해 좋은 소식이옵니다, 마님.

이오카스테 무슨 소식이죠? 누가 그대를 이리로 보냈나요?　　　　　　　935

사자 　나는 코린토스에서 왔고, 내가 곧 전할 소식을 들으시면 마님도
　　　기뻐하실 것이옵니다. 틀림없이. 좀 섭섭하기도 하겠지만요.

이오카스테 그게 뭐죠? 어째서 그것은 두 가지 상반된 힘을 갖고 있지요?

사자 　이스트모스[54] 땅의 주민들이 그분을 그곳 왕으로

49　포키스 지방의 마을로, 그곳에 있던 아폴론의 신탁소는 델포이의 신탁소
　　다음으로 그리스에서 가장 오래되고 가장 유명했다고 한다.
50　펠로폰네소스 반도 서북부에 있는 마을로, 제우스의 성소가 있었다.
51　라이오스가 제 아들 손에 죽게 될 것이라는 예언의 성취를 말한다.
52　'그대의 말이 이루어지는 것'이라는 뜻으로 생각된다.
53　당시 궐문 앞에는 으레 아폴론과 헤르메스의 신상이나 제단이 있었다.
54　코린토스 지협.

이오카스테	모시려 하옵니다. 그곳에서는 그렇게들 말하고 있사옵니다. 940
이오카스테	뭐라 했죠? 연로하신 폴뤼보스가 더 이상 왕이 아니란 말이오?
사자	그렇사옵니다. 죽음이 그분을 무덤 속에 붙들어두고 있으니까요.
이오카스테	뭐라 했죠? 폴뤼보스가 세상을 떠나셨다 했나요, 노인장?
사자	내 말이 사실이 아니라면 나는 죽어 마땅하겠지요.
이오카스테	하녀야, 너는 당장 네 주인에게 달려가 이 소식을 945
	전하도록 하라. 신들의 예언들이여, 너희들은 지금
	어디 있는가? 오이디푸스 님은 바로 그분을 죽이게
	되지 않을까 두려워서 오랫동안 피했었는데,
	이제 그분은 그이의 손에 죽은 게 아니라 자연사하셨구려.

(오이디푸스, 궁전에서 등장)

오이디푸스	오오, 세상에서 가장 사랑하는 내 아내 이오카스테여, 950
	무슨 일로 당신은 집에 있는 나를 이리로 불러냈소?
이오카스테	여기 이 사람 말을 들어보세요. 그리고 신의 엄숙한
	예언들이 어디로 갔는지 살펴보도록 하세요.
오이디푸스	이자는 대체 누구며, 내게 무엇을 전하겠다는 것이오?
이오카스테	코린토스에서 온 사람이에요. 당신의 아버지 폴뤼보스가 더 이상 955
	살아 계시지 않고 세상을 떠나셨다는 소식을 전하러 왔어요.
오이디푸스	무슨 말을 하는 게요, 이방인이여? 그대가 직접 말해보시오.
사자	먼저 이 소식부터 확실히 전해드려야 한다면,
	잘 알아두소서. 폴뤼보스께서 세상을 떠나셨나이다.
오이디푸스	음모에 의해? 아니면 병에 걸려? 960
사자	노인은 사소한 일에도 몸져눕는 법이지요.
오이디푸스	가련하게도 그분께서는 병사(病死)하신 것 같구려.
사자	그리고 그분의 연세가 높으신 탓이기도 하고요.
오이디푸스	아아! 이래서야 퓌토의 예언자의 화로나 머리 위에서

지저귀는 새들을 거들떠볼 까닭이 어디 있겠소, 여보? 965
새들의 가르침에 따르면, 나는 내 아버지를 죽일
운명이라더니, 그분께서는 고인이 되시어 이미 땅속에
누워 계시고 나는 이곳에 있어 창에 손을 댄 적도
없으니 말이오. 혹시 그분께서 내가 그리워 세상을
떠나셨다면 또 몰라도. 그렇다면 나 때문에 돌아가셨다고 970
할 수 있겠지. 하지만 그 신탁들은 지금 폴뤼보스께서
함께 가져가 하데스에 누워 계시니 일고의 가치도 없소이다.

이오카스테 그렇다고 내 당신에게 아까 말하지 않던가요?

오이디푸스 그랬지요. 하지만 나는 두려워 갈피를 잡지 못했소.

이오카스테 앞으로 이런 일에는 조금도 신경 쓰지 마세요. 975

오이디푸스 하지만 내 어찌 어머니의 침대를 두려워하지 않을 수 있겠소?

이오카스테 인간은 우연의 지배를 받으며 아무것도 확실히 내다볼 수
없거늘, 그런 인간이 두려워한다고 무슨 소용 있겠어요?
되는대로 그날그날 살아가는 것이 상책이지요.
그러니 당신은 어머니와의 결혼을 두려워 마세요. 980
이미 많은 남자들이 그 신탁에서처럼 꿈속에서도
어머니와 동침했으니까요. 그런 일을 아무렇지도 않게
여기는 자라야, 인생을 가장 편안하게 살아가지요.

오이디푸스 내 어머니께서 살아 계시지 않다면 당신이 한 말이 모두
옳은 말이라 할 수 있겠지요. 하지만 어머니께서 살아 계시니 985
당신 말이 옳기는 해도 내 어찌 두렵지 않을 수 있겠소?

이오카스테 하지만 당신 아버지의 죽음은 큰 위안이 아닐 수 없어요.

오이디푸스 큰 위안이지요. 나도 알아요. 하지만 살아 있는 그 여인이 두렵소.

사자 그대가 두려워하시는 그 여인이 대체 누구지요?

오이디푸스 폴뤼보스의 아내 메로페 말이다, 노인장. 990

사자	그 여인의 무엇이 그대들에게 두렵단 말씀이옵니까?
오이디푸스	신이 보내주신 무서운 예언 때문이지요, 이방인이여.
사자	그 예언은 말해도 괜찮은가요, 남이 알아선 안 되는 건가요?
오이디푸스	물론 괜찮지. 록시아스께서 일찍이 말씀하시기를,
	나는 내 친어머니와 살을 섞게 되고 내 손으로 995
	아버지의 피를 흘리게 할 운명이라 하셨소.
	그래서 나는 오랫동안 코린토스에 있는 내 집을
	멀리했던 것이오. 그동안 나는 행복하게 지냈지만,
	그래도 역시 부모님의 얼굴을 보는 것이 가장 즐거운 일이오.
사자	그것이 두려워 코린토스를 멀리 떠나 계신다는 말씀인가요? 1000
오이디푸스	그리고 내 아버지를 죽이고 싶지 않았기 때문이오, 노인장.
사자	그렇다면 내가 좋은 의도로 왔는데도, 왕이시여,
	그대는 어째서 그런 두려움에서 벗어나지 못하시나이까.
오이디푸스	그대는 나에게서 반드시 응분의 보답을 받게 될 것이오.
사자	실은 나도 무엇보다도 그 때문에 이리로 온 것이옵니다. 1005
	그대가 고향에 돌아가시면 내게 좋은 일이 있을까 해서 말예요.
오이디푸스	하지만 나는 절대로 부모님 곁으로는 가지 않을 것이오.
사자	내 아들이여, 그대는 분명 자신이 뭘 하는지 모르고 계시군요.
오이디푸스	그게 대체 무슨 뜻이오, 노인장? 제발 말해주시오.
사자	만일 그 일 때문에 그대가 고향에 돌아가기를 꺼리신다면. 1010
오이디푸스	포이보스의 신탁이 이루어지지 않을까 두렵기 때문이오.
사자	부모님 때문에 죄인이 될까 두려우시다는 말씀인가요?
오이디푸스	그렇소. 바로 그거요, 노인장. 나는 그게 늘 두려웠소.
사자	그렇다면 그대의 두려움이 전혀 근거 없다는 건 알고 계시나요?
오이디푸스	어째서요? 나는 그분들 아들이고 그분들은 내 부모님인데. 1015
사자	폴뤼보스 님은 결코 그대와 한 핏줄이 아니니까요.

오이디푸스	무슨 말을 하는 게요? 폴뤼보스가 내 아버지가 아니란 말이오?	
사자	나보다 더는 아니옵니다. 나만큼이라면 또 몰라도.	
오이디푸스	아버지가 남과 어떻게 같다는 게요?	
사자	그분이나 나나 그대를 낳지 않기는 마찬가지니까요.	1020
오이디푸스	그렇다면 왜 그분께서는 나를 아들이라 불렀지요?	
사자	알아두소서. 그분께서 그대를 내 손에서 선물로 받으셨사옵니다.	
오이디푸스	남의 손에서 받으셨는데도 나를 그토록 사랑하셨단 말이오?	
사자	그때까지 슬하에 자식이 없어 그리 하기로 결심하신 것이지요.	
오이디푸스	그분에게 주었을 때 그대는 나를 샀소, 아니면 주웠소?	1025
사자	수풀이 우거진 키타이론의 골짜기에서 그대를 주웠사옵니다.	
오이디푸스	무슨 일로 그대는 그 지역에 가게 되었지요?	
사자	나는 그곳에서 산중의 가축 떼를 돌보고 있었사옵니다.	
오이디푸스	그러니까 그대는 목자였고 품삯을 찾아다니는 떠돌이였구먼.	
사자	그리고 그때는 그대의 구원자였사옵니다, 내 아들이여.	1030
오이디푸스	그대가 품에 안았을 때, 내가 어떤 고통을 당하고 있었다는 거죠?	
사자	그대의 두 발이 증언해줄 것이옵니다.	
오이디푸스	아아, 어쩌자고 그대는 해묵은 나의 고통을 들먹이는 것이오?	
사자	그대의 두 발이 한데 묶여 있기에 내가 풀어드렸사옵니다.	
오이디푸스	나는 요람에서부터 끔찍한 오욕을 타고났구나!	1035
사자	그래서 그대는 지금의 이름으로 불리게 된 것이옵니다.	
오이디푸스	어머니의 소행이오, 아버지의 소행이오? 제발 말해주시오.	
사자	모르옵니다. 그것은 그대를 내게 준 자가 더 잘 알 것이옵니다.	
오이디푸스	하면 나를 남에게서 받았고, 그대가 주운 것이 아니란 말이오?	
사자	그러하옵니다. 다른 목자가 그대를 내게 주었사옵니다.	1040
오이디푸스	그자가 누구요? 내게 분명히 말해줄 수 있겠소?	
사자	라이오스 님의 가신(家臣)이라고 하는 것 같았사옵니다.	

오이디푸스	오래전에 이 나라를 다스리셨던 왕 말이오?	
사자	그러하옵니다. 그자는 그분의 목자였사옵니다.	
오이디푸스	그자는 아직 살아 있나요, 내가 볼 수 있게?	1045
사자	이곳 주민들인 그대들이 가장 잘 알고 있겠지요.	
오이디푸스	여기 서 있는 여러분 가운데 이 사람이 말하는	
	목자를 아는 사람이 있소? 그자를	
	혹시 목장이나 여기 시내에서 본 사람이 있소?	
	대답하시오. 드디어 그것이 밝혀질 때가 됐소.	1050
코로스장	다른 사람이 아니라 잠시 전에 그대가 보고 싶어 하셨던 농부,	
	바로 그 사람을 두고 하는 말인 듯하옵니다. 그 일이라면	
	여기 계시는 이오카스테 마님께서 가장 잘 말씀하실 수 있겠지요.	
오이디푸스	여보, 당신은 방금 우리가 사람을 보내 불러오게 한 그자를	
	알고 있소? 이 사람이 말하는 자가 바로 그자요?	1055
이오카스테	이 사람이 말하는 자가 누구면 어때요? 조금도 신경 쓰실 것	
	없어요. 그따위 말은 일고의 가치도 없어요. 다 허튼소리예요.	
오이디푸스	이런 단서를 잡고도 내 출생의 비밀을	
	밝히지 못한대서야 말이 되지 않소.	
이오카스테	당신 목숨이 소중하시다면, 제발 이 일은	1060
	따지지 마세요. 나는 괴로워 못 견디겠어요.	
오이디푸스	염려 마시오. 내 어머니가 노예이고 내가 삼대째 노예로	
	밝혀지더라도, 당신이 천민으로 드러나지는 않을 테니 말이오.	
이오카스테	제발 내 말 들으세요. 부탁이에요. 더는 따지지 마세요.	
오이디푸스	진실을 분명히 밝히지 말라는 당신 부탁은 들어줄 수 없어요.	1065
이오카스테	나는 좋은 뜻에서, 당신에게 최선의 조언을 하는 거예요.	
오이디푸스	당신의 '최선의 조언'이 아까부터 나를 괴롭히고 있소.	
이오카스테	오오, 불운하신 분. 당신은 자신이 누군지 알게 되지 않기를!	

| 오이디푸스 | 누가 가서 그 목자를 이리 데려오고, 이 여인은
| | 자신의 부유한 가문을 자랑하게 내버려두시오. 1070
| 이오카스테 | 아아, 가여운 분. 이것이 내가 당신에게 할 수 있는
| | 유일한 말예요. 다른 말은 차후에도 듣지 못하실 거예요.

(이오카스테, 궁전으로 퇴장)

| 코로스장 | 오이디푸스 님, 어째서 마님께서는 격렬한 슬픔에
| | 사로잡혀 달려가시는 것일까요? 저 침묵에서
| | 재앙이 터져 나오지 않을까 두렵사옵니다. 1075
| 오이디푸스 | 터질 테면 터지라지. 설사 내 혈통이 미천하다 하더라도
| | 나는 그것을 알아내기로 결심했소이다.
| | 저 여인은, 여인들이 그러하듯, 자존심이 강하니까
| | 아마도 내 비천한 출생을 창피하게 여기겠지요.
| | 하지만 나는 나를 좋은 선물을 주시는 행운의 여신의 1080
| | 아들로 여기는 터라, 창피 당하는 일은 없을 것이오.
| | 행운의 여신이 내 어머니요. 그리고 내 형제들인 달(月)들은
| | 내가 때로는 미천하도록, 때로는 위대하도록 정해놓았소.
| | 그런 자로 태어난 나는 앞으로 결코 다른 사람으로 드러나지
| | 않을 것이니, 내 가문을 밝히지 못할 까닭이 어디 있겠는가! 1085

| 코로스55(좌) | 내가 만일 예언의 능력이 있고
| | 생각이 지혜로운 자라면,
| | 키타이론 산이여, 올림포스에 맹세코
| | 너는 내일 둥근 달이 뜰 때 반드시
| | 알게 되리라. 오이디푸스가 너를 1090

---

55 1086~1109행은 세 번째 정립가다.

자기 동향인으로, 자기 유모와 어머니로
공경하고, 우리가 춤과 노래로 너를
칭송하는 것을. 네가 우리 왕에게 호의를
베풀었음이라. 어려울 때 도와주시는　　　　　　　　　　1095
아폴론이시여, 이 일이 마음에 드시기를!

(우) 내 아들이여, 대체 누가, 오래 사는
　　 요정들 가운데 누가 산중을 돌아다니는
　　 아버지 판 신에게 다가가서 그대를　　　　　　　　　　1100
　　 낳았는가? 아니면 그대를 낳은 것은
　　 록시아스의 신부(新婦)인가? 그분에게는
　　 고원의 모든 목장이 즐거움이니까.
　　 아니면 퀼레네의 지배자[56]인가, 아니면 산마루에　　　1105
　　 사는 박코스인가, 헬리콘 산의 어느 요정에게서
　　 그대를 새로 태어난 기쁨으로 받으셨던 분은?
　　 그분께서는 요정들과 놀기를 가장 좋아하시니까.

오이디푸스　노인장들, 내 아직 만나본 적은 없지만,　　　　1110
　　　　　　짐작건대, 저기 보이는 저 사람이 아까부터
　　　　　　우리가 찾고 있던 그 목자인 듯싶소. 나이가
　　　　　　많다는 점에서 그는 여기 이 이방인과 비슷한 데다
　　　　　　그를 데려오는 자들이 내 하인들 같으니 말이오.
　　　　　　하지만 그대가 아마 나보다 더 잘 알아볼 것이오.　　1115
　　　　　　전에 저 목자를 본 적이 있으니까요.

코로스장　　알고말고요. 그자가 틀림없어요. 그는 라이오스 님의
　　　　　　목자로, 둘도 없이 충직한 사람이었지요.

(늙은 목자 등장)

오이디푸스   먼저 그대에게 묻겠소, 코린토스에서 온 이방인이여.
그대가 말하는 사람이 바로 이 사람이오?

사자   그대가 보고 계시는 바로 이 사람이옵니다.   1120

오이디푸스   *(목자에게)* 이봐요, 노인. 이쪽을 보고 내가 묻는 말에 대답해요.
그대는 전에 라이오스 왕의 하인이었는가?

목자   네. 하오나 팔려 온 노예가 아니라, 그분 집에서 자랐사옵니다.

오이디푸스   어떤 일에, 또는 어떤 생업에 종사했는가?

목자   거의 평생 동안 가축 떼를 돌보았사옵니다.   1125

오이디푸스   주로 어느 지역에서 가축 떼와 함께 지냈는가?

목자   때로는 키타이론 산에서, 때로는 그 주변 지역에서요.

오이디푸스   그렇다면 그곳에서 이 사람을 보아서 알고 있겠구먼.

목자   그가 무슨 일을 했다고요? 대체 어떤 사람 말씀이옵니까?

오이디푸스   여기 이 사람 말이다. 전에 그와 무슨 거래가 있었는가?   1130

목자   글쎄요. 당장 말씀드릴 수 있을 만큼 기억이 나지 않는데요.

사자   조금도 놀랄 일이 아니옵니다, 주인님. 하지만 그가
잊어버렸다면 내가 그 기억을 분명히 일깨우겠사옵니다.
우리가 키타이론 지역에 머물던 때를 그가 잘 알고
있으리라 확신하니까요. 그때 이 사람은 두 무리의 가축을,   1135
나는 한 무리의 가축을 치며, 만 삼 년 동안
봄부터 가을까지 반 년을 그곳에서 함께 지냈사옵니다.
그러다가 겨울이 되면 나는 내 가축 떼를 내 우리에,
이 사람은 라이오스의 우리에 몰아넣곤 했사옵니다.
내 말이 맞소? 아니면 있지도 않은 거짓말을 하고 있소?   1140

56   헤르메스.

목자	그대의 말은 사실이오. 오래전 일이긴 하지만.
사자	자, 그럼 말해주오. 그때 그대가 내게 어린애를 준 일이 생각나오? 나더러 양자로 기르라고 말이오.
목자	무슨 말을 하는 게요? 무엇 때문에 그런 것을 묻는 게요?
사자	이 친구야, 바로 여기 이분이 그때의 그 어린애란 말이오. 1145
목자	이 뒈질 놈, 당장 그 입 닥치지 못해!
오이디푸스	허허, 이 사람을 꾸짖을 일이 아니야, 할아범. 이 사람 말보다는 그대의 말에 꾸지람이 필요한 것 같군그래.
목자	가장 훌륭하신 주인님, 내가 무슨 잘못을 저질렀나요?
오이디푸스	그대는 이 사람이 묻고 있는 아이에 관해 말하지 않았어. 1150
목자	그는 아무것도 모르면서 허튼소리를 하고 있습니다.
오이디푸스	그대가 흔쾌히 말하지 않으면 울면서 말하게 되리라.
목자	제발 부탁이오니, 나 같은 늙은이를 학대하지 마시옵소서.
오이디푸스	누가 당장 저자의 두 팔을 뒤로 묶지 못할까!
목자	왜 이러세요? 불운한 내 신세! 알고 싶으신 것이 무엇이옵니까? 1155
오이디푸스	이 사람이 묻고 있는 그 아이를 그대가 이 사람에게 주었느냐?
목자	주었사옵니다. 그날 내가 죽어버렸더라면 좋았을 것을!
오이디푸스	그러잖아도 이실직고하지 않으면 그렇게 될 것이다.
목자	하지만 말씀드리면 나는 더 확실히 죽게 될 것이옵니다.
오이디푸스	보아하니, 이자가 더 꾸물댈 작정인 게로구나. 1160
목자	아니옵니다. 내가 주었다고 아까 말씀드리지 않았사옵니까.
오이디푸스	어디서 났느냐? 그대의 아이냐, 아니면 다른 사람의 아이냐?
목자	내 아이가 아니라, 누군가에게서 받았사옵니다.
오이디푸스	여기 있는 시민들 중 누구에게서? 어느 집에서?
목자	더는, 제발 부탁이니, 주인님, 더는 묻지 말아주소서. 1165
오이디푸스	나로 하여금 다시 묻게 하면, 그때는 끝장이다.

목자	그러시다면 그 애는 라이오스 집안의 아이였사옵니다.
오이디푸스	노예였나, 아니면 그분의 핏줄로 태어났나?
목자	아아, 이제야말로 끔찍한 말을 하지 않을 수 없게 되었구나!
오이디푸스	그리고 나는 듣지 않을 수 없고. 그래도 기어이 들어야겠다. 1170
목자	그러시다면, 그분의 아들이라 했사옵니다. 안에 계신 마님께서 그 사연을 가장 잘 말씀해주실 수 있을 것이옵니다.
오이디푸스	그녀가 그 아이를 그대에게 주었는가?
목자	그러하옵니다, 왕이시여.
오이디푸스	무엇 때문에?
목자	나더러 그 아이를 죽여 없애라고.
오이디푸스	제가 낳은 자식에게 어찌 감히 그럴 수가?
목자	사악한 신탁이 두려웠기 때문이옵니다. 1175
오이디푸스	어떤 신탁이었지?
목자	그 아이가 부모를 죽일 것이라는 말씀이었사옵니다.
오이디푸스	그렇다면 어째서 그대는 그 아이를, 이 노인에게 주었는가?
목자	그 아이가 가여워서 그랬사옵니다, 주인님. 나는 그가 그 아이를 자기 나라로 데려갈 줄 알았는데, 그 아이를 구해 가장 큰 불행을 가져왔나이다. 만일 그대가 이자가 말하는 1180 그 사람이라면, 알아두소서, 그대는 불운하게 태어났사옵니다.
오이디푸스	아아, 모든 것이 이루어졌고, 모든 것이 사실이었구나! 오오, 햇빛이여, 내가 너를 보는 것도 지금이 마지막이기를! 나야말로 태어나서는 안 될 사람에게서 태어나, 결혼해서는 안 될 사람과 결혼하여, 죽여서는 안 될 사람을 죽였구나! 1185
코로스57(좌 1)	아아, 그대들 인간 종족이여, 헤아리건대, 그대들의 삶은

한낱 그림자에 지나지 않노라.
대체 누가 행복으로부터,
잠시 보이다 사라져버리는   1190
행복의 그림자보다
더 많은 것을 얻고 있는가?
그러니 불행한 오이디푸스여,
내 그대의 운명을 거울 삼아
인간들 중 어느 누구도
행복하다고 기리지 않으리라!   1195

(우1) 제우스이시여, 그분은 비길 데 없는
　　　솜씨로 쏘아 맞혀, 만사형통하는
　　　행운을 손에 넣었으니, 신탁을 노래하는
　　　발굽이 굽은 처녀[58]를 죽이고
　　　이 나라를 위해
　　　죽음을 막아주는 성탑으로   1200
　　　일어섰던 것이옵니다.
　　　그때부터 그대는 우리의 왕이라
　　　불리었고, 위대한 테바이를 다스리며
　　　가장 높은 명예를
　　　차지했나이다.

(좌2) 하나 지금은 누구의 이야기가 이보다
　　　더 비참할까? 누가 삶의 굴곡에서   1205
　　　이보다 더 잔혹한 재앙과 고통의 동거인이
　　　될 수 있을까? 명성이 자자한 오이디푸스여,

그대에게는 단 하나의 항구⁵⁹가
어찌나 넓었던지 아들과 아버지가
신랑으로서 들어갈 수 있었노라.
아아, 어찌하여 그대의 아버지가
씨 뿌리던 밭이 아무 말 없이,   1210
가련한 자여, 그대를
그토록 오래 견딜 수 있었을까?

(우2) 모든 것을 보는 시간은
그대도 모르는 사이에
그대를 찾아내어 오래전부터   1215
아들을 아버지로 만드는
결혼 아닌 결혼을 심판하신다네.
아아, 그대 라이오스의 아들이여,
내 그대를 보지 않았더라면 좋았을 것을!
입에서 만가(輓歌)를 쏟아내는 사람처럼
내 그대를 위해 울고 있나이다.
하지만 솔직히 말해, 내 그대 덕택에   1220
숨을 돌리고 단잠을 잘 수 있었나이다.⁶⁰

---

57 1186~1222행은 네 번째 정립가다.
58 스핑크스.
59 이오카스테.
60 이 구절을 '처음에는 그대 덕택에 숨을 돌렸지만 그대가 몰락한 지금은 눈앞이 캄캄하다'는 뜻으로 대담하게 번역하는 이들도 있다. 그럴 경우 앞에 나오는 '솔직히 말해'라는 구절과는 잘 맞지 않는다.

(사자 2, 궁전에서 등장)

사자 2　이 나라에서 언제나 가장 존경받는 분들이여,
　　　여러분은 어떤 일을 듣고, 어떤 일을 보고,
　　　얼마나 큰 슬픔의 짐을 지게 될 것인가!　　　　　　　　　1225
　　　여러분이 여전히 친족처럼 랍다코스가를 염려하신다면.
　　　이스트로스나 파시스의 강물도 아마 이 집을 깨끗이
　　　씻어내지 못할 거예요. 그만큼 이 집은 많은 재앙을
　　　숨기고 있고, 그 일부는 곧 햇빛에 드러날 거예요.
　　　그 재앙들은 의외의 것이 아니라 계획된 것인데,　　　　　1230
　　　고통은 자해한 것으로 드러날 때 가장 안쓰럽지요.
코로스장　이미 알고 있는 것만으로도 쓰라린 비탄을 금할 수 없거늘
　　　설상가상으로 자네는 또 무엇을 알리려 하는가?
　　사자　여러분이 빨리 아시도록 가장 간단히 말씀드리자면,
　　　이오카스테 왕비님께서 세상을 떠나셨어요.　　　　　　　1235
코로스장　아아, 불운하신 분! 어떻게 세상을 떠나셨지?
　　사자　자살하셨어요. 하지만 여러분은 그 광경을
　　　보지 못하셨으니, 그 참상은 알지 못하실 거예요.
　　　하지만 저 불쌍하신 마님께서 겪으신 고통을
　　　내가 기억나는 대로 여러분에게 들려드리겠어요.　　　　　1240
　　　　마님께서는 미친 듯 현관에 들어서시더니
　　　두 손 끝으로 머리털을 쥐어뜯으시며 곧장
　　　결혼침대로 달려가셨어요. 그리고 방 안에
　　　들어서자마자 안에서 문을 쾅 하고 닫으셨어요.
　　　그러고는 벌써 오래전에 고인이 되신 라이오스 님의　　　　1245
　　　이름을 부르시며, 오래전에 낳으신 아들을 생각하셨으니,
　　　바로 이 아들로 말미암아 그분은 죽고, 어머니는 뒤에

남아 그분의 자식과 저주스런 자식들을 낳았기 때문이죠.
마님께서는 이렇듯 남편에게서 남편을, 자식에게서 자식을
낳게 한 이중의 혼인을 슬퍼하셨어요. 하지만 그다음
마님께서 어떻게 세상을 떠나셨는지는 저도 몰라요.

   오이디푸스 왕께서 비명을 지르시며 뛰어 들어오시는 바람에
우리는 마님의 고통을 끝까지 지켜보지 못하고
주위를 뛰어다니시던 그분에게 시선을 집중했으니까요.
그분께서는 우왕좌왕하시며 우리에게 창을 달라 하셨고,
아내가, 아니 아내가 아니라 자신과 자신의 자식들을 낳은
이중의 어머니의 밭이 어디 있느냐고 물으셨어요.
미쳐 날뛰시는 그분께 신들 가운데 한 분이 길을 가르쳐
주셨어요. 가까이 있던 우리들 인간들 중에서는 아무도
가르쳐드리지 않았으니까요. 그래서 그분께서는 누가
신호라도 하는 양 무섭게 고함을 지르며 이중의 문으로
달려가시더니 걸쇠에서 빗장을 뜯어내시며 방 안으로
뛰어드셨어요. 그리고 방 안에서 우리는 흔들리는 밧줄의
꼬인 고에 마님께서 목을 매달고 계신 것을 보았어요.
마님을 보시자 그분께서는 큰 소리로 무섭게 울부짖으시며
마님께서 매달려 계시던 밧줄을 푸셨어요. 가련하신 마님께서
바닥에 누우시자, 이번에는 보기에도 끔찍한 일이 벌어졌어요.
그분께서 마님의 옷에 꽂혀 있던 황금 브로치를 뽑아 드시더니
자신의 두 눈알을 푹 찌르며 대략 이렇게 말씀하셨으니 말예요.
"이제 너희들은 내가 겪고 있고, 내가 저지른 끔찍한 일을
다시는 보지 못하리라. 너희들은 보아서는 안 될 사람들을
충분히 오랫동안 보았으면서도
내가 알고자 했던 사람들을 알아보지 못했으니,

앞으로는 어둠 속에서 지내도록 하라!"

이런 노래를 부르시며 그분께서는 손을 들어 1275
한 번이 아니라 여러 번 자기 눈을 찌르셨어요.
그리고 찌르실 때마다 피투성이가 된 눈알들이 그분의
수염을 적셨어요. 그리고 핏방울이 드문드문 떨어지는 것이
아니라, 피의 검은 소나기가 한꺼번에 쏟아져 내렸어요.
　　이런 재앙이 두 분에게서 터져 나왔어요. 따로따로가 아니라 1280
남편과 아내를 위해 한데 뭉쳐서 말예요.
그분들의 대대로 내려온 지난날의 행복은
과연 진정한 행복이었지요.
하지만 오늘은 비탄과 파멸과 죽음과 치욕과
온갖 이름의 재앙이 그분들 몫이에요. 1285

코로스장 지금은 불쌍하신 그분의 고통이 다소 진정되었는가?

사자 그분께서는 외치고 계세요, 누군가 문의 빗장을 벗기고
카드모스의 모든 자손들에게 보여주라고. 제 아비의 살해자를,
그리고 어미의… 그런 상스런 말은 차마 입에 담을 수 없군요.
아마도 자신의 저주로 집안이 저주받는 일이 1290
없도록 더 이상 머물지 않고 이 나라를 떠날 작정인 듯해요.
하지만 그분에게는 그럴 기운도 없고, 길라잡이도 없어요.
그분의 상처가 참고 견디기에는 워낙 크기 때문이죠.
그대도 보시게 될 거예요. *(궁전의 문이 열린다)* 저길 보세요.
문들의 빗장이 열리고 있으니, 그분을 미워하는 적이라도 1295
동정하게 될 그런 끔찍한 광경을 그대는 보시게 될 거예요.

(눈먼 오이디푸스, 소년의 인도를 받으며 등장)

코로스[61] 차마 눈 뜨고 볼 수 없는 무서운 광경이여!

내 일찍이 이보다 끔찍한 광경은 본 적이 없소이다.

오오, 가여우신 분, 어떤 광기가

그대를 덮쳤나이까? 대체 어떤 신께서 1300

인간의 한계를 넘어서는 도약(跳躍)으로

그대의 불운한 인생을 덮쳤나이까?

아아, 슬프도다. 불운하신 분이시여,

묻고 싶은 일, 알고 싶은 일, 보고 싶은 일 많건만,

내 차마 그대를 쳐다볼 수 없나이다. 1305

그대를 보니 무서워 몸이 떨려요.

오이디푸스 아아, 슬프고 슬프도다! 가련한 내 신세.

불쌍한 나는 대지 위 어디로 가고 있는가?

내 목소리는 어디로 흩날려 가는가? 1310

내 운명이여, 너는 얼마나 멀리 뛰었는가!

코로스 듣기도 끔찍하고, 보기도 끔찍한 무서운 곳으로 뛰었나이다.

(좌 1)

오이디푸스 암흑의 구름이여,

사악한 바람을 타고 와 나를 에워싼,

형언할 수도 저항할 수도 없는 손님이여! 1315

아아, 슬프고 슬프도다!

이 몸이 막대기들의 침과 범행의 추억에

나는 얼마나 찔렸던가!

코로스 그토록 심한 고통을 당하시니, 그대가 이중의

고통을 겪으신다 해도 놀랄 일이 아니옵니다. 1320

61 1297~1368행은 애탄가다.

(우 1)

오이디푸스　내 친구여,
그대는 아직도 내 시중을 들고 있구려. 아직도
그대는 참을성 있게 이 장님을 돌보고 있구려.
아아, 슬프고 슬프도다!
그대가 여기 있음을 내 어찌 모르겠소. 내 비록　1325
암흑 속에 있지만, 그대의 목소리는 알고 있소이다.

코로스　끔찍한 일을 저지르신 분이여, 어찌 감히 자기 눈을
멀게 하셨나이까? 어떤 신이 그대를 부추겼나이까?

(좌 2)

오이디푸스　친구들이여, 아폴론, 아폴론, 바로 그분이시오,
내게 이 쓰라리고 쓰라린 일이 일어나게 하신 분은.　1330
하지만 내 이 두 눈은 다른 사람이 아닌
가련한 내가 손수 찔렀소이다. 보아도
즐거운 것은 아무것도 보지 못할진대,
무엇 때문에 보아야 한단 말이오!　1335

코로스　말씀하신 그대로입니다.

오이디푸스　친구들이여, 무엇을 내가 볼 수 있고,
무엇을 내가 사랑할 수 있으며,
어떤 인사가 내 귀에 반갑게 들릴 수 있겠소?
어서 나를 나라 밖으로 데려다주시오.　1340
친구들이여, 나를 데려다주시오,
완전히 몰락하고, 가장 저주받고,　1345
하늘의 신들에게도 가장 미움 받는 인간인 나를!

코로스　그대는 자신의 운명과, 운명에 대한 통찰력 때문에

불행해지신 것이옵니다. 내 차라리 그대를 몰랐더라면!

(우 2)

오이디푸스   목장에서 내 발에 채워진 잔혹한 족쇄를 풀어주고
             죽음에서 나를 구해내어 도로 살려준 자, 1350
             그자가 누구든 죽어 없어져라!
             조금도 고맙지 않은 짓을 했으니까.
             그때 내가 죽었더라면, 친구들과 나 자신에게
             이토록 번거로운 짐이 되지는 않았을 것을! 1355

코로스   그것은 내 소원이기도 하옵니다.

오이디푸스   그랬더라면 나도 아버지를 죽이지 않았을 것이고,
             나를 낳아준 여인의 남편이라고 사람들이 나를
             부르지 않았으련만! 한데 지금 나는
             신들에게 버림받아 부정한 여인의 아들이 되고, 1360
             불쌍한 나를 낳아주신 분의 결혼침대를 이어받았구나.
             모든 재앙을 능가하는 재앙이 있다면, 1365
             그것이 오이디푸스의 몫으로 주어졌던 것이오.

코로스   그대가 최선의 선택을 하셨다고 말씀드릴 수는 없나이다.
             그대는 장님으로 사느니 죽는 편이 더 나으니까요.

오이디푸스   그대는 내가 한 일이 가장 잘한 일이라고
             가르치지도 말고, 더 이상 조언하지도 마시오. 1370
             내 눈이 멀쩡하다면 저승에 가서 아버지와
             불쌍하신 어머니를 무슨 낯으로 본단 말이오?
             그 두 분께 나는 목매달아 죽어도 씻을 수 없는 큰 죄를
             지었거늘. 아니면 내가 자식들을 보게 되면,

그렇게 태어난 그 애들이 내게   1375
사랑스러워 보이리라고 생각하시오?
천만에. 내 눈에는 결코 사랑스럽지 않을 것이오.
이 도시도, 이 성탑과 성벽도, 신전 안의 신성한 신상들도
반갑지 않을 것이오. 한때는 테바이의
둘도 없이 고귀한 아들이었으나, 지금은 가장 불쌍한   1380
인간이 된 내가, 신들에 의해 부정한 것으로 밝혀지는 자는
라이오스의 친족이라도 모두들 그 불경한 자를
내쫓아야 한다고 나 스스로 명령함으로써, 그런 것들을
내게서 손수 빼앗았으니 말이오. 이런 오욕을 스스로
뒤집어쓰고도 내 어찌 이 백성들을 똑바로 쳐다볼 수 있겠소?   1385
천부당만부당한 일이오. 그건 안 될 말이오. 거기에 덧붙여
청각의 근원도 막아버릴 수 있다면, 나는 서슴지 않고
내 이 비참한 육신을 닫아버려 아무것도 보지도
듣지도 못하게 만들었을 것이오. 우리의 생각이
슬픔의 영역 바깥에 머문다는 것은 감미로운 일이니까요.   1390
  아아, 키타이론이여, 어쩌자고 너는 나를 받았던가?
내가 네게 주어졌을 때 너는 왜 나를 당장 죽이지 않았더냐?
그랬으면 내 출생을 사람들에게 밝히지 않아도 되었으련만!
폴뤼보스여, 코린토스여, 그리고 조상 대대로 내려왔다던
내 선조들의 집이여, 겉으로는 너희들이 얼마나 멋있게   1395
나를 길러주었던가! 속으로는 재앙이 곪고 있었건만.
지금 나는 사악에서 태어난 사악한 자로 밝혀졌으니 말이오.
오오, 삼거리여, 그리고 후미진 골짜기여,
잡목 덤불과, 세 갈래 길이 만나는 좁은 길목이여,
너희들은 내 손에서 내 자신의 피인 내 아버지의   1400

피를 마셨으니, 아마 기억하고 있으리라.
너희들이 보는 앞에서 내가 어떤 일을 저질렀으며,
그 뒤 또 이곳에 와서 어떤 일을 저질렀는지!
오오, 결혼이여, 결혼이여, 너는 나를 낳고는 다시
네 자식에게 자식들을 낳아줌으로써 아버지와 형제와   1405
아들 사이에, 그리고 신부와 아내와
어머니 사이에 근친상간의 혈연을 맺어주었으니,
이는 인간들 사이에 일어난 가장 더러운 치욕이로다.
　　하지만 해서 안 좋은 일은 말하는 것도 좋지 못하니,
그대들은 제발 되도록 빨리 나를 나라 밖 어딘가에   1410
숨기든지, 죽이든지, 아니면 바다에 던져버리시오.
그곳이라면 내가 다시는 그대들의 눈에 띄지 않을 테니까.
자, 가까이 다가와 비참한 이 사람을 붙들어주시오.
두려워하지 말고 내 말 들으시오. 내 고통을 감당할 사람은
세상에 나 말고는 아무도 없을 테니 말이오.   1415

코로스　그대가 간청하시는 것이 행동이든 조언이든, 저기 마침
크레온 님이 오고 계셔요. 그대를 대신하여 이 나라를
지켜주실 분으로는 그분밖에 안 남았으니까.

오이디푸스　아아, 내가 그에게 무슨 할 말이 있겠소?
내 전에 그에게 전적으로 잘못했음이 드러났는데,   1420
어찌 나를 믿어달라고 요구할 수 있겠소?

　　(크레온 등장)

크레온　오이디푸스 님, 내 그대를 비웃거나 지난날의 잘못을
들어 그대를 비난하러 온 것이 아니오.
　　(하인들에게) 너희들이 비록 필멸의 인간 족속을 더 이상
존경하지 않는다 해도, 적어도 우리 주인이신   1425

　　　　　　태양신의 만물을 길러주는 화염만은 존중하여,
　　　　　　대지도, 신성한 비도, 햇빛도 반기지 않는
　　　　　　저런 오욕을 태양신에게 이렇듯 적나라하게
　　　　　　드러내지 마라. 어서 이분을 집 안으로 모셔드려라.
　　　　　　집안사람들의 불행은 집안사람들끼리만　　　　　　　　1430
　　　　　　보고 듣는 것이 온당하니까.
오이디푸스　자네는 가장 사악한 인간인 나에게 예상과 달리
　　　　　　가장 고귀한 인간으로 다가왔으니, 제발 내 청을 하나
　　　　　　들어주게. 나를 위해서가 아니라 자네를 위해 말일세.
　크레온　　나에게 대체 무슨 청이 있으시다는 거죠?　　　　　　　1435
오이디푸스　되도록 속히 나를 이 나라에서 내쫓아,
　　　　　　아무도 내게 인사하지 않는 곳으로 데려다주게!
　크레온　　알아두세요. 나도 그렇게 했을 거예요. 하지만
　　　　　　어떻게 해야 할지 먼저 신에게 묻고 싶었어요.
오이디푸스　하지만 그분의 신탁은 모두 밝혀졌네.　　　　　　　　1440
　　　　　　아버지를 죽인 죄인인 나를 죽여 없애라고 말일세.
　크레온　　신탁은 그랬지요. 하지만 지금과 같은 난국에는
　　　　　　우리가 어찌해야 할지 분명히 알아보는 것이 더 낫겠지요.
오이디푸스　이런 비참한 인간을 위해 자네가 대답을 구하겠다는 것인가?
　크레온　　이번에는 그대도 신을 믿겠지요.　　　　　　　　　　　1445
오이디푸스　믿겠네. 그리고 자네에게 간절한 부탁이 있네. 저 궁전에
　　　　　　누워 있는 여인을, 자네가 원하는 대로 매장해주게. 그녀는
　　　　　　자네 친족이니 자네가 장례를 치르는 것이 온당하네.
　　　　　　그리고 내가 살아 있는 동안에는 내 아버지의 이 도성이
　　　　　　결코 나를 시민으로 받아들이는 일이 없도록 해주게.　　1450
　　　　　　대신 산에서 살게 해주게. 내 산이라 불리는

저기 저 키타이론에서 말일세. 그곳은 어머니와 아버지께서
살아 계실 적에 내 무덤으로 정하신 곳이니, 나를 죽이려 하셨던
그분들의 뜻에 따라 나는 거기서 죽고 싶네.
하지만 이것만은 나도 알고 있네. 나는 결코 병이나 1455
다른 일로 죽지 않네. 기구한 운명이 나를 기다리고
있지 않았다면, 나는 죽음에서 구원받지 못했을 테니까.
 그러니 내 운명은 제멋대로 가게 내버려두게.
내 자식들 가운데, 크레온, 내 아들들은 자네가
염려하지 않아도 되네. 그 애들은 사내들이라 어디로 가든 1460
자력으로 생계를 꾸려 나갈 것이네.
그러나 불쌍하고 가여운 내 두 딸은
밥상을 따로 차리지 않고 늘 이 아비와
함께하면서 무엇이든 내가 먹는 것을
나눠 먹었으니, 그 애들은 자네가 잘 돌봐주게. 1465
그리고 가능하다면 내 이 두 손으로 그 애들을
만져보고 내 슬픔을 실컷 울도록 해주게. 허락해주게,
왕이여! 허락해주게, 마음이 고상한 자여. 내 이 두 손으로
그 애들을 만질 수만 있다면, 내 눈이 보이던 때처럼
그 애들이 나와 함께 있다고 생각할 수 있으련만! 1470

(안티고네와 이스메네, 등장)

이게 무슨 소리지? 맙소사!
내 귀에 들리는 것은 내 귀여운 두 딸이
흐느끼는 소리가 아닌가? 크레온이 나를 동정하여
내 귀염둥이 두 딸을 보내준 것인가?
내 말이 옳지? 1475

크레온 옳아요. 전에 기뻐하시는 걸 보고 이번에도

오이디푸스	그러실 줄 알고, 내가 이 애들을 데려오도록 시켰지요. 자네에게 축복이 있기를! 그리고 이 봉사에 대한 보답으로 신께서 나를 지켜주신 것보다 자네를 더 잘 지켜주시기를!

　애들아, 너희들은 어디 있느냐? 자, 이리 오너라,　　　　　1480
같은 어머니에게서 태어난 이 나의 손들이 닿는 곳으로!
한때는 밝았던 너희들 아비의 두 눈을
이렇게 보지 못하도록 만들어놓은 이 손들에게로.
애들아, 너희들의 아비는 보지도 알지도 못하고
제가 태어난 바로 그곳에서 너희들의 아비가 되었구나.　　1485
너희들을 위해서도 나는 울고 있다. 내 비록 너희들을
보지는 못하지만 너희들이 장차 사람들 사이에서
강요받게 될 쓰라린 삶을 생각하니 그렇구나.
시민들의 어떤 모임에 가든, 어떤 축제에 가든,
너희들은 축제 행렬에 휩쓸리기는커녕　　　　　　　　　　1490
눈물을 흘리며 집으로 돌아오게 되겠지.
그리고 너희들이 시집갈 나이가 되면, 애들아,
내 자식들과 너희들의 자식들에게 치명적인 비난이
쏟아질 텐데, 어떤 사내가 감히 위험을 무릅쓰고
그런 비난을 감수하려 하겠느냐?　　　　　　　　　　　　1495
　재앙이 빠짐없이 다 갖추어지지 않았느냐! "너희들의
아비는 제 아비를 죽이고, 저를 낳아준 여인에게
씨를 뿌려 제가 태어난 바로 그 밭에서 너희들을
거두었지." 이런 비난이 너희들에게 쏟아지겠지.
그러니 누가 너희들과 결혼하겠느냐? 천만에.　　　　　　1500
그럴 사내는 아무도 없지. 애들아, 필시 너희들은
자식도 못 낳고 처녀의 몸으로 시들어가겠구나.

　　　　　메노이케우스의 아들[62]이여, 이 애들의 어버이인
　　　　　우리가 둘 다 없어졌으니, 이 애들에게는 자네가
　　　　　단 한 분의 아버지로 남은 셈이네. 자네 친척들인　　　　　1505
　　　　　이 애들이 결혼도 못하고 가난하게 떠돌아다니도록
　　　　　버려두지 말고, 이 애들이 나만큼 비참해지지 않도록 해주게.
　　　　　이 애들을 동정해주게. 보다시피 이 애들은 이런 어린 나이에
　　　　　모든 것을 잃었네. 자네가 주는 것 말고는. 고상한 이여,
　　　　　약속의 표시로 자네 손으로 이 애들을 어루만져주게.　　　　　1510
　　　　　　애들아, 너희들이 벌써 철이 들었다면, 내 너희들에게
　　　　　충고해줄 말이 많다만 지금은 이렇게만 기도해다오.
　　　　　나는 그때그때 형편에 따라 살아갈 것이나, 너희들은
　　　　　이 아비보다는 나은 삶을 살게 해달라고 말이다.
크레온　　　눈물도 흘릴 만큼 흘리셨으니, 이제 궁으로 드시죠.　　　　　1515
오이디푸스　싫어도 자네 말을 따라야겠지.
크레온　　　무슨 일이든 시의적절해야 좋은 법이죠.
오이디푸스　내가 어떤 조건으로 가는지 자네도 알고 있겠지.
크레온　　　말씀해보세요. 나도 들어야 알 것 아닌가요.
오이디푸스　나를 나라 밖으로 내보내주게.
크레온　　　신께서 주실 것을 나에게 요구하시는군요.
오이디푸스　하지만 나는 신들에게 가장 미움 받는 자일세.
크레온　　　그러시다면 곧 소원이 이루어지겠지요.
오이디푸스　승낙하는 겐가?
크레온　　　나는 마음에 없는 빈말은 하지 않아요.　　　　　1520
오이디푸스　그렇다면 나를 여기서 데려가게.

62　크레온.

크레온 자, 이리 오세요. 애들은 놓아주시고.

오이디푸스 내게서 이 애들은 빼앗지 말게.

크레온 매사에 지배하려 들지 마세요.

그대가 지배했던 것들도 평생토록 그대를 따르지는 않았어요.

(크레온과 오이디푸스, 퇴장)

〔코로스 내 조국 테바이 주민들이여, 보시오. 저분이 유명한

수수께끼를 풀고는 더없이 권세가 컸던 오이디푸스요.　　　　1525

어느 시민이 그의 행운을 선망의 눈길로 바라보지 않았던가!

보시오, 그런 그가 얼마나 무서운 불운의 풍파에 휩쓸렸는지!

그러니 항상 생의 마지막 날이 다가오기를 지켜보며 기다리되,

필멸의 인간은 어느 누구도 행복하다고 기리지 마시오,

그가 드디어 고통에서 해방되어 삶의 종말에 이르기 전에는.〕　　1530

안티고네
Antigone

작품 소개

『안티고네』는 기원전 441년경에 씌어진 것으로 추정된다. 오이디푸스의 두 아들 에테오클레스와 폴뤼네이케스가 골육상잔 끝에 일대일 결투에서 서로 죽이고 죽자, 새로 테바이의 왕이 된 크레온은 다른 나라 군대를 이끌고 조국을 공격한 폴뤼네이케스의 시신을 매장하지 못하게 한다.

그러나 안티고네는 그의 명령을 어기고 오라비를 위해 장례를 치러주다가 잡혀 크레온 앞에 끌려온다. 안티고네는 죽은 혈족의 장례를 치러주는 것은 천륜, 이른바 '신들의 불문율'이라고 주장하지만 크레온은 가차 없이 그녀에게 사형을 선고하고 석굴에 가둔다. 크레온의 아들로 안티고네의 약혼자인 하이몬이 와서 아버지를 말려보지만 크레온의 생각은 확고하다.

예언자 테이레시아스가 와서 천륜을 어기면 큰 낭패를 볼 것이라고 하자 불안한 마음으로 석굴로 간 크레온은 아들 하이몬이 목매달아 죽은 안티고네를 붙들고 있는 모습을 보게 된다. 하이몬은 크레온을 칼로 찌르려다 실패하자 스스로 목숨을 끊는다. 궁전으로 돌아온 크레온은 설상가상으로 아내 에우뤼디케가 절망하여 자살했다는 비보를 접하게 된다.

등장인물

안티고네 오이디푸스의 딸

이스메네 오이디푸스의 딸

크레온 테바이의 왕

에우뤼디케 크레온의 아내

하이몬 크레온의 아들

테이레시아스 눈먼 예언자

파수꾼

사자

사자 2

코로스 테바이의 원로들로 구성된

이 작품의 대본은 Sophocles, *Antigone* edited by M. Griffith, Cambridge University Press 1999의 그리스어 텍스트다. 주석은 위 M. Griffith의 것과 R. Jebb (Cambridge University Press 1957)의 것을 참고했다. 현대어 번역 중에서는 R. Jebb (Cambridge 1957), H. D. F. Kitto (Oxford 1962), D. Grene (University of Chicago Press 1992), R. Fagles (Penguin Books 1984)의 영역과 W. Willige (München/Zürich 1995), W. Schadewaldt (Zürich 1968)의 독역을 참고했다.

장소 테바이의 궁전 앞.

안티고네 오오, 내 친아우인 사랑하는 이스메네야,
오이디푸스에게서 비롯된 수많은 재앙 가운데
제우스께서 우리 생전에 이루시지 않은 것을
너는 한 가지라도 알고 있니? 고통과 재앙,
치욕과 불명예 가운데 내가 너와 나의 불행에서   5
보지 못한 것은 한 가지도 없으니 말이다.
하거늘 방금 또 장군[1]님께서 도시의 모든
백성들에게 무슨 포고를 내리셨다는 거니?
알고 있니? 아니면 너는 적들이 받아야 할 재앙이
우리 친구들을 위협하고 있는 것도 모르고 있니?   10

이스메네 우리 친구들에 관해서는, 안티고네 언니, 기쁜 소식이든
슬픈 소식이든 나는 아무것도 듣지 못했어요.
우리 두 자매가 이중의 가격[2]에 의해 한날한시에
세상을 떠나신 두 오라버니를 잃은 뒤로는 말예요.
그리고 간밤에 아르고스군이 퇴각한 뒤로   15
내 처지가 더 나아진 것인지 아니면 더 나빠진 것인지,
나는 아무것도 더 아는 바가 없어요.

1 새 왕이 된 크레온. 아르고스와의 전쟁이 끝난 직후여서 장군으로서의 직책이 부각되고 있다.
2 오이디푸스의 두 아들 에테오클레스와 폴뤼네이케스는 서로 죽이고 죽었다.

안티고네	내 그럴 줄 알았지. 그래서 너만 들으라고 내가
	사람을 보내 너를 궁전의 문 앞으로 불러낸 거야.
이스메네	무슨 말이죠? 분명 뭔가 궁리하고 있는 것처럼 들려요.
안티고네	크레온 님이 우리 두 오라버니 중 한 분은 후히 장사지내되
	한 분은 장사지내지 못하게 하셨단다.
	사람들이 말하기를, 에테오클레스 오라버니는
	사자(死者)들 사이에서 명예를 누리시도록
	그분이 바른 법도와 관습에 따라 땅에 묻어주셨으나,
	비참하게 돌아가신 폴뤼네이케스 오라버니의 시신은
	아무도 무덤 안에 감추지도, 애도하지도 말고,
	애도해주는 사람도 무덤도 없이
	진수성찬을 노리는 새 떼의 반가운 먹이가 되도록
	버려두라고 시민들에게 명령하셨대.
	어진 크레온 님은 그런 명령을 너와 나에게도
	내리셨대. 그래, 나에게도 말이야.
	그리고 모르는 이들에게 똑똑히 알려주려고
	그분이 이리로 오신다는데, 이 일을 그분은
	가볍게 여기시지 않고, 조금이라도 그 명령을
	어기는 자는 시민들이 돌로 쳐서 죽이게 하셨대.
	네 처지가 이러하니, 이제 곧 보여주게 되겠지.
	네가 네 가문에 걸맞은지, 걸맞지 않은지를.
이스메네	가여운 언니, 사태가 그러하다면, 내가 풀거나
	맺는다고 해서³ 거기에 무엇을 보탤 수 있겠어요?
안티고네	힘든 일이라도 나와 행동을 같이할 것인지를 결정해!
이스메네	무슨 모험을 하려고요? 대체 무슨 생각을 하는 거예요?
안티고네	시신을 들어 올리도록 네가 내 이 손을 도와주지 않겠니?

20

25

30

35

40

이스메네 도시에 금령이 내려졌는데도 그분을 묻어주려는 거예요?

안티고네 그분은 내 오라버니고, 네가 원치 않더라도 네 오라버니야. 45
내가 그분을 배신했다는 말은 아무도 할 수 없게 할 거야.

이스메네 크레온 님이 금하셨는데 고집을 부리겠다고요?

안티고네 나를 내 가족에게서 떼어놓을 권리가 그분에게는 없어.

이스메네 아아, 곰곰이 생각해보세요, 언니.
아버지께서 어떻게 자신의 죄과들을 들춰내시고는 50
자신의 손으로 손수 자신의 두 눈을 치신 다음
증오와 멸시 속에서 세상을 떠나셨는지. 그리고 어떻게 그 뒤
동시에 두 가지 이름을 가지신, 그분의 어머니이시자
아내께서 올가미에 목매달아 스스로 목숨을 거두셨는지.
그리고 세 번째로 어떻게 두 오라버니께서 한날한시에 55
불행하게도 저마다 혈족의 피를 쏟음으로써 서로
상대방의 손을 빌려 같은 운명을 마련하셨는지 말예요.
그리고 지금, 잘 생각해보세요, 유일하게 살아남은
우리 두 자매도 법을 무시하고 왕의 명령이나
권력에 맞서다가는 가장 비참하게 죽게 될 거예요. 60
우린 명심해야 해요. 첫째, 우리는 여자들이며,
남자들과 싸우도록 태어나지 않았어요.
다음, 우리는 더 강한 자의 지배를 받고 있는 만큼
이번 일은 물론이고 더 괴로운 일이라도 복종해야 해요.
그래서 이번 일은 달리 어쩔 도리가 없는 만큼 65
나는 지하에 계시는 분들⁴께 용서를 빌고

---

3 '개입한다고 해서'라는 뜻이다.
4 하데스, 페르세포네, 폴뤼네이케스.

　　　　　통치자들에게 복종할래요.
　　　　　지나친 행동은 아무 의미도 없으니까요.
안티고네　내 너에게 요구하지 않겠다. 아니, 네가 그렇게
　　　　　해주고 싶어 해도, 나는 네 협조가 달갑지 않아.　　　　70
　　　　　너는 너 좋을 대로 생각해. 나는 그분을 묻겠어.
　　　　　그러고 나서 죽는다면 얼마나 아름다우냐?
　　　　　그분의 사랑을 받으며 나는 사랑하는 그분 곁에 눕겠지,
　　　　　경건한 범행을 하고 나서. 내가 이 세상 사람들보다
　　　　　지하에 계신 분들의 마음에 들어야 할 시간이 더 기니까.　75
　　　　　나는 그곳에서 영원히 누워 있게 될 테니 말이야. 하지만
　　　　　원한다면, 너는 신들께서도 존중하시는 것을 경멸하렴!
이스메네　내가 경멸하는 건 그런 것들이 아니에요.
　　　　　도시의 뜻을 거역할 힘이 없을 뿐예요.
안티고네　너는 지금 핑계를 대고 있는 거야. 나는 가서　　　　80
　　　　　사랑하는 오라버니를 위해 무덤을 만들어드릴래.
이스메네　아아, 가엾어라. 나는 언니가 다칠까 몹시 걱정돼요.
안티고네　내 걱정은 말고 네 운명이나 똑바로 인도해!
이스메네　아무튼 이 일은 누구에게도 말하지 말고
　　　　　비밀로 하세요. 나도 그렇게 하겠어요.　　　　　　　85
안티고네　큰 소리로 알리지그래. 네가 입 다물고 이 일을
　　　　　세상 사람들에게 알리지 않으면, 나는 네가 더 미워질 거야.
이스메네　그토록 으스스한 일에 그토록 뜨겁게 마음이 달아오르다니!
안티고네　그래야만 내가 가장 기쁘게 해드려야 할 분의 마음에 들 테니까.
이스메네　그럴 수만 있다면. 하지만 언니는 지금 안 될 일을 하려 해요.　90
안티고네　힘에 부치면 그만두는 거야. 하지만 그 전에는 그만두지 않아.
이스메네　안 될 일은 아예 시작하지 말아야죠.

안티고네	네가 그런 말을 하면, 너는 내게 미움을 사게 될 것이고,
	돌아가신 분에게도 당연히 두고두고 미움을 받게 될 거야.
	너는 생각이 모자란[5] 내가 그런 끔찍한 일[6]을 당하게 95
	내버려둬. 나는 아무리 괴로운 일을 당하더라도
	비열하게 죽고 싶지는 않으니까.
이스메네	언니 뜻이 정 그렇다면 가세요. 하지만 이것만은
	알아두세요. 비록 언니가 길을 잘못 가고 있지만
	친구들[7]은 진심으로 언니를 사랑하고 있다는 것을!

(안티고네와 이스메네, 각각 다른 방향으로 퇴장)

코로스[8] (좌1)	햇살이여, 일찍이 일곱 성문의 100
	테바이에 떠오른
	가장 아름다운 햇빛이여,
	드디어 네가 모습을 드러내어,
	황금 같은 날의 눈이여,
	디르케[9]의 강물 위를 거니는구나. 105
	완전무장하고 아르고스에서 온
	흰[10] 방패의 전사[11]를 네가 쫓아버리니,

---

5 67~68, 88~92행 참조.
6 82행 참조.
7 죽은 폴뤼네이케스의 혼백과 이스메네.
8 100~161행은 등장가다.
9 테바이의 강.
10 아르고스의 상징 색깔로 흰색을 택한 것은 아르고스라는 단어가 보통명사로는 '흰' '흰색의'라는 형용사라는 데서 비롯된 연상 작용 때문인 듯하다.
11 일곱 장수가 이끈 아르고스군 전체.

그자가 전속력으로 말을 달려
허둥지둥 도망쳤구나.

말썽 많은 다툼 때문에 폴뤼네이케스가　　　　　　110
그자를 우리나라로 인도하자,
그자는 날카로운 소리를 지르는
독수리처럼 이 나라에 날아들었다네.
눈처럼 흰 날개들에 덮인 채
수많은 무구(武具)와　　　　　　　　　　　　　　　115
말총 장식의 투구들과 함께.

(우1)　그자는 우리 지붕들 위에 멈춰 서서
피에 굶주린 창들로
우리 일곱 성문의 입을 에워쌌다네.
하지만 그자는 이곳에서 물러갔다네.　　　　　　　120
우리의 피로 그자의 두 볼이 미어지고,
헤파이스토스[12]의 관솔불이
빙 둘러선 우리 성탑들을 붙들기 전에.
그만큼 격렬한 아레스[13]의 싸움이 그자의
등 뒤에서 일었으니, 용(龍)[14]과 싸우는 그자로서는　　125
감당하기 어려운 것이었다네.

제우스께서는 요란한 호언장담을 진심으로
싫어하신다네. 그래서 그분께서는 그자가
소리도 요란한 황금[15]을 헛되이 뽐내며
거대한 밀물처럼 달려오는 것을 보시자,　　　　　　130

어느새 목적지에 닿아 우리 성벽들의 꼭대기에서

승리의 환호성을 지르기 시작한 그[16]에게

불[17]을 내던져 그를 쓰러뜨리셨다네.

(좌 2) 그러자 비틀거리며 쿵 하고 땅에

내던져졌다네, 횃불을 들고 광란하며   135

격렬한 증오의 광풍과 함께

우리에게 미친 듯이 덤벼들던 그는.

하지만 그의 위협은 뜻대로 되지 않았다네.

그리고 다른 적들에게도 다른 것을

나눠주시며 심히 치셨다네, 어려울 때의

구원자이신 위대한 아레스는.   140

일곱 장수들[18]이 일곱 성문 앞에서

12 불의 신.
13 전쟁의 신.
14 테바이인들은 자신들이 용의 자손들이라고 믿었다.
15 아이스퀼로스의 『테바이를 공격한 일곱 장수』에서도 아르고스 장수들이 황금 무구를 들고 다닌다. 이를테면 카파네우스(Kapaneus)는 황금 문자를 새긴 방패를 들고 있고(434행), 폴뤼네이케스(Polyneikes)는 황금 무구를 갖춘 전사의 상(像)과 황금 명문(銘文)을 새긴 방패를 들고 있다(644, 660행).
16 카파네우스가 제우스가 제지하더라도 테바이를 함락하겠다고 큰소리치며 성벽 꼭대기에 기어오르던 순간 제우스의 벼락을 맞고 죽었다는 이야기는 하도 유명해서 굳이 이름이 언급되지 않은 듯하다. 이 드라마에서는 일곱 장수 가운데 폴뤼네이케스 말고는 아무도 거명되지 않고 있다.
17 벼락.
18 소포클레스의 『콜로노스의 오이디푸스』 1313행에 나오는 일곱 장수의 이름은 아이스퀼로스의 일곱 장수와도 일치한다. 즉 예언자 암피아라오스, 트

　　　　대등하게 맞서다가 전세를 뒤집으시는
　　　　제우스에게 청동 무구를 공물로 남겼다네.
　　　　오직 한 아버지와 한 어머니에게서 태어난,
　　　　잔혹한 운명을 타고난 그 두 사람[19]만이　　　　　　　　145
　　　　서로 덤벼들어 창을 휘두르다가,
　　　　둘 다 이긴 뒤에 둘이 함께 죽었다네.

(우 2)　하지만 영광스러운 이름의 승리의 여신[20]께서
　　　　전차(戰車)가 많은 테바이의 환희에
　　　　화답하여 이곳에 오셨으니, 전쟁도　　　　　　　　　　150
　　　　끝난 터라 이제는 잊기로 하세.
　　　　그리고 모든 신전들을 찾아가
　　　　밤새도록 춤과 노래를 바치도록 하세.
　　　　또한 박코스[21]께서는 테바이 땅을 뒤흔드시며
　　　　우리의 길라잡이가 되어주소서!

　　　　저기 이 나라의 왕께서 이리로 오고 계시오.　　　　　155
　　　　메노이케우스의 아드님 크레온 님 말이오.
　　　　그분은 신들께서 보내주신 새 행운에 따라
　　　　이 나라의 새 왕이 되셨소이다.
　　　　대체 그분은 무슨 계획을 품고 계시기에
　　　　공적인 통고를 통하여 원로들의　　　　　　　　　　　160
　　　　이 특별회의를 소집하신 것일까요?

　　　　(크레온, 경호원들을 데리고 등장)

크레온　여러분, 신들께서는 우리 도시를 심한 풍랑으로

뒤흔드셨다가 도로 안전하게 일으켜 세웠소이다.
내가 사람을 보내 모든 백성들 중에서 그대들을
이렇게 따로 부른 것은, 라이오스의 왕좌와 권력에   165
그대들이 변함없이 충성과 경의를 표했으며,
또 오이디푸스가 이 도시를 구했을 때도,
그리고 그분이 돌아가신 뒤에도 그분의 자식들[22]에게
시종일관 충성을 다하였음을 내가 알고 있기 때문이오.
한데 그분의 아들들이 서로 치고받는 가운데   170
서로 형제의 피로 물든 채 죽고 죽이는
이중의 운명에 의해 한날한시에 죽은 까닭에,
이제는 내가 고인들의 가장 가까운 인척으로서
왕좌와 모든 권한을 갖게 되었소이다.

로이아 전쟁 때 용맹을 떨친 디오메데스의 아버지 튀데우스, 에테오클로스, 힙포메돈, 카파네우스, 파르테노파이오스, 폴뤼네이케스가 그들이다. 당시 아르고스 왕으로 암피아라오스의 처남이자 튀데우스와 폴뤼네이케스의 장인이었던 아드라스토스(Adrastos)는 이 원정을 주도했으나 혼자 살아남아 패주한 까닭에 일곱 장수에 포함되지 않은 듯하다. 그러나 일설에 따르면, 에테오클로스 대신 아드라스토스가 일곱 장수에 포함된다고 한다. 이들의 아들들, 이른바 '후계자들'(Epigonoi)이 훗날 테바이를 재차 공격하여 함락시킨다. 이번에는 '후계자들' 중에서 아들 아이기알레우스(Aigialeus)만이 유일하게 전사하자 아드라스토스가 상심한 나머지 귀향 도중에 죽고, 외손자이자 사위인 디오메데스가 아르고스 왕이 된다. 이 전쟁은 트로이아 전쟁 직전에 일어났던 것으로 추정된다.

19 에테오클레스와 폴뤼네이케스.
20 그리스어로 Nike.
21 주신 디오뉘소스의 다른 이름. 박코스의 어머니는 테바이를 처음 건국한 카드모스의 딸 세멜레다.
22 에테오클레스와 폴뤼네이케스.

한데 통치와 입법으로 검증받기 전에 175
한 인간의 성격과 심성과 판단력을
완전히 안다는 것은 불가능한 일이오.²³
왜냐하면 누군가 도시 전체를 통치하면서
도시를 위해 최선의 정책을 채택하지 않고
무엇인가를 두려워하여 함구한다면, 180
그런 자를 나는 예나 지금이나 가장 나쁜 자로
여기기 때문이오. 그리고 누구든 조국보다 친구를
소중히 여기는 자 역시 나는 경멸하오.
왜냐하면 나는 ― 언제나 만물을 굽어보시는
제우스께서 내 증인이 되어주소서 ― 시민들에게 185
안전 대신 파멸이 다가오는 것을 보게 되면
침묵하지 않을 것이며, 또 조국의 적을 내 친구로
여기지 않을 것이기 때문이오. 내가 알기로, 우리를
지켜주는 것은 조국 땅이며, 조국이 무사 항해해야만
우리가 진정한 친구를 사귈 수 있기 때문이오. 190
이런 원칙에 따라 나는 이 도시를 키워 나갈 것이오.
오이디푸스의 아들들과 관련하여 내가 시민들에게 내린
포고령도 이런 원칙에 부합되는 것이오.
에테오클레스는 우리 도시를 위해 싸우다가
모든 면에서 뛰어난 창수(槍手)로서 전사했으니, 195
무덤에 묻어주고 지하에 있는 가장 훌륭한
사자들에게 걸맞은 온갖 의식을 베풀 것이오.
하지만 그와 형제간인 폴뤼네이케스로 말하자면
망명지에서 돌아와 조국 땅과 선조들의 신들을
화염으로 송두리째 불살라 없애고, 200

　　　　친족의 피를 마시고, 나머지는 노예로
　　　　끌고 가려 했으니 그와 관련하여 나는
　　　　도시에 알리게 했소이다. 아무도 그를 위해
　　　　장례를 치르거나 애도하지 말고, 그의 시신을
　　　　묻히지 않은 채 버려두어 새 떼와 개 떼의　　　　　　　　205
　　　　밥이 되고 흉측한 몰골이 되게 하라고 말이오.
　　　　이것이 내 뜻이오. 내가 올바른 사람들보다
　　　　사악한 자를 더 존중하는 일은 절대로 없을 것이오.
　　　　하지만 누구든지 이 도시에 호의를 가진 자는
　　　　죽었든 살아 있든 똑같이 존경받게 될 것이오.　　　　　210

코로스장　메노이케우스의 아들 크레온 님, 이 도시의 적과 친구에게
　　　　그렇게 하는 것이 그대의 마음에 든다는 것이로군요.
　　　　물론 그대에게는 죽은 자들과 살아 있는 우리 모두에게
　　　　마음대로 어떤 법령이든 적용할 권한이 있기는 하지요.

크레온　　여러분은 내가 내린 명령의 수호자가 되어주시오.　　　　215

코로스장　그런 짐이라면 더 젊은 사람들에게 지우시지요.

크레온　　시신을 지킬 감시자들을 이미 배치해두었소.

코로스장　그러시다면 또 무슨 명령을 내리시려는 거죠?

크레온　　여러분은 내 명령에 불복하는 자들 편이 되지 말라는 것이오.

코로스장　죽기를 원할 만큼 어리석은 자가 어디 있겠소?　　　　　　220

크레온　　아닌 게 아니라 불복종의 대가는 죽음이라오. 하지만
　　　　이익에 대한 기대가 종종 사람들을 파멸로 이끌지요.

23　한 인간의 심성은 공직을 통하여 검증받기 전에는 완전히 알 수 없는 까닭에, 나도 검증받기 전에 그대들에게 충성을 맹세하도록 요구하지 않겠지만, 내가 지키고자 하는 원칙들은 말해두겠다는 뜻이다.

(파수꾼 등장)

파수꾼　왕이시여, 저는 숨이 차도록 급히 달려왔다거나
　　　　발걸음도 가벼이 열심히 걸었다고 말씀드리지
　　　　않겠어요. 저는 걱정이 앞서서 도중에 여러 번　　　　　225
　　　　멈춰 섰고, 되돌아갈까 하고 돌아서곤 했으니까요.
　　　　제 마음이 제게 여러 가지 경고를 했기 때문이지요.
　　　　'어리석긴, 벌 받을 게 뻔한데 뭐하러 그리 급히 가지?'
　　　　'불쌍한 녀석, 또 꾸물대는 거야? 크레온 님께서 이 소식을
　　　　다른 사람에게서 들으시면 뒷감당은 어떻게 하려고?'　　　230
　　　　이런 일들을 생각하며 저는 느릿느릿 걸어왔고,
　　　　그러다 보니 가까운 길이 먼 길이 되어버렸네요.
　　　　하지만 결국 여기 그대 앞에 나서기로 결심했어요.
　　　　그리고 제가 말씀드리는 것이 아무것도 아니라 해도
　　　　말씀드리겠어요. 타고난 운명 이상은　　　　　　　　　235
　　　　당할 수 없다는 희망에 꼭 매달려 이리로 왔으니까요.
크레온　대체 무슨 일이기에 네가 이토록 주눅이 들었느냐?
파수꾼　먼저 제 자신에 관해 말씀드리지만 그것은 제가
　　　　한 짓이 아니에요. 그리고 그렇게 한 자를 저는 보지도 못했어요.
　　　　하오니 그로 말미암아 제가 화를 입는다면 억울해요.　　　240
크레온　너는 조심스럽게 과녁을 겨누며 비난을 막아줄 울타리부터
　　　　둘러치는구나. 분명 너는 좋지 않은 소식을 전하러 왔구나.
파수꾼　그래요. 무서운 소식은 오래 망설이게 하는 법이지요.
크레온　어서 말하고 나서 이곳을 떠나지 못할까!
파수꾼　그렇다면 말씀드리지요. 누군가 방금 시신을 묻어주고　　　245
　　　　사라졌어요. 시신의 살갗에 목마른 먼지를 뿌리고,
　　　　그 밖에 다른 의식을 치르고서 말예요.

크레온 　무슨 말을 하는 게냐? 누가 감히 그런 짓을 했단 말이냐?

파수꾼 　모르겠어요. 그곳에 곡괭이로 치거나 삽으로 파낸
　　　　흔적은 없었으니까요. 땅은 단단하고 메마르고 　　　　　　250
　　　　틈새가 없었으며, 수레의 바퀴자국조차 없었어요.
　　　　범인은 아무 흔적도 남기지 않았어요.
　　　　첫 번째 낮 파수를 보는 자가 우리에게 보여주었을 때,
　　　　그것은 우리 모두에게 이해할 수 없는 기적이었어요.
　　　　시신이 없어졌으니까요. 물론 시신이 무덤에 묻힌 것은 　　　255
　　　　아니었지만, 저주를 면하기 위해서인 듯,²⁴
　　　　먼지로 가볍게 덮여 있었어요. 들짐승이나 개가 와서
　　　　시신을 찢은 흔적도 보이지 않았어요.
　　　　그래서 욕설이 시끄럽게 오가는 가운데 파수꾼이
　　　　파수꾼에게 죄를 덮어씌우다가 자칫 주먹다짐이 　　　　　260
　　　　벌어질 뻔했지만 말리는 사람은 아무도 없었어요.
　　　　너나없이 모두가 범인이었고, 그러면서도 확실한
　　　　범인은 없고 모두들 모른다고 부인했으니까요.
　　　　우리는 발갛게 단 무쇠를 손에 쥐고는 불속을
　　　　지나가면서, 그것은 우리가 한 짓이 아니며, 　　　　　　　　265
　　　　우리는 범행을 함께 모의하거나 실행한 적이 없다고
　　　　신들께 맹세하려고까지 했어요.
　　　　아무리 조사해보아도 결국 아무 소용 없자
　　　　누가 한마디 했는데, 우리는 모두 그 말에
　　　　두려워 고개를 떨어뜨리고 말았어요. 우리는 　　　　　　　270

24　고대 그리스인들은 매장되지 않은 시신을 보고도 흙으로 덮어주지 않으면 죄를 짓는 것으로 여겼다.

그 말을 반박할 수도 없었고, 그 말을 따를 경우
어떻게 해야 화를 면할 수 있는지 알지 못했으니까요.
그 말이란 범행을 숨기지 말고 그대에게 알려야 한다는
것이었어요. 그렇게 하기로 결정하고 제비를 던진 결과
불행히도 제가 이런 행운을 받게 되었지요. 그래서 저는   275
환영받지 못할 줄 알면서도 마지못해 여기 서 있는 거예요.
나쁜 소식을 전하는 사람을 좋아할 사람이 어디 있겠어요?

코로스장 왕이시여, 이번 일은 신께서 하신 일이 아닐까
하는 생각이 아까부터 자꾸 마음에 떠오르는군요.

크레온 입 좀 닥치시오. 그대의 말에 내가 분통을 터뜨리기 전에.   280
그러지 않으면 그대는 노인네에다가 바보임이 드러나게 될
것이오. 그대가 신들께서 그 시신을 염려해주신다고
말하는 것이라면, 그건 도저히 참을 수 없는 말이니까요.
그래, 신들께서 기둥으로 둘러싸인 자신들의 신전들과
신성한 보물들을 불사르고, 자신들의 나라를 유린하고,   285
법규들을 말살하러 온 자를 선행을 베푼 자로
존중하실 거란 말인가요? 아니면 신들께서 사악한 자들을
존중하시는 것을 그대는 본 적이 있소?
천만에. 애당초 이 도시에는 은밀히 고개를 저으며
이번 포고령을 못마땅히 여기고 내게 불평하는   290
자들이 있어서, 그자들이 나를 존중하는 뜻에서
순순히 목에 멍에를 지려 하지 않는 것이오.
다름 아닌 그자들에게 속고 매수당한 파수꾼들이
이런 짓을 저질렀다는 것을 나는 잘 알고 있소.
사람들 사이에서 유통되는 것 중에 돈만큼   295
해로운 것은 아무것도 없소. 돈은 도시도

약탈하고, 남자들을 그들의 집에서 몰아내지요.[25]
돈은 정직한 마음씨를 변하게 하여
수치스러운 짓들을 하도록 훈련시키지요.
돈은 또 악행을 저지르고, 온갖 불경한 짓을   300
다 알도록 사람들을 가르치지요.
그러나 누구든 돈에 팔려 이런 짓을
저지른 자는 언젠가는 벌 받게 마련이오.
(파수꾼에게) 나는 여전히 제우스를 경배하는 만큼,
내 제우스에 맹세코 말하노니 잘 들어두어라.   305
만약 너희들이 그렇게 매장 의식을 치른 장본인을
찾아내어 내 눈앞에 세우지 못한다면, 그 벌은
너희들이 죽는 것만으로는 충분치 않으리라.
너희들은 그 범행을 자백할 때까지 먼저 산 채로
매달릴 것이니라. 앞으로는 어디서 이익을 취해야 하는지   310
알고, 아무 데서나 이익을 취하기를 좋아해서는
안 된다는 것을 너희들이 배우도록 말이다.
수치스러운 이익은 많은 사람들에게 행복보다는
파멸을 가져다준다는 것을 너는 보게 될 테니까.

파수꾼 말씀드려도 될까요? 아니면 돌아서서 물러갈까요?   315
크레온 모르겠느냐? 이제는 네 말소리도 듣기 싫다.
파수꾼 귀가 아프신가요, 마음이 아프신가요?
크레온 어찌하여 너는 내 아픈 곳을 따지려 드는 게냐?
파수꾼 마음을 아프게 한 것은 범인이고, 저는 귀를 아프게 할 뿐이지요.
크레온 이제 보니, 너는 타고난 수다쟁이로구나.   320

---

25 돈으로 매수하고 음모를 꾸며서.

파수꾼　아무튼 그 범행은 절대로 제가 한 짓이 아니에요.

크레온　아니긴. 게다가 돈을 받고 목숨까지 팔았지.

파수꾼　아아, 슬프도다! 판단해야 할 사람이

　　　　잘못 판단한다는 것은 얼마나 무서운 일인가!

크레온　그 '판단'이라는 말을 네 멋대로 생각하려무나. 아무튼

　　　　너희들이 이 사건의 범인을 데려오지 못하면　　　　　　　325

　　　　부정한 이익은 손해만 가져다준다는 것을 고백하게 해주겠다.

　　　　(크레온, 궁전으로 퇴장)

파수꾼　범인을 찾을 수 있다면야 가장 좋겠지요.

　　　　하지만 범인이 잡히든 말든.— 그건 운수소관이오—

　　　　그대는 내가 이곳에 돌아오는 것을 다시는

　　　　보지 못할 것이오. 이번에도 나는 신들께서　　　　　　　　330

　　　　크게 염려해주신 덕택에 천만뜻밖으로 살아났으니까.

　　　　(파수꾼 퇴장)

코로스[26](좌 1)　세상에 무서운 것[27]이 많다 하여도

　　　　사람보다 더 무서운 것은 없다네.

　　　　사람은 사나운 겨울 남풍 속에서도

　　　　잿빛 바다를 건너며 내리 덮치는　　　　　　　　　　　　　335

　　　　파도 아래로 길을 연다네.

　　　　그리고 신들 가운데 가장 신성하고

　　　　무진장하며 지칠 줄 모르는 대지를

　　　　사람은 말[馬]의 후손[28]으로 갈아엎으며

　　　　해마다 앞으로 갔다가　　　　　　　　　　　　　　　　　　340

　　　　뒤로 돌아서는 쟁기로 못살게 군다네.

(우1) 그리고 마음이 가벼운

새의 부족들과 야수의 종족들과

심해 속의 바다 족속들을

촘촘한 그물코 안으로 유인하여 345

잡아간다네, 총명한 사람은.

사람은 또 산속을 헤매는 들짐승들을

책략으로 제압하고,

갈기가 텁수룩한 말을 길들여 350

그 목에 멍에를 얹는가 하면,

지칠 줄 모르는 산(山)소를 길들인다네.

(좌2) 또한 언어와 바람처럼 날랜 생각과,

도시에 질서를 부여하는 심성을 사람은 독학으로

배웠다네, 그리고 맑은 하늘 아래서 노숙하기가 355

싫어지자 서리와 폭우의 화살을 피하는 법도.

사람이 대비할 수 없는 것은 아무것도 없으며,

아무 대비 없이 사람이 미래사를 맞이하는 일은

결코 없다네. 다만 죽음 앞에서 도망치는 360

수단을 손에 넣지 못했을 뿐이라네.

하지만 사람은 고통스러운 질병에서

도망치는 방법은 이미 궁리해냈다네.

26 332~375행은 첫 번째 정립가다.
27 그리스어 ta deina를 '놀라운 것'으로 번역하는 이들도 있다.
28 노새.

(우 2) 　발명의 재능에서 365
　　　　기대 이상으로 영리한 사람은
　　　　때로는 악의 길을 가고,
　　　　때로는 선의 길을 간다네.
　　　　그가 국법과, 신들께 맹세한 정의를
　　　　존중한다면 그의 도시는 융성할 것이나, 370
　　　　무모하게도 불미스러운 것과 함께하는 자는
　　　　도시를 갖지 못하는 법이라네.29 그런 짓을
　　　　하는 자는 결코 내 화롯가에 앉지 말기를!
　　　　나는 그런 자와는 생각을 같이하고 싶지 않노라. 375

코로스장 　저기 저것이 무슨 해괴한 환영(幻影)인가?
　　　　저 소녀가 안티고네임을 내 어찌
　　　　눈으로 보면서 부인할 수 있겠는가?
　　　　아아, 가여운지고! 가여운 아버지
　　　　오이디푸스의 따님이여! 380
　　　　어인 일이오? 설마 그대가 왕의
　　　　포고령을 어기고 어리석은 짓을 하다가
　　　　붙잡혀 끌려오는 것은 아니겠지요?

　　　　(파수꾼, 안티고네를 데리고 등장)

파수꾼 　여기 이 여인이 범인이오. 그분을 매장하고 있을 때30
　　　　우리가 붙잡았어요. 크레온 님은 어디 계시죠? 385
코로스장 　때맞춰 저기 궁전에서 나오고 계시는군.
크레온 　무슨 일이오? 내가 무슨 일에 때맞춰 왔다는 것이오?
파수꾼 　왕이시여, 인간들은 어떤 일이든 결코 하지 않겠다고
　　　　맹세할 일이 아니에요. 나중 생각이 처음 의도를 거짓말로

만드니까요. 저는 잠시 전 그대의 심한 으름장에 390
주눅이 들어 다시는 이곳에 서둘러 돌아오지 않겠다고
장담했지요. 하지만 예기치 않은 뜻밖의 기쁨은
그 크기에서 다른 어떤 행복도 능가하는 까닭에,
저는 오지 않겠다고 맹세했음에도 돌아왔어요,
장례를 치르다가 발각된 이 여인을 데리고 말예요. 395
이번에는 제비도 던지지 않았어요. 이번 행운은
제 것이고 다른 누구의 것도 아니니까요.
왕이시여, 이제는 직접 이 여인을 붙잡고 실컷 묻고
심문하세요. 하지만 저는 당연히 자유의 몸이 되어
이 성가시고 귀찮은 사건에서 벗어나도 되겠지요. 400

크레온   너는 여기 이 여인을 어디서 어떻게 붙잡아 왔느냐?

파수꾼   이 여인이 그분을 매장하고 있었어요. 이젠 다 아셨죠!

크레온   알고 하는 말인가? 그 말이 사실인가?

파수꾼   매장하지 못하게 하신 그 시신을 매장하는 이 여인을
제가 보았어요. 이젠 제 답변이 분명해졌나요? 405

크레온   어떻게 발각되고, 어떻게 현장에서 붙잡혔느냐?

파수꾼   그 경위는 이러해요. 우리는 그대에게서 그토록
심한 위협의 말씀을 듣게 되자, 그리로 가서

---

29   법을 어기면 추방당한다는 뜻이라기보다 부도덕한 행동을 하게 되면 나라가 망한다는 뜻인 듯하다.

30   안티고네가 시신을 먼지로 덮어주고 나서 왜 또 시신이 있는 곳에 갔느냐에 대해서는 문제가 제기된 적, 해답이 제시된 적도 없다. 그러나 R. Jebb은 시신이 먼지에 덮여 있는 동안 제주를 부어주어야 완전한 장례가 치러지는데, 안티고네가 처음 갔을 때는 제주를 준비해 가지 않았기 때문에 다시금 간 것이 아니겠느냐고 나름대로 해답을 제시하고 있다.

시신을 덮고 있던 먼지를 말끔히 쓸어내고
썩어가던 시신을 완전히 드러낸 다음, 410
시신의 악취가 우리 쪽으로 불어오지 못하도록
바람이 불어오는 쪽 언덕 위에 앉았지요.
그리고 우리는 서로를 깨우며 누군가 맡은 바
임무를 게을리하면 욕설로 위협하곤 했지요.
그런 상태가 계속되었고, 드디어 밝고 둥근 해가 415
중천에 떠오르며 찌는 듯한 더위가 시작되었지요.
그때 갑자기 땅에서 회오리바람이 하늘의 재앙인
먼지바람을 일으켜 들판을 가득 채웠고,
들숲의 머리카락을 마구 헝클어뜨렸어요.
넓은 하늘은 먼지바람으로 꽉 찼고, 우리는 눈을 420
감은 채 신께서 보내신 역병을 참고 있었어요.
그리고 한참 뒤 그 역병에서 벗어났을 때
여기 이 소녀가 눈에 띄었는데, 마치 새끼들을 빼앗기고
둥지가 비어 있는 것을 보게 된 새처럼
날카로운 목소리로 비통하게 울고 있었지요. 425
꼭 그처럼 이 여인도 시신이 드러난 것을 보자
소리 높여 통곡하며 그런 짓을 한 사람들에게
심한 저주의 말을 퍼부어댔어요. 그러더니
곧 두 손에 목마른 먼지를 가져왔고,
잘 만든 청동 물 항아리를 들어 올려 430
시신 주위에 세 번 제주를 부었어요.[31]
그것을 보자마자 우리는 달려가 당장 붙잡았으나,
그녀는 전혀 놀라지 않았어요.
그리고 먼젓번 일과 이번 일을 그녀의 소행이라고

	우리가 나무랐으나, 그녀는 전혀 부인하지 않았어요.	435
	그래서 저는 기쁘기도 하고 괴롭기도 해요.	
	자신이 곤경에서 벗어났다는 것은 더없이	
	기쁜 일이지만, 친구들을 곤경에 빠뜨린다는 것은	
	괴로운 일이니까요. 하지만 그 모든 것³²도	
	제게는 저 자신의 안전만큼 중요하지는 않아요.	440
크레온	*(안티고네에게)* 이번에는 거기 고개 숙이고 있는 너에게 묻겠다.	
	네 소행이라고 시인하느냐, 아니면 부인하느냐?	
안티고네	내 소행이라고 시인해요. 부인하지 않겠어요.	
크레온	*(파수꾼에게)* 너는 무거운 혐의를 벗고 자유의 몸이 되었으니,	
	어디든지 네가 원하는 곳으로 가도록 하라!	445
	(안티고네에게) 너는 긴말 말고 짤막하게 말해보아라.	
	너는 그러지 말라는 포고령이 내려졌음을 알고 있었느냐?	
안티고네	알고 있었어요. 공지 사항인데 어찌 모를 리 있겠어요?	
크레온	그런데도 너는 감히 포고령을 어겼단 말이더냐?	
안티고네	내게 그런 포고령을 내린 것은 제우스가 아니었으며,	450
	하계의 신들과 함께 사는 정의의 여신께서도	
	사람들 사이에 그런 법을 세우시지 않았으니까요.	
	나 또한 한낱 인간에 불과한 그대의 포고령이	
	신들의 변함없는 불문율들을 무시할 수 있을 만큼	
	강력하다고는 생각지 않았어요.	455
	그 불문율들은 어제오늘에 생긴 게 아니라	

---

31 『오뒷세이아』 10권 519행에 따르면, 사자에게 바치는 세 가지 제주는 꿀우유·포도주·물이다.

32 친구들의 안전.

영원히 살아 있고, 어디서 왔는지 아무도 모르니까요.
나는 한 인간의 의지가 두려워 그 불문율들을
어김으로써 신들 앞에서 벌 받고 싶지 않았어요.
나는 언젠가는 죽을 것임을 잘 알고 있었어요. 460
어찌 모르겠어요? 그대의 포고령이 없었다 해도 말예요.
하지만 때가 되기도 전에 죽는다면, 나는 그것을
이득이라고 생각해요. 나처럼 수많은 불행 속에서
살아가는 사람이 어찌 죽음을 이득이라 생각지 않겠어요?
이런 운명을 맞는다는 것은 내게 전혀 465
고통스럽지 않아요. 내 어머니의 아들이 묻히지 못한
시신으로 밖에 누워 있도록 버려두었더라면 내게
고통이 되었을 거예요. 내게 이것[33]은 전혀 고통스럽지 않아요.
지금 그대 눈에 내가 어리석어 보인다면, 나를
어리석다고 나무라는 자야말로 어리석은 자일 거예요. 470

코로스장   이 소녀는 자신이 성미 급한 아버지의 성미 급한 딸임을
보여주는구려. 불행 앞에 굽힐 줄 모르니 말이오.

크레온   잘 알아두어라. 지나치게 완고한 마음이
가장 쉬이 꺾인다는 것을. 불에 지나치게 달군
가장 단단한 쇠가 가장 쉬이 부러지거나 475
부서지는 것을 너는 보지 못하였느냐!
고집 센 말들도 짧은 고삐 하나로 길들인다는 것을
나는 잘 알고 있다. 누구든 이웃사람의 노예라면
제가 잘났다고 생각하는 것은 어울리지 않는 일이다.
이 계집은 공표된 포고령을 어겼을 때 480
반항에는 이미 이골이 날 대로 나 있었고,
설상가상으로 범행을 저지르고서 제 소행임을

자랑하며 우리를 비웃는 것은 두 번째 반항이오.
만약 이번 일에 그녀가 이기고 그 대가를 치르지
않는다면, 내가 아니라 그녀가 남자일 것이오.   485
그녀가 비록 내 누이의 딸이고, 우리 집에서
제우스의 보호를 받고 있는 그 누구보다 나와 가까운
인척이기는 하지만, 그녀와 그녀의 아우는
극형을 면치 못하리라. 그녀의 아우도 이번
장례 음모에 똑같이 가담했다고 나는 고발하오.   490
그녀의 아우를 불러오라. 나는 방금 그녀의 아우가
안에서 정신 못 차리고 미쳐 날뛰는 것을 보았다.
사람이 어둠 속에서 옳지 못한 범행을 꾀하면,
그의 마음이 먼저 그가 도둑임을 드러내는 법이지.
하지만 나쁜 짓을 하다가 붙잡히자 나쁜 짓을   495
미화하려 드는 자 또한 나는 미워하오.

안티고네 나를 잡아 죽이는 것보다 더 많은 것을 원하시나요?

크레온 아니. 나는 그것만 가지면 다 가지는 셈이니까.

안티고네 그럼 왜 지체하세요? 그대의 말씀 가운데 나를
기쁘게 해주는 것은 아무것도 없고, 또 없을 거예요.   500
내가 하는 말 역시 그대의 마음에 들지 않을 거예요.
하지만 나로서는 친오라버니를 무덤에 묻어드리는 것보다
더 큰 영광을 어디서 얻을 수 있겠어요?
여기 계신 분들도 모두 그것이 마음에 든다고 말할 거예요.
공포가 그분들의 입을 막지 않는다면 말예요.   505
왕권에는 여러 가지 혜택이 따르게 마련인데

---

33 이런 운명을 맞는 것.

	마음대로 행동하고 말할 수 있는 것도 그중 하나지요.	
크레온	테바이인들 가운데 너만이 그렇게 생각하고 있어.	
안티고네	그대 앞에서 입을 다물고 있을 뿐 그들도 그렇게 보고 있어요.	
크레온	너는 그들과 달리 생각하는 것이 부끄럽지도 않느냐?	510
안티고네	제 혈족을 존중하는 것은 결코 수치스러운 일이 아니에요.	
크레온	그자와 맞서 싸우다가 전사한 분[34]도 네 혈족이 아니더냐?	
안티고네	같은 어머니와 같은 아버지에게서 태어난 혈족이지요.	
크레온	그렇다면 너는 왜 그자에게 호의를 베풀어 그분을 모욕하지?	
안티고네	세상을 떠나신 분[35]은 그렇다고 시인하지 않을 거예요.	515
크레온	네가 그 불경한 자를 그분과 똑같이 존중하는데도?	
안티고네	세상을 떠나신 분[36]은 그분의 노예가 아니라 아우예요.	
크레온	그자는 이 나라를 유린하다가, 그분은 지키다가 전사했다.	
안티고네	아무튼 하데스[37]는 그런 의식을 요구해요.	
크레온	그래도 착한 이에게 나쁜 자와 같은 몫이 주어져서는 안 되지.	520
안티고네	하계에서는 그것이 신성한 규칙인지 누가 알아요?	
크레온	적(敵)은 죽어도 친구가 안 되는 법이지.	
안티고네	나는 서로 미워하기 위해서가 아니라, 서로 사랑하려고 태어났어요.[38]	
크레온	사랑해야겠다면 하계로 내려가 사자들을 사랑하려무나.	
	내가 살아 있는 한, 여인이 나를 지배하지는 못할 것이다.	525

(이스메네, 궁전에서 끌려나온다)

코로스장	보시오. 저기 이스메네가 문밖으로 나오는구려.
	자매의 정을 이기지 못해 눈물을 흘리면서 말이오.
	이마에 깃든 구름이 그녀의 발갛게 단
	얼굴을 일그러뜨리며 비가 되어
	고운 볼 위로 흘러내리고 있구려!	530
크레온	너는 독사처럼 내 집에 숨어들어 은밀히 내 피를

빨아먹었구나. 그런데도 나는 내 왕좌에 거역하도록
두 재앙을 기르고 있는 줄도 모르고 있었구나.
자, 이실직고하여라. 네가 이번 장례에 가담했다고
시인하느냐, 전혀 모르는 일이라고 부인하겠느냐? 535

이스메네 언니만 동의하신다면, 나도 거기에 가담했으니
함께 벌을 받겠어요.

안티고네 안 돼. 그렇게 하는 것은 정의가 용납치 않아.
너는 원치 않았고, 나는 너를 참여시키지 않았으니까.

이스메네 지금은 언니가 곤경에 빠졌으니, 나는 언니와 함께 540
고난의 바다를 항해하는 것이 부끄럽지 않아요.

안티고네 그것이 누구의 소행인지는 하데스와 사자들이 알고 계셔.
나는 말로 사랑하는 친구는 사랑하지 않아.

이스메네 언니, 내가 언니와 함께 죽어 고인을
공경할 수 없을 것이라고 나를 무시하지 마세요. 545

안티고네 너는 나와 함께 죽어서는 안 돼. 너와 무관한 일을
네 것으로 삼지 마. 내 죽음으로 충분해.

이스메네 언니가 없으면 내가 무슨 낙으로 살지요?

안티고네 크레온 님께 물어보아라. 너를 보살피는 것은 그분 몫이니까.

이스메네 왜 나를 괴롭히는 거죠? 아무 도움도 안 될 텐데. 550

---

34 에테오클레스.
35 에테오클레스.
36 폴뤼네이케스.
37 저승을 다스리는 신.
38 내 오라비들은 서로 미워했지만, 나는 에테오클레스 편을 들어 폴뤼네이케스를 미워하는 대신 폴뤼네이케스가 나를 사랑했듯이 나도 그를 사랑하지 않을 수 없다는 뜻이다.

안티고네 너를 비웃어야 한다면 나도 괴로워.

이스메네 어떻게 해야 내가 지금 언니를 도울 수 있을까요?

안티고네 너 자신부터 구하렴. 네가 회피해도 나는 원망하지 않아.

이스메네 아아, 가련한 내 신세. 언니와 운명을 같이할 수 없다니!

안티고네 너는 살기를 택했고, 나는 죽기를 택했지. 555

이스메네 하지만 나도 할 말을 안 한 것은 아니에요.³⁹

안티고네 *(손가락으로 주위와 아래를 가리키며)*

너는 이분들에게, 나는 그분들에게 옳아 보였지.⁴⁰

이스메네 그래도 죄를 짓기는 우리 둘 다 마찬가지예요.⁴¹

안티고네 안심해. 너는 살아 있어. 하지만 내 목숨은

죽은 지 이미 오래야. 내가 고인들을 섬기도록 말이야. 560

크레온 단언하건대, 이 두 소녀 가운데 한 명은 방금 미쳤고,⁴²

다른 한 명은 날 때부터 미쳤어.

이스메네 왕이시여, 타고난 총기(聰氣)도 불행해진 자와는

함께하지 않고 떠나는 법이에요.

크레온 네 경우에는 못된 자들과 못된 짓을 꾀하다가 그렇게 됐지. 565

이스메네 언니 없이 나 혼자서 어떻게 살아요?

크레온 '언니'라는 말은 하지 마라. 언니는 더 이상 없으니까.

이스메네 그대는 친아드님의 약혼녀를 정녕 죽일 작정이세요?

크레온 그 애가 씨 뿌릴 밭은 그것 말고도 얼마든지 있으니까.

이스메네 하지만 그분과 언니처럼 서로 잘 맞는 경우는 일찍이 없었어요. 570

크레온 나는 아들에게 악처를 원치 않아.

이스메네 사랑하는 하이몬, 그대가 아버지에게 이런 모욕을 당하다니!

크레온 이젠 귀찮다. 너도, 네 결혼 이야기도.

이스메네 정말로 아드님에게서 언니를 빼앗을 작정이신가요?

크레온 이 결혼은 하데스가 막아줄 것이다. 575

이스메네 　언니를 죽이기로 결심하신 것 같군요.

크레온 　너와 나를 위해서. *(경호원들에게)* 너희들 하인들은
　　　　더 이상 지체 말고 이들을 안으로 데려가도록 하라.
　　　　이 여인들이 앞으로 제멋대로 나돌아 다니지 않도록
　　　　집 안에 머물게 하라. 대담한 자들도 자신에게 죽음이　　　　580
　　　　다가오는 것을 보면 달아나려 하는 법이니까.

(경호원들이 소녀들을 궁전 안으로 데리고 들어간다)

코로스43(좌1) 　행복하도다, 평생토록 고통을 맛보지 않은 자들은.
　　　　　　신에 의해 한번 집안이 흔들리면, 그에게는
　　　　　　재앙이 그치지 않고 대대로 이어지니까.　　　　　　585
　　　　　　마치 파도가 트라케에서 불어오는
　　　　　　바람의 거센 입김에 쫓겨
　　　　　　검은 심연 위를 굴러가며
　　　　　　바닥에서 검은 모래를 파헤쳐 올리고,　　　　　　　590
　　　　　　바람에 시달리는 해안들이
　　　　　　폭풍의 매질에 울부짖을 때와도 같이.

(우1) 　오래전부터 랍다코스⁴⁴가(家)에서는 죽은 자들⁴⁵의

39　49~68행 참조.
40　'너는 크레온에게, 나는 하데스와 사자들에게 옳아 보였다'는 뜻이다.
41　'나도 언니의 행동에 공감한 만큼 도덕적으로는 공범'이라는 뜻이다.
42　크레온은 이스메네를 고분고분하고 유순한 소녀로 보아왔던 것이다.
43　582~625행은 두 번째 정립가다.
44　라이오스의 아버지, 오이디푸스의 할아버지.
45　라이오스, 오이디푸스, 그의 두 아들 에테오클레스와 폴뤼네이케스.

슬픔에 또 다른 슬픔이 쌓이는 것을 나는 보고 있노라.　　595
한 세대가 다른 세대를 구하지 못하고, 어떤 신께서
그들을 허물어뜨리시니 이 가문에 구원은 없도다.
오이디푸스가의 마지막 뿌리에
비쳤던 희망[46]의 빛마저　　600
지하의 신들의 피투성이 먼지[47]와
어리석은 말과 광란하는 마음이
베어 넘기는구나!

(좌2) 제우스이시여, 그대의 힘은 막강하거늘
대체 어떤 사람이 감히 제한할 수　　605
있겠나이까? 모든 것을 제압하는 잠도,
신들의 지칠 줄 모르는 시간도
그대의 힘을 제압하지 못하니,
그대는 올륌포스의 번쩍이는
광채 속에서 사시나이다.　　610
가깝고 먼 미래에도,
과거에도 유효하리라,
인간의 성공에는 재앙이
따르게 마련이라는 법은.

(우2) 멀리 헤매는 희망은　　615
많은 사람들에게 위안이 되어도,
많은 사람들에게는 허욕의 미끼라네.
그래서 더러 아무 영문도 모르고 있다가
뜨거운 불에 발을 데게 된다네.

누군가 현명하게도 620
이런 유명한 말을 했지.
신께서 그 마음을 재앙으로
인도하시는 자에게는 언젠가
악이 선으로 보인다고. 하지만 그가
재앙에서 자유로운 것은 한순간뿐이라네. 625

코로스장 보시오. 저기 그대의 막내아들
하이몬이 오고 있어요.
그는 약혼녀 안티고네의 운명에 속이 상해서,
그리고 결혼이 좌절된 것이
괴로워서 오는 것일까요? 630

(하이몬 등장)

크레온 우리는 곧 예언자보다 더 확실히 알게 될 것이오.
내 아들아, 너는 설마 네 약혼녀에 대한 결정을 듣고
이 아비에게 화가 나서 오는 것은 아니겠지?
내가 어떻게 행동하든, 너는 내게 늘 호의적이겠지?

하이몬 아버지, 저는 아버지 자식이에요. 아버지께서 저를 위해 635
지혜롭게 규칙을 정해주시니 저는 거기에 따를 거예요.
저는 어떤 결혼도 아버지의 훌륭한 지도보다
제게 더 큰 이익이 되리라 생각지 않을 테니까요.

크레온 그래야지, 내 아들아. 너는 마음속에 명심해두어라,
매사를 아버지 뜻에 따라야 한다고 말이다. 640

---

46 두 오라비는 죽어도 두 자매가 가문의 맥을 이어갈 것이라는 희망.
47 안티고네가 폴뤼네이케스의 시신을 덮어주었던 흙.

그래서 사람들은 집안에 순종하는 자식들이
자라나게 해달라고 기도하는 것이지. 자식들이
아버지의 적에게는 악을 악으로 갚고, 아버지가 그러하듯,
아버지의 친구에게는 경의를 표하도록.
하지만 쓸모없는 자식들을 낳은 사람은 자신에게는   645
걱정거리 외에, 적들에게는 많은 웃음거리 외에,
달리 무슨 씨를 뿌렸다고 생각하느냐?
그러니 내 아들아, 너는 향락에 끌려
한 여인 때문에 이성을 잃어서는 안 된다.
막상 한집에 살며 악녀와 잠자리를 같이하게 되면   650
품속에서 금세 식어버린다는 것을 알아두어라.
나쁜 친구보다 우리에게 더 큰 상처를 주는 것은
없을 테니까. 그러니 너는 그 소녀를 원수처럼 미워하고
그녀가 하데스의 집에서 남편을 구하도록
내버려두어라. 유독 그녀만이 온 도시에서 공공연히   655
내 명령을 어기다 잡혔는데, 그녀 때문에 나는 자신을
시민들 앞에서 거짓말쟁이로 만들고 싶지 않다.
아니, 나는 그녀를 죽일 것이다. 그녀더러 친족의
보호자이신 제우스께 호소하라 그래! 내가 내 친척을
버릇없이 기른다면 밖에서도 버릇없는 짓을   660
참아야 할 것이다. 자기 가정도 제대로 다스리지 못하는
사람은 도시도 제대로 다스리지 못할 것이다.
누가 월권하여 법을 짓밟고
자신의 통치자들에게 명령하려 든다면,
나는 결코 그런 자를 칭찬할 수 없다.   665
도시가 임명한 자가 명령하면 크고 작고,

옳고 그르고를 떠나 반드시 복종해야 한다.
장담하건대, 그런 사람이야말로 제대로 통치하고,
제대로 통치받으려 할 것이며, 창의 폭풍 속에 서 있어도
물러서지 않고 믿음직하고 용감한 전우로서 670
꿋꿋하게 옆에 버티고 서 있을 것이다.
불복종보다 더 큰 악은 없다. 불복종은
도시를 파괴하고, 집들을 쑥대밭으로 만든다.
불복종은 또 동맹군의 전열을 무너뜨려
도망치게 한다. 하지만 번영을 누리는 사람들에게는 675
대개 복종이 안전을 보장해주지.
따라서 우리는 법질서를 옹호해야 하고,
결코 한낱 계집에게 져서는 안 된다. 꼭 져야 한다면
우리가 한낱 계집에게 졌다는 말을 듣느니
남자에게 지는 편이 더 나을 것이다. 680

코로스장 우리가 노망이 든 것이 아니라면,
그대는 현명한 말씀을 하신 것 같아요.

하이몬 아버지, 신들께서는 인간들에게 이성을 심어주시는데,
이성은 인간이 가진 것 중에 최고의 재산이지요.
저는 아버지 말씀이 옳지 않다고 말씀드릴 수도 없고, 685
또 말씀드릴 수 있기를 바라지도 않아요.
하지만 남들도 쓸 만한 생각을 할 수 있을 거예요.
저는 아버지의 아들인 만큼 남들이 말하고 행동하고
비난하는 것을 일일이 감시하는 것은 타고난 제 임무예요.
보통 시민들은 아버지의 눈초리에 주눅이 들어 690
아버지 면전에서는 귀에 거슬릴 말은 입 밖에 내지
못하니까요. 하지만 저는 그 소녀를 위해 이렇게

애통해하는 소리를 어둠 속에서 들을 수 있어요.
"모든 여인들 중에서 가장 죄 없는 그녀가
가장 영광스런 행위 때문에 가장 비참하게 죽어야 하다니! 695
친오라비가 피비린내 나는 전투에서 쓰러졌을 때,
날고기를 먹는 개 떼나 어떤 새가 먹어치우도록
묻히지 않은 채 내버려두지 않았으니,
그녀야말로 황금 같은 명예를 받아 마땅하지 않아?"
이런 소문이 어둠 속을 은밀히 떠돌고 있어요. 700
아버지, 제게는 아버지의 성공보다 더 소중한 재물은
아무것도 없어요. 자식들에게 성공하는 아버지의 영광보다
더 자랑스러운 게 어디 있으며, 아버지들에게
성공하는 자식들보다 더 자랑스러운 게 어디 있겠어요?
하오니 앞으로는 아버지 말씀만 옳고 다른 것은 705
죄다 틀렸다는 한 가지 생각만 마음속에 품지 마세요.
누군가 자기만 현명하고, 언변과 조언에서 자기만 한
사람이 없다고 여긴다면, 그런 사람이야말로
막상 검증해보면 속이 비어 있음이 드러나지요.
현명한 사람이라 하더라도 많은 것을 배우고 710
때로는 양보할 줄 아는 것은 수치가 아니에요.
아시다시피, 겨울철 급류 가에서 굽힐 줄 아는 나무들은
그 가지들을 온전히 보존하지만,
반항하는 나무들은 뿌리째 넘어지고 말지요.
마찬가지로 돛의 아딧줄을 당기기만 하고 715
늦춰주지 않는 사람은 배와 함께 넘어져
용골을 타고 항해를 계속하게 될 거예요.[48]
하오니 노여움을 푸시고 생각을 바꿔보세요.

	저 같은 젊은이도 의견을 말씀드릴 수 있다면,
	다 알고 태어나는 것이 단연코 최선이라고 720
	저는 말씀드리겠어요. 하지만 그렇게 되기란
	쉬운 일이 아니니까, 좋은 조언을 해주는 사람에게
	배우는 것도 좋은 일이겠지요.
코로스장	왕이시여, 그의 말이 적절하다면 그대는 그에게 배워야 하오.
	도련님도 아버지에게 배우시오. 두 분 말씀이 다 옳으니까요. 725
크레온	내가 이 나이에 이런 애송이한테
	사리를 배워야 한단 말이오?
하이몬	옳지 않은 것은 배우지 마세요. 제가 아직
	젊다면 제 나이가 아니라 제 행위를 보세요.
크레온	그 행위란 반역자들을 존중하는 것이냐? 730
하이몬	저는 범법자들을 존중하라고 권하지는 않아요.
크레온	그녀가 범법자가 아니란 말이냐?
하이몬	테바이 백성들이 하나같이 그렇지 않다고 말하고 있어요.
크레온	내가 어떻게 통치해야 하는지 백성들이 지시해야 하나?
하이몬	거 보세요. 이제는 아버지께서 애송이처럼 말씀하시네요. 735
크레온	이 나라를 내가 아닌 남의 뜻에 따라 다스려야 한다고?
하이몬	한 사람만의 국가는 국가가 아니지요.
크레온	국가를 통치하는 자가 곧 국가의 임자가 아니란 말이냐?
하이몬	사막에서라면 멋있게 독재하실 수 있겠지요.
크레온	(코로스장에게) 보아하니, 이 애는 여자들 편인 것 같소이다. 740
하이몬	아버지께서 여자시라면. 제가 염려하는 것은 아버지니까요.
크레온	이 천하에 고약한 녀석! 아버지와 시비하려 들다니.

48 난파당하여 살아도 구사일생으로 살게 될 것이라는 뜻이다.

하이몬	제가 보기에, 아버지의 행동이 잘못되고 부당하기 때문이죠.
크레온	나 자신의 통치권을 존중하는 것도 잘못된 것이냐?
하이몬	존중하신다고요? 신들의 명예를 짓밟으시면서?	745
크레온	못난 녀석! 한낱 계집에게 굴복하다니!
하이몬	하지만 제가 치욕에 굴복하는 것은 보지 못하실 거예요.
크레온	아무튼 네 말은 모두 그 계집을 위한 것이다.
하이몬	아버지와 저와 지하의 신들을 위한 것이기도 하고요.
크레온	그녀가 살아 있는 동안에는, 너는 절대로 그녀와 결혼 못해.	750
하이몬	그러면 그녀는 죽게 되고, 죽으면서 누군가를 데려가겠지요.
크레온	뻔뻔스럽게 이젠 위협까지 하는 게냐?
하이몬	어리석은 결심에 항의하는 것도 위협인가요?
크레온	정신 나간 주제에 나를 가르치려 들다니! 후회하게 되리라.
하이몬	제 아버지만 아니셨다면, 정신 나간 분이라고 했을 거예요.	755
크레온	계집년의 노예인 주제에 감언이설로 나를 속이려 들지 마라.
하이몬	말씀을 하시기만 할 뿐 대답은 듣지 않으시겠다는 건가요?
크레온	그래? 그렇다면 올륌포스 산에 걸고 맹세하겠으니,
알아두어라. 네가 나를 조롱한 것을 후회하게 해주겠다.
(경호원들에게) 그 가증스러운 것을 끌어내 오라. 그녀가 지금 당장	760
	약혼자의 면전에서 죽임을 당하도록 말이다.
하이몬	천만에. 그녀는 결코 제 곁에서 죽지 않아요.
그런 일은 꿈도 꾸지 마세요. 아버지께서는
다시는 저를 보지 못하실 거예요. 친구들 중에서
아버지를 견뎌낼 수 있는 자들 앞에서나 날뛰세요.	765
	(하이몬 퇴장)
코로스장	왕이시여, 도련님은 화가 나서 급히 가버렸어요.
저런 젊은이는 속상하면 독한 마음을 먹는 법이지요.

크레온   그래, 인간의 한계를 넘어서는 것을 추구해보라지.

　　　　그래도 그는 두 소녀를 죽음에서 구출하지 못할 것이오.

코로스장 진정 둘 다 죽일 작정이신가요? 770

크레온   죄 없는 여인은 죽이지 않겠소. 말 잘해주었소.

코로스장 다른 여인은 어떻게 죽일 작정이신가요?

크레온   사람의 발길이 닿지 않는 곳으로 그녀를 데려가

　　　　산 채로 석굴(石窟)에 가두되,

　　　　온 도시가 더럽혀지는 일이 없도록 775

　　　　우리가 죄받지 않을 만큼의 음식을 넣어줄 것이오.[49]

　　　　그녀더러 그녀가 유일하게 존중하는 하데스[50]에게

　　　　그곳에서 기도하라 하시오. 그녀는 아마

　　　　죽음에서 벗어나게 되거나, 사자들을 존중하는 것은

　　　　헛수고라는 사실을 뒤늦게 깨닫겠지요. 780

코로스[51] (좌 1)   사랑이여, 싸움에 지지 않는 자여,

　　　　사랑이여, 재물을 결딴내는 자여,

　　　　너는 처녀의 부드러운 볼 위에서 밤을

　　　　지새우는가 하면, 바다와

　　　　들판의 농가들 사이를 헤매는구나. 785

49　크레온은 처음에 자기 명령을 어기는 자를 공개적으로 돌로 쳐서 죽이게 하겠다는 포고령을 내렸으나(36행), 지금은 생질녀에게 그런 벌은 지나치다고 보고 석굴에 가두어 굶겨 죽이되 약간의 음식만 넣어줌으로써 그녀의 죽음이 자연사가 되어 그녀를 죽인 사람들이 죄받지 않게 하기로 생각을 바꾼 것이다.

50　선조들의 신들을 모셔놓은 신전들을 파괴하러 온 폴뤼네이케스와(199행) 하데스를 존중함으로써(519행) 안티고네는 다른 신들을 모욕했다는 뜻이다.

51　781~800행은 세 번째 정립가다.

불멸의 신들 가운데 어느 누구도,
하루살이 인간들 가운데 어느 누구도
너에게서 벗어나지 못하며,
네게 잡힌 자는 미쳐 날뛰는구나.   790

(우 1) 의로운 자들의 마음을 불의로,
치욕으로 인도하는 것도 너이며,
여기 이 남자들에게 집안싸움을
불러일으킨 것도 너로구나.
하지만 고운 신부의 두 눈썹 아래   795
환히 비쳐 나오는 매력이,
위대한 법규들과 나란히 지배하는 힘이
승리를 거두니, 이는 불패의 여신
아프로디테가 유희하고 있음이로다.   800

(안티고네가 포박되어 끌려온다)

코로스장   나도 이제 이 광경을 보니,
왕명을 어기고 눈물을
흘리지 않을 수 없구나. 나는 지금
모든 것을 잠재우는 신방으로
안티고네가 가는 것을 보고 있소.   805

(좌 1) 52

안티고네 나를 보세요, 내 조국의 동포들이여,
나는 마지막 길을 가며
마지막 햇빛을 보고 있어요.
나는 이제 다시는 햇빛을 보지 못하겠지요.

274

모든 것을 잠재우는 하데스가 810

살아 있는 나를

아케론[53] 강변으로 인도하고 있어요.

나를 위하여 결혼식장으로 갈 때의,

그리고 신방 앞에서의 축혼가도

울려 퍼지지 않는군요. 나는 이제 815

아케론의 신부가 될 거예요.[54]

코로스 그대는 영광스럽게, 칭찬받으며

사자들의 깊숙한 처소로 내려가는 것이오.

그대는 병에 걸려 쇠진한 것도,

죄를 짓고 칼을 맞은 것도 아니오. 820

그대는 뜻대로 살다가 인간들 중 유일하게

산 채로 하데스로 내려가는 것이오.

(우 1)

안티고네 듣자하니, 프뤼기아 출신의 이방 여인인,

탄탈로스의 딸 니오베도 시퓔로스 산의 봉우리에서

더없이 비참하게 죽었다 하더이다. 825

달라붙는 담쟁이덩굴처럼

돌이 자라서 그녀를 제압했다지요.[55]

슬픔에 기진해가는 그녀의 곁을,

전하는 말에 따르면, 비도 눈도

---

52 806~882행은 배우와 코로스가 주고받는 서정적 대화인 애탄가다.
53 저승의 강.
54 654행 참조.
55 돌로 변했다는 뜻이다.

떠나는 일이 없으며, 하염없이 울고 있는 830
그녀의 눈썹 밑에서 눈물이 솟아나와
가슴을 적신다 하더이다. 꼭 그녀처럼
신께서 나를 저 아래에 눕히시는구려!

코로스 하나 그녀는 여신이고 신에게서 태어났지만,⁵⁶
우리는 필멸의 존재이고 인간에게서 태어났지요. 835
하지만 살아서, 그리고 나중에 죽어서
신과 같은 자들과 같은 운명을 공유한다는 것은
죽은 여인에게는 큰 영광이 되겠지요.

(좌 2)

안티고네 아아, 나는 조롱당하고 있구나.
선조들이 모시던 신들의 이름으로 이르노니, 840
어째서 그대는 아직 죽지 않고
살아 있는 나를 조롱하는 거예요?
오오, 도시여! 오오, 도시의 부유한
남자들이여! 오오, 디르케의 샘들이여!⁵⁷
전차가 많은⁵⁸ 테바이의 성역(聖域)⁵⁹이여! 845
그대들은 내 증인이 되어주세요,
사랑하는 이들의 애도도 받지 못한 채 나는
어떤 포고령에 의해 돌무더기로 막은
감옥이라는 전대미문의 무덤으로 내려가는지!
아아, 가여운 내 신세. 나는 이승에서도 850
저승에서도, 살아 있는 이들 곁에서도
죽은 이들 곁에서도 함께 살지 못하는구나.

| 코로스 | 그대는 앞뒤 가리지 않고 너무 담대하다가
| | 정의의 여신[60]의 우뚝한 왕좌에 세차게
| | 부딪친 것이오, 내 딸이여. 그대는 아마도　　　　　　855
| | 아버지의 죗값을 치르고 있는 것일 게요.

(우 2)

| 안티고네 | 그대는 내 가장 아픈 곳을 찌르는군요.
| | 아버지의 악명 높은 파멸을,
| | 이름난 랍다코스가(家) 출신인　　　　　　　　　　860
| | 우리 모두의 운명을!
| | 아아, 어머니의 침상에서 비롯된 재앙이여,
| | 친자식인 내 아버지와
| | 불행하신 어머니의 동침이여!
| | 그분들에게서 가련한 나는 전에 태어났고,　　　　865
| | 그분들에게로 나는 지금
| | 저주받고 결혼도 하지 못한 채

56　니오베의 아버지는 제우스의 아들인 탄탈로스이고, 어머니는 아틀라스의 일곱 딸로 하늘의 별자리가 된 플레이아데스(Pleiades) 중 한 명인 타위게테(Taygete), 또는 역시 아틀라스의 다섯 딸로 주신 디오뉘소스를 양육해준 공로로 하늘의 별자리가 되었다는 휘아데스(Hyades) 중 한 명인 디오네(Dione)다. 따라서 니오베는 신의 종족인 셈이다.

57　폴뤼네이케스도 고향 샘들의 이름으로 오이디푸스에게 도움을 간청하고 있고(『콜로노스의 오이디푸스』 1333행), 아이아스도 칼로 자결하면서 트로이아의 샘들에게 호소하고 있다(『아이아스』 862행 참조).

58　테바이가 전쟁에서 명성을 떨치는 부유한 도시라는 뜻이다. 148행 참조.

59　테바이는 주신 디오뉘소스와, 사후에 신의 반열에 오른 헤라클레스가 태어난 곳이다.

60　그리스어로 Dike.

내려가고 있어요, 함께 살기 위해.
아아, 불행한 혼인을 하신 오라버니,[61]
당신은 당신의 죽음으로 870
아직 살아 있는 나를 죽이셨어요!

코로스 경건한 행위는 나름대로 칭찬받아 마땅하오.
하지만 권력은, 그것을 누가 쥐든,
침범당하는 것을 용납지 않소. 그대를
망친 것은 그대의 자의적 기질이외다. 875

(종가)

안티고네 울어주는 이 없이 친구도 없이,
그리고 축혼가도 없이 가련한 나는
예비되어 있는 이 길로 이끌려 가고 있어요.
가련한 나에게는 이 햇빛의 신성한 눈을
쳐다보는 것이 더 이상 허용되지 않건만, 880
내 운명을 위하여 울어줄 눈물도
슬퍼해줄 친구도 없구나!

(그 사이 크레온이 궁전에서 등장)

크레온 *(경호원들에게)* 죽기 전의 비탄과 곡소리는, 그렇게 해서 죽음이
연기된다면, 아무도 그치지 않을 것이라는 것을
너희들은 왜 모르느냐? 어서 데려가지 못할까! 885
그리고 내가 말한 대로 그녀를 천장이 있는 무덤에 가두고
혼자 있게 내버려두어라. 죽기를 원하든 아니면
그런 거처에서 무덤에 묻힌 삶을 살아가기를 원하든.

|안티고네| 그러면 이 소녀에 관한 한 우리 손은 깨끗하니까.
| | 아무튼 그녀는 이 위에서 우리와 함께 살 수 없어. 890
|안티고네| 아아, 무덤이여, 신방(新房)이여, 석굴 속
영원한 감옥이여! 나는 그리로 내 가족들을
찾으러 가고 있어요. 그들은 대부분 죽어,
페르세포네[62]가 사자들의 나라에 받아들였고,
나는 맨 마지막으로 누구보다 가장 비참하게 그리로 895
내려가고 있어요. 타고난 수명을 다 채우기도 전에.
하지만 나는 희망을 품고 가고 있어요. 내가 그리로 가면
아버지께서 반겨주시고, 어머니, 당신께서도,
그리고 오라버니여, 당신도 역시 나를 반겨주실 거라고.
당신들께서 세상을 떠나셨을 때 내가 손수 씻어드리고, 900
옷을 입혀드리고, 무덤에 제주를 부어드렸으니까요.
그리고 지금, 폴뤼네이케스 오라버니, 내가 당신의
장례를 치렀다 하여 이런 보답을 받고 있어요.
하지만 현명한 사람은 오라버니를 존중하는 내 행동이
옳다고 할 거예요. 내가 아이들의 어머니였거나 905
내 남편이 죽어 썩어갔더라면, 나는 결코 시민들의 뜻을 거슬러
이런 노고의 짐을 짊어지지 않았을 거예요.
어떤 법에 근거하여 내가 이런 말을 하느냐고요?
남편이 죽으면 다른 남편을 구할 수 있을 것이며,

---

61 폴뤼네이케스는 테바이에서 추방되자 테바이의 왕권을 찾기 위해 아르고스에 가서 그곳 왕인 아드라스토스의 딸 아르게이아(Argeia)와 결혼하는데(『콜로노스의 오이디푸스』 378행 참조), 결과적으로 안티고네는 이 결혼 때문에 죽게 된다.

62 하데스의 아내.

아이가 죽으면 다른 남자에게서 또 태어날 수 있을 거예요. 910
하지만 어머니도 아버지도 모두 하데스에 가 계시니,
내게 오라비는 다시는 태어나지 않겠지요.
그런 법에 따라 나는 당신을 누구보다 존중했건만,
그것이 크레온 님에게는 범죄 행위로, 무서운 반역 행위로
보였던 것이지요. 사랑하는 오라버니! 그래서 지금 915
크레온 님이 나를 이렇게 완력으로 붙잡아 끌고 가고 있어요.
신부의 침대도 없이, 축혼가도 없이,
결혼의 행복도 아이를 기르는 재미도 모른 채
이렇게 친구들에게 버림받은 이 불운한 여인은
살아서 죽은 이들의 무덤으로 내려가고 있어요. 920
대체 신들의 어떤 법을 내가 어겼다는 거죠?
어째서 불운한 나는 여전히 신들을 쳐다보아야만 하죠?[63]
누구에게 나는 도움을 청해야 하죠?
경건한 행동을 한 까닭에 불경한 자라 불리니 말예요.
하지만 그렇게 하는 것이 신들의 마음에 드신다면, 925
나는 고통 당하며 내가 죄를 지었음을 시인하겠어요.
하지만 저들이 죄를 지었다면, 저들이 내게 부당하게
저지른 것보다 더 큰 고통을 당하지 않게 되기를!

코로스 여전히 같은 폭풍이 같은 기세로
이 소녀의 마음을 뒤흔들고 있구려. 930
크레온 그러니 그녀를 끌고 가는 자들은
늑장을 부리다가는 경을 치게 되리라.
안티고네 아아, 그 말씀은
죽음에 바짝 다가섰군요.[64]

크레온	충고하겠는데, 그렇게 되지 않을	935
	것이라고는 꿈에도 생각지 마라.	
안티고네	내 선조들께서 사시던 테바이의 도성이여,	
	그대들 우리 집안의 오래된 신들이시여,	
	저들이 나를 끌고 가니, 더는 지체할 수 없어요.	
	보세요, 테바이의 지배자들이여!	940
	왕가의 마지막 남은 하나밖에 없는	
	딸인 내가 신성한 것을 신성시했다 하여	
	어떤 자들에게 어떤 봉변을 당하고 있는지!	

(안티고네, 끌려간다)

코로스[65]

(좌1) 아리따운 다나에[66]도 꾹 참고
　　　하늘의 햇빛을 청동 벽으로 둘러싸인　　　　945
　　　거처와 바꾸어, 무덤과도 같은 그 방에
　　　아무도 모르게 갇혀 있었소.
　　　하지만 내 딸이여, 그녀는 고귀한 혈통으로
　　　황금비 속에서 떨어진 제우스의 씨를　　　　950
　　　간직하고 있었소. 운명의 힘은
　　　무서운 것이오. 부(富)도, 아레스도,
　　　성탑도, 격랑 속의 검은 배들도

63　내가 신들에게 복종한 까닭에 고통 당하는데도 신들이 모른 체한다면 신들에게 호소해도 소용없는 일 아니겠느냐는 뜻이다.
64　죽음이 임박했음을 예고한다는 뜻이다.
65　944~987행은 네 번째 정립가다.
66　괴물 메두사의 목을 베어 온 영웅 페르세우스의 어머니.

거기에서 벗어나지 못한다오.[67]

(우1) 드뤼아스의 성미 급한 아들로   955
에도노이족의 왕인 뤼쿠르고스도
미쳐서 디오뉘소스 신을 모독하다가
사슬에 묶여 바위에 갇혔소.
그곳에서 그자는 격렬한 광기가
서서히 사라지자, 자신이 미쳐서   960
신을 모독했음을 알게 되었소.
그자는 신에 씐 여인들과 디오뉘소스의
횃불을 제지하고, 피리를 좋아하시는
무사 여신[68]들을 모독했던 것이오.[69]   965

(좌2)[70] 검푸른 암벽들[71] 옆, 두 바다 사이에는
보스포로스의 해안들과 트라케인들의
해안 도시 살뮈뎃소스[72]가 있어,   970
그곳에서 이 도시의 이웃인 아레스[73]가
보았소, 피네우스의 두 아들에게 그의 잔혹한
아내가 안겨준 눈멀게 하는 저주받은 상처를!
그녀는 칼 대신 피투성이가 된 두 손과
베틀 북으로 찔러 복수심에 불타던 눈에서   975
눈알을 빼버렸던 것이오.
(우2) 그리하여 불행한 결혼을 한 어머니의
이 아들들은 자신들의 불행 속에 갇혀   980
자신들의 잔혹한 운명을 슬퍼했소.
그녀의 어머니는 에렉테우스[74]가(家)라는

유서 깊은 가문의 후손이었으나,

보레아스의 딸로 말처럼 날랜 그녀는 멀리 떨어진

동굴들에서, 아버지의 폭풍들 사이에서,　　　　　　　　985

가파른 언덕에서 자랐소. 그녀에게도,

67　팔자 도망은 못한다는 뜻.
68　시가(詩歌)의 여신.
69　디오뉘소스 신이 자신의 새로운 의식을 전파하기 위해 동쪽에서 왔을 때, 나중에 테바이 왕 펜테우스가 그랬듯이, 트라케 왕 뤼쿠르고스가 신을 박해한 탓에 미쳐서 난폭한 짓을 일삼다가 산속 동굴에 갇혀 야생마들에게 찢겨, 또는 표범들에게 잡아먹혀 죽었다고 한다.
70　좌 2와 우 2는 역시 갇힌 몸이 된 클레오파트라(Kleopatra)에게 바쳐졌는데, 앞서 133행에서 카파네우스가 그랬듯이, 여기서 그녀는 이름이 거명되지 않고 있다. 그녀의 전설은 다음과 같다. 그녀의 아버지는 트라케 지방에 거주하던 북풍의 신 보레아스(Boreas)이고, 어머니는 아테나이 출신인 오레이튀이아(Oreithyia)다. 클레오파트라는 보스포로스 해협에서 멀지 않은 흑해 서안의 트라케 지방 도시 살뮈뎃소스(Salmydessos) 왕 피네우스(Phineus)와 결혼하여 아들 둘을 낳아준다. 그러나 피네우스는 훗날 클레오파트라를 버리고 감옥에 가둔다. 그리고 카드모스의 누이 에이도테아(Eidothea)와 결혼하는데, 그녀는 클레오파트라의 두 아들의 눈을 빼고 그들도 감옥에 가둔다. 피네우스는 나중에 그 벌로 눈이 멀었다고 한다. 여기서 소포클레스가 안티고네의 운명과 비교하려는 것은 클레오파트라의 운명이며, 그녀의 두 아들의 운명을 부각시킨 것은 계모의 증오심을 강조하기 위해서인 듯하다.
71　보스포로스 해협에서 흑해로 들어가는 입구의 북쪽에 있는 바위섬들을 말한다.
72　이들 바위섬은 보스포로스 해안이 흑해 서안과 이어지는 곳에 있고, 살뮈뎃소스 시는 보스포로스 입구에서 북서쪽으로 100킬로미터쯤 떨어진 튀니아스(Thynias) 곶에 있다.
73　올륌포스의 12신들 중 한 명인 아레스는 전쟁과 살육의 신이다. 아레스는 미개한 트라케 지방에 즐겨 머물곤 하는 것으로 알려져 있는데, 여기서는 트라케 지방에나 어울릴 그런 만행을 보고 즐긴다는 뜻이다.
74　아테나이의 전설적인 왕.

내 딸이여, 시간을 초월하는 운명이 덮쳤소.

(테이레시아스, 소년에게 인도되어 등장)

테이레시아스 테바이의 어르신들이여, 우리 두 사람은
한 사람의 눈으로 보며 함께 길을 걸어왔소이다.
장님은 이렇듯 길라잡이와 함께 걸어야 하니까요. 990

크레온 어인 일이시오, 테이레시아스 노인장?

테이레시아스 내가 설명할 테니, 그대는 예언자의 말에 따르시오.

크레온 전에도 나는 그대의 조언을 멀리하지 않았소이다.

테이레시아스 그래서 그대는 도시를 바르게 인도했던 것이오.

크레온 아닌 게 아니라 나는 그대 덕을 많이 보았소이다. 995

테이레시아스 지금 또 그대가 운명의 칼날 위에 서 있음을 알아두시오.

크레온 그게 무슨 뜻이오? 그대의 말씀을 들으니 몹시 떨리오.

테이레시아스 내 예언술이 내게 알려준 것을 들으시면 아시게 될 것이오.
내가 새점[鳥占]을 보는 오래된 장소로 나가
온갖 새들이 모여드는 그곳에 앉아 있는데, 1000
새들 사이에서 이상한 소리가 들려왔소. 새들이
괴로워하며 알아들을 수 없는 비명을 지르는 것이었소.
나는 새들이 발톱으로 서로 찢어 죽인다는 것을
알 수 있었소. 새들이 활개 치는 소리를 듣고 말이오.
그래서 나는 깜짝 놀라 당장 제단들에 불을 1005
활활 피우고는 구운 제물로 시험해보았지요.
그러나 제물들에서 불길이 환히 비쳐 나오지 않고,
넓적다리 살점들[75]에서 나오는 육즙이 재에 떨어져
바지직 소리를 내며 연기를 내뿜는 것이었소.
쓸개는 부풀더니 터져버리고, 넓적다리들은 녹아내리며 1010

그것들을 쌌던 기름 조각을 벗고 그대로 드러나 있었소.
이처럼 제물들이 전조를 보여주지 않아 내 점은 실패하고
말았지요. 그 모든 것을 나는 이 소년을 통해 알았소.
내가 남들의 인도자이듯, 그는 내 인도자이니까요.
도시가 이런 병을 앓는 것은 전적으로 그대의 계획 탓이오. 1015
왜냐하면 제단들과 신성한 화로들이 모두
새 떼와 개 떼가 오이디푸스의 불행하게 전사한
아들들에게서 뜯어낸 먹이로 더럽혀졌기 때문이오.
그래서 신들께서는 이제 더 이상 우리한테서 제물도,
기도도, 넓적다리의 불길도 받지 않으시는 것이며, 1020
새도 맑은 목소리로 분명한 전조를 주지 않는 것이오.
새들이 죽은 사람의 피에서 기름기를 맛보았으니까요.
그러니 그대는 이런 일들에 관해 심사숙고하시오,
내 아들이여! 인간은 누구나 실수할 수 있으니까요.
하지만 실수를 하더라도 자기가 저지른 실수를 1025
고칠 줄 알고 고집을 부리지 않는 자는 더 이상
행복으로부터 버림받은 어리석은 사람이 아니오.
다름 아닌 고집이 어리석음의 죄를 짓게 하는 것이오.
그대는 죽은 자에게 양보하시오. 죽은 자를 찌르지 마시오.
죽은 자를 죽이는 것이 무슨 용기가 되겠소? 1030
그대를 위해 조언하는 것이오. 덕이 되는 좋은 조언을
해주는 이에게 배우는 것이야말로 가장 즐거운 일이지요.

75 '넓적다리 살점들' 또는 '넓적다리들'(1008행)은 엄밀히 말하자면 살점이 조금 붙어 있는 넓적다리뼈를 말한다. 고대 그리스인들은 신에게 제물을 바칠 때 대개 뼈를 기름 조각에 싸서 구수한 냄새가 하늘로 올라가도록 불에 태워서 올린 뒤 나머지 살코기는 자신들이 구워 먹었다.

크레온	노인장, 마치 궁수가 과녁을 향하여 쏘듯이
	그대들은 모두 나를 향하여 쏘고 있고, 예언술로도
	나를 떠보고 있구려. 이미 오래전부터 이들 무리들은 1035
	나를 가지고 거래하며 나를 배신해왔소.
	이득을 챙기며 원한다면 그대들은 사르데이스의
	은금(銀金)[76]과 인디아[77]의 순금을 사들이시구려.
	하지만 그자를 그대들은 무덤에 안치하지 못할 것이오.
	설사 제우스의 독수리들이 그자를 먹이로 낚아채어 1040
	제우스의 왕좌로 가져가려 해도, 나는 부정(不淨)이 두려워
	그자를 매장하도록 내버려두지 않을 것이오.
	왜냐하면 신들을 더럽히는 일은 어떤 인간도
	할 수 없다는 것을 내가 알고 있기 때문이오.
	테이레시아스 노인장, 인간들은 가장 강력한 자들도 1045
	수치스럽게 넘어지는 법이오. 이익이 된다고 하여
	수치스러운 생각들을 번지르르한 말로 포장한다면.
테이레시아스	아아, 인간들 중 누가 알고 있으며, 누가 생각하고 있는가…
크레온	무엇을 말이오? 무슨 보편적 진리를 말하려고?
테이레시아스	올바른 생각이 얼마나 값진 재산인지를! 1050
크레온	생각건대, 어리석음이 가장 큰 손실인 그만큼이겠지요.
테이레시아스	그대는 바로 그 병에 걸렸소.
크레온	예언자에게 나는 나쁜 말로 대꾸하고 싶지 않소이다.
테이레시아스	내 예언을 거짓이라고 한다면, 결국 그렇게 한 셈이오.
크레온	그래요. 예언자들은 다들 돈을 너무 밝히니까요. 1055
테이레시아스	그리고 참주(僭主)들은 야비한 이익을 밝히지요.
크레온	알고 있소? 그대는 그대의 왕에게 그런 말을 하고 있는 것이오.
테이레시아스	알고말고요. 하지만 그대는 내 덕택에 이 도시를 구했소이다.[78]

크레온	그대는 현명한 예언자이긴 하나 불의를 좋아하지요.
테이레시아스	그대는 내 가슴속 비밀을 털어놓도록 나를 부추기는구려.	1060
크레온	털어놓으시구려. 다만 이익을 위해서라면 말하지 마시오.
테이레시아스	생각건대, 그대에게는 조금도 이익이 되지 않을 것이오.
크레온	알아두시오. 내 결심은 흥정의 대상이 아니라는 것을.
테이레시아스	그렇다면 잘 알아두시오. 지금부터 태양의 날랜 수레가

채 몇 바퀴 돌기도 전에 그대는 살인한 죗값으로 1065

그대의 혈육 중 한 사람을 시신으로 바치게 될 것이오.

그대는 지상(地上)에 속하는 자들 가운데 한 명을 아래로

밀어내고, 살아 있는 자를 무자비하게도 무덤 속에서

살게 하는가 하면, 하계(下界)의 신들에게 속하는 시신을

장례도 치르지 않고 매장도 않은 채 욕보이며 지상에 1070

붙들고 있기 때문이오. 시신들에 대해서는 그대에게도,

상계(上界)의 신들에게도 아무 권한이 없소이다. 그대가

그렇게 하는 것은 하계의 신들[79]에 대한 횡포요.

그래서 나중에라도 반드시 복수하는 악령들이,

---

76 은금(elektron)은 금에다 은을 7 : 3의 비율로 섞은 것이다.

77 '인도'의 그리스어.

78 테바이가 아르고스의 일곱 장수들에게 포위당했을 때, 테이레시아스가 에테오클레스와 크레온에게 테바이의 귀족들인 이른바 '스파르토이들' 중 한 명을 아레스에게 제물로 바쳐야 테바이가 구원받을 것이라고 조언하자 크레온의 아들 메가레우스(Megareus)가 — 에우리피데스의 『포이니케 여인들』(Phoinissai)에서는 메노이케우스(Menoikeus) — 자살함으로써 조국을 구한 것을 암시하는 듯하다. 에우리피데스, 『포이니케 여인들』 930~1018행 참조.

79 '상계의 신들'로 해석하는 이들도 있다. 그럴 경우 시신을 지상에 붙들어두는 것은 상계의 신들을 모독하는 짓이라는 뜻이 될 것이다.

신들께서 보내시는 복수의 여신들이 그대를 노리고 있으며, 1075
그대를 똑같은 재앙으로 엄습할 것이오. 그대는
잘 생각해보시오. 과연 내가 매수되어 이런 말을 하는 것인지.
그대의 집 안에서 머지않아 남자들과 여자들의
울음소리가 일 것인즉, 그때는 밝혀지겠지요.
그리고 개 떼나 짐승 떼, 또는 불경한 악취를 1080
도시와 그 전사들의 화로로 나르는 날개 달린 새가
갈기갈기 찢긴 시신으로 장례를 치르게 되면,
모든 도시들이 증오심을 품고 일어서게 될 것이오.[80]
그대가 나를 모욕하기에 나는 화가 나서 이런 화살들을
궁수처럼 그대의 가슴에 쏘았지만, 정통으로 맞히는 1085
화살들이 안겨주는 고통을 그대는 피하지 못하리라.
애야, 너는 나를 집으로 인도해다오.
그러면 저 분은 더 젊은 사람들에게 분통을 터뜨리되,
더 입조심하고 지금까지보다 더 착한
마음씨를 지니는 법을 배우게 되겠지. 1090

(테이레시아스, 소년에게 인도되어 퇴장)

코로스장 왕이시여, 저분이 무서운 예언을 하고 가버리는군요.
내가 알기로, 한때는 검었던 그의 머리털이
하얘진 뒤로 그는 이 도시에서 한 번도
거짓을 말한 적이 없었소이다.

크레온 알고 있소. 그래서 나는 마음에 충격을 받았소. 1095
굴복한다는 것은 비참한 일이오. 하지만 반항하다가
재앙을 만나는 것은 더 비참한 일이오.

코로스장 지금이야말로 지혜가 필요하오, 메노이케우스의 아드님이시여!

크레온 어쩌면 좋겠소? 내가 따를 테니, 말해보시오.

코로스장 가서서 소녀를 석실(石室)에서 놓아주시고, 1100
누워 있는 자에게 무덤을 만들어주시오!

크레온 그렇게 하기를 권하시오? 내가 굴복하기를 바라시오?

코로스장 왕이시여, 되도록 빨리요. 신들께서 보내시는 해악은
어리석은 생각을 하는 자들을 빠른 발로 따라잡으니까요.

크레온 아아, 괴롭구나! 내 생각을 버리고 그렇게 하겠소이다. 1105
필연(必然)에 대항해 싸울 수는 없는 법이니까.

코로스장 지금 가셔서 그렇게 하시고, 남들에게 맡기지 마시오.

크레온 지금 이대로 가겠소이다. 자, 너희들 하인들은
지금 이 자리에 있는 자든 없는 자든 모두
손에 도끼를 들고 저기 저 언덕 위로 달려가도록 하라. 1110
이제 나는 그렇게 결심을 번복했으니,
내가 손수 묶은 그녀를 내가 가서 손수 풀어주리라.[81]
하지만 나는 신들께서 정하신 법들을 죽을 때까지
준수하는 것이 과연 최선인지 의구심이 드는구나.

(크레온 퇴장)

코로스[82] (좌 1) 많은 이름을 가지신 분[83]이시여, 카드모스의 따님의 1115

---

80 테바이를 공격한 아르고스군에 군대를 보낸 여러 도시는 실제로 그들의 전사자들에게 매장을 금한 크레온의 처사에 분개하여 원정에서 전사한 일곱 장수들의 아들들이 주축이 되어 테바이를 재차 공격해 함락시킨다.

81 '너희들은 가서 폴뤼네이케스를 묻어주어라. 나는 그사이 안티고네를 풀어줄 것이다'라는 뜻이다. 그러나 실제로 크레온은 이 두 가지 일에 다 참여한다.

82 테바이의 수호신 디오뉘소스에게 바쳐진 이 무도가(hyporchema 1115~1154행)는 다섯 번째 정립가를 대신하고 있다.

영광이자, 크게 천둥을 치시는 제우스의 자식이시여,

이름난 이탈리아[84]를 지켜주시고,

모든 손님을 반겨주는, 데메테르의 들판[85]을,

엘레우시스[86]만을 다스리시는 분이시여!   1120

오오, 박코스이시여, 이스메노스[87]의

흐르는 물가, 사나운 용의 이빨들이

뿌려진 곳,[88] 박코스 신도들의

어머니 도시인 테바이[89]에

거주하시는 분이시여!   1125

(우1) 쌍둥이 바위 봉우리[90] 위,

박코스 여신도들인

코뤼키온 동굴[91] 주위의 요정들이

거니는 곳에서 횃불의 그을음이,   1130

카스탈리아 샘[92]이 그대를 보곤 했나이다.[93]

그리고 그대가 불사의 수행원들의

환호성 속에서 테바이의 거리들을

찾으실 때면, 담쟁이덩굴에 덮인

뉘사[94]의 비탈들이, 포도송이가 주렁주렁 달린   1135

초록빛 해안이 그대를 전송하나이다.

(좌2) 테바이를 모든 도시들 가운데

가장 존중하시나이다, 그대도,

벼락을 맞으신 그대의 어머니[95]께서도.

하오니 도시와 백성들이 모두   1140

무서운 병[96]에 걸린 지금

정화하는 발걸음으로 오소서. 파르낫소스 산의

기슭을 넘어, 신음하는 해협97을 건너.   1145

(우 2) 그대 불을 숨 쉬는 별들의

83 디오뉘소스.
84 여기서는 그리스 식민시들이 있던 남부 이탈리아, 이른바 마그나 그라이키아(Magna Graecia)를 말한다.
85 다음에 나오는 엘레우시스 들판.
86 아테나이 서쪽에 있는 소도시. 그곳에서는 농업과 곡식의 여신 데메테르와 그녀의 딸이자 저승의 신 하데스의 아내가 된 페르세포네, 이악코스(=박코스?) 신에게 제사 지내던 이른바 '엘레우시스 비의'가 매년 개최되었다.
87 테바이의 강.
88 테바이인들은 카드모스가 땅에 뿌린 용의 이빨들에서 태어난 다섯 전사의 자손들이라고 해서 스파르토이들(Spartoi '뿌려진 자들'이라는 뜻)이라고도 불린다.
89 테바이는 주신 디오뉘소스와 그의 어머니 세멜레가 태어난 곳이며, 디오뉘소스 숭배가 소아시아에서 트라케를 지나 그리스 본토로 유입되면서 그리스 본토에서는 맨 먼저 정착된 곳이다.
90 델포이 위쪽 가파른 암벽들로 둘러싸인 넓은 분지의 양쪽에 있는 봉우리를 말한다. '쌍둥이 바위 봉우리 위'란 두 봉우리 위쪽 파르낫소스 산 정상 밑에 있는 고원을 말한다. 이곳에서 인근에 사는 여인들이 한 해 걸러 겨울이 끝날 무렵 디오뉘소스 횃불 축제를 개최했다고 한다.
91 파르낫소스 산의 동굴.
92 델포이로 흘러내리는 신성한 샘.
93 요정들이 횃불을 휘두를 때 그들 사이에서 디오뉘소스 신의 모습도 보이곤 했다는 뜻이다.
94 요정들이 어린 디오뉘소스를 양육했다는 산.
95 세멜레.
96 1015행 참조.
97 뉘사 산이 에우보이아 섬에 있을 경우 에리포스(Eripos) 해협. '신음'한다는 표현은 좁은 해협에서 조류가 바뀌면서 늘 요란한 물소리가 난다는 뜻.

합창가무단의 지휘자[98]이시여,

밤의 환호성의 주인이시여,

제우스의 친아드님이시여, 나타나소서,

오오! 왕이시여, 복을 가져다주는

이악코스[99] 앞에서 밤새도록 미친 듯 춤추는,

그대의 시녀들인 튀이아이들[100]을 이끄시고!

(사자 등장)

사자   카드모스와 암피온[101]의 궁전 주위에 사시는

여러분, 어떤 상태의 인간의 삶도 나는

항구적이라고 찬양하거나 비난하지 않을래요.

운명은 행복한 사람도 불행한 사람도 끊임없이

세우는가 하면 넘어뜨리기도 하여, 정해진 일을

인간들에게 예언해줄 사람은 아무도 없으니까요.

사실 나는 전에는 크레온 님이 부러워 보였어요.

그분께서는 이 카드모스의 땅을 적들에게서 구하셨고,

무제한인 이 나라의 통치권을 손에 넣으셨으며,

자식들이 번성하는 가운데 이 나라를 다스리셨어요.

그러나 이제 그분께서는 모든 것을 잃으셨어요.

한 인간이 사는 낙(樂)을 잃어버렸다면, 나는 그를

살아 있다고 생각지 않고 산송장으로 여기니까요.

원하신다면 집에 큰 재물을 쌓아두고 왕처럼

화려하게 살아보세요. 하지만 거기에 아무런 낙이 없다면,

행복이 아닌 그 밖의 다른 모든 것을 위해

나는 동전 한 푼 지불하지 않을래요.

코로스장   자네는 대체 왕가의 어떤 소식을 전하러 왔는가?

사자	그분들이 죽었어요. 살아 있는 분들이 그 죽음에 책임이 있어요.	
코로스장	누가 죽였는가? 죽은 자가 누구지? 말해보아라.	
사자	하이몬 도련님이 죽었어요. 남의 손에 죽지는 않았어요.	1175
코로스장	그러면 아버지의 손에, 아니면 제 손에 죽었는가?	
사자	도련님은 아버지의 살인에 화가 치밀어 제 손에 죽었어요.	
코로스장	오오, 예언자여! 이제 그대의 말이 진실임이 드러났구려.	
사자	사태가 이러하니, 여러분은 뒷일을 처리하세요.	
코로스장	저기 크레온 님의 부인이신 가여운 에우뤼디케 마님이	1180
	오시는 게 보이는군. 그녀가 집에서 나오는 것은	
	우연이거나, 아들의 소식을 들었기 때문이겠지.	

(에우뤼디케 등장)

에우뤼디케	도성에 사시는 모든 시민 여러분,	
	나는 팔라스¹⁰² 여신께 기도드리고 간청하려고	
	문밖으로 나오다가 여러분의 말을 들었어요.	1185
	내가 막 문을 열려고 빗장을 벗기는데,	
	집안의 재앙을 이야기하는 목소리가 내 귀에	
	들려왔어요. 나는 놀란 나머지 뒤로 넘어져	
	하녀들의 팔에 안겼고, 정신을 잃어버렸어요.	
	어떤 소식인지 여러분이 다시 한 번 말해주세요.	1190

98 별들도 디오뉘소스의 횃불 축제에 공감하고 호응한다는 뜻이다.
99 여기서는 디오뉘소스, 일명 박코스의 다른 이름.
100 튀이아이들(Thyiai)은 디오뉘소스의 여신도들이지만, 여기서는 그를 수행하는 요정들을 말한다.
101 테바이의 왕.
102 아테나 여신의 별명.

나는 불행에는 이골이 났으니 들을 수 있을 거예요.

사자 마님, 그 자리에 있었던 사람으로 말씀드리되,
저는 사실을 하나도 빼지 않고 그대로 고하겠어요.
금세 거짓말쟁이라고 탄로 날 텐데, 제가 왜 줄여서
말씀드리겠어요? 진실만이 언제나 옳은 법이지요. 1195
저는 길라잡이로서 마님의 부군(夫君)을 모시고 들판
끝까지 갔는데, 그곳에는 여전히 폴뤼네이케스의 시신이
개 떼에게 찢긴 채 애도받지 못하고 누워 있었어요.
우리는 길의 여신[103]과 플루톤[104]에게 자비를 베풀어
노여움을 푸시라고 기도드리고 나서, 1200
그분을 신성한 물로 씻어드리고는 그분의 남은
부분이나마 갓 꺾은 나뭇가지들로 태워드렸어요.
그분을 위해 우리는 고향 땅에 높다란 무덤을
쌓고 나서, 돌을 깐 소녀의 신방(新房)으로,
죽음의 신부의 속이 빈 방으로 갔어요. 1205
그때 우리들 가운데 한 명이 저 멀리
의식을 치르지 않은 신방 근처에서 날카로운 비명이
들려오는 것을 듣고는 와서 통치자 크레온 님께
알렸지요. 그러자 그분께서도 다가가시는 동안
이상한 신음 소리가 주위에서 들려오자 신음하시며 1210
비탄의 말씀을 내뱉으셨지요. "나야말로 가련하구나!
내 예감이 맞는 건가? 나는 지금 내가 걸었던
가장 비참한 길을 걷고 있는 건가? 나를 맞아주는 것은
내 아들의 목소리로구나. 자, 하인들아, 너희들은
가까이 다가가거라. 그리고 무덤에 이르거든 1215
돌무더기를 헐어낸 틈새[105]를 지나 무덤 입구로 들어가

내가 들은 것이 과연 하이몬의 목소리인지,
아니면 신들께서 나를 속이시는 것인지 살펴보아라."
그래서 우리는 안절부절못하시는 통치자의 명령대로
정황을 알아보러 갔지요. 그리고 우리는 무덤의   1220
맨 안쪽에서 목을 매단 소녀를 보았는데,
입고 있던 고운 리넨 천을 찢어 올가미를 만들었더군요.
한편 하이몬 도련님은 두 팔로 그녀의 허리를
끌어안고 쓰러진 채 세상을 떠난 신부의 죽음과 아버지의
행위들과 자신의 불운한 사랑을 슬퍼하고 있었어요.   1225
크레온 님께서는 도련님을 보시자 무섭게 소리 지르며
안으로 들어가시더니 울면서 도련님을 부르셨어요.
"불쌍한 녀석, 무슨 짓이냐? 이게 무슨 미친 짓이냔 말이다.
대체 무슨 재앙이 너를 이렇게 망쳐놓았느냐?
제발 나오너라, 내 아들아. 내 간절한 부탁이다."   1230
하지만 도련님은 무섭게 노려보더니 크레온 님의 얼굴에
침을 뱉고는 한마디 대답도 없이 열십자 손잡이의
칼을 뺐지만, 도망쳐 나오는 아버지를
맞히지는 못했어요. 그러자 불운한 도련님은
자기 자신에게 화가 나 지체 없이 칼에 몸을 기대며   1235
칼을 옆구리 안으로 반쯤 밀어넣었어요.
그리고 나서 도련님은 아직 정신이 있는 동안
축 늘어진 팔로 처녀를 끌어안고는 숨을 헐떡이며

103 헤카테.
104 하데스의 다른 이름.
105 하이몬은 절망한 나머지 돌무더기의 일부를 헐고 무덤 안으로 들어갔는데,
     잠시 뒤 크레온이 도착했을 때 틈새가 그대로 남아 있었던 것이다.

처녀의 창백한 얼굴에다 피를 콸콸 쏟았어요.
그리하여 도련님은 시신으로서 시신 곁에 눕게 되었어요. 1240
가련하게도 도련님은 이곳이 아닌 하데스의 집에서
결혼식을 올렸으며, 인간에게는 어리석음이
가장 큰 재앙임을 세상 사람들에게 보여주었어요.

(에우뤼디케 퇴장)

코로스장 자네 생각은 어떤가? 마님께서 좋다 궂다
한마디 말 없이 도로 안으로 들어가셨으니 말일세. 1245

사자 나도 깜짝 놀랐어요. 그래도 나는 마님께서 아드님에 관한
비보를 들으시고는 세상 사람들 앞에서 통곡하실 수 없어,
집 안에서 하녀들을 시켜 집안의 슬픔을 애도하게
하시리라는 희망을 버릴 수가 없어요. 마님께서는
어리석은 짓을 할 만큼 분별없는 분은 아니시니까. 1250

코로스장 나는 모르겠네. 하지만 내가 보기에 너무 조용한 것도
무익하고 시끄러운 비탄 못지않게 위험한 것 같네그려.

사자 그러시다면 내가 안으로 들어가, 혹시 마님께서
격앙된 가슴속 깊숙한 곳에 어떤 속셈을 억누른 채
은밀히 감추고 계신 것이 아닌지 알아볼게요. 그 말씀이 1255
옳아요. 너무 조용한 것도 사실 위험할 수 있는 법이지요.

(사자는 궁전 안으로 들어가고, 크레온은 하인들과 함께 하이몬의 시신을 들고 등장한다)

코로스 저기 왕께서 몸소 이리로 오고 계시오.
너무나도 분명한 기념비를 손에 들고.
하지만 이것은, 이런 말을 해도 좋다면,
남의 미망이 아니라 그분 자신의 실수 탓이오. 1260

(좌 1)[106]

크레온   아아!
분별없는 생각의
가혹하고도 치명적인 실수여!
그대들은 보시구려,
한 핏줄에서 나온 살해자와 피살자를!
아아, 슬프도다, 불행한 내 결정이여!   1265
아아, 내 아들아, 이런 젊은 나이에,
아아, 슬프고 슬프도다!
죽어서 세상을 떠나다니!
네 어리석음이 아니라 내 어리석음 때문에.

코로스   그대는 정의가 무엇인지 너무 늦게 깨달은 것 같소이다.   1270

(좌 2)

크레온   아아!
정의가 무엇인지 나는 불행을 통해 배웠소. 하지만
그 순간 어떤 신께서 엄청난 무게로 내 머리를
내리치시며 나를 그릇된 길로 내동댕이쳤소.
내 행복을 넘어뜨리고 발로 짓밟으시며.   1275
아아, 인간들의 힘들고 괴로운 노고여!

(궁전에서 사자 2 등장)

사자 2   주인님, 주인님께서는 지금도 슬픔의 짐을

---

106   1261~1347행은 애탄가다.

    양손 가득 들고 계시지만, 집 안에 드시면
    새로운 재앙과 당장 맞닥뜨리시게 될 거예요.   1280
크레온 이런 재앙들에 또 무슨 재앙이 잇따른단 말인가?
사자 2 여기 이 시신의 친어머니이신 불운하신 왕비님께서
    세상을 떠나셨어요. 잠시 전의 충격으로 인하여.

(우 1)

크레온 아아!
    달랠 길 없는 하데스[107]의 항구여,
    너는 왜 나를 망쳐놓는가?   1285
    내게 비보를 전해준 재앙의 사자여,
    그게 대체 무슨 말인가?
    너는 죽은 사람을 두 번 죽이는구나.
    그게 무슨 말이며, 무슨 소식인가, 내 아들[108]아?
    아아, 슬프고 슬프도다!   1290
    말해보아라, 내 아들이 죽은 지금
    설상가상으로 내 아내마저 죽었단 말이더냐?

사자 2 보세요. 마님의 시신이 궁전 밖으로 운구되고 있어요.

    (에우뤼디케의 시신이 들것에 운반되어 나온다)

(우 2)

크레온 아아!
    저기 두 번째 재앙이 보이는구나, 기구한 내 팔자!   1295
    다음에는 어떤 운명이 나를 기다리고 있는 것이냐?
    지금 손에 내 아들을 안고 있는데, 저기 다른 시신이

또 내 눈앞에 나타나다니, 나야말로 불행하구나!
아아, 슬프도다! 가여운 어미, 아아, 내 아들!   1300

사자 2　마님께서는 저기 저 제단 옆에서 예리한 칼로
자신을 찌르시고는 어두워져가는 두 눈을 감으시며
먼저, 죽은 메가레우스[109]의 고귀한 운명을 위해, 이어서
여기 누워 있는 도련님의 운명을 위해 우시더니
끝으로 아드님들을 죽이신 주인님께 악운을 비셨어요.   1305

(좌 3)

크레온　아아, 슬프고 슬프도다!
무서워서 못 살겠구나. 쌍날 칼로 앞에서
내 가슴을 찔러줄 자 아무도 없느냐?
비참한 내 신세! 아아, 비참한 파멸과   1310
혼연일체가 되다니!

사자　그래요. 이 도련님의 죽음도 저 도련님[110]의 죽음도,
세상을 떠나신 마님께서는 주인님 탓으로 돌리셨어요.
크레온　그녀는 어떻게 죽어 세상을 떠나셨느냐?
사자　마님께서는 도련님의 비참한 운명을 들으시고는   1315
당신 손으로 당신 가슴을 찌르셨어요.

107　하데스는 한번 들어온 사람은 내보내지 않는다.
108　사자. 당시에는 '내 아들아'라는 말이 흔히 쓰였는데, '이봐' '젊은이' 정도
　　로 이해하면 될 것이다.
109　주 78 참조.
110　메가레우스.

(좌 4)

크레온 아아, 슬프고 슬프도다! 이 죄는 내 곁을 떠나
다른 어떤 사람에게도 전가되지 않을 것이다.
다름 아닌 내가 당신을 죽였으니까. 아아, 괴롭구나!
내가 저지른 짓이야. 정말이야. 하인들아, 어서 빨리   1320
나를 데려가거라. 눈에 보이지 않는 곳으로
데려가다오, 산송장이나 다름없는 나를.   1325

코로스장 유익한 조언을 해주시는군요. 아직도 무엇인가가 유익할 수
있다면 말이오. 재앙이 닥칠 때는 짧을수록 좋으니까요.

(우 3)

크레온 오게 하라, 오게 하라!
내 운명 가운데 가장 아름다운 것이 나타나
나에게 마지막 날을 가져다주게 하라!   1330
최고의 운명이 오게 하라, 오게 하라,
내가 더 이상 다른 날을 보지 않도록!

코로스장 그건 나중 일이오. 우리는 당면한 일들부터 처리해야 하오.
나중 일은 염려해야 할 자들이 염려하게 될 것이오.   1335
크레온 내가 바라는 것을 기도해봤을 뿐이오.
코로스장 그렇다면 앞으로 더 이상 기도하지 마시오.
인간은 정해진 운명에서 벗어날 수 없으니까요.

(우 4)

크레온 보이지 않는 곳으로 데려가다오, 이 못난 인간을!
나는 본의 아니게 너를 죽였구나, 내 아들아.   1340

그리고 당신마저, 여보! 아아, 기구한 내 신세!
어디로 시선을 돌리고 어디로 향해야 할지
모르겠구나. 내가 손대는 일마다 잘못되고, 1345
감당할 수 없는 운명이 나를 덮쳤구나.

코로스 지혜야말로 으뜸가는 행복이라네.
그리고 신들에 대한 경의는
모독되어서는 안 되는 법. 1350
오만한 자들의 큰소리는 그 벌로
큰 타격을 받게 되어,
늘그막에 지혜가 무엇인지 알게 해준다네.

메데이아
Medeia

작품 소개

이 비극의 소재는 이아손과 메데이아 신화의 후반에서 취재한 것이다. 이아손이 메데이아 공주의 도움으로 천신만고 끝에 흑해 동안에서 황금 양모피를 구해 왔는데도 펠리아스가 약속을 어기고 왕위를 내주지 않자, 메데이아는 속임수로 펠리아스를 죽인다. 추방당한 그들은 코린토스로 옮겨 와 여러 해 동안 행복하게 산다. 그러나 이민족 출신 메데이아에게 싫증이 난 야심가 이아손은 가족의 안전과 행복을 위해서라며 코린토스 왕 크레온의 딸과 결혼하기로 결심한다. 절망한 메데이아는 공개적으로 복수를 다짐하고, 크레온은 메데이아가 자기 딸에게 복수할까 봐 메데이아와 그녀의 두 자식에게 즉시 코린토스를 떠나라고 명령한다. 메데이아는 애걸복걸하여 하루의 말미를 얻어 낸 다음 독이 묻은 드레스와 머리띠를 결혼 선물로 보내 이아손의 신부와 그녀의 아버지를 죽게 만든다. 그리고 메데이아는 제 자식들을 제 손으로 죽이는데, 이아손을 자식 잃은 아비로 만들고 싶었고, 자식들은 결혼 선물을 전달한 이상 어차피 살해당할 것이 확실하므로 그들의 복수욕을 충족시켜주느니 어미 손에 죽는 편이 차라리 낫다고 여긴 것이다. 일이 계획대로 진행되자 메데이아는 절망에 몸부림치는 이아손을 조롱하며 용이 끄는 수레를 타고 아테나이로 도망치는데, 그곳 아이게우스 왕에게서 망명하면 받아주겠다는 내락을 미리 받아두었던 것이다.

등장인물

유모

크레온 코린토스 왕

메데이아의 두 아들

가정교사 메데이아 아들들의

이아손 메데이아의 남편

코로스 코린토스 여인들로 구성된

아이게우스 아테나이 왕

메데이아 콜키스 왕 아이에테스의 딸

사자(使者)

그 밖에 메데이아의 하녀들과 왕들의 시종들

이 작품의 대본은 Euripidis Fabulae, edidit J. Diggle, 3vols. (Oxford Classical Texts) 1981~1994의 그리스어 텍스트다. 주석은 D. J. Mastronarde (Cambridge 2002)와 D. L. Page (Oxford 1955)의 것을 참고했다. 현대어 번역 중에서는 J. Morwood (Oxford 1998), J. Davie (Penguin Books 1996), R. Warner (University of Chicago Press 1992)의 영역과 D. Ebener (Darmstadt ²1990), E. Buschor (Artemis Verlag 1996)의 독역을 참고했다.

장소 코린토스에 있는 메데이아의 집 앞.

유모   차라리 아르고호(號)가 검푸른 쉼플레가데스 바위들
     사이를 지나 콜키스인들의 나라로 달려가지 않았더라면,
     그리고 펠리온 산의 골짜기에서 전나무가 도끼에 넘어져
     펠리아스를 위해 황금 양모피를 찾으러 간
     가장 뛰어난 전사들의 팔을 위해 노(櫓)를 마련해주지   5
     않았더라면! 그랬더라면 우리 메데이아 마님께서는
     이아손 님을 향한 사랑에 눈이 멀어 이올코스 땅의
     성채를 찾아가시지도 않았을 테고, 펠리아스의
     딸들을 설득하여 그들의 아버지를 죽이게 하시지도
     않았을 것이며,[1] 지금 이곳 코린토스 땅에서   10
     남편과 자식들과 함께 사시지도 않겠지요.
     마님께서는 도망자로서 이 나라를 찾아오셨지만,
     이곳 시민들에게 사랑받고 계시고, 매사에 이아손에게

---

1   이아손이 천신만고 끝에 황금 양모피를 가져왔는데 펠리아스는 왕위를 물려주지 않았다. 그러자 메데이아는 펠리아스의 딸들이 보는 앞에서 늙은 숫양 한 마리를 토막 쳐 약초와 함께 솥에 넣고 끓여 젊음을 되찾게 해준 뒤, 펠리아스도 같은 방법으로 회춘하게 해주겠다고 약속하고는 그의 딸들로 하여금 아버지를 토막 치게 한다. 그러자 메데이아는 효과 없는 약초를 주어 그들이 펠리아스의 살해자가 되게 한다. 그리하여 펠리아스의 아들 아카스토스(Akastos)는 이아손과 메데이아를 이올코스에서 추방한다.

순종하고 계세요. 아내가 남편과 화목하게 지낸다면
그보다 더 큰 복이 어디 있겠어요! 하지만 지금은   15
모든 것이 미움으로 변했고, 애정도 식어버렸어요.
이아손 님이 자기 자식들과 우리 마님을 배신하시고는
왕가의 신부와 잠자리를 같이하시고, 이 나라를
통치하시는 크레온 님의 따님과 결혼하시니 말예요.
가련한 메데이아 마님께서는 이렇게 모욕당하시자   20
"오오, 맹세들이여! 가장 큰 약속인 오른손의 악수여!"라고
소리 지르고 외치시면서 이아손 님이 마님에게
어떻게 보답하는지 보아달라고 신들을 증인으로
부르고 계세요. 남편에게 배신당했다는 것을 안 뒤로
마님은 식음을 전폐하시고 누워 고통에 몸을   25
맡기신 채 온종일 눈물로 세월을 보내며
얼굴도 들지 않고 방바닥만 응시하고 계세요.
친구들이 위로의 말을 해도 마님께서는 마치
돌덩이나 바다의 파도처럼 말이 없으세요.
그러다가 이따금 눈부시게 흰 목을 돌려   30
사랑하는 아버지와 고향과 집을 위해 혼자 슬퍼하곤 하시는데,
이것들을 배신하고 한 사내를 따라 이곳에 왔건만
그런 마님을 지금 그분께서 버리셨기 때문이죠.
가련하게도 마님께서는 불행을 당하고 나서야 비로소
고향에 머문다는 것이 무엇을 뜻하는지 알게 되셨지요.   35
마님께서는 자식들마저 미워져서 봐도 즐겁지가
않으신가 봐요. 무슨 끔찍한 일을 궁리하시는 건 아닌지
그게 두려워요. 마님께서는 마음이 모질어 불의를 당하고는
못 참는 성미시니까요. 나는 마님을 잘 아는데,

	마님께서 침상이 있는 방으로 몰래 들어가	40
	날카로운 비수로 가슴을 찌르시거나, 아니면	
	국왕과 남편을 죽여 더 큰 불행에 빠져들지 않을까	
	걱정이에요. 마님은 무서운 분이에요.	
	마님과 적으로 맞서는 자는 누구든	
	마님에게서 승리를 거두기가 결코 쉽지 않을 거예요.	45
	저기 아이들이 벌써 경주장에서 돌아오는군요.	
	아이들은 어머니의 고통에는 관심이 없어요.	
	젊은이는 괴로움 따위는 알려 하지 않으니까요.	

(가정교사, 메데이아의 두 아들을 데리고 등장)

가정교사2   집 안에서 마님 시중을 드는 할멈,
어인 일로 그대 혼자 문간에 서서 자신을 향해   50
비탄의 노래를 부르고 있는 것이오?
메데이아 마님께서 그대 없이 혼자 있겠다 하시던가요?

유모   이아손 님의 아들들을 따라다니는 할아범,
충실한 하인에게는 주인의 불행이 곧
자기 마음을 아프게 하는 자신의 불행이지요.   55
그래서 나는 너무나도 마음이 괴로워
대지와 하늘에 우리 마님의 불행을
하소연해볼까 하여 이리로 나온 거예요.

가정교사   가련한 마님은 아직도 비탄을 그치지 않으셨소?

유모   부럽군요, 그대의 무지가. 이제 시작이고 아직 반도 못했어요.   60

가정교사   바보 같으니라고! 주인에게 이런 말을 해도 된다면 말이오.

---

2   가정교사(paidagogos)는 대개 부유한 가정의 힘이 세고 나이 든 노예로, 그 가정의 소년을 학교나 체육관에 데려다주고 데려오는 일을 맡았다.

마님께서는 새로운 불행은 전혀 모르고 계시니 말이오.

유모　그게 뭐죠, 할아범? 숨기지 말고 말해보세요.

가정교사　아무것도 아니오. 방금 한 말도 나는 후회하오.

유모　그대의 수염에 걸고³ 부탁해요. 같은 하인끼리 숨기지　　65
마세요. 필요하다면 그 일은 입 밖에 내지 않을 게요.

가정교사　노인들이 모여 장기를 두는
페이레네의 신성한 샘가에 갔다가
누가 말하는 것을 안 듣는 척하고 엿들었는데,
이 나라의 국왕 크레온 님께서 여기 이 아이들마저　　70
어머니와 함께 코린토스 땅에서 내쫓으실 거라 했소.
그 말이 사실인지 아닌지는 모르겠지만
제발 사실이 아니었으면 좋으련만.

유모　아이들이 그런 수모를 당하게 이아손 님께서 가만히
내버려두실까요? 아무리 애들 어머니와 사이가 나빠졌다지만.　　75

가정교사　새 인연 앞에서 묵은 인연은 물러서게 마련이며,
그분은 이 집⁴에 호감을 갖고 있지 않아요.

유모　묵은 고통을 다 이겨내기도 전에 새 고통이
거기에 덧붙여진다면, 우린 끝장이에요.

가정교사　그대는 내 말을 못 들은 걸로 하고 일절 입 밖에　　80
내지 마시오. 아직은 마님께 알릴 때가 아니오.

유모　도련님들, 아버지께서 도련님들께 어떻게 하셨는지 들으셨겠지요.
그분께 죽음을 빌지는 않겠어요. 그분 역시 내 주인이시니까요.
하지만 그분께서는 분명 가족들에게 잘못하고 계세요.

가정교사　누군들 그러지 않겠소? 이제야 알았소, 누구나　　85
이웃보다는 자신을 더 사랑한다는 것을?
〔더러는 정당한 이유가 있어서, 더러는 탐욕 때문에.〕

		그래서 이아손 님도 한 여인 때문에 자식들을 배신하시는 거죠.
유모		도련님들, 집 안으로 들어가세요! 잘될 거예요.
		그대는 되도록 도련님들을 따로 떼어놓고 상심한 90
		어머니 가까이로는 데려가지 마세요. 무슨 일이라도 낼 듯
		마님께서 도련님들을 노려보시는 것을 보았어요.
		나는 잘 알아요. 마님께서는 노여움을 거두시지 않을 거예요.
		누군가에게 터뜨리시기 전에는. 일을 저지르시더라도
		친구들이 아니라 적들에게 그러시면 좋으련만! 95

메데이아	*(집 안에서)* 아아,
	고난에 찬 가련한 내 신세!
	아아, 차라리 죽을 수 있으면 좋으련만!
유모	저것 보세요, 도련님들. 방금 말한 대로지요!
	어머니께서는 마음이 격앙되어 노여움을 키우고 계세요.
	그러니 도련님들은 서둘러 안으로 들어가시되 100
	어머니 눈에 띄는 곳엔 가지 마세요!
	도련님들은 어머니에게 가지 마시고,
	저 사나운 성질과 굽힐 줄 모르는
	마음의 무서운 기질을 조심하세요!
	자, 지금 되도록 빨리 안으로 들어가세요! 105
	(가정교사, 아이들을 데리고 집 안으로 퇴장)
	지금은 비탄의 먹구름이 피어오르기 시작하지만,

3 고대 그리스인들은 탄원할 때 한 손으로는 상대방의 무릎을 잡고, 다른 한 손은 턱을 향하여 내미는 관습이 있었다.
4 메데이아의 집.

거기에 마님께서 곧 더 큰 걱정으로

불을 붙이실 게 뻔해요. 간이 크고

달래기 어려운 데다 억울한 일까지 당했으니,

대체 무슨 일을 저지르실지? 110

메데이아 *(집 안에서)* 아아,

가련한 내가 당한 형언할 수 없는

이 고통! 어찌 통곡하지 않을 수 있을까!

소박맞은 어미의 저주받은 자식들이여,

아비와 함께 사라져버려라! 온 집이 무너져 내려라!

유모 아아, 불쌍한 내 신세! 115

아버지의 잘못에 아이들이 무슨 책임이 있지요?

왜 아이들까지 미워하세요? 도련님들, 도련님들이

무슨 변이라도 당하지 않을까 걱정이에요.

높으신 분들의 노여움은 무서운 법이니까요.

그분들은 남의 지배를 받는 경우는 드물고 120

대개 자신들이 남을 지배하는지라 성질을

억제하기가 힘들기 때문이죠. 비슷비슷한 사람들끼리

사는 것에 익숙해진다는 것이 얼마나

더 나은지 몰라요! 적어도 내게는, 위대하지는 않아도

탈 없이 늙어가는 것이 허락되기를! 125

중용은 그 이름도 월등히 뛰어나지만,

그것을 지키는 것이 인간들에게 최선이지요.

지나친 것은 인간들에게 어떤 이익도

줄 수 없어요. 신께서 어떤 집에 화를 내시면

더 큰 불행을 가져다주실 뿐이죠. 130

(코로스 등장)

코로스[5] 목소리를 들었어요, 고함 소리를 들었어요.
그것은 불행한 콜키스 여인[6]의 고함 소리였고,
그녀는 아직도 진정되지 않았어요. 말해봐요,
할멈! 집 안에서 들려오는 그 고함 소리를   135
나는 문간에서 들었어요. 이 집의 슬픔이
내게는 반갑지 않아요, 할멈! 나는
이 집의 친구가 되기로 결심했으니까요.[7]

유모 집이라뇨, 집 같은 것은 벌써 사라지고 없어요.
주인님께서는 공주와의 결혼에 정신이 팔려 계시고,   140
마님께서는 안방에서 눈물로 세월을 보내고 계세요.
어느 누구의 말도, 아니 친구의 말도
마님의 마음을 위로하지 못할 거예요.

메데이아 *(집 안에서)* 아아,
하늘의 벼락이 내 머리를 뚫고 지나갔으면!
산다는 것이 이제 내게 무슨 소용이란 말인가?   145
아아, 죽음으로 이 가증스러운 삶을 지워버리고
떠날 수 있으면 좋으련만!

(좌)

코로스 들으셨나이까, 제우스와 대지와 햇빛이여,
저 불운한 젊은 여인이 어떤 비명을

---

5 131~213행은 등장가다.
6 메데이아.
7 갈등 끝에 크레온이 아닌 메데이아 집의 친구가 되기로 결심했다는 뜻이다.

　　　　　지르는지? 그대는 가까이하지 말아야 할　　　　　　　150
　　　　　잠자리⁸를 왜 그다지도 그리워하세요,
　　　　　경솔한 여인이여? 그대는 죽음의
　　　　　종말을 재촉할 셈인가요? 그것만은
　　　　　간청하지 마세요. 그대의 남편이
　　　　　다른 여인을 존중하더라도　　　　　　　　　　　　155
　　　　　그 때문에 그에게 화내지 마세요!
　　　　　제우스께서 그대를 위해 변호해주실 거예요.
　　　　　그대의 남편 일로 너무 애통해하지 마세요!

메데이아　(집 안에서) 위대하신 테미스이시여, 존경스런 아르테미스이시여,　160
　　　　　강력한 맹세로 몹쓸 남편을 내게 묶었는데
　　　　　내가 지금 어떤 고통을 당하고 있는지 보세요.
　　　　　감히 그들이 먼저 내게 부당한 짓을 하다니!
　　　　　그이와 신부가 궁전과 함께 망하는 꼴을
　　　　　볼 수 있으면 좋으련만! 아아, 아버지!　　　　　165
　　　　　아아, 고향 도시여! 수치스럽게도 나는
　　　　　오라비까지 죽이며⁹ 당신들을 배신했나이다.

　유모　그대들은 들었나요, 저주의 증인이신 테미스와
　　　　　인간들에게 맹세의 수호자로 알려진 제우스를
　　　　　마님이 큰 소리로 부르시는 것을?　　　　　　170
　　　　　흐지부지 노여움을 거둔다는 것은
　　　　　마님께는 전혀 있을 수 없는 일이에요.

　　　(우)

　코로스　그녀가 우리 눈앞에 나타나

    우리가 하는 말을
    경청해준다면 좋으련만!　　　　　　　　　　　175
    그러면 그녀의 격렬한 분노와
    반항심도 가라앉을 텐데.
    친구들에 대한 내 호의는
    언제나 변함없을 거예요. *(유모에게)*
    가서 그녀를 이리 데리고 나오세요. 우리도　　　180
    그녀의 친구라고 말하세요. 서두르세요.
    그녀가 안에 있는 이들을 해치기 전에.
    그녀의 슬픔이 너무나 격렬하니까요.

유모　그렇게 해보겠어요. 하지만 마님을 설득할 수
    있을지 모르겠네요. 내 그대를 위해　　　　　185
    기꺼이 그런 노고를 감수하겠어요.
    하인들 가운데 누군가 마님에게
    가까이 다가가 무슨 말을 하려 들면 마님께서는
    새끼 난 암사자의 눈초리로 노려보시곤 해요.
    옛 사람들은 어리석고 지혜롭지 못하다고　　　190
    그대가 말해도, 틀린 말이 아닌 것 같아요.
    그들은 잔치와 주연과 회식을 위하여
    귀를 즐겁게 해주는 노래를 지어냈지만,
    어느 누구도 아직 시(詩)와

---

8 죽음의 잠자리.
9 메데이아는 이아손에게 반해 조국을 배신하고 함께 도망칠 때 추격해 오는 오라비 압쉬르토스(Apsyrtos)를 죽인다.

음률이 다양한 노래로 무서운 근심을   195
달래는 법을 찾아내지는 못했으니까요.
근심으로 인해 죽음과 끔찍한 운명이
집들을 무너뜨리는데도 말예요.
노래가 인간들의 고통을 낫게 해준다면
얼마나 좋겠어요! 그런데도 풍성한 연회석상에서   200
인간들은 왜 쓸데없이 노래를 부르는 것일까요?
음식만 그득하면, 그것만으로
인간들은 충분히 즐거울 텐데 말예요.

(유모, 집 안으로 퇴장)

코로스 그녀의 쓰라린 비명 소리와
괴로운 비탄 소리가 들리는구나.   205
억울한 일을 당한 그녀, 결혼한 아내를 배신한
못된 남편을 저주하며,
맹세를 지켜주시는, 제우스의 따님 테미스를
부르고 있으니, 이 여신께서 밤바다 위로   210
짠 바다의 닫힌 대문[10]을 지나 헬라스의 해안으로
그녀를 데려오셨기 때문이라네.

(메데이아, 하녀들을 데리고 집 안에서 등장. 유모는 그녀의 뒤쪽 문가에 서 있다)

메데이아 코린토스 여인들이여, 나는 그대들에게 꾸중 듣지
않으려고 집에서 나왔어요. 내가 알기로,   215
많은 사람들이 집 밖에서나 안에서나 실제로
거만한 반면, 다른 사람들은 조용히 살기에
태만하다는 악평을 듣기 때문이지요.

하지만 남의 마음을 속속들이 알기도 전에
당해보지도 않고 겉만 보고 남을 미워하는 자는 220
보아도 올바르게 판단할 수 없는 법이지요.
이방인은 당연히 나라에 순응해야겠지요.
하지만 무감각하기 때문에 같은 시민들을
제멋대로 못살게 구는 시민도 나는 칭찬할 수 없어요.
나는 불의의 타격을 받아 마음에 치명상을 225
입었어요. 나는 끝장났고 삶의 의욕을 잃었으며,
죽고 싶은 심정이에요, 친구들이여! 내 모든 인생이
자기에게 달려 있다는 것을 잘 아는 내 남편이
가장 비열한 인간으로 드러났기 때문이에요.
생명과 분별력을 가진 만물 중에 230
우리 여자들이 가장 비참한 존재예요.
첫째, 우리는 거금을 주고 남편을 사서
우리 자신의 상전으로 모셔야 해요. 이 가운데
두 번째 불행이 첫 번째 불행보다 더 비참해요.
다음, 가장 중요한 문제는 우리가 얻는 남자가 좋으냐 235
나쁘냐 하는 거예요. 헤어진다는 것은 여자들에게
불명예스럽고, 남편을 거절하기도 불가능하니까요.
새로운 관습과 규범 속에 뛰어든 여자[11]는 집에서
배운 적이 없으니, 어떻게 해야 남편을 가장 잘
다룰 수 있을지 점쟁이가 되지 않으면 안 돼요. 240
우리가 그런 일을 잘해내어 남편이 우리와 함께 살며

10　보스포로스 해협을 말하는 듯하다.
11　결혼한 여자.

싫은 기색 없이 결혼의 멍에를 짊어져준다면
행복한 인생이라고들 하지요. 그러지 못하면 우리는
죽는 편이 더 나아요. 그리고 남자는 집 안 생활에
싫증이 나면 밖에 나가 〔친구나 같은 또래들과 어울려〕 245
울적한 마음을 풀곤 하지요.
하지만 우리는 한 사람만 쳐다보고 살아야 해요.
그들은 말하지요. 우리는 집에서 안전하게 살지만
자기들은 창을 들고 싸운다고.
바보 같으니라고! 나는 아이를 한 번 낳느니 250
차라리 세 번 싸움터로 뛰어들겠어요.
하지만 그대는 나와 처지가 달라요. 그대에게는
여기 고향 도시와 아버지의 집과 인생의 행복과
많은 친구들이 있어요. 그러나 나는 외톨이로
고향 도시도 없고 이민족의 나라에서 납치되어 와 255
남편에게 수모를 당하고 있어요.
이런 폭풍을 피할 수 있는 항구가 되어줄
어머니도 오라비도 피붙이도 없어요.
그러니 그대는 이 한 가지 나의 부탁만은 꼭
들어주세요. 내가 이런 모욕에 대해 내 남편과 260
〔새 장인과 새 신부에게〕 복수할 방법과
계책을 찾아낸다면 그대들은 비밀로 해주세요!
여자란 다른 일에는 겁이 많고, 싸울 용기가 없고,
칼을 보기를 무서워하지만, 일단 결혼의
권리를 침해당하게 되면, 그 어떤 마음도 265
더 탐욕스럽게 피를 갈망하지는 않을 거예요.

코로스장 그럴게요. 그대가 남편에게 복수하는 것은 정당하니까요,

메데이아. 그런 일을 당하고 슬퍼하는 것은 놀랄 일이 아녜요.
저기, 이 나라의 국왕 크레온 님께서 오고 계세요.
아마도 그대에게 새로운 결정을 알려주시려나 봐요. 270

(크레온, 시종들을 데리고 등장)

크레온 남편에게 원한을 품고 무뚝뚝한 표정을 짓고 있는
메데이아여, 그대에게 이르겠소. 그대는 추방자로서
두 아이를 데리고 이 나라 밖으로 떠나되,
한시도 지체하지 마시오. 나는 또 이 명령의 집행자로서
그대를 국경 밖으로 내쫓기 전에는 275
결코 집으로 돌아가지 않을 것이오.

메데이아 아아, 더없이 불쌍한 나는 이제 끝장이로구나!
내 적들은 돛들을 모두 활짝 펴는데,[12] 내게는
재앙을 피할 항구마저 없으니. 내 비록 심히
핍박받는 신세이지만 한 가지 묻겠어요. 280
그대는 왜 나를 이 나라에서 추방하시는 거죠, 크레온 님?

크레온 핑계를 둘러댈 필요가 어디 있겠소. 그것은 그대가
치유할 수 없는 재앙을 내 딸에게 안겨줄까
두렵기 때문이오. 그런 두려움을 갖게 하는 것이 어디
한두 가지라야지. 그대는 천성이 영리하고 온갖 사악한 285
일에 능한 데다, 남편에게 버림받은 원한까지 품고 있소.
그대가 장인과 신랑과 신부에게 위해를 가하겠다고
위협하고 있다는 말을 나는 사람들에게서 전해 들었소.
그래서 당하기 전에 조심하려는 것이오.

---

12 내 적들은 마음대로 손을 쓰는데, 자기는 속수무책이라는 뜻이다.

	관용을 베풀다 나중에 후회하느니 그대에게 지금	290
	미움 받는 편이 더 나을 테니 말이오, 여인이여!	
메데이아	아아, 크레온 님,	
	내 명성 때문에 내가 손해를 보고	
	크게 낭패 본 것은 이번이 처음이 아니라	
	벌써 여러 번째예요. 분별 있는 사람이라면	
	자식을 너무 영리하게 가르쳐서는 안 돼요.	295
	그들은 태만하다는 비난을 듣는 것[13] 말고도,	
	시민들에게 미움과 시기를 사게 될 테니까요.	
	그대가 어리석은 자들에게 새로운 지식을 말해주면,	
	그대는 쓸모없고 어리석은 사람처럼 보일 거예요.	
	하지만 많이 안다고 자부하는 사람들보다 그대가	300
	더 뛰어나 보이면, 도시는 그대를 미워할 거예요.	
	내가 지금 그런 운명에 처해 있어요. 나는 영리한 탓에	
	더러는 시기하고, [더러는 태만하다고 보고,	
	더러는 그 반대이지요.] 더러는 나를 싫어하지요.	
	하지만 나는 그리 영리한 편이 아녜요. 그대는 지금	305
	내게서 무슨 위해를 당할까 두려워하고 있어요.	
	나를 두려워 마세요, 크레온 님! 나는 국왕 되시는 분들께	
	위해를 가할 그런 사람이 아녜요. 그대가 내게	
	무슨 잘못을 저질렀다고? 그대는 마음이 끌리는 분에게	
	따님을 주셨어요. 내가 미워하는 것은 내 남편예요.	310
	생각건대 그대는 그 문제에 관한 한 현명하게 처신하신	
	거예요. 지금도 나는 그대의 행복을 시기하지 않아요.	
	그대들은 결혼식을 올리고 행복하게 사세요. 다만 내게는	
	이 나라에서 살도록 허락만 해주세요. 비록 억울한 일을	

	당했지만, 나는 잠자코 강자에게 복종할래요.	315
크레온	그대는 듣기 부드러운 말을 하는구려. 하지만 마음속으로	
	흉계를 꾸미는 것은 아닌지 두렵소. 그런 만큼	
	나는 그대를 전보다 더 신뢰할 수가 없소이다.	
	여자나 남자나 벌컥 화를 내는 사람이 영리하면서도	
	말이 없는 사람보다 감시하기가 더 쉬운 법이니까요.	320
	자, 되도록 속히 떠나도록 하시오! 더 말할 것 없소.	
	그렇게 결정되었으니, 무슨 수를 쓰더라도 그대는	
	내게 적의를 품은 채 우리 곁에 머물 수는 없을 것이오.	
메데이아	*(크레온 앞에 쓰러져 그의 무릎을 잡으며)*	
	그러지 마세요. 그대의 두 무릎을 잡고 새 신부의 이름으로 빌게요.	
크레온	그래 봤자 소용없소. 그대는 나를 설득하지 못하오.	325
메데이아	나를 내쫓으시고, 내 간청 따윈 아랑곳하지 않으실 건가요?	
크레온	그대를 내 집보다 더 사랑하지는 않소.	
메데이아	오오, 조국이여, 지금 이 순간 네가 사무치도록 그립구나!	
크레온	내게도 조국은 내 자식들 다음으로 가장 소중한 것이오.	
메데이아	아아, 사랑은 인간에게 얼마나 큰 불행을 안겨주는가!	330
크레온	생각건대 그것은 운수소관인 것 같소.	
메데이아	제우스이시여, 내 불행에 책임 있는 자를 잊지 마소서!	
크레온	떠나시오, 어리석은 여인이여! 내 걱정을 덜어주구려!¹⁴	
메데이아	걱정이라면 나도 많아요. 내게 부족한 것은 걱정이 아녜요.	
크레온	그대는 내 시종들의 손에 억지로 끌려가게 될 것이오.	335
메데이아	그건 안 돼요, 크레온 님. 제발 부탁이에요.	

13 당시 서민들의 눈에 지식인 또는 학자들은 나태해 보였다.
14 강제로 추방하는 수고.

크레온	그대는 귀찮게 굴 참이구려, 여인이여!
메데이아	떠날게요. 내가 부탁드리는 것은 그게 아녜요.
크레온	그러면 왜 반항하며 나라 밖으로 나가지 않소?
메데이아	오늘 하루만 이곳에 머무르며 내가 우리 피난처와 340

내 자식들의 생계에 관해 생각할 수 있게 해주세요.
자식들을 위해 아비는 아무것도 생각해내려고
하지 않으니 말예요. 그 애들을 불쌍히 여기세요.
그대도 아버지고, 그대도 자식이 있어요.
그대가 자비를 베푸는 것은 당연한 처사예요.   345
내가 추방되는 건 걱정이 안 되지만,
아이들이 불행을 당하니 눈물을 금할 수가 없어요.

크레온 나는 전혀 폭군의 기질을 타고나지 못해
남을 봐주다가 일을 그르친 적이 한두 번이 아니었소.
이번에도 잘못하는 줄 알면서 내 그대의 청을   350
들어주겠소, 여인이여! 하지만 그대에게 말해두겠소.
내일 해가 뜬 뒤에도 그대와 그대의 자식들이
이 나라의 경계 안에 있다가 발각되면 그대는 죽게 될
것이오. 이 말은 결코 허언이 아니오. 〔하지만 지금은
꼭 머물러야 한다면, 하루만 머무시오! 설마 그사이   355
내가 겁내는 끔찍한 일을 저지르지는 못하겠지.〕

(크레온 퇴장하고, 메데이아 일어선다)

코로스 아아, 불운한 여인이여,
그대의 고통이 참으로 안쓰럽구려.
어디로, 어떤 친절한 곳으로 그대는
향할 건가요? 그대를 재앙에서 구해줄   360
집이나 나라를 그대가 발견하게 될까요?

　　　　　메데이아여, 신은 그대를 구원받을 길 없는
　　　　　고난의 격랑 속에 빠뜨리셨구려!
메데이아 사방에서 불상사가 일어나네요. 누가 부인하겠어요?
　　　　　하지만 이렇게 끝나진 않을 거예요. 천만의 말씀. 365
　　　　　신랑 신부는 아직 시련을 더 겪어야 할 것이고,
　　　　　장인 장모가 겪어야 할 노고도 적지 않을 거예요.
　　　　　어떤 이익을 노리거나 계략을 위해서도 아니면서
　　　　　내가 저 사람에게 아첨을 떨었을 거라고 그대는
　　　　　생각하세요? 나는 그에게 말을 걸지도, 손으로 370
　　　　　만지지도 않았을 거예요. 하지만 그는 어리석게도,
　　　　　나를 추방함으로써 내 계획이 물거품이 되게
　　　　　할 수도 있었는데, 오늘 하루 동안 나를 이곳에
　　　　　머물게 했고, 나는 그동안 내 세 원수를,
　　　　　아버지와 딸과 내 남편을 시신으로 만들고 말 거예요. 375
　　　　　그들을 죽일 방법은 너무나 많아서,
　　　　　먼저 어느 방법을 택해야 할지 모를 지경이에요,
　　　　　친구들이여! 혼인집에 불을 질러버릴까요,
　　　　　아니면 그녀의 침상이 있는 곳으로 소리 없이 들어가
　　　　　날카로운 비수로 그녀의 간을 찔러버릴까요? 380
　　　　　하지만 한 가지 곤란한 게 있어요.
　　　　　내가 파멸을 꾀하며 문턱을 넘다가 잡히면,
　　　　　나는 죽어서 내 원수들의 웃음거리가 될 거예요.
　　　　　가장 좋은 방법은 내가 가장 능한 지름길을 택하여
　　　　　독약으로 그들을 죽이는 거예요. 385
　　　　　좋아, 그렇게 하기로 해요.
　　　　　하지만 그들이 죽고 나면, 어느 도시가 나를

맞아줄까요? 어느 친구가 내게 안전한 장소와
믿음직한 집을 주어 나를 보호해줄까요?
아무도 없어요. 그러니 잠깐 동안 더 기다려보다가
어떤 안전한 성채가 나타나면, 그때 가서   390
계략을 써 이번 살인을 은밀히 집행하는 거예요.
하지만 음모가 발각되어 궁지에 몰리게 되면,
그때는 결연히 칼을 들고, 죽는 한이 있더라도
그들을 죽일 것이며, 가장 대담한 모험도 불사할 거예요.
내가 누구보다도 존경하며 내 협력자로 택한   395
내 여주인이시며 내 화로가 놓인 맨 안쪽에 거주하시는
헤카테 여신의 이름으로 맹세하노니,
그들 가운데 어느 누구도 내 마음을 아프게 해놓고
희희낙락하지는 못할 거예요. 그들의 결혼식에도,
혼인에도, 이 땅에서의 나의 추방에도 나는 재를 뿌릴 거예요.   400
자, 메데이아여, 네가 알고 있는 것은 조금도
아끼지 말고 계획을 세우고 계략을 짜도록 해! 끔찍한
일이라도 주저하지 마! 지금이야말로 진정한 용기가
필요해. 너는 네가 어떻게 당하는지 보고 있지 않니?
너는 시쉬포스[15]의 후손들과 이아손의 결혼을 위해   405
웃음거리가 되어서는 안 돼! 훌륭한 아버지와 헬리오스에게서
태어난 네가 아니던가.[16] 너는 아는 것도 많아. 게다가
우리 여자들은 태어날 때부터 선한 일에는 서투르지만
온갖 악한 일에는 가장 영리한 장인(匠人)들이 아니던가!

코로스[17](좌 1)   신성한 강물들이 거꾸로 흐르고   410
          법도와 모든 것이 전도되는구나!

남자들은 속임수를 쓰고, 신들의 이름으로 행한

맹세도 더 이상 든든하지 못하구나.

이제는 이야기가 바뀌어 내 인생도 이름을 떨치고 415

여자에게도 명예가 주어지리라.

악명은 이제 더는 여자들 몫이 되지 않으리. 420

(우1) 옛 가인들의 무사 여신들도 이제는 여자들은

믿을 수 없다고 노래하기를 그치리라.

노래의 왕이신 포이보스[18]는 뤼라가 반주하는

신적인 노래의 재능을 우리 마음속에는 넣어주시지 425

않았으니까요.[19] 그러지 않았다면 나는 남자에게 맞서

한 곡조 읊으련만. 오랜 세월은 우리 여자들뿐만 아니라

남자들의 부정(不貞)에 관해서도 할 말이 많을 테니까요. 430

(좌2) 그대는 사랑에 미쳐

아버지의 집을 떠나 쌍바위[20] 사이를 지나

이국땅에서 살고 있거늘, 435

이제 결혼침대를 잃고

남편 없는 몸이 되어, 가련한 여인이여,

15 시쉬포스는 코린토스 시를 세운 사람이다.
16 메데이아의 아버지 아이에테스는 태양신 헬리오스의 아들이다.
17 410~445행은 첫 번째 정립가다.
18 아폴론의 별명.
19 여기서 에우리피데스는 삽포(Sappho)·코린나(Korinna) 같은 여류시인들의 재능을 무시하고 있다.
20 쉼플레가데스.

추방자로 아무 권리도 없이

이 나라에서 쫓겨나는구려!

(우 2) 맹세의 힘은 사라졌고, 염치도 이제는

대기 속으로 날아가고 더는 넓은 헬라스 땅에 440

머물지 않는구나! 불운한 여인이여,

그대에게는 고난의 대피소가 되어줄

아버지의 집도 없고,

침상의 새 안주인이 더 큰 권세를 가지고

집 안을 다스리고 있구려! 445

(이아손 등장)

이아손 격렬한 분노가 구제할 길 없는 악이라는 것을

지금 처음 안 것이 아니라 전부터 나는 잘 알고 있었소.

통치자들의 명령을 고분고분 참고 견딘다면 당신은

이 나라와 이 집에서 살 수도 있을 텐데, 허튼소리를

늘어놓다가 나라에서 추방되는 신세가 되었구려. 450

나는 아무렇지도 않소. 이아손이야말로 천하 악당이라고

당신이 쉬지 않고 밤낮없이 험담을 하여도 말이오.

하지만 통치자들에 대한 당신의 험담에 관해 말하자면,

그 벌이 추방으로 그친 것을 큰 다행으로 여기시오.

나는 진노한 왕의 노여움을 누그러뜨리려고 늘 애썼고, 455

당신이 여기 머물러 있기를 바랐소. 하나 당신은

어리석은 짓을 멈추지 않았고, 왕가에 대해 늘 악담을

늘어놓곤 했소. 그래서 당신은 나라에서 쫓겨나게 된 것이오.

그럼에도 나는 가족에게 등을 돌리지 않고, 여인이여,

당신의 행복을 먼저 생각하고 이렇게 찾아온 것이오. 460

|메데이아|당신이 아이들과 함께 아무 재산도 없이 떠나가지 않도록, 그리고 당신이 궁핍하지 않도록. 추방에는 많은 불편이 따르게 마련이니까. 설사 당신이 나를 미워하더라도 나는 결코 당신에게 악의를 품을 수는 없을 것이오.

메데이아 천하에 고약한 악당 같으니라고! 이것이 비겁한 당신에게 465
내가 입으로 말할 수 있는 가장 큰 욕이에요.
그러고도 나를 찾아오다니! 가장 악랄한 내 적이면서!
〔신들과 나와 모든 인간 종족에게 가장 미움 받는 주제에!〕21
가족들에게 그토록 몹쓸 짓을 해놓고 그 면전에
나타난다는 것은 용기도 아니고, 대담성도 아녜요. 470
아니, 그것은 인간의 모든 결함 중에서도 가장 중대한 결함인
파렴치예요. 하지만 이리로 오길 잘했어요.
당신을 욕하면 나는 속이 후련해지겠지만,
당신은 듣기 거북할 테니까.
이야기를 처음부터 시작할게요. 475
아르고호에 그대와 함께 승선한 헬라스인들이
다 알고 있듯이, 당신을 구해준 것은 나였어요.
불을 내뿜는 황소들에게 멍에를 얹어 부리고,
죽음의 밭에 씨를 뿌리도록 당신이 파견되었을 때
말예요. 그리고 몇 겹이고 똬리를 틀고는 480
잠도 안 자고 황금 양모피를 지키던 용을 죽여
당신에게 구원의 빛을 가져다준 것도 나였어요.22

---

21 1324행에서 가져온 것임.
22 이아손이 콜키스에 도착해 황금 양모피를 요구하자, 아이에테스 왕은 만일 이아손이 불을 내뿜는 청동 발굽의 황소 두 마리에게 멍에를 얹어 쟁기질을

그 뒤 나는 아버지와 내 집조차 버리고 지혜보다는
사랑에 이끌려 당신을 따라 펠리온 산기슭에 있는
이올코스로 갔지요. 그리고 나는 또 펠리아스에게   485
그의 딸들의 손을 빌려 가장 비참한 죽음을
안겨줌으로써 당신의 모든 근심을 덜어주었어요.
이 모든 것을 나는 당신을 위해 했어요, 이 악당아!
그런데도 감히 나를 배신하고 새장가를 들어!
우리 사이에 자식들까지 태어났는데도. 자식이라도   490
없다면, 장가를 들겠다는 당신의 욕망도 용서받을 수
있겠지. 혼인의 맹세가 깨진 지금, 나는 이해가 안 돼요.
혹시 당신이 맹세할 때의 그 신들은 더는 다스리지 않고,
이제 인간들에게 새로운 도덕률이 세워졌다고 믿는 건가요?
당신이 내게 맹세를 지키지 않았음을 잘 알 테니 말예요.   495
아아, 당신이 그토록 자주 잡아주던 내 오른손이여,
아아, 무릎이여, 사악한 자가 너희들을 붙잡던 것도
모두 허사가 되고, 내 희망은 물거품이 되고 말았구나!
자, 아직 당신이 친구인 양 내 당신에게 묻겠어요.
〔하긴 당신에게 무슨 좋은 일을 기대할 수 있겠어요?   500
그럼에도 묻겠어요. 당신이 더 사악해 보이도록.〕
이제 나는 어디로 가야 하나요? 내가 당신을 따라
이리로 올 때 고향과 함께 배신했던 아버지의 집으로?
아니면 펠리아스의 가련한 딸들에게로? 자신들의 아버지를
죽인 나를 그들이 잘도 집 안으로 반가이 맞아주겠구려.   505
이게 내 처지예요. 나는 고향의 친구들에게 미움을 샀고,
내가 해쳐서는 안 될 사람도 나는 당신을 위해
내 적으로 만들었어요. 그 보답으로 당신은 나를

	수많은 헬라스 여인들의 눈에 축복받은 여인으로	
	만들어주었구려. 가련한 여인인 나에게 당신은	510
	감탄할 만큼 성실한 남편이었으니까 말예요.	
	내가 추방되어 친구들도 없이 혼자 아이들만 데리고	
	이 나라를 떠나야 한다면 말예요. 새신랑에게는	
	좋은 비난거리가 될 거예요. 자식들이, 그리고	
	당신을 구해준 내가 거지꼴을 하고 떠돌아다닌다면.	515
	오오, 제우스이시여, 왜 그대는 가짜 황금에 대해서는	
	인간들에게 확실한 징표를 주셨으면서	
	사악한 인간을 가려낼 수 있는 표지는	
	사람의 몸에 타고나도록 해주시지 않았나이까?	

코로스장 친구끼리 사이가 나빠져 서로 미워하게 되면 520
치유할 길 없는 사나운 분노가 날뛰게 되지요.

이아손 보아하니, 나는 구변이 좋지 않아서는 안 될 모양이구려.
말하자면 배의 능숙한 키잡이처럼 돛을 활짝 달아 올리고는,
여인이여, 당신의 날카로운 혀가 불러일으키는
폭풍에서 벗어나야 할 것 같단 말이오. 525
당신이 하도 당신의 공적을 치켜세우기에 하는 말인데,

하며 밭고랑에다 카드모스가 죽인 용의 이빨 가운데 나머지 반을 뿌려, 그 이빨들에서 자라난 무장한 전사들과 싸워 이긴다면 황금 양모피를 주겠다고 약속한다. 이아손에게 첫눈에 반한 메데이아 공주가 준 고약이 황소들의 불의 입김에서 그를 지켜주고. 그녀의 조언에 따라 땅에서 자라난 전사들 사이에 돌을 던져 그들이 서로 죽이기 시작한 까닭에 그는 이 힘든 과업을 성공적으로 해낸다. 그래도 황금 양모피를 내주지 않자 이아손은 밤에 메데이아가 지어준 약으로 100개의 눈을 가진 용을 재우고는 황금 양모피를 탈취하여 그녀를 데리고 아르고호 선원들과 그리스로 도망친다.

내 항해에서 나를 구해준 것은 신들과 인간들 중에서
오직 퀴프리스[23]뿐이었다고 나는 생각하오.
당신이 날카로운 것은 사실이지만,
에로스가 나를 구해주도록 피할 길 없는 화살들로   530
당신을 강요했다는 말은 당신으로서는 듣기 싫겠지요.
하지만 그 점에 대해서는 세세히 따지지 않겠소.
어디서 당신이 나를 도와주었든 그것은 고마운 일이었소.
그러나 당신이 나를 구해준 대가로, 준 것보다
받은 것이 더 많다는 것을 내가 당신에게 보여주겠소.   535
첫째, 당신은 야만족의 나라에 사는 대신
헬라스 땅에서 살고 있고, 정의를 배웠으며,
폭력을 멀리하고 법을 사용하는 것을 배웠소.
다음, 모든 헬라스인들이 당신이 영리하다는 것을
알게 되었고, 당신은 명성을 얻었소. 당신이 여전히 대지의   540
변방에 살고 있다면, 당신에 관해서는 아무 말도
없을 것이오. 나 같으면 집에 황금을 갖고 싶지도 않고,
오르페우스보다 더 고운 노래를 부르고 싶지도 않겠소.
내게 명성이 자자한 운명이 주어지지 않는다면 말이오.
내가 한 일에 관해서는 이쯤 해두겠소. 그렇지만   545
어디까지나 말다툼을 먼저 시작한 것은 당신이었소.
당신은 또 공주와의 결혼을 비난하는데, 그 점에서
나는 먼저 내가 현명했다는 것을, 다음에는 품행이
방정했다는 것을, 다음에는 당신과 내 자식들에게
호의를 베풀었다는 것을 보여주겠소. 좀 가만있으시오.   550
헤어날 길 없는 고생 자루들을 잔뜩 짊어지고
내가 이올코스 땅에서 이곳으로 옮겨 왔을 때,

추방자인 나에게 공주와의 결혼보다 더한 횡재가
어디 있었겠소? 그것은 당신이 분개하고 있듯이
당신과의 결혼에 싫증이 나서도 아니고, 555
새장가를 들고 싶어 안달이 나서도 아니며,
또 자식이 많은 사람들과 경쟁하고 싶어서도 아니오.
자식들은 이미 태어난 것으로도 충분하오. 그 애들에게
나는 불만이 없소. 그것은 ― 이 점이 가장 중요하오 ― 우리가
잘살고 궁하지 않기 위해서요. 가난한 사람은 친구들도 560
모두 피해버린다는 것을 내가 알고 있기 때문이오.
그리고 나는 자식들을 내 가문에 어울리게 양육하고,
당신에게서 태어난 자식들에게 형제를 붙여주고,
그들을 모두 동등한 지위에 올려놓고, 그들을 모두
한 씨족으로 묶음으로써 행복해지고 싶었소. 당신에게 565
아이들은 더 필요 없을 것이오. 하지만 나는 태어날 아이들로
이미 태어난 아이들에게 도움을 주고 싶소.
이게 잘못된 생각인가요? 당신도 새 신부 때문에 기분이
상해 있지 않다면 "아니요"라고 말하겠지요. 당신들 여자들은
어떤가 하면, 결혼 생활만 원만하면 모든 걸 다 갖고 있다고 570
생각하고, 결혼 생활이 여의치 않으면 가장 훌륭하고
가장 아름다운 것조차 가장 적대적인 것으로 여기지요.
사람들이 다른 방법으로 자식들을 낳고,
여자 같은 것은 없어져버렸으면 좋으련만!
그러면 인간들에게도 불행이라는 것이 없어질 텐데! 575

코로스장 이아손 님, 그대는 구변이 참 좋으시네요.

23 아프로디테의 별명.

|||하지만 내가 보기에는, 솔직히 말해, 그대가
아내를 배신한 것은 잘한 짓은 아닌 듯한데요.
메데이아|나는 많은 점에서 많은 사람들과 생각을 달리해요.
내가 보기에는 악당인 주제에 말만 그럴싸하게 580
늘어놓는 자야말로 가장 엄벌을 받아 마땅하니까요.
그는 자신의 말로 불의를 감출 수 있음을 뽐내며
못된 짓을 감행하지만, 실은 그다지 현명한 편은 못 돼요.
지금 당신도 내게 그럴싸한 핑계와 교묘한 말을 늘어놓지
마세요. 내 말 한마디에 당신은 쓰러지고 말 테니. 585
당신이 진실로 악당이 아니라면 가족들에게 비밀로
할 것이 아니라, 먼저 나를 설득한 후에 결혼했어야죠.
이아손|내가 당신에게 결혼에 관해 말했더라면, 당신이 잘도
내 계획을 따라주었겠소. 지금도 마음속으로
격렬한 분노를 억제하지 못하는 주제에. 590
메데이아|그 때문이 아니라, 야만족 여인과의 결혼이 노후에
당신한테 바람직하지 않다고 생각되었기 때문이겠지요.
이아손|잘 알아두시오. 내가 지금 아내로 맞는 공주와
결혼하는 것은 여색을 탐해서가 아니라,
앞서도 말했듯이 당신을 구하고 내 자식들에게 595
왕족의 피를 받은 형제자매를 낳아주어
우리 집안의 울이 되게 하려는 것이란 말이오.
메데이아|고통만 안겨줄 뿐인 행복한 생활과,
마음을 갉아먹는 부(富)는 내게 필요 없어요.
이아손|생각을 바꿔야만 더 현명해 보이리라는 것을 왜 모르시오? 600
좋은 것이 당신에게 고통스러워 보여서는 안 될 것이오.
당신은 또 행복하면서도 불행하다고 생각해서도 안 될 것이오.

메데이아	실컷 조롱하시구려! 당신에게는 피난처가 있으니까.
	그러나 나는 의지가지없이 이 나라를 떠나야 해요.
이아손	그것은 당신이 택한 것이오. 남의 탓으로 돌리지 마시오! 605
메데이아	내가 뭘 어쨌기에? 내가 남편을 배신하기라도 했나요?
이아손	당신은 이 나라의 왕가에 심한 저주의 말을 했잖소.
메데이아	이제는 당신 집에도 나는 저주가 될 거예요.
이아손	이 문제에 관해서는 더 이상 당신과 다투고 싶지 않소.
	자식들이나 추방당하는 당신 자신을 위해 610
	나에게서 금전적인 도움을 원한다면, 말해보시오.
	나는 아낌없이 줄 용의가 있고, 당신을 도와주도록
	친구들에게 추천장을 써주고 싶으니까. 그것마저
	거절한다면 당신은 어리석은 사람이오, 여인이여!
	분을 삭이시오. 그래야 당신이 덕을 보게 될 것이오. 615
메데이아	나는 당신 친구들이 필요 없으며, 아무것도
	받고 싶지 않아요. 내게 아무것도 줄 생각 말아요!
	악당의 선물은 덕이 되지 않는 법이니까.
이아손	그렇다면 나는 신들을 증인으로 부르겠소. 백방으로
	나는 당신과 자식들을 돕고자 하오. 하지만 당신은 620
	유익한 것을 못마땅해하고, 반항심에서 친구들을
	배척하고 있소. 그것이 당신의 고통을 늘릴 것이오.

(이아손 퇴장)

메데이아	가세요! 이렇게 집 밖에 나와 지체하는 동안에도
	당신은 분명 새 신부가 그리워 안달이 나겠죠.
	결혼하세요. 하지만 장담하건대, 당신은 결혼은 하되, 625
	두고두고 후회하게끔 결혼하게 될 거예요.

| 코로스24 (좌1) | 사랑이 너무 격렬하게 다가오면, 사람들에게
| | 명성과 명예를 가져다주지 않는 법.
| | 하지만 퀴프리스25가 은근히 다가오면, 630
| | 어느 여신이 그토록 우아할까! 여주인님이시여,
| | 내게는 그대의 황금 활에서 애욕에 담근
| | 백발백중의 화살을 날려 보내지 마소서!26 635

(우1) 신들의 가장 아름다운 선물인 절제가
나를 사랑해주시기를! 두려운 퀴프리스께서는
다른 여인들 때문에 내 마음을 부추겨,
반목하는 분노와 물릴 줄 모르는 말다툼을 내게 640
안겨주시지 말고, 평화로운 결혼 생활을 존중하시며
예리한 통찰력으로 여인들의 결혼을 주관하소서!

(좌2) 오오, 조국이여, 고향 집이여, 645
나는 추방된 몸으로 의지가지없이
힘든 세월을 살아가며
눈물겨운 고생일랑 하지 말았으면!
내가 오늘의 행복을 잃는다면, 650
차라리 죽음이, 죽음이 나를 제압하기를!
조국을 잃는 것보다 더 큰 불행은
달리 아무것도 없으니까요.

(우2) 남들에게 듣고 하는 말이 아니라
우리가 직접 목격했어요. 어느 도시, 655
어느 친구가 가장 무서운 고통을

당하고 있는 그대를 동정해주리오!
남의 마음의 순결한 문을 열어젖혀놓고는
친구들을 존중하지 않을 수 있는   660
그런 배은망덕한 자는 파멸할지어다!
그런 자는 결코 내 친구가 되지 말기를!

(아이게우스, 시종들을 데리고 등장)

아이게우스   평안하시오, 메데이아 님! 친구 사이에 이보다 더 훌륭한
          인사말을 할 수 있는 사람은 아무도 없을 것이오.
메데이아   그대도 평안하세요, 지혜로운 판디온의 아들 아이게우스 님!   665
          그대는 어디서 이 나라의 들판으로 오시는 길인가요?
아이게우스   포이보스의 유서 깊은 신탁소[27]를 떠나오는 길이오.
메데이아   무슨 일로 그대는 예언하는 대지의 배꼽[28]으로 가셨던가요?
아이게우스   어떻게 해야 내게 자식이 생길지 물어보려고요.
메데이아   맙소사. 여태 자식도 없이 살아오셨단 말인가요?   670
아이게우스   그렇소. 나는 어떤 신의 숙명 탓에 자식이 없소이다.
메데이아   부인이 있는데도요? 아니면 그대는 아직도 미혼이신가요?
아이게우스   나는 결혼의 멍에를 피하지 못했소이다.[29]
메데이아   포이보스께서는 자식들에 관해 그대에게 뭐라고 말씀하셨나요?
아이게우스   인간이 이해하기에는 너무나 지혜로운 말씀이었소.   675

24 627~662행은 두 번째 정립가다.
25 사랑의 여신 아프로디테.
26 여기서는 에로스의 무기들인 활과 화살을 아프로디테가 사용하고 있다.
27 델포이.
28 고대 그리스인들은 델포이를 대지의 배꼽, 즉 중심이라고 믿었다.
29 그는 멜리테(Melite)에 이어 칼키오페(Chalkiope)와 결혼한 적이 있다.

메데이아	신의 말씀을 나도 알아도 될까요?
아이게우스	물론이오. 그것을 풀이하자면 마음의 지혜가 필요하니까요.
메데이아	그분께서 뭐라 하시던가요? 내가 들어도 된다면 말씀해주세요.
아이게우스	나더러 가죽 부대의 툭 튀어나온 발을 풀지 말라고 하셨소이다.[30]
메데이아	그대가 뭘 하시기 전에는? 아니면 어느 나라에 도착하시기 전에는?
아이게우스	내가 선조들의 화로로 돌아가기 전에는.
메데이아	한데 그대는 무슨 용건으로 이 나라로 배를 타고 오셨나요?[31]
아이게우스	트로이젠 땅의 왕으로 핏테우스라는 분이 계시오.
메데이아	펠롭스의 아들로 아주 경건한 분이라 들었어요.
아이게우스	신의 말씀에 관해 나는 그분과 의논해볼까 하오.
메데이아	그분은 현명하고, 또 그런 일에는 밝지요.
아이게우스	그리고 모든 전우들 중 나와는 가장 친한 사이요.
메데이아	그럼 편히 가시고, 만사형통하세요!
아이게우스	그런데 그대는 왜 눈빛이 침울하고 안색이 초췌하시오?
메데이아	아이게우스 님, 내 남편은 천하에 몹쓸 남편이에요.
아이게우스	무슨 말씀이오? 그대의 괴로움을 분명히 말해보시오!
메데이아	나는 해롭게 하지 않았는데 이아손이 내게 부당한 짓을 하는군요.
아이게우스	그가 무슨 짓을 했다는 것이오? 더 분명히 말해보시오!
메데이아	그가 나 대신 다른 여자를 집안의 안주인으로 얻었어요.
아이게우스	그가 감히 그런 수치스러운 짓을 했단 말이오?
메데이아	그래요. 전에 사랑받던 나는 아무런 권한도 없어요.
아이게우스	그는 사랑에 빠진 것이오, 그대와의 잠자리가 싫어진 것이오?
메데이아	그는 뜨거운 사랑에 빠져 친구들을 배신했어요.
아이게우스	그는 꺼져버려라! 그가 그대의 말처럼 악당이라면.
메데이아	그가 사랑에 빠진 것은 왕가와 인척 관계를 맺기 위해서예요.
아이게우스	누가 그에게 딸을 주었지요? 이야기를 마저 해보시오!

메데이아	이 코린토스 땅을 통치하시는 크레온 님이요.
아이게우스	그렇다면 그대가 괴로워하는 것도 이해가 가오, 부인!
메데이아	나는 망했어요. 게다가 이 나라에서 추방당했어요.
아이게우스	누구에 의해? 그대는 또 다른 불행을 이야기하는구려. 705
메데이아	크레온 님이 나를 추방자로서 코린토스 땅에서 내쫓으세요.
아이게우스	이아손이 그걸 용납하던가요? 그것도 나는 칭찬할 수 없소.
메데이아	말은 그렇게 하지 않았지만, 그건 분명 그의 뜻이었어요.

(메데이아, 아이게우스 앞에 쓰러진다)

내 그대의 수염과 두 무릎을 잡고 탄원자로서
간청해요. 제발 이 불운한 여인을 불쌍히 여기시어 710
내가 의지가지없이 쫓겨나는 것을 수수방관하지 마시고,
나를 그대의 나라에, 그대의 화롯가에
받아주세요! 그리하여 자식들에 대한 그대의 소망도
신들에 의해 이루어지고, 그대 자신도 죽음을
맞게 될 때까지 행복하게 사시기를! 그대가 여기서 715
어떤 횡재를 하셨는지 아직은 모르실 거예요. 나는
그대가 무자식의 처지에서 벗어나도록 자식들을 낳게
해드리겠단 말예요. 그런 약들을 내가 알고 있어요.

| 아이게우스 | 여러 가지 이유에서 나는 그대에게 그런 호의를 |

---

30 술과 여색을 삼가라는 뜻이다. 트로이젠 왕 핏테우스는 신탁의 뜻을 이해하고는 손님으로 온 아이게우스가 술에 취하게 내버려두었다가 자기 딸 아이트라를 들여보내 그와 동침하게 하는데, 바로 이 교합에서 앗티케의 국민적 영웅 테세우스가 태어난다.

31 아이게우스는 델포이에서 에이테아(Eitea)까지 마차를 타고 가서 그곳에서 이스트모스까지 배를 타고 간 것 같다. 당시에는 그것이 델포이에서 펠로폰네소스 반도로 들어가는 통상적인 경로였다.

베풀고 싶소, 부인! 첫째는 신들 때문이오. 다음은 720
그대가 낳게 해주겠다고 약속하는 자식들 때문이오.
사실 내 모든 생각은 그쪽을 향하고 있소. 하지만
내 계획은 이러하오. 그대가 내 나라에 오면 나는
당연히 손님인 그대를 보호해주려고 노력할 것이오.
〔한데 그대에게 미리 한 가지 일러둘 것이 있소, 부인! 725
나는 결코 이 나라에서 그대를 데려가지 않을 것이오.〕
그러나 그대가 제 발로 내 집에 들어오면, 안전하게
머물게 될 것이며, 나는 누구에게도 그대를 넘겨주지
않을 것이오. 하지만 이 나라를 그대가 제 발로 떠나도록
하시오. 이방인들에게도 나는 비난받고 싶지 않소이다. 730

메데이아 그러세요. 그러시겠다고 그대가 보증만 해주신다면,
나는 그대에게서 원하는 것을 다 받는 셈이니까요.

아이게우스 나를 못 믿겠단 말이오? 아직도 뭐가 문제지요?

메데이아 나는 그대를 믿어요. 하지만 펠리아스가(家)는 나를
적대시하고, 크레온 님도 마찬가지예요. 그대가 맹세에 묶이시면, 735
그들이 그대 나라에서 나를 끌고 가도록 내버려두시지
않겠죠. 그대가 구두로만 약속하시고 신들의 이름으로
맹세하시지 않으면 그들과 친구가 되어 전령을 통한
협약에 따라 내 말을 들으려 하지 않으실 수도 있지요.
나는 허약한데, 그들은 부유하고 왕권을 갖고 있으니까요. 740

아이게우스 그대의 말을 들어보니 그대는 무척이나 신중하시구려.
하지만 그렇게 하는 것이 좋겠다면 나는 거절하지
않겠소. 그대의 적들에게 정당한 핑계를 댈 수 있다면,
나로서도 더없이 안전할 것이고 그대도
든든할 것이오. 맹세할 신들의 이름을 말하시오! 745

메데이아	가이아와, 내 아버지의 아버지이신 헬리오스와
	그 밖에 모든 신들의 이름으로 맹세하세요!
아이게우스	무엇을 하고, 무엇을 하지 않겠다고? 말해보시오!
메데이아	그대가 나를 그대 나라에서 내쫓지 않을뿐더러
	내 적들 가운데 누가 나를 데려가려 해도 750
	그대 생전에는 결코 자진해 이를 허용하시지 않겠다고.
아이게우스	가이아와 헬리오스의 찬란한 빛과 모든 신들의 이름으로
	맹세하노니, 나는 그대가 말한 것을 지키겠소이다.
메데이아	됐어요. 맹세를 안 지키실 경우 어떤 벌을 받으시겠어요?
아이게우스	불경한 인간들에게 돌아가는 벌을 받겠소이다. 755
메데이아	편히 가세요. 모든 일이 잘됐으니까요.
	나는 결심한 바를 행하고, 원하는 바를 이룬 뒤
	되도록 빨리 그대의 도시로 달려갈 거예요.

(아이게우스, 시종들을 데리고 퇴장)

코로스	호송의 신이신 마이아의 아드님³²께서
	그대를 집으로 데려다주시기를! 760
	그리고 그대가 마음속으로 바라는 일이
	뜻대로 이루어지기를!
	그대야말로, 아이게우스 님, 나에게는
	고결한 남자로 여겨지니까요.
메데이아	오오, 제우스이시여, 제우스의 따님이신 디케시여,
	그리고 헬리오스시여! 이제 나는 궤도에 올랐으니 765
	내 원수들에게 당당하게 승리를 거두게 될 거예요.
	친구들이여! 이제는 분명 내 원수들이 벌 받게 될 것 같아요.

32 헤르메스.

꼼짝없이 궁지에 몰린 나에게 아이게우스 님이
내 모든 계획의 항구로 모습을 드러냈으니 말예요.
내가 팔라스33의 도시와 성채에 다다르게 되면, 770
그분에게 나는 뱃고물의 밧줄을 맬 거예요.34
내 이제 그대에게 내 계획을 모두 털어놓을 터이니
그대는 내 말을 농담으로 받아들이지 마세요.
나는 하녀 한 명을 이아손에게 보내
한 번 더 내게 와달라고 부탁할 거예요. 775
그가 오면 나는 알랑거리며 말할 거예요.
그의 생각은 내 생각과 같고, 그가 나를 배신하고
공주와 결혼하는 것은 잘하는 짓이고 유익한 일이며
잘 생각한 것이라고. 그러고 나서 나는
내 자식들이 여기에 머물 수 있게 해달라고 간청할 780
거예요. 하지만 그것은 [원수들의 조롱거리가 되도록]
내 자식들을 적지에 남겨두려는 것이 아니라,
계략을 써서 공주를 죽이기 위해서예요.
나는 애들을 신부에게 보내되, [애들이 이 나라에서
추방당하지 않도록] 곱게 짠 옷과 황금을 두드려 만든 785
머리띠 같은 선물들을 손에 들려 보낼 거예요. 공주가
그 장신구를 받아 몸에 두르면 비참하게 죽을 것이고,
누구든 소녀를 만지는 사람도 마찬가지예요.
그런 독을 나는 그 선물들에다 바를 거예요.
이 이야기는 이쯤 해두겠어요. 790
그런 다음 내가 어떤 짓을 하지 않으면 안 되는지
생각만 해도 섬뜩해요. 나는 내 자식들을 죽일 거예요.
그 애들을 구해줄 사람은 아무도 없어요.

나는 이아손의 집을 송두리째 허물 것이며,
가장 끔찍한 짓을 저지르고 나서 사랑하는 자식들을   795
죽인 죄를 피해 이 나라를 떠날 거예요. 원수들에게
웃음거리가 된다는 것은 참을 수 없어요, 친구들이여!
〔그럴 수밖에 없잖아요! 내가 살아서 뭘 해요?
내게는 조국도, 집도, 불행의 대피소도 없어요.〕
한 헬라스 남자의 감언이설을 믿고 선조들의 집을   800
떠났을 때 나는 이미 실수했던 거예요. 하지만
그자도 이제 신의 도움으로 벌 받게 될 거예요.
그자는 앞으로 내가 낳아준 자식들이 살아 있는
모습을 다시는 보지 못할 것이고, 새 신부도
내 독에 의해 고약한 여인으로서 고약한 죽음을 당해   805
그자에게 자식을 낳아주지 못할 테니까.
아무도 나를 태만하고 허약하고 온순하다고
여겨서는 안 될 것이오. 오히려 그와는 달리 나는
원수들에게는 무섭지만 친구들에게는 상냥하죠.
그렇게 살아야 가장 유명해지기 마련이니까.   810

코로스장 그대가 우리에게 그대의 계획을 알려준 이상, 나는
그대의 이익을 위해서도, 인류를 옹호하기 위해서도
그대가 그런 짓을 못하도록 말리고 싶어요.

메데이아 다른 길은 없어요. 그대의 충고를 나는 이해해요. 하지만
그대는 내가 당한 것과 같은 불행을 당해보지 않았어요.   815

33 아테나 여신의 별명. '팔라스의 도시'란 아테나이를 말한다.
34 고대 그리스인들은 배를 정박시킬 때 이물은 바다 쪽으로, 고물은 육지 쪽으로 향하게 한 채 육지의 바윗돌에다 고물 밧줄을 맸다.

코로스장	어찌 감히 제 혈육을 죽이겠단 말인가요, 여인이여?
메데이아	그래야만 내 남편이 가장 따끔한 맛을 보게 될 테니까.
코로스장	그러면 그대는 가장 불행한 여인이 될 거예요.
메데이아	그럴 수밖에 없잖아요! 중간에서 무슨 말을 해도 소용없어요.

        (유모에게) 자, 그대는 가서 이아손을 데려와요. 820

        나는 믿음이 요구되는 모든 일에 그대를 쓰고 있어요.

        그대는 내 계획을 절대로 누설하지 않을 거예요.

        그대는 역시 안주인에게 충실하고, 또 여자니까요.

        (유모 퇴장)

코로스35(좌1)   에렉테우스의 자손들[36]은 옛날부터 축복받은

        자들로서, 축복받은 신들의 후예들이지요.[37] 825

        그들은 폐허가 된 적이 없는[38] 신성한 땅에서

        명성이 자자한 지혜를 즐기며, 언제나 우아하게

        더없이 찬란한 대기 속을 거닐거니와, 사람들이 830

        말하기를 아홉 명의 정숙한 피에리아의 무사 여신들이

        금발의 하르모니아[39]를 양육한 곳도 그곳이래요.

(우1)   또 사람들이 찬미하기를, 퀴프리스께서 그곳 835

        아름답게 흘러가는 케피소스 강물에서

        물을 길으시며 부드러운 훈풍이 그곳 대지 위로

        불게 해주신대요. 여신께서는 또 늘 840

        머리에 향기로운 장미 화관을 쓰시고

        지혜의 조수(助手)들로 에로스들을 보내

        온갖 탁월한 예술을 돕게 하시지요.[40] 845

(좌2)   어떻게 신성한 강들의 도시가,

친구들을 안전하게 호송해주는 나라가
　　　제 자식들을 죽인 그대를,
　　　경건한 이들 사이에서
　　　경건하지 못한 그대를 맞아주겠어요?　　　　　　　　　850
　　　생각해보세요, 자식들에 대한 가격을!
　　　생각해보세요, 그대가 어떤 살인 행위를
　　　꾀하고 있는지! 그대의 두 무릎을 잡고
　　　우리 모두 빌고 있어요.
　　　제발 아이들을 죽이지 마세요.　　　　　　　　　　　855

(우 2)　그대가 제 자식들의 목숨에
　　　끔찍한 만행을 저지를 때,
　　　어디서 그대는 마음이나
　　　손을 위해 용기를 얻겠어요?
　　　어떻게 그대는 자식들에게 시선을　　　　　　　　　860
　　　향한 채 눈물 없이 죽일 수

35　824~865행은 세 번째 정립가다.
36　아테나이인들. 에렉테우스(Erechtheus)는 아테나이의 전설적인 왕이다.
37　아테나이인들은 헤파이스토스의 아들 에릭토니오스의 자손이므로 신의 후예인 셈이다.
38　아테나이를 수도로 하는 앗티케 지방은 기원전 480년 페르시아인들에게 잠시 점령된 것 말고는 이방인들에게 점령된 적이 없었다.
39　여기서 하르모니아는 아레스와 아프로디테의 딸이 아니라, 아홉 명의 무사 여신들의 '조화'라는 뜻 같다. 당시 아테나이에서는 그리스의 온갖 문화와 예술이 완숙한 경지에 이르렀기 때문이다.
40　그 활동이 성애(性愛)에 국한된 에로스들(여기서는 복수다)이 시와 음악과 철학에 몰두하여 지혜의 조력자가 된다는 뜻. 플라톤의 『향연』 212b 참조.

메데이아　343

있겠어요? 어린것들이

살려달라고 엎드려 애원하면,

그대는 냉혹하게도 핏속에

손을 담그지 못할 거예요. 865

(이아손, 유모와 함께 등장)

이아손 나는 당신의 부름을 받고 왔소이다. 그대 비록 내 적이지만

나는 당신의 말을 듣는 것조차 거절하지는 않겠소.

당신이 내게 또 무슨 용건이 있지요, 여인이여?

메데이아 이아손 님, 부탁이에요. 내가 아까 한 말을 용서해

주세요. 당신이 내 불뚝성을 참아주시는 것은 870

당연한 일예요. 우리는 서로 무척 사랑했던

사이니까요. 그동안 나는 나 자신과 상의를 했고,

나 자신을 나무랐어요. '바보같이, 나는 왜 내게

호의를 가진 이들에게 화를 내며 미친 듯이 대들고,

왕가와 남편을 적대시하는 거지, 그이는 공주와 875

결혼해 내 아들들에게 형제들을 낳아줌으로써

내게 가장 유익한 일을 하려는데 말이야?

그래도 나는 분을 삭이지 않을 것인가? 내가 왜

이러지, 신들께서 내게 잘해주시는데? 내게

자식들이 없나? 게다가 나는 우리가 추방자들이고 880

친구들이 없는 처지라는 것을 알고 있지 않은가?'

이렇게 생각하게 되자, 나는 내가 어리석었고

공연히 화를 냈다는 것을 알게 됐어요. 하지만

이제는 칭찬할래요. 당신이 우리를 위해 그런

인척을 구해주신 것은 현명한 처사라고 생각돼요. 885

내가 어리석었어요. 나는 마땅히 당신 계획에 동참해

수행을 거들고 침상 가에 다가서서

당신 신부에게 시중드는 것을 기쁘게 여겼어야 했어요.

하지만 우리는 별수 없이 ─ 열등하다고 말하진

않겠어요 ─ 여자예요. 그러나 당신은 열등한 자들을 따라 890

해서는 안 되며, 어리석음을 어리석음으로 갚아서는 안 돼요.

내가 양보하고, 그때는 내가 어리석었음을 인정할게요.

하나 지금은 그 점에 대해 더 나은 생각을 갖게 됐어요.

애들아, 애들아, 이리 나오너라! 집에서 나와

아버지께 이 어미와 함께 절하고 인사드리도록 해라! 895

그리고 당장 이 어미처럼 친구들에 대해

종전에 품었던 적개심을 버리도록 해라!

우리는 서로 화해했고, 노여움은 진정되었다.

(가정교사, 아이들을 데리고 나온다)

아빠의 오른손을 잡도록 해라! 아아, 슬프도다!

숨겨진 재앙들이 자꾸만 마음속에 떠오르는구나! 900

애들아, 너희들은 앞으로 오래오래 살며 사랑스러운

손을 이렇게 내밀게 될까? 아아, 가련한 내 신세!

나는 자꾸만 눈물이 나오려 하고 몹시 두렵구나.

이제야 드디어 너희들의 아버지와 화해하니

내 부드러운 얼굴이 온통 눈물범벅이 되는구나. 905

코로스장 나도 자꾸만 두 눈에서 눈물이 솟아 나와요. 제발

그대들에게 지금보다 더 큰 불행이 닥치지 말았으면!

이아손 여인이여, 이번 일을 나는 칭찬하거니와 앞서 있었던

일도 나무라지 않겠소. 남편이 몰래 새장가를 드는데

세상에 화내지 않을 여자가 어디 있겠소! 910

하지만 당신은 좋은 방향으로 마음을 고쳐먹었소.

　　　　　뒤늦게나마 내 계획의 유익한 점을 알았으니 말이오.
　　　　　그것이 현명한 여자의 처신인 것이오.
　　　　　애들아, 너희들을 위해서는 이 아비가 무심하지 않고
　　　　　신들의 도움으로 여러 가지 살아남을 방도들을 생각해　　　　915
　　　　　두었다. 생각건대, 이 코린토스 땅에서 너희들은 앞으로
　　　　　너희들의 형제들과 더불어 제일인자들이 될 것이다.
　　　　　번창하라! 그 밖에 다른 일들은 이 아비와, 신들 중에서
　　　　　너희들에게 호의적인 분께서 보살펴주실 것이다.
　　　　　나는 너희들이 헌헌장부(軒軒丈夫)가 되어　　　　　　　　920
　　　　　내 적들을 능가하는 모습을 보고 싶구나!
　　　　　한데 당신은 왜 다시 창백한 얼굴을 돌린 채
　　　　　하염없이 눈물을 흘리고 있는 거요?
　　　　　당신은 내가 하는 말이 달갑지 않은 모양이구먼.
메데이아　아무것도 아녜요. 애들 생각을 하고 있었어요.　　　　　　925
이아손　　이젠 안심하시오. 애들은 내가 잘 보살필 것이오.
메데이아　그렇게 할게요. 나는 당신 말씀을 불신하지 않아요.
　　　　　하지만 여자란 연약하고 눈물을 잘 흘리는 편이지요.
이아손　　어째서 당신은 애들을 위해 그다지도 탄식하는 거요?
메데이아　나는 애들을 낳았어요. 애들이 살아남을 것이라고　　　　930
　　　　　당신이 장담하셨을 때, 과연 그럴까 하고 나는 연민의 정을
　　　　　금할 수 없었어요. 당신이 나와 상의하려고 찾아오셨던
　　　　　용건들 가운데 일부는 이미 말씀드렸고, 나머지도 들어주세요.
　　　　　이 나라의 국왕께서 나를 추방하려 하시고,
　　　　　〔또 나로서도 그대와 국왕께 방해가 되지 않도록　　　　　935
　　　　　이 나라에 살지 않는 것이 상책이라는 것을 알기에
　　　　　―그대의 집안은 나를 적으로 여기니까 말예요―〕

　　　　　나는 추방자로서 이 나라를 떠나겠어요. 하지만
　　　　　자식들은 당신이 손수 양육할 수 있도록 이 나라에서
　　　　　추방하지 말아달라고 크레온 님께 간청해보세요!　　　　940
이아손　내가 설득할 수 있을지 모르겠소. 아무튼 한번 해보겠소.
메데이아　그럼 당신의 새 아내를 시켜 그녀의 아버지께 부탁하게
　　　　　하세요. 애들은 이 나라에서 추방하지 말아달라고.
이아손　좋소. 나는 아마도 그녀를 설득할 수 있을 것이오.
　　　　　그녀도 다른 여인들과 다를 바 없다면 말이오.　　　　945
메데이아　그녀도 다른 여인들과 마찬가지로 한낱 여인이라면
　　　　　가능하겠죠. 하지만 나도 이 일에서 당신을 거들게요.
　　　　　나는 그녀에게 오늘날 세상에서 가장 아름답다고
　　　　　자신할 수 있는 선물들을, 〔곱게 짠 옷과 황금 머리띠를〕
　　　　　애들 손에 들려 보낼 거예요. 하녀들 가운데 누구든　　950
　　　　　어서 빨리 그 장신구를 이리 내오도록 하라!

　　　　　(하녀 한 명, 집 안으로 퇴장)

　　　　　그녀는 한 번이 아니라, 천만번 행복할 거예요.
　　　　　당신 같은 가장 훌륭한 남자를 남편으로 맞은 데다가
　　　　　일찍이 내 아버지의 아버지이신 헬리오스께서
　　　　　자기 자손들에게 주셨던 장신구를 차지했으니까요.　　955

　　　　　(하녀가 장신구를 갖고 등장)

　　　　　얘들아, 너희들은 이 결혼 선물들을 손에 받아
　　　　　축복받은 왕가의 신부께 갖다 드리도록 하라! 그녀는
　　　　　결코 하찮은 선물들을 받게 되지는 않을 것이다.
이아손　바보같이, 왜 이런 것을 손에서 주어버리는 것이오?
　　　　　왕가에 옷이 부족할 것이라 생각하시오, 황금이 부족할　　960
　　　　　것이라 생각하시오? 주지 말고 당신이 간직하시오.

	아내가 진실로 나를 존경할 만하다고 여긴다면	
	재물보다는 나를 더 존중할 것임을 내가 알기에 하는 말이오.	
메데이아	그런 말씀 마세요. 선물에는 신들도 동한다는 말이 있어요.	
	인간들에게는 천 마디 말보다 황금이 더 힘이 있어요.	965
	행운은 그녀 편이고, 신께서 지금 그녀를 키워주시고,	
	그녀는 또 젊은 공주예요. 내 자식들의 추방을 막기	
	위해서라면 황금이 아니라 내 목숨인들 못 내놓겠어요!	
	자, 얘들아, 너희들은 부잣집으로 들어가서	
	아버지의 젊은 아내에게, 내 여주인께, 이 나라에서	970
	추방하지 말아달라고 애원하고 빌며 장신구를	
	바치도록 하라. 그때 가장 유의해야 할 점은	
	그녀가 이 선물들을 손수 받아야 한다는 것이다.	
	어서 빨리 가거라! 그리고 일을 마친 뒤에는	
	이 어미가 바라는 일에 관하여 좋은 소식을 전해다오!	975

(이아손, 가정교사, 아이들 퇴장)

코로스41(좌1)	이제는 아이들이 살 가망이 없어졌구나.	
	아이들은 이미 죽음의 길을 가고 있으니까.	
	신부는 가련하게도	
	황금 머리띠의 파멸을 받겠지.	
	그녀는 제 손으로 금발에	980
	죽음의 장신구를 두르겠지.	
(우1)	의상들의 매력과 신적인 광채가	
	황금 머리띠를 두르도록 그녀를 설득하겠지.	
	그녀는 곧 저승에서 자신을 신부로 치장하게 되겠지.	985

　　　　　가련하게도 그녀는 그런 함정 속으로,
　　　　　죽음의 운명 속으로 빠지게 될 것인즉,
　　　　　파멸에서 벗어날 길은 없으리라.

(좌2)　아아, 가련한 자여, 왕가의 불운한 사위여,　　　　　　990
　　　　그대는 영문도 모른 채 아이들의 목숨에 파멸을,
　　　　아내에게 가증스런 죽음을 안겨주는구나.
　　　　가련한 자여, 그대는 자신의 운명도 모른 채
　　　　얼마나 헤매고 있는가!　　　　　　　　　　　　　　995

(우2)　그대의 고통을 위해서도 나는 슬퍼하노라,
　　　　자식들의 불쌍한 어머니여!
　　　　남편이 무도하게도 그대를 버리고
　　　　다른 아내와 동침하는 결혼침대 때문에
　　　　그대는 곧 아이들을 죽이게 되리라!　　　　　　　　1000

　　　　(가정교사, 아이들을 데리고 돌아온다)

가정교사　마님, 아이들은 추방을 면했고, 선물들은
　　　　왕가의 신부가 기꺼이 손수 받았어요.
　　　　그쪽으로부터는 아이들에게 안전을 보장받은 셈이죠.
　　　　아니, 일이 잘됐는데 왜 심란하게 서 계세요?　　　1005
　　　　[어째서 마님께서는 얼굴을 도로 돌리세요?
　　　　마님께서는 내 말이 반갑지 않은가 봐요.]
메데이아　아아, 슬프도다!

41　976~1001행은 네 번째 정립가다.

가정교사	그런 반응은 내가 전해드린 소식과는 맞지 않아요.
메데이아	아아, 슬프고 슬프도다!
가정교사	나는 그런 줄도 모르고 나쁜 소식을 전해주고는
	좋은 소식을 전했다고 착각하고 있었던 것인가요? 1010
메데이아	그대는 전할 것을 전했소. 그대를 나무라는 것이 아니오.
가정교사	그렇다면 왜 마님께서 눈을 내리깔고 이렇게 눈물을 흘리세요?
메데이아	나는 울지 않으려야 울지 않을 수 없구려, 할아범!
	신들과 내가 이 나쁜 계획을 생각해냈으니까.
가정교사	안심하세요. 마님께서도 자식들의 주선으로 언젠간 돌아오실 거예요. 1015
메데이아	가련하게도 나는 그 전에 다른 사람들을 돌려보낼 것이오.⁴²
가정교사	자식들과 헤어지는 것은 마님만이 아녜요.
	인간인 이상 불행을 참고 견뎌야 해요.
메데이아	그렇게 하지요. 자, 그대는 집 안에 들어가
	애들이 날마다 필요로 하는 것을 챙기도록 하세요! 1020

(가정교사 퇴장)

애들아, 애들아, 너희들은 도시와 집이 있어,
이 어미 곁을 떠나, 어미 없이 영원히
그곳에서 살게 될 것이다. 나는 추방자로서
다른 나라로 가야 한단다. 내가 너희들로
재미를 보고, 너희들의 행복한 모습을 보기 전에, 1025
내가 너희들을 위해 결혼식과 신부와 결혼침대를
마련해주고, 횃불을 높이 들기 전에!⁴³
불쌍한 내 신세! 슬프도다, 내 완고함이여!
허사로구나, 애들아, 내가 너희들을 양육한 것도!
허사로구나, 내가 애쓰고, 죽도록 고생하고, 1030
너희들을 낳느라 심한 진통을 겪었던 것도!

전에는 이 가련한 어미가 너희들에게 큰 희망을
걸었단다. 노후에는 너희들이 나를 보살펴줄 것이고,
내가 죽으면 너희들의 손으로 나를 잘 묻어줄 것이라고.
그것이 인간들에게 바람직한 일이니까. 하지만 이제는 1035
그 달콤한 염려도 사라져버렸구나! 나는 너희들을
잃고 비참하고 고통스러운 삶을 살아가게 되겠지.
너희들은 이 어미를 그 사랑스러운 눈으로 다시는 못 보게
되겠지. 너희들은 다른 생활 방식을 향해 떠나가니까.
아아! 너희들은 왜 그런 눈으로 나를 쳐다보느냐, 1040
얘들아? 왜 내게 미소 짓느냐, 최후의 미소를?
아아! 어떡하지? 아이들의 반짝이는 눈을 보니
나는 도무지 용기가 나지 않아요, 여인들이여.
나는 차마 못하겠어. 내 이전 계획들은 사라져버려라!
나는 내 자식들을 이 나라에서 데리고 나갈 거야. 1045
왜 애들의 불행으로 애들 아버지에게 고통을 주려다가
나 자신이 그 두 배의 고통을 당해야 하지?
그건 안 돼! 그 계획들은 사라져버려라!
내가 뭐 잘못된 것 아니야? 원수들을 응징하지 않고
내버려둠으로써 내가 웃음거리가 되겠다는 거야? 1050
해치워야 해! 부드러운 말에 마음이 솔깃해지다니
나야말로 얼마나 비겁한가! 얘들아, 집 안으로
들어가거라! 내 제물에 동참하는 것을 옳다고

42 이승에서 저승으로.
43 당시 아테나이에서는 결혼식 때 신부 어머니는 횃불을 들고 딸을 신랑 집까지 데려다주고, 신랑 어머니는 횃불을 들고 결혼 행렬을 맞았다.

여기지 않는 이는 스스로 알아서 결정하세요!

내 손은 결코 허약해지지 않을 거예요. 1055

[아아!

내 마음이여, 너는 절대로 그런 짓을 해서는 안 돼!

가련한 마음이여, 애들을 내버려두고, 애들을 살려줘!

애들이 그곳[44]에서 함께 살면 너를 행복하게 해줄 거야.

아니야! 저 아래 하데스에 거하는 복수의 악령들의

이름으로 맹세하노니, 내가 내 자식들을 웃음거리가 1060

되도록 내 원수들에게 넘겨주는 일은 절대로

일어나지 않을 거야. 애들은 무조건 죽어야 해!

필요하다면 생모인 내가 죽일 테야!

그건 정해진 운명이며, 피할 도리가 없어.

머리띠는 벌써 머리에 둘려져 있고, 왕가의 1065

신부는 옷을 입고 죽어가고 있어. 내가 잘 알아.

지금 나는 가장 힘든 길을 가고 있고,

아이들을 더 힘든 길로 보내고 있어.

아이들과 작별 인사 해야지. 자, 얘들아, 이 어미에게

너희들의 오른손을 다오, 입 맞출 수 있게! 1070

아아, 이 귀여운 손, 이 귀여운 입! 그리고

내 자식들의 몸매와 고상한 얼굴이여! 너희들은

행복하게 살아라, 하지만 그곳에서다! 이곳에서의 행복은

너희들의 아버지가 빼앗아버렸으니까. 아아, 달콤한 포옹이여,

아아, 내 자식들의 부드러운 살갗과 향기로운 숨결이여! 1075

자, 가거라! 나는 슬픔에 압도되어

더는 너희들을 보고 있을 수가 없구나!

(아이들, 집 안으로 퇴장)

내가 얼마나 끔찍한 짓을 저지르려는지 나는
잘 알고 있어. 하지만 내 격분이 내 이성보다 더 강력하니,
격분이야말로 인간들에게 가장 큰 재앙을 안겨주는 법.] 1080

코로스 벌써 몇 번씩이나 나는
　　　섬세한 사색의 길을 걸어보았고,
　　　여자에게는 어울리지 않는
　　　진지한 문제들을 규명해보려 했지요.
　　　지혜를 가르쳐주시는 무사 여신께서는   1085
　　　물론 전부에게는 아니지만
　　　우리에게도 오시니까요. 그래서 그대는
　　　수많은 여자들 중에서 무사 여신께
　　　낯설지 않은 여자들을 약간은
　　　발견할 수 있을 거예요. 그래서 말인데,   1090
　　　자식을 한 번도 낳아본 적이 없는 사람이
　　　자식을 낳아본 사람보다
　　　더 행복하다는 거예요.
　　　자식 없는 사람은 자식이
　　　사람들에게 기쁨이 될지 슬픔이 될지   1095
　　　알 바 아니니, 수많은 고통에서
　　　벗어나 편안히 살아가지요.
　　　하지만 집 안에 자식의 달콤한 무리가
　　　있는 사람은 평생 동안 근심에
　　　시달리는 것을 나는 보아요.   1100

44　아테나이. 메데이아는 애들을 아테나이로 함께 데려갈 생각을 해보는 것이다.

첫째, 어떻게 해야 자식들을 잘 양육할 수
있을까, 다음은 어떻게 해야 자식들에게
생계 수단을 물려줄 수 있을까 하고. 게다가
이렇게 애써도 자식들이 나쁜 사람이 될지
착한 사람이 될지 알지 못해요.
마지막으로 또 한 가지. 모든 인간들에게 　　　　1105
닥치는 가혹한 고통을 말하겠어요.
그들이 재산을 넉넉하게 모으고,
자식들이 무럭무럭 자라나
유능한 인물이 된다 하더라도,
신께서 그러기를 원하시면, 죽음이 　　　　　1110
자식들을 저승으로 채어 가버리지요.
하거늘 신들께서 인간들에게
다른 고통들에다 자식들로 인한
이 가장 쓰라린 고통을 덧붙이는 것이
인간들에게 대체 무슨 덕이 되겠어요? 　　　1115

메데이아　친구들이여, 나는 아까부터 결과를 기다리며
　　　　일이 어떻게 끝날지 저쪽을 바라보고 있어요.
　　　　저기, 이아손의 하인 한 명이 이리로 오고 있는 것이
　　　　보여요. 숨을 헐떡이는 것을 보니
　　　　그는 나쁜 소식을 전해줄 것 같아요. 　　　　　1120

　　　　(사자 등장)

사자　　〔그대는 천륜을 어기고 끔찍한 짓을 저질러놓았어요.〕
　　　　메데이아 님, 자, 어서 달아나세요!

|메데이아| 배를 타시든, 육지를 구르는 마차를 타시든.
|메데이아| 대체 무슨 일이 생겼기에 그렇게 달아나라는 게요?
|사자| 방금 젊은 공주가 죽었어요. 1125
그리고 그녀를 낳은 크레온 님도요. 그대의 독 때문에.
|메데이아| 가장 반가운 소식을 전해주니, 앞으로 나는
그대를 내 은인으로, 내 친구로 여길 것이오.
|사자| 뭐라 했소? 그대는 왕가의 화로를 모독해놓고도
그것을 듣고 기뻐하고 조금도 두려워하지 않으니, 1130
어찌 그대가 미치지 않고 제정신이란 말이오, 여인이여?
|메데이아| 나도 그대의 말에 대꾸할 말이 많아요.
하지만 너무 서둘지 마시오, 친구여! 말해보시오.
그들은 어떻게 죽었나요? 그들이 더없이 비참하게
죽었다면, 그대는 나를 두 배로 기쁘게 해줄 것이오. 1135
|사자| 그대의 두 아들이 아버지와 함께 와서
신부의 집에 들어섰을 때, 그대의 불행을
동정하던 우리 하인들은 마음이 흐뭇했소.
우리는 당장 귀에다 대고 서로 속삭였지요, 그대와
그대의 남편이 오랜 불화를 해소했다고 말이오. 1140
우리 중 일부는 아이들 손에 입 맞추었고,
일부는 금발에 입 맞추었소. 나는 기쁜 나머지
여인들의 방으로 아이들을 따라 들어갔소.
우리가 지금 그대 대신 모시는 마님은
그대의 두 아이를 보기 전에는 이아손 님에게 1145
애정 어린 눈길을 보냈소. 그러나 아이들이 들어오자
그녀는 이를 못마땅히 여기고는
눈을 가린 채 창백해진 얼굴을 다른 쪽으로

돌려버리는 것이었소. 그러자 그대의 남편께서
젊은 아내의 노여움과 분노를 이런 말로   1150
가라앉히려 하셨소. "친구들을 미워하지 마시오.
노여움을 풀고 이쪽으로 얼굴을 돌리시오. 남편이
친구로 여기는 자들을 그대도 친구로 여기시오.
자, 이 선물들을 받고, 이 아이들을 추방에서
풀어달라고 아버지께 간청해주시오. 나를 위해서!"   1155
그녀는 장신구를 보자 더는 버티지 못하고
남편에게 모든 것을 승낙하고는, 그대의 자식들을
아버지가 데리고 집에서 멀어지기도 전에,
그 오색찬란한 옷을 집어 몸에 두르고
곱슬머리에는 황금 머리띠를 두르더니 번쩍이는   1160
거울 앞에서 머리를 매만지며 거울에 비친
자신의 생명 없는 모습을 향해 미소 지었소.
그러고 나서 그녀는 의자에서 일어서서
백설같이 흰 발로 자랑스럽게 방 안을 두루 거닐며
선물들이 좋아서 못 견디겠다는 듯 자꾸만   1165
발꿈치를 들고 그쪽을 내려다보는 것이었소.⁴⁵
하지만 다음 순간 끔찍한 광경이 벌어졌소.
그녀는 갑자기 안색이 변하더니 사지를 떨며
뒤로 비틀거렸고, 바닥에 넘어지기 전에 간신히
한발 앞서 의자에 쓰러질 수 있었으니 말이오.   1170
그러자 한 늙은 하녀가, 판 신이나
어떤 다른 신의 노여움이 그녀를 엄습한 줄 알고
주문(呪文)을 외었으나, 마침내 그녀의
입에서 흰 거품이 나오고 눈알이 뒤집히고

얼굴에 핏기가 없는 것을 보자, 주문에 이어   1175
비명을 질렀소. 그러자 지체 없이
하녀들 가운데 일부는 아버지의 집으로,
일부는 새로 결혼한 남편에게
신부의 불행을 알리러 갔소.
그리하여 달려가는 발소리에 온 집이 울렸소.   1180
빠른 주자(走者)가 성큼성큼 달려 6플레트론⁴⁶
주로의 결승점에 도달할 수 있는 시간이
경과했을 때, 그동안 말없이 눈을 감고 있던
그녀가 가엾게도 무섭게 신음하며 깨어났소.
이중의 파멸이 그녀를 엄습했던 것이니,   1185
머리에 두르고 있던 황금 머리띠에서는
놀랍게도 모든 것을 삼켜버리는 불길이 흘러내렸고,
그대의 자식들의 선물인 고운 옷은
그 불행한 여인의 하얀 살을 파먹어 들어갔소.
그녀는 의자에서 벌떡 일어나 화염에 싸인 채   1190
도망하려 했고, 머리와 머리채를 이리저리 흔들어
머리띠를 내팽개치려 했소. 하지만 황금이 그녀의
땋은 머리를 꽉 붙들고 있었고, 그녀가 머리를
흔들수록 불은 두 배나 더 세게 타올랐소.
그녀는 불행에 제압되어 바닥에 쓰러졌고,   1195
그녀의 아버지 말고는 아무도 그녀를 알아볼 수 없었소.

45 옷이 몸에 잘 맞는지 보려고.
46 1플레트론(plethron)은 약 30.83미터이며 6플레트론은 약 190미터, 즉 1
   스타디온(stadion)이다. 1스타디온은 올륌피아 경기가 열리던 올륌피아 경
   주로의 길이다.

그녀의 두 눈이 있던 자리와 고운 얼굴이
더 이상 분명하지 않았으니까요. 정수리에서는
피가 흘러내려 불과 뒤섞이고, 독(毒)의 보이지 않는
이빨들에 살이 송진처럼 뼈에서 떨어져 나가니,   1200
실로 끔찍한 광경이었소. 모두들 겁에 질려
감히 누구도 그녀의 시신을 만지려 하지 않았소.
그녀의 불행이 우리에게 만지지 말라고 경고해주었으니까요.
그런데 가련한 아버지가 불행에 관해
아무것도 모른 채 집 안으로 달려 들어왔다가   1205
시신 위에 쓰러져 즉시 통곡하고 포옹하고 입 맞추며
이렇게 말했소. "이 가엾은 것아, 대체 신들 중에
어느 분께서 너를 이토록 참혹하게 죽이셨느냐?
누가 무덤가에 서 있는 이 늙은이한테서 너를 빼앗아
가는 것이냐? 아아, 너와 함께 죽고 싶구나, 얘야!"   1210
비탄과 통곡을 그치고 나서 그는 노구(老軀)를
일으켜 세우려 했소. 하지만 그는 마치
담쟁이덩굴이 월계수 가지들에 달라붙듯,
그 고운 옷에 달라붙었소. 그래서 무서운 씨름이
시작되었소. 그는 무릎을 세우고 일어서려 했고,   1215
그녀는 꽉 붙들었소. 그리고 그가 억지로 당기자
그의 늙은 살이 뼈에서 찢어지는 것이었소. 마침내
그가 포기하자 가련하게도 목숨이 그의 곁을 떠나고
말았소. 그는 더 이상 재앙을 이길 수 없었던 것이오.
그리하여 딸과 늙은 아버지가 시신이 되어 나란히   1220
누워 있으니, 실로 눈물겨운 불행이 아닐 수 없소.
그대의 운명에 관해서는 내 더 말하지 않겠소. 어떻게

해야 벌을 피할 수 있을지 그대 스스로 알고 있을 테니
말이오. 필멸의 존재들이 그림자에 지나지 않음을 오늘
처음 생각했던 것은 아니지만, 내 거리낌 없이 말하겠소.
스스로 현인이요 사색가라고 자부하는 자들[47]이야말로
가장 중벌(重罰)을 받아 마땅하다고 말이오.
이 세상에 행복한 사람은 아무도 없기 때문이오.
부(富)가 흘러들어가는 사람도 남들보다 행운아라고는
할 수 있으나 행복하다고는 할 수 없을 것이오.

(사자 퇴장)

코로스장 오늘 신께서 이아손 님에게 수많은 불행을
안겨주시는 것 같은데, 이는 당연한 응보지요.
[아아, 크레온 님의 가련한 따님이여, 그대가
이아손 님과의 결혼 때문에 하데스의 집으로 가니
우리는 그대의 불행에 연민의 정을 느껴요.]

메데이아 친구들이여, 내 결심은 확고해요. 나는 되도록 빨리
내 자식들을 죽이고 나서 이 나라를 떠날 것이며,
늑장을 부리다가 더 증오심에 찬 다른 손에
내 자식들을 죽이라고 내주지 않을 거예요.
그 애들은 무조건 죽어야 해요. 필요하다면
생모인 내가 그 애들을 죽일 테야.
자, 내 마음이여, 무장하라! 내가 왜 주저하는 거지?
끔찍하지만 어차피 피할 수 없는 범행이 아니던가!
자, 가련한 내 손이여, 칼을 들어라! 칼을 들고
고통스러운 경주의 출발점으로 다가서도록 하라!

---

47 에우리피데스 당시의 소피스트들과 엉터리 철학자들처럼.

비겁자가 되지 말고, 아이들 생각은 하지 마,
그들은 네 귀염둥이들이고, 네가 그들을 낳았다고!
이 짧은 하루 동안만 네 자식들을 잊었다가 나중에
울도록 해! 네가 아이들을 죽이더라도 아이들은 역시
네 귀염둥이들이 아닌가! 나야말로 불운한 여인이로구나!   1250

(메데이아, 집 안으로 퇴장)

코로스48(좌1) 가이아와 만물을 비추는
헬리오스의 빛이여, 굽어살피소서,
파멸을 안겨주는 여인을! 그녀가 제 혈육을
죽이려고 피투성이가 된 손을 들기 전에!
그녀는 그대의 황금 같은 씨에서   1255
태어났나이다. 신의 피가 인간의
손에 의해 쏟아질까 두렵나이다.49
오오, 제우스에게서 태어난 빛이여, 그녀를 막고
저지하고 이 집에서 내쫓아주소서! 그녀는 살의에 찬
악령들에게 쫓기는 가련한 복수의 여신이에요.   1260

(우1) 허사인가, 그대가 자식들을 위해 애쓰던 일도?
허사인가, 그대가 귀염둥이들을 낳은 것도?
검푸른 쉼플레가데스의 더없이 황량한
바위 문을 지나온 그대여!
가련한 여인이여, 어인 일로 무서운 원한과   1265
적의에 찬 살의가 그대의 마음을 엄습하는가?
제 혈육에 대한 범행은 지상의 인간들에게
가혹한 벌을 가져다주는 법.

|제 혈육을 살해한 자들에게 걸맞은 재앙이
신들에 의해 그들의 집에 떨어진다네.　　　　　　　　　　　　　1270

한 아이　*(집 안에서)* 도와줘요!

(좌 2)

코로스　들리나요, 아이들의 저 비명이?　　　　　　　　　　　　1273
　　　아아, 가엾어라! 아아, 불운한 여인!　　　　　　　　　　　1274
첫째 아이　*(집 안에서)* 아아, 어떡하지? 어머니의 손을 어떻게 피하지?　1271
둘째 아이　*(집 안에서)* 난 몰라요, 형님! 우리는 끝장났어요.　　　　　1272
코로스　집 안으로 들어갈까요? 살육으로부터 아이들을　　　　　1275
　　　구해줘야 해요.
첫째 아이　*(집 안에서)* 제발 우리를 살려주세요. 우린 도움이 필요해요.
둘째 아이　*(집 안에서)* 벌써 칼의 덫이 죄어들고 있어요!
코로스　가엾어라! 그대는 아마도 돌이나
　　　무쇠로 만들어진 모양이구려.　　　　　　　　　　　　　　1280
　　　제 몸에서 낳은 제 자식들을
　　　제 손으로 죽이려 하다니!

(우 2)

코로스　옛날 여인들 가운데 단 한 명만이
　　　제 자식들에게 손을 댔다고 나는 들었어요.

48　1251~1292행은 다섯 번째 정립가다.
49　메데이아도 그녀의 자식들도 신의 자손이지만, 신과 여신만이 신의 자손을 죽일 권리가 있으므로 그녀는 자식을 죽여서는 안 된다는 뜻이다.

신들에 의해 미쳐버린 이노가 제우스의
아내[50]에 의해 집에서 쫓겨나 떠돌아다닐 때   1285
그랬대요. 이노는 무도하게 자식을 죽인 것을
속죄하고자[51] 가엾게도 바닷물에 뛰어들었으니,
그녀는 가파른 해안 밖으로 발걸음을 옮겨[52]
죽음으로 두 아이와 결합했던 것이지요.
이보다 더 끔찍한 일이 어디 있겠어요?   1290
아아, 여인들의 고통에 찬 결혼침대여,
너는 벌써 인간들에게 얼마나 많은
고통을 안겨주었는가!

(이아손이 허둥지둥 뛰어 들어온다)

이아손 이 집 앞에 서 있는 여인들이여,
그런 끔찍한 짓을 저지른 메데이아라는 여인이
아직 집 안에 있소, 아니면 벌써 달아나버렸소?   1295
그녀가 왕가에 죗값을 치르지 않으려면
땅속에 숨거나, 아니면 날개를 타고
하늘 높이 올라가야만 할 테니 말이오.
이 나라의 통치자들을 죽여놓고도 그녀는 자신이
이 집에서 무사히 도망칠 수 있기를 바라는가?   1300
하지만 내가 염려하는 것은 그녀가 아니라 내 자식들이오.
그녀에게는 그녀 악행의 희생자들이 앙갚음할 것이고,
내가 달려온 것은 내 아들들의 목숨을 구하려 함이오.
왕가의 친척들이 그 어미의 무도한 살인 행위에 대한
보복으로 그 애들을 해치지 못하도록 말이오.   1305

코로스장 가련한 이아손 님, 그대가 어떤 불행 속으로 뛰어들었는지

이아손	모르고 계시군요. 아신다면 그런 말씀은 안 하실 텐데.
이아손	무슨 일이오? 그녀가 나까지 죽이려 하오?
코로스장	그대의 아이들은 어머니 손에 죽었어요.
이아손	아아, 그게 무슨 말이오? 그대가 나를 죽이는구려, 여인이여! 1310
코로스장	그대의 아이들은 이 세상에 없다고 생각하세요!
이아손	대체 어디서 그녀가 애들을 죽인 거요? 집 안이오, 밖이오?
코로스장	문을 여시면 아이들의 주검을 보시게 될 거예요.
이아손	어서 빨리 빗장을 벗기도록 하라, 하인들아!
	나무못을 빼라! 이중의 재앙을, 죽은 아이들과 1315
	그녀를 볼 수 있도록. 내 그녀에게 복수하련다.

(메데이아가 아이들의 시신을 안고 용들이 끄는 수레를 타고 지붕 위에 나타난다)

메데이아	당신은 어인 일로 문을 흔들고 지레로 부수면서
	시신들과 일을 저지른 나를 찾는 건가요?
	헛수고하지 마세요. 내가 필요하다면 용건을
	말해보세요. 손으로 나를 잡지는 못할 거예요. 1320
	내 아버지의 아버지이신 헬리오스께서 내게
	적의 손을 막아줄 이런 수레를 주셨으니 말예요.
이아손	아아, 가증스러운 인간이여! 신들과 나와
	모든 인간 종족에게 가장 미움 받는 여인이여,
	감히 제 자식들의 가슴에 칼을 꽂아 죽이고 1325

50 헤라.
51 이노는 살아 있는 아들 멜리케르테스(Melikertes)를 안고 바닷물에 뛰어든 것으로 알려져 있다. 그러나 에우리피데스는 메데이아의 행위에 맞춰 이노가 미쳐서 제 손으로 자식을 죽인 뒤 절벽에서 바닷물로 뛰어내렸다는 비교적 덜 알려진 전설을 따르고 있다.
52 '절벽에서 바닷물로 뛰어내려'라는 뜻이다.

자식들을 빼앗음으로써 나까지 파멸케 하다니!
그런 짓을 저지르고도, 가장 불경한 짓을 감행하고도
태양과 대지를 보다니! 죽으시오!
이제야 알겠소. 하지만 그때는 미처 몰랐소.
아버지와 길러준 조국을 배반한 당신을 나는   1330
당신의 고향과 야만족의 나라에서 헬라스의 집으로
큰 재앙으로서 데려왔던 것이오.
당신의 악행을 응징할 악령을 신들께서 내게
지우셨던 것이오. 이물이 아름다운 아르고호에
오르기 전에 당신은 오라비를 죽였으니 말이오.   1335
그게 시작이었소. 그러고 나서 당신은 나와
결혼하여 내게 아이들을 낳아주더니, 내가
새장가를 든다고 아이들을 죽여버렸소.
어떤 헬라스 여인도 감히 그런 짓은 할 수 없을 것이오.
그럼에도 나는 그들 모두보다 당신을 더 높이 평가하여   1340
당신과 결혼을, 내게는 가증스럽고 치명적인
결혼을 했었소. 당신은 암사자이지 여인이 아니며,
튀르레니아 땅에 사는 스퀼라보다 천성이 더 모질구려.
하지만 나는 수천 가지 욕설로도 당신을 화나게 할 수 없구나.
그만큼 당신은 뻔뻔스런 인간으로 태어났으니까.   1345
꺼지시오! 후안무치한 여인이여, 제 자식을 죽인 여인이여!
하지만 내가 할 수 있는 것은 내 운명을 슬퍼하는 것뿐.
나는 새장가든 재미도 보지 못할 것이고,
내가 낳아 기른 자식들마저 잃어버렸으니 살아 있는
그 애들에게 더는 인사조차 할 수 없게 되었구나!   1350

메데이아   당신이 한 말에 나도 긴 대꾸를 늘어놓을 것이로되,

아버지 제우스께서는 알고 계세요,
당신이 내게서 무엇을 받았고 내게 무엇을 해주었는지.
당신이 나와의 결혼을 배신하고 나를 조롱거리로 삼으며
행복하게 살아간다는 것은 안 될 일예요. 1355
그리고 공주와의 결혼을 주선한 크레온이 이 나라에서
나를 추방하고도 벌 받지 않는다는 것도 안 될 일예요.
그것에 대해 원한다면 나를 암사자라고
〔튀르레니아 땅에 사는 스퀼라라고〕 부르세요.
내가 당신의 심장을 가격한 것은 당연한 응보예요. 1360

이아손   당신도 슬퍼하며 내 고통을 함께하고 있지 않은가!
메데이아   잘 알아둬요. 당신이 날 조롱하지 못한다면 내겐 고통도 덕이 돼요.
이아손   애들아, 너희들은 사악한 어머니를 만났구나!
메데이아   애들아, 아버지의 악덕이 너희들을 죽인 것이다!
이아손   애들을 죽인 것은 분명 내 오른손이 아니었소. 1365
메데이아   그대의 교만과 새장가가 그랬죠.
이아손   정녕 그대는 새장가 때문에 애들을 죽이기로 작정했단 말이오?
메데이아   남편의 새장가가 여자에게 작은 고통이라 생각하시나요?
이아손   슬기로운 여자에게는. 하지만 당신은 완전히 타락했소.
메데이아   애들은 이미 죽고 없어요. 그것이 당신을 괴롭힐 거예요. 1370
이아손   아니, 애들은 살아 있소. 당신의 악행을 응징할 악령으로서.
메데이아   누가 이 고통의 장본인인지 신들께서는 알고 계세요.
이아손   물론 신들께서는 알고 계시지, 당신의 가증스러운 마음을.
메데이아   실컷 증오하세요. 나는 당신의 험담이 역겨울 뿐예요.
이아손   나도 마찬가지요. 그러니 우리는 헤어지기가 한결 쉽겠구려. 1375
메데이아   그럼 난 어떡해요? 나도 당신과 헤어지는 게 소원인데.
이아손   내가 그 시신들을 묻어주고 곡할 수 있게 해주시오!

메데이아	천만에! 나는 애들을 이곳 아크로폴리스에 거주하시는	
	헤라 여신의 성역으로 데려가 내 손으로 묻어줄 거예요.	
	어떤 적도 애들을 능욕하고 무덤을 파헤치지 못하도록.	1380
	그리고 나는 이 불경한 살인을 속죄하기 위해	
	앞으로 여기 이 시쉬포스의 나라53에서	
	신성한 축제와 제사를 올리게 할 거예요.	
	하지만 나는 에렉테우스의 나라에 가서	
	판디온의 아들 아이게우스의 집에서 살 거예요.	1385
	당신은 당연한 응보로, 아르고호의 파편에 머리가 박살 나	
	악인답게 비참한 죽음을 맞게 될 거예요.54 하나 그 전에	
	당신은 나와의 결혼의 쓰라린 종말을 보게 될 거예요.	
이아손	하지만 애들의 복수의 여신과 살인을 응징하시는	
	디케 여신께서 당신을 죽이시게 되기를!	1390
메데이아	하지만 거짓 맹세를 하고 친구를 속인 당신에게	
	신이든 신령이든 누가 귀를 기울이겠어요?	
이아손	아아, 제 자식을 죽인 흉악한 계집 같으니라고!	
메데이아	집에 가서 신부나 묻어주세요!	
이아손	아이를 둘 다 잃고 가야 하다니!	1395
메데이아	당신의 비탄은 아직 멀었어요. 늙을 때까지 기다리세요!	
이아손	아아, 더없이 사랑스런 아이들아!	
메데이아	어미에게는 그랬지요. 하지만 당신에게는 그렇지 않았어요.	
이아손	그런데 애들을 왜 죽였소?	
메데이아	당신에게 고통을 주기 위해서죠.	
이아손	아아, 가련한 내 신세! 아이들의 사랑스러운 입에	1400
	입 맞추고 싶구나!	
메데이아	지금은 당신이 애들에게 말을 걸고, 지금은 다정하게	

인사하지만 아까는 배척했어요.

이아손 신들의 이름으로 빌겠소.
애들의 부드러운 살갗을 만져볼 수 있게 해주시오!

메데이아 안 돼요. 말해도 소용없어요.

이아손 오오, 제우스이시여, 내가 어떻게 내쫓기는지,   1405
제 자식을 죽인 흉악한 저 암사자에게
내가 어떤 수모를 당하는지 들으셨나이까?
하지만 내가 할 수 있는 일은 한 가지뿐.
그것은 내가 통곡하며, 어떻게 당신이
내 자식들을 죽이고는 내 손으로 시신들을   1410
만져보고 묻어주는 것조차 거절하는지
신들을 증인으로 부르는 것이오. 아아, 내가
자식들을 낳지 않았더라면, 그리고 당신 손에
자식들이 죽는 것을 보지 않았더라면 좋았을 것을!

〔코로스 올륌포스의 제우스께서는 많은 것을 주관하시고,   1415
신들께서는 많은 것을 예상과 다르게 이루시지요.
우리가 바라던 것이 이루어지지 않는가 하면,
바라지도 않았던 것을 위해 신께서는 길을 찾아내시지요.
여기 이 사건도 그렇게 일어난 것이라오.〕[55]

---

53 코린토스. 코린토스의 아크로폴리스에서는 역사시대에도 메데이아의 아이들을 위해 제사를 지냈다고 한다.
54 일설에는, 코린토스의 이스트모스에 끌어올려놓은 아르고호의 고물 밑에서 자던 이아손이 떨어져 나가는 낡은 선체의 파편에 맞아 죽었다고 한다.
55 이 시행들은 첫 행을 달리하여 『알케스티스』 『안드로마케』 『헬레네』 『박코스 여신도들』의 끝에도 보이는 상투 문구다.

메데이아 367

타우리케의 이피게네이아[1]
Iphigeneia he en Taurois

작품 소개

일설에 따르면, 아가멤논의 딸 이피게네이아는 아울리스 항에서 순풍을 얻기 위해 그리스군에 의해 아르테미스 여신에게 제물로 바쳐졌지만, 마지막 순간 아르테미스가 사슴을 대신 넣어주고 그녀를 구출하여 지금의 크림 반도에 살던 타우로이족의 나라로 데려가 그곳에 있던 그녀의 신전에서 여사제로 봉사하게 했다고 한다. 그래서 이방인을 여신께 제물로 바치는 그곳의 관습에 따라 제물을 축성하는 일을 맡아보던 이피게네이아는 자신을 무자비하게 제물로 바친 그리스인들을 늘 원망하면서도 고향을 그리워한다.

그러던 중 그리스 젊은이 두 명이 붙잡혀 제물로 바쳐지기 위해 끌려오는데, 그들은 아폴론의 명령에 따라 그곳의 아르테미스 여신상을 그리스로 가져가려고 온 그녀의 오라비 오레스테스와 그의 친구 퓔라데스다. 고향에 편지를 전해주면 한 사람을 살려주기로 하고 만일의 경우에 대비해 그녀가 편지의 내용을 읽어주다가 둘이 남매간임을 알게 된다. 그리하여 그녀는 어머니를 죽인 살인자인 두 사람이 더러운 손으로 신상을 만진 만큼 신상도 제물도 바닷물로 세정(洗淨)해야 한다며 타우로이족의 왕을 속이고 오레스테스 일행이 타고 온 배를 타고 그리스로 탈출한다.

등장인물

이피게네이아 아가멤논의 딸, 아르테미스의 여사제
오레스테스 그녀의 오라비
퓔라데스 오레스테스의 친구
코로스 포로로 잡혀 와 신전 하녀로 일하는 그리스 여인들
소 치는 목자
토아스 타우로이족의 왕
사자(使者) 토아스의 시종
아테나

그 밖에 신전 하인들과 토아스의 시종들

이 작품의 대본은 Euripidis Fabulae, edidit J. Diggle, 3vols. (Oxford Classical Texts) 1981~1994의 그리스어 텍스트다. 주석은 M. Platnauer (Oxford 1938)의 것을 참고했다. 현대어 번역 중에서는 J. Morwood (Oxford 1997), J. Davie (Penguin Books 2003), R. Lattimore (University of Chicago Press 1992), D. Kovacs (Harvard University Press 1999)의 영역과 E. Buschor (Zürich 1996), D. Ebener (Akademie—Verlag 1975), J. J. Donner (Stuttgart 1958)의 독역을 참고했다.

장소   타우로이족의 나라에 있는 아르테미스 여신의 신전 앞 광장.

이피게네이아   *(신전에서 등장하며)*

　　　탄탈로스의 아드님 펠롭스[2]께서 피사에 가셔서 날랜 말들
　　　덕분에 오이노마오스의 따님과 결혼하시자, 그녀에게서
　　　아트레우스께서 태어나셨고, 아트레우스의 아드님이 곧
　　　메넬라오스와 아가멤논예요. 그리고 나 이피게네이아는
　　　아가멤논과 튄다레오스의 딸[3] 사이에서 태어난 아이예요.　　　　　　5
　　　에우리포스 해협이 검푸른 물결을 끊임없이 세차게
　　　굴리는 소용돌이치는 바닷가에서, 아울리스 항의 이름난
　　　만(灣)에서 내 아버지께서 헬레네를 위해 아르테미스 여신께
　　　나를 제물로 바치셨다고 사람들은 믿고 있지요.
　　　그곳으로 아가멤논 왕께서 일천 척의 헬라스[4] 함대를　　　　　　　　10

1　그리스어 제목은 Iphigeneia he en Taurois(라/Iphigenia in Tauris)이며 '타우로이족(Tauroi 라/Tauri) 사이에서의 이피게네이아'라는 뜻이다. 제목이 긴 탓에, 실제로는 잘 쓰이지 않는 지명인 타우리케(Taurike)를 사용해 '타우리케의 이피게네이아'로 줄였다. 참고로, 괴테가 사용하고 있는 타우리스(Tauris)라는 지명은 이피게네이아가 제물로 바쳐졌던 곳인 아울리스(Aulis)를 본떠 만든 것으로, 그리스어에도 라틴어에도 없는 이름이다.
2　펠롭스(Pelops)는 아가멤논의 할아버지로, 펠로폰네소스(Peloponnesos '펠롭스의 섬'이라는 뜻)라는 지명은 그에게서 비롯된 것이다.
3　클뤼타이메스트라.
4　그리스.

모으셨기 때문인데, 이는 아버지께서 아카이오이족[5]을 위해
일리온[6]을 이겨 승리의 아름다운 화관을 쟁취하시고,
헬레네의 간통죄를 벌주심으로써
메넬라오스를 기쁘게 해주시기 위함이었지요.
그러나 바람이 불지 않아[7] 함대가 출항할 수 없게 되자   15
아버지께서 구운 제물을 바쳐 신의(神意)를
알아보게 하셨고, 칼카스가 이렇게 말했지요.
"헬라스군의 총사령관 아가멤논이여, 아르테미스께서
그대의 딸 이피게네이아를 제물로 받기 전에는 한 척의
배도 출항하지 못할 것이오. 일찍이 그대는 광명의 여신[8]께   20
그해의 가장 아름다운 열매를 바치겠다고 서약하셨거늘,
그때 그대의 아내 클뤼타이메스트라가 집에서 그대에게 딸을
낳아주었소." — 예언자는 '가장 아름다운'이라는 말을 나와
관련지었어요 — "그러니 그대는 그 딸을 제물로 바쳐야 하오."
그리하여 아킬레우스와 결혼시킨다는 오뒷세우스의 속임수가   25
나를 어머니 품에서 끌어냈지요. 나는 아울리스에
도착하여 가련하게도 제단에 올려졌고, 칼에 맞아
죽게 되어 있었지요. 그러나 아르테미스께서 나를 빼돌리신 뒤
나 대신 암사슴 한 마리를 아카이오이족에게 주시고는
밝은 하늘을 지나 이곳 타우로이족의 나라에 나를   30
데려다놓으셨어요. 이 나라에서는 토아스[9]라는 야만인이
야만족을 통치하고 있는데, 날개 달린 듯 걸음이 잰 그는
잰걸음 덕분에 그런 이름을 갖게 되었던 것이지요.
그래서 그가 이 신전에 나를 여사제로 앉혔지요.
이곳에서 아르테미스 여신께서는 제물의 축제를   35
즐기고 계신데, 그것은 이름만 아름다울 뿐이지

―더는 말을 말아야지, 여신에 대한 존경심에서.

〔나는 옛날부터 전해오는 도시의 관습에 따라, 이 나라로
표류해 오는 모든 헬라스인을 제물로 바쳐야 하니까요.〕
물론 나는 축성(祝聖)¹⁰만 할 뿐이고, 제물 바치는 일은   40
다른 사람들 소관이지만. 〔안에 있는 남자들 말예요.〕
간밤에 나는 이상한 꿈을 꾸었는데, 지금 허공에 대고
말할까 해요. 그러면 혹시 위안이라도 될까 해서요.
나는 내가 이 나라에서 멀리 벗어나 아르고스에 있는
어릴 적 친구들 사이에서 자고 있는 꿈을 꾸었어요.   45
그때 지진이 일어나 대지의 등이 요동치는 바람에
나는 바깥으로 도망했는데, 집의 처마가 내려앉더니
지붕 전체가 흔들리며 꼭대기에서 바닥으로
무너져 내리는 것이 보이는 것 같았어요.
내가 보기에, 아버지의 집은 이제 기둥 하나만   50
남은 것 같았는데, 기둥머리에서 금발머리가 흘러내렸고,
기둥은 사람처럼 말할 줄도 알았어요.
그리고 나는 이방인을 제물로 바치는 내 의무에 따라,
마치 죽이기 위해서인 양, 그 기둥에다 눈물을 흘리며
물을 뿌렸어요. 이 꿈을 나는 다음과 같이 해몽해요.   55

5 그리스인들.
6 트로이아.
7 그리스어 aploiai를 '역풍이 불어 출항할 수 없게 되자'로 해석하는 이들도
   있다.
8 아르테미스. 그녀는 밤에 사냥할 때 횃불을 들고 다니기 때문이다.
9 토아스(Thoas)라는 이름은 여기서 '날랜' '빠른' '잰'의 뜻인 형용사 thoos
   에서 유래했다.
10 여기서 '축성'이란 제물을 죽이기 전에 머리에 성수를 뿌리는 것을 말한다.

오레스테스가 죽은 거예요. 내가 죽이려고 축성한 것은
바로 그 애예요. 한 집의 기둥들은 그 집의 아들들이고,
내가 축성의 물을 뿌린 자는 누구든 죽어야 하니까요.
〔이 꿈을 나는 내 친인척들과는 관련지을 수 없어요.
내가 없어졌을 때 스트로피오스[11]는 자식이 없었으니까요.〕 60
그래서 나는 지금 죽은 내 오라비를 위해 제주(祭酒)를
바치려 해요 ― 나는 그 정도는 할 수 있으니까요 ―
왕이 내게 준 헬라스의 하녀들과 함께.
한데 어인 일로 그들이 아직 나타나지 않는 것일까.
― 그래서 나는 내가 살고 있는 집으로, 65
여신의 신전으로 들어가는 중예요.

(이피게네이아 퇴장. 오레스테스와 퓔라데스 은밀히 다가온다)

오레스테스 주의해서 잘 보게, 아무도 우리와 마주치지 않도록!
퓔라데스 유심히 살펴보고 있네, 사방으로 눈을 돌리며!
오레스테스 퓔라데스, 자네는 이곳이 우리가 아르고스에서 배를 타고
바다를 건너 찾아온 그 신전이라고 믿나? 70
퓔라데스 물론이지, 오레스테스. 그 점은 자네도 의심하지 말게.
오레스테스 그리고 이것이 헬라스인들의 피가 뚝뚝 듣던 제단이고?
퓔라데스 제단 가장자리가 피로 발갛게 물들었군그래.
오레스테스 자네 저기 저 처마 밑에 무구(武具)들이 걸려 있는 게 보이나?
퓔라데스 저 무구들은 죽은 이방인들에게서 빼앗은 전리품들일세. 75
우리는 눈을 사방으로 굴리며 유심히 살펴보아야겠네.
오레스테스 오오, 포이보스[12]이시여, 그대의 신탁은 나를 여기서 또 덫에
걸려들게 했나이다. 나는 어머니를 죽여 아버지의 원수를
갚은 뒤로 복수의 여신 무리에게 쫓기고 또 쫓겨
고향을 떠나 객지를 전전했나이다. 그리하여 그들에게 쫓겨 80

굽은 주로(走路)를 수없이 돌고 돈 뒤 그대를 찾아가,
어떻게 해야 광증(狂症)의 여로를 끝내고 나로 하여금
고생하며 온 헬라스를 두루 돌아다니게 했던 내 고난을
끝낼 수 있겠는지 물었나이다. 그러자 그대가 말씀하시기를,
내가 그대의 누이 아르테미스의 제단들이 있는 85
타우로이족의 나라에 가서, 그곳 사람들 말로는,
하늘에서 그 신전으로 떨어졌다는 여신의 신상을 빼앗되,
행운으로든 지략에 의해서든 여신상을 손에 넣게 되어
내 모험의 극치로서 아테나이인들의 나라에
여신상을 가져다주면 — 그 이상은 말씀하시지 않았나이다 — 90
이 행위가 나를 고난에서 구원해줄 것이라 하셨나이다.
그래서 나는 그대의 말씀에 따라 이곳 낯설고
나그네에게 불친절한 나라에 온 것이옵니다.
퓔라데스, 내 자네에게 묻겠네.
— 자네는 이번 노고를 나와 함께하고 있으니 말일세 — 95
우리는 어떡해야 하나? 자네도 보다시피, 높은 담이
신전을 둘러싸고 있으니까. 사다리를 타고 기어오를까?
하지만 어떻게 들키지 않을 수 있겠어?
아니면 청동으로 만든 빗장들을 쇠지레로 부술까?
하지만 우리는 빗장에 관해서는 아무것도 모르잖아. 100
그리고 문을 부수고 들어가다 잡히는 날에는
우리는 죽은 목숨일세. 그러니 죽기 전에 우리가
이리로 타고 온 배가 있는 곳으로 도망치도록 하세.

11 퓔라데스의 아버지.
12 아폴론의 별명.

| 필라데스 | 도망치다니! 그건 용납할 수 없고 우리답지 않은 짓일세.
| | 그리고 우리는 신탁을 헐뜯어서도 안 되네. 105
| | 우리는 신전을 떠나 검은 바다[13]의 파도에 씻기는
| | 동굴에 숨되, 배에서 떨어진 곳에 숨도록 하세.
| | 누군가 배를 보고 왕에게 일러바쳐 우리가
| | 사로잡히는 일이 없도록 말일세. 하지만
| | 어두운 밤이 눈을 뜨면, 그때는 용기를 내어 110
| | 갖은 수단을 다 써서 신전에서 반들반들 깎은
| | 여신상을 가져가야 할 것이네. 자네는
| | 트리글리프[14]들 사이에 사람이 들어갈 만한 틈이
| | 있는지 살펴보게. 용감한 자들은 위험을 무릅쓰지만,
| | 비겁한 자들은 아무 데도 쓸모가 없다네. 우리가 115
| | 배를 타고 이토록 먼 바닷길을 온 것은
| | 목적지 바로 앞에서 되돌아가기 위함이 아니었네.
| 오레스테스 | 자네가 좋은 충고를 해주었네. 내가 따르겠네.
| | 우리가 몸을 숨길 만한 장소를 찾아보도록 하세.
| | 신께서 자신의 신탁이 무용지물이 되도록 120
| | 내버려두시지는 않을걸세. 용기를 내자고!
| | 젊은이들에게는 힘들다는 것이 변명이 될 수 없어.

(오레스테스와 필라데스 퇴장. 포로로 잡힌 그리스 여인들로 구성된 코로스가 등장하고, 이피게네이아가 신전에서 나온다)

| 이피게네이아[15] | 그대들은 경건히 침묵하시라,
| | 손님에게 불친절한 바다[16]의
| | 맞부딪치는 쌍바위[17] 가까이 사는 이들이여! 125

코로스　오오, 레토의 따님[18]이시여,

딕튄나이시여, 산(山)의 여신이시여,

그대의 안마당으로, 훌륭한 기둥들로 장식된

신전의 황금 처마 밑으로

나는 처녀답게 정숙하게 발걸음을　　　　　　　　　　130

옮겨놓나이다. 그대의 정숙한

여자 열쇠지기에게 봉사하려고.

말〔馬〕의 고장 헬라스의 탑들과

성벽들을, 내 아버지의 집이 있는　　　　　　　　　　135

나무가 우거진 정원들의 나라인

에우로페를 나는 떠나왔나이다.

(이피게네이아에게) 나 여기 있어요. 무슨 일예요? 뭘 하시게요?

어인 일로 그대는 나를 신전으로 부르셨나요?

일천 척의 함대와 헤아릴 수 없이 많은 전사를 이끌고　　140

트로이아의 성탑들로 가신 분[19]의 따님이여,

그대 이름난 아트레우스가(家)의 자손이여!

13　폭풍이 부는 바다.
14　트리글리프(triglypha)는 그리스 도리스식 신전에서 소벽(小壁 frieze)을 이루는 석재로, 세 줄의 세로 홈 장식이 있다. 트리글리프 사이의 네모난 벽면이 메토프(metope)다.
15　123~235행은 등장가다.
16　'손님에게 불친절한(axenos 또는 axeinos) 바다'란 흑해를 말한다. 달래는 의미에서 '손님에게 친절한(euxenos 또는 euxeinos) 바다'라고 일컬어지기도 한다.
17　충돌했다 떨어졌다 하는 움직이는 바위들인 쉼플레가데스(Symplegades '충돌하는 바위들'이라는 뜻).
18　아르테미스.
19　아가멤논.

| 이피게네이아 | 오오, 하녀들아,
| | 나는 말할 수 없는 슬픔에, 즐거운
| | 뤼라[20]에는 어울리지 않는 불협화음의   145
| | 만가(輓歌)에 빠져 있단다. 아아,
| | 사랑하는 가족을 애도하며.
| | 내게 재앙이 닥쳐
| | 죽은 오라비를 위해
| | 눈물을 흘리고 있단다.   150
| | 그런 끔찍한 악몽을 꾸었으니까,
| | 방금 이 어둠이 걷힌 간밤에.
| | 나는 이제 끝장났어, 끝장났어.
| | 내 아버지 집은 없어지고,
| | 아아, 내 집안도 사라져버렸어!   155
| | 아아, 슬프도다, 아르고스의 수난이여!
| | 오오, 악령이여,
| | 너는 내게서 하나뿐인 오라비를 빼앗아
| | 하데스에게 보냈구나. 그래서 나는 여기
| | 이 제주를, 고인들에게 바치는 음료를   160
| | 희석용 동이[21]에서 땅바닥에 뿌리려는 거야.
| | 산중의 어린 암소들에게서 짠 우유와
| | 박코스 신의 포도주와, 노르스름한 벌들이
| | 애써 모은 꿀을 말이야. 이런 것들은   165
| | 고인들을 위로하는 선물이니까.
| | 자, 너희들은 내게 황금 동이와
| | 하데스를 위한 제물들을 갖다 다오.
| | *(동이를 받아 쏟으며)* 오오, 지하에 가 있는 아가멤논의 아들이여,   170

　　　　내 이것을 고인을 위한 제물로 너에게 바치노라.
　　　　받아라! 나는 너를 위해 네 무덤으로 내 금발[22]과
　　　　눈물을 가져다줄 수 없구나. 그만큼 나는
　　　　너와 나의 고향에서 멀리 떨어져 있으니까.　　　　　　　　175
　　　　고향 사람들은 아마 가련한 나도 도살되어
　　　　무덤에 누워 있다고 생각하겠지.

코로스　그대의 노래에 화답하여, 여주인이시여,
　　　　나는 아시아적 가락의 야만적인 노래를　　　　　　　　　　180
　　　　부를 것인즉, 이것은 사자(死者)들을 위한
　　　　무사 여신들의 만가에서나 울려 퍼지고
　　　　하데스가 환희의 찬가로부터
　　　　떨어져서 부르는 그런 노래예요.　　　　　　　　　　　　　185
　　　　아아, 슬프도다, 아트레우스의 아들들의
　　　　집안이여! 선조들의 집에서, 아아,
　　　　왕홀(王笏)들은 빛이 바랬다네!
　　　　행복했던 아르고스의 왕들 가운데
　　　　누구에게서 파멸이 시작되었던고?　　　　　　　　　　　　190
　　　　고난에 또 고난이 겹쳤구나.
　　　　날개 달린 말들을 몰고 대지를 도는 이[23]도,
　　　　궤도에서 이탈했다네.

20　길이가 같은 일곱 개 현으로 된 발현악기.
21　고대 그리스인들은 포도주를 동이에다 부어 물과 희석해 마셨다.
22　고대 그리스인들은 친족이나 친구가 죽으면 애도의 표시로 제 머리카락을 잘라 바쳤다.
23　다음에 나오는 태양신 헬리오스.

하늘의 신성하고 빛나는 눈인 헬리오스도.
그리하여 황금 모피를 가진 새끼 양의 가정에는   195
고통에 고통이, 살인에 살인이,
고난에 고난이 겹쳤다네.[24] 그때부터
이 집에는 이전에 살해된 탄탈로스 자손들의
복수의 악령이 들어왔고,   200
그대에게도 악령은 서두르지 않아도 될 일을
서둘러 이루고 있는 것이라오.

이피게네이아   처음부터 내게는 재앙의 악령이 주어졌지,
내 어머니의 허리띠가 풀리던
그날 밤[25]부터. 내가 태어날 때   205
운명의 여신들은 처음부터 내게
잔혹한 운명을 정해주었어.   207
레다의 가련한 딸[26]은 방에서   209
나를 첫아이로 낳아   210
지각없는 아버지를 위한 피의 제물로,
기쁨을 주지 않는 번제(燔祭)로 길렀으니,
나는 서약에 따라 신에게 바쳐졌던 것이지.
그리하여 사람들은 말들이 끄는 마차에
나를 태워 아울리스의 모래 해안으로 신부로서,   215
불행한 신부로서, 네레우스의 딸의
아들[27]에게 데려갔었지, 아아 슬프도다!
지금 나는 손님에게 불친절한 바다의 손님으로
황량한 곳에서 남편도 자식도 없이
고향도 친구도 없이 살아가고 있어,   220

결혼에 의해 헬라스인들의 나라에서 쫓겨난 채. 208

나는 아르고스의 헤라[28]를 위해 노래도 221
부르지 않고, 신나게 덜거덩거리는
베틀 가에서 앗티케의 팔라스[29]와
티탄 신족의 형상도 수놓지 않는다네.
대신 나는 수금(竪琴)[30]도 울리지 않는 225
잔혹한 죽음을 위해 애처롭게 신음하고
애처롭게 우는 이방인들의 피로
제단을 더럽혀야 해.
하지만 내 오늘은 그 모든 것을 잊고
아르고스에서 죽은 내 오라비를 위해 230
울고 있어. 내가 떠날 때 그 애는 아직
젖먹이로서 어머니의 팔과 품에 안겨 있던
발랄하고 연약한 어린아이였지,
아르고스의 왕자 오레스테스는. 235

(소 치는 목자, 해안에서 다가온다)

24 펠롭스의 아들 아트레우스는 아우 튀에스테스가 형수 아에로페를 유혹하여 왕권의 상징인 황금 모피의 새끼 양을 훔쳐 간 것을 벌하기 위해 그의 아들들을 죽여서 그 살점으로 요리를 해 그에게 내놓았다. 에우리피데스의 다른 비극 『엘렉트라』 699~736행 참조.
25 클뤼타이메스트라가 이피게네이아를 잉태하던 날 밤.
26 클뤼타이메스트라.
27 아킬레우스. 그의 어머니 테티스는 해신 네레우스의 딸이다.
28 헤라는 아르고스의 수호 여신이다.
29 아테나의 별명. 아테나는 아테나이 시와 앗티케 지방의 수호 여신이다.
30 수금이라고 번역한 phorminx는 호메로스에 나오는 초기 현악기로, 키타라의 전신이었을 것으로 보인다.

코로스장	바닷가에서 소 치는 목자가 와 있는데
	그대에게 새로운 소식을 전하겠대요.
소 치는 목자	아가멤논과 클뤼타이메스트라의 따님이여,
	내게서 방금 일어난 일을 듣도록 하세요.
이피게네이아	대체 무슨 일이기에 우리의 비탄을 방해하는 것이오? 240
소 치는 목자	두 젊은이가 쉼플레가데스의 검은 바위틈 사이를
	무사히 통과하여 이 나라에 도착했으니,
	아르테미스 여신께는 반가운 제물이지요.
	그러니 그대는 서둘러 성수(聖水)와, 그 밖에
	제물을 바치는 데 필요한 것들을 준비하시지요. 245
이피게네이아	그 이방인들은 어디서 왔지요?
	어느 나라 옷을 입고 있나요?
소 치는 목자	헬라스인들예요. 그것만 알고 그 이상은 모르겠어요.
이피게네이아	그 이방인들의 이름은 말해줄 수 없나요?
	듣지 못했나요? 250
소 치는 목자	그중 한 명이 다른 한 명을 퓔라데스라고 불렀어요.
이피게네이아	그리고 그의 친구인 또 한 명은 이름이 뭣이었지요?
소 치는 목자	아무도 몰라요. 우리는 듣지 못했어요.
이피게네이아	그대들은 그들을 어떻게 발견했으며, 어떻게 사로잡았지요?
소 치는 목자	저기 파도가 부서지는 황량한 바닷가에서요.
이피게네이아	목자들이 바닷가에 무슨 볼일이 있었나요?
소 치는 목자	우리는 바닷물로 소 떼를 씻어주려고 그곳에 갔지요. 255
이피게네이아	더 자세히 말해보세요. 그들을 그대들은 어떻게,
	어떤 방법으로 사로잡았나요? 나는 그것이
	알고 싶어요. 그들은 때맞춰 왔군요. 여신의 제단이
	헬라스인들의 피로 붉게 물든 지 벌써 오래됐으니까.

| 소 치는 목자 | 우리는 목초지로부터 쉼플레가데스 바위들을 지나 | 260
| | 이리로 흘러드는 바닷물로 소 떼를 몰아넣고 있었어요.
| | 그때 바위 동굴 하나가 눈에 띄었는데, 그것은 끊임없는
| | 파도에 깊이 팬 곳으로 자줏빛 물감의 원료가 되는
| | 소라를 잡는 어부들이 머무르는 곳이지요. 그런데
| | 우리 목자 중 한 명이 그 안에 두 젊은이가 있는 것을 보고는 | 265
| | 즉시 발끝으로 조심스레 걸어 돌아오더니 말했어요.
| | "자네들은 보이지 않나? 저기 신들이 앉아 있네."
| | 그러자 우리 중에 누군가가 경건히 손을 들고 그 둘을
| | 우러러 기도하는 것이었어요. "바다의 여신 레우코테아의
| | 아드님이시여, 선박의 보호자이시여, 바다의 주인이신 | 270
| | 팔라이몬이시여, 우리에게 자비를 베풀어주소서.
| | 지금 바닷가에 앉아 계시는 분들이 디오스쿠로이들이시든,
| | 아니면 쉰 명의 네레우스의 딸들이라는 고귀한 합창가무단을
| | 낳았던 네레우스의 사랑스러운 자식들이시든!"³¹
| | 또 한 명은 오만과 불신에서 그 기도를 비웃으며, | 275
| | 그들은 난파당한 자들로 우리가 이곳에서 이방인들을
| | 제물로 바친다는 말을 듣고는 그 관습이 두려워서
| | 동굴 안에 앉아 있는 것이라고 말했어요. 우리는
| | 대부분 그의 말이 옳다고 여겼고, 관습에 따라

---

31 카드모스의 딸 이노(Ino)는 익사한 뒤 레우코테아(Leukothea)라는 바다 여신이 되고, 그녀의 아들 멜리케르테스(Melikertes)는 팔라이몬(Palaimon)이라는 이름의 해신이 된다. 디오스쿠로이들(Dioskouroi '제우스의 아들들'이라는 뜻)은 카스토르(Kastor)와 폴뤼데우케스(Polydeukes)를 말한다. 네레우스(Nereus)는 바다의 신으로, 그에게는 50명의 아리따운 딸이 있었다.

여신을 위해 제물들을 사냥하기로 결정했지요.   280
그런데 그때 두 이방인 가운데 한 명이 바위 앞으로 나와
멈춰 서더니 머리를 위아래로 흔들고
괴로워 신음하며, 그리고 두 손을 부들부들 떨며
광기에 사로잡혀 사냥꾼처럼 소리치는 것이었어요.
"퓔라데스, 자네는 저 여자가 안 보이나? 저기 저   285
하데스의 뱀이 안 보여? 그녀는 나를 죽이려고
나를 향해 무시무시한 독사 떼를 내몰고 있어.
저기 저 다른 한 명은 옷자락에서 불과 살인을 내뿜고
날개들로 노 저으며 내 어머니를 품에 안고 있어,
그 바윗덩이를 내 머리 위에 내던지려고. 아아,   290
그녀가 나를 죽이려 드는구나! 나는 어디로 피해야 하나?"
하지만 그런 괴물들은 어디에도 보이지 않았어요.
그자는 소 떼의 울음소리와 개 떼가 짖어대는 소리를
복수의 여신들이 부르짖는 소리로 여겼던 것이지요.
우리는 겁이 나 초주검이 되어 가만히 웅크리고   295
앉아 있었지요. 그런데 그 이방인은 손에
칼을 빼 들고 소 떼 한가운데로 돌진하더니 무쇠로
소 떼의 옆구리를 치고 찌르는 것이었어요,
복수의 여신들을 물리친다고 생각하며.
그리하여 바닷물이 피로 벌겋게 물들었어요.   300
하지만 소 떼가 쓰러져 죽는 것을 보자
우리는 모두들 완전무장을 하고는
소라고둥을 불어 이웃들을 불렀지요.
소수의 목자들로는 건장하고 젊은 이방인들과
싸울 수 없다고 생각했기 때문이지요.   305

오래 지나지 않아 우리는 인원이 많이 늘어났어요.
그때 그 이방인이 광기의 발작에서 풀려나 입에
거품을 물고 쓰러졌어요. 다행히도 그자가 쓰러지는 것을
보자 우리는 모두 그자에게 맹렬히 돌을 던져
그자를 맞히려 했지요. 두 이방인 중 다른 한 명은   310
그자의 입에서 거품을 닦아내고 정성껏 보살피며
외투의 두꺼운 천으로 그자의 앞을 가려주었는데,
친구가 날아오는 돌멩이들에 맞아 다치지 않도록
정성을 다해 친구를 돌봐주는 것이었어요.
그리하여 그 이방인은 정신이 돌아오자   315
벌떡 일어섰고, 적들의 무리가 가까이 다가오고
재앙이 자신들에게 임박했음을 보고 절망하여
탄식했어요. 하지만 우리는 돌을 던지기를
멈추지 않고 사방에서 공격해 들어갔지요.
그때 우리는 그자가 무섭게 소리 지르는 것을 들었어요.   320
"우리는 죽을 것이네, 퓔라데스. 하지만 가장 멋있게
죽기로 하세. 자, 손에 칼을 빼 들고 나를 따르게!"
두 명의 적이 칼을 휘두르는 것을 보자 우리는
바위 골짜기들로 흩어져 달아났지요. 하지만 몇 명이
달아나면 다른 사람들이 다가서서 그자들에게 던져댔고,   325
그자들이 이들을 물리치면 이번에는
달아났던 사람들이 돌을 들고 다시 덤벼들었지요.
하지만 믿기 어렵겠지만, 수천의 손들 중 어떤 손도
여신의 제물을 정통으로 맞히지는 못했어요. 드디어
우리가 그자들을 제압했지만, 그것은 용기에 의해서가   330
아니라, 그들이 지쳐 무릎을 꿇었을 때 우리가 그자들을

빙 둘러싸고는 돌들로 그자들의 손에서 칼을 빼앗았기
때문이지요. 그리하여 우리는 그자들을 국왕 앞으로
끌고 갔고, 국왕께서는 그자들을 보시자마자
축성한 다음 제물로 바치도록 그대에게 보내셨어요. 335
처녀여, 그대는 이런 이방인들을 제물로 보내달라고
가끔 기도하곤 했는데, 그대가 이런 이방인들을
죽이면, 헬라스는 그대의 죽음을 보상하고,
아울리스에서 그대를 도살한 죗값을 치르게 되겠지요.

코로스장 헬라스 땅에서 손님에게 불친절한 이 바다로 온 그자가 340
누구든 간에 그대는 참으로 놀라운 이야기를 들려주었어요.

이피게네이아 좋아요. 그대는 가서 그 이방인들을 이리 데려오시오.
이곳에서의 의식은 내가 알아서 준비할 것이오.

(소 치는 목자, 퇴장)

오오, 가련한 내 마음이여. 너는 전에는 늘
이방인들에게 온유하고 동정심이 많았으며, 345
헬라스인들이 네 수중에 들어올 때마다 동족을 위해
눈물을 흘리곤 했지. 하지만 이제 나를 놀라게 한
그 꿈을 꾼 뒤로는 [오레스테스가 더 이상 햇빛을
보지 못하는 것 같으니까], 이곳에 온 그들이
누구든 간에 나를 무정하다고 여기게 되리라. 350
[친구들이여, 나는 이 말이 진심임을 알겠구려.
불행한 사람은 제 처지가 어려운 까닭에 더 불행한
사람에게 결코 호의적일 수 없다는 말 말이야.]
여태껏 제우스께서는 내게 바람의 입김도 배도
보내주시지 않았어. 나를 파멸케 했던 헬레네를, 355
그리고 메넬라오스를 쉼플레가데스 바위 사이로

날라 올 배 말이야. 그랬더라면 나는 그들에게 복수하고,
그곳의 아울리스를 이곳의 아울리스로 되갚아줄 수도
있으련만. 그곳에서 다나오스 백성들[32]은 나를 송아지처럼
죽였고, 나를 낳아주신 아버지께서 사제 노릇을 하셨지.   360
아아, 나는 그때의 고뇌를 잊을 수가 없어. 내가
아버지의 턱을 잡으려고 손을 내밀고, 아버지의 무릎에
매달리며 애원한 것이 몇 번이었던가![33]
"아버지, 아버지께서는 저를 위해 참혹한 결혼식을
정해놓으셨군요. 아버지께서 저를 죽이시는 지금   365
어머니께서는 아르고스의 여인들과 함께 축혼가를 부르시고,
온 집 안에 피리 소리가 울려 퍼지고 있어요.
그런데도 아버지께서는 저를 죽이시는군요.
그러니까 계략으로 저를 마차에 태워 피비린내 나는
결혼식에 데려오시려고 아버지께서 신랑이라고 하신   370
아킬레우스[34]는 펠레우스의 아들이 아니라, 하데스였네요."
그때 나는 고운 면사포로 얼굴을 가리고 있어 어린 오라비를
가슴에 안아보지도 못했고 — 그런데 지금
그 애가 죽다니! — 아우[35]의 입에 입 맞추지도 못했어.
펠레우스의 집에 시집간다고 생각하니 부끄러워서   375
말이야. 그래서 나는 아르고스로 다시 돌아오리라 믿고

---

32 그리스인들.
33 고대 그리스인들은 탄원할 때 한 손으로는 상대방의 턱을 잡고, 다른 한 손으로는 무릎을 잡았다.
34 아가멤논은 아킬레우스와 결혼시킨다는 핑계를 대고 고향에서 딸을 데려왔다.
35 엘렉트라.

수많은 애정의 표시를 훗날로 미루었지.
오오, 가련한 오레스테스, 네가 죽었다면, 너는 행복을,
남들이 부러워하는 아버지의 영광을 얼마나 많이
잃은 것인가! 하지만 나는 우리 여신의 자가당착을 380
비난하지 않을 수 없어. 여신께서는 어떤 인간이
살인을 하거나, 출산을 돕거나, 시신을 만지면
그를 불결하다 여기시고 제단에서 물리치시면서도
자신은 인간 제물을 받고 좋아하시니 말이야.
제우스의 아내이신 레토[36]께서 그처럼 분별없는 385
자식을 낳으셨다는 것은 있을 수 없는 일이야.
나는 제 아들의 고기로 신들을 접대하셨다는
탄탈로스의 잔치[37]도 믿을 수 없는 이야기라고 생각해.
오히려 나는 이곳 사람들이 스스로 살인자이면서
여신께 자신들의 죄과를 떠넘기는 것이라 믿고 싶어. 390
어떤 신께서도 악할 수 없다는 것이 내 신념이니까.

(이피게네이아, 신전 안으로 퇴장)

코로스[38] (좌1) 검푸른 해협[39]이여, 옛날에 쇠파리가
아르고스에서 손님에게 불친절한 바다로
윙윙거리며 날아와서는 395
이오를 에우로페에서 아시아 땅으로
건너게 했던 검푸른 해협이여!
그들은 대체 누굴까, 갈대가
푸릇푸릇한 에우로타스[40]의 아름다운 강변이나, 400
디르케[41]의 신성한 샘물을 떠나
제우스의 따님[42]을 위해

기둥으로 둘러싸인 신전과
제단에다 인간의 피를 뿌리는   405
이 살벌한 나라로 온 그들은?

(우1) 그들은 배의 양쪽에서 찰싹거리는
소나무 노를 저으며 바다의 파도를
타고 왔을까, 돛을 부풀리는 바람을 안고,   410
재산을 늘리기를 열망하며?
희망은 달콤한 것이어서
결코 물리는 일이 없다네,
인간들에게 재앙이 되도록.   415
그래서 인간들은 부(富)를 잔뜩 짊어지려고
바다를 떠돌기도 하고 이방인들의 나라를 찾기도
한다네, 다들 같은 희망에 이끌려.
그리하여 더러는 부를 획득하려는 노력이   420
허사가 되지만, 더러는 큰 부를 얻게 된다네.

36 쌍둥이 남매 아폴론과 아르테미스의 어머니.
37 신들에게 사랑받던 탄탈로스(Tantalos)는 신들의 전지(全知)를 시험해보려고 아들 펠롭스를 죽여 그 고기로 음식을 만들어 대접한다. 그러나 신들이 이를 알아차리고는 펠롭스를 다시 살아나게 해주고 탄탈로스는 저승에 가서 끝없는 허기와 갈증에 시달리게 한다.
38 392~466행은 첫 번째 정립가다.
39 흑해와 프로폰티스(Propontis 지금의 Marmara) 해를 이어주는 트라케의 보스포로스(Bosporos '소가 건넌 여울'이라는 뜻) 해협.
40 스파르테의 강.
41 테바이의 강.
42 아르테미스.

타우리케의 이피게네이아 **391**

(좌2) 어떻게 그들은 맞부딪치는 바위들[43] 사이를 지나고,
어떻게 그들은 파도 잔잔할 날이 없는,
피네우스의 아들들의 해안을 지났을까,
네레우스의 쉰 명의 딸들로   425
이루어진 합창가무단이
노래하며 윤무를 추는
암피트리테의 파도 사이로
해변을 따라 달리면서?
어떻게 그들은 바람에 돛을   430
부풀리고는 뱃고물에서
쉬고 있는 키가 삐걱거리는
가운데 세찬 남풍과 서풍의
입김을 받으며 새들이 많은
나라로, 하얀 바닷가[44]로,   435
아킬레우스의 아름다운
경주로가 있는 곳으로 왔을까,
손님에게 불친절한 바다를 건너?

(우2) 아아, 우리 여주인의 소원대로
레다의 딸 헬레네가   440
트로이아의 도시를 떠나
이리 와서는 물결치는 머리에
핏방울을 뒤집어쓰고
우리 여주인의 손에
목이 잘려 죽음으로써   445
응분의 죗값을 받았으면 좋으련만!

하지만 치욕적인 굴종의
굴레에서 나를 구하려고
누군가 헬라스에서
배를 타고 왔다는 소식을 450
듣는다면 가장 좋을 텐데!
아아, 꿈결에서라도 아버지의 집과
고향 도시에 갈 수 있었으면!
단잠을 잔다는 것은 누구에게나 주어진
만인 공통의 축복이니까. 455

(오레스테스와 필라데스, 포박되어 끌려온다)

코로스장 저기 두 사람이 손이 묶인 채
오고 있구나, 여신의 제물로서.
조용히들 해요, 친구들이여!
헬라스인들이 정선된 제물로서
벌써 신전 가까이 다가왔으니까요. 460
소 치는 목자의 보고가
거짓말이 아니었구려!
존경스런 여신이시여, 이 도시가 하는 일이
마음에 드신다면, 호의에서 제물을

---

43 쉼플레가데스.
44 '하얀 바닷가'란 도나우 강 하구 맞은편에 있는 레우케 악테(Leuke akte '흰 갑'이라는 뜻. 지금의 Phidonisi) 섬을 말하며, 그런 이름이 붙게 된 것은 그곳에 사는 흰 해조(海鳥)들, 또는 그곳의 흰 암벽들 때문이라고 한다. 그곳에서 아킬레우스와 다른 영웅들의 혼백이 나타나 경주하는 것으로 믿어졌다.

받으소서. 우리 헬라스인들은 465
그런 제물을 불경한 것으로 여기지만.

이피게네이아 *(신전에서 나오며)* 좋아!
여신께 봉사하는 것이 내 첫 번째 임무여야 하니까.
(간수들과 신전 하인들에게)
그대들은 이방인들의 손을 풀어주도록 하라!
그들은 신께 바쳐진 만큼 묶여 있어서는 안 되지.[45]
그대들은 신전에 들어가 당장 필요한 것들과 470
관습이 요구하는 것들을 빠짐없이 준비하도록 하라!
(포로들을 유심히 살펴보며) 아아!
그대들을 낳아준 어머니는 누구며, 아버지는 누구일까?
또 누이가 있다면 그녀는 누구일까? 그녀는
한 쌍의 젊은이를 잃고 오라비 없는 신세가 될
운명이로구나! 하지만 누구에게 그런 운명이 주어질지 475
누가 알겠는가? 신들께서 하시는 일은 모두 어둠에
싸여 있고, 어느 누구도 재앙을 예견할 수 없으니까.
우연이 그것을 알 수 없는 것으로 바꿔버리니 말이야.
그대들은 어디서 왔는가, 불운한 이방인들이여? 그대들은
이리 오는 데도 오랜 시간이 걸렸지만, 또한 오랫동안 480
고향에서 떨어져 있게 되리라. 아니, 영원히. 저 아래에서.

오레스테스 여인이여, 그대가 뉘시든 간에, 어찌 그대는 그 일을
비탄하며 우리에게 닥친 불행을 슬퍼하는 것이오?
죽게 되어 있는데도 남의 동정을 받아 죽음의 공포를
이기려고 하는 자도, 구원의 희망이 없는데도 죽음이 485
가까이 와 있음을 비탄하는 자도 지혜롭지 못하다고

	나는 생각하오. 그는 하나의 불행을 둘로 만드니	
	바보 취급을 받아 마땅하고, 그러면서도 죽으니까 말이오.	
	운명은 내버려두어야 하오. 우리를 위해서라면	
	그대가 통곡할 필요가 없소. 이 나라에서의	490
	제물에 관해서는 우리도 잘 알고 있으니 말이오.	
이피게네이아	그대들 둘 중에 누가 이름이 퓔라데스요?	
	나는 먼저 그것이 알고 싶소.	
오레스테스	이 사람이오. 그것을 아는 것이 즐겁다면.	
이피게네이아	그는 헬라스의 어느 도시의 시민으로 태어났소?	495
오레스테스	그것을 알아서 그대에게 무슨 이득이 있다는 거죠, 여인이여?	
이피게네이아	그대들은 한 어머니에게서 태어난 두 형제인가요?	
오레스테스	우리는 의형제이지 친형제는 아니오, 여인이여.	
이피게네이아	그대를 낳아준 아버지는 그대에게 어떤 이름을 지어주었소?	
오레스테스	나는 불운아라고 불리어 마땅할 것이오.	500
이피게네이아	그걸 묻는 게 아니오. 그런 것은 운명에게 맡기시오.	
오레스테스	이름을 밝히지 않고 죽으면 웃음거리는 면하겠지요.	
이피게네이아	어째서 이름을 밝히지 않소? 그대는 그토록 자존심이 강한가요?	
오레스테스	그대가 제물로 바치는 것은 내 몸이지 내 이름이 아니오.	
이피게네이아	그대의 고향 도시가 어딘지도 말해주지 않겠다는 거요?	505
오레스테스	그 질문은 내게 아무 이득도 되지 않소. 난 어차피 죽을 몸이오.	
이피게네이아	무엇이 그대가 내게 그런 호의를 베푸는 것을 방해하지요?	
오레스테스	이름난 아르고스가 내 고향 도시임을 나는 자랑으로 여기오.	
이피게네이아	맙소사, 그대가 정말 그곳 출신이라는 말이오, 이방인이여?	

45 당시 제물로 정해진 가축들은 신전 안에서 뛰어다니는 것이 허용되었다고 한다.

오레스테스	전에는 행복했던 뮈케나이 출신이지요.	510
이피게네이아	그대가 아르고스에서 왔다면, 내게는 반가운 일이오.	515
오레스테스	나는 그렇지 않소. 반갑다면 그대나 반가워하시오.	516
이피게네이아	그대는 추방되어 고향을 떠났나요, 아니면 무슨 일이 있었지요?	511
오레스테스	어떤 의미에서는 추방되었소, 자의 반 타의 반으로.[46]	
이피게네이아	그대는 내가 알고 싶어 하는 것을 말해줄 수 있겠소?	
오레스테스	그러지요. 그것은 내 불행에 견주면 사소한 것이니까요.	514
이피게네이아	그대는 아마 온 세상에 알려진 트로이아에 관해 들었겠지요.	517
오레스테스	그 도시라면 나는 꿈에도 보지 않았으면 좋겠소!	
이피게네이아	사람들이 말하기를, 그 도시는 창에 파괴되어 없어졌다고 하던데.	
오레스테스	그렇소. 그대가 들은 그대로요.	520
이피게네이아	헬레네는 메넬라오스의 집으로 돌아왔나요?	
오레스테스	돌아왔지요. 우리 가족 가운데 한 명[47]에게 불행을 안겨주며.	
이피게네이아	그녀는 지금 어디 있지요? 그녀는 내 불행에도 책임이 있어요.	
오레스테스	그녀는 스파르테에서 전남편과 함께 살고 있소.	
이피게네이아	그녀는 나뿐만 아니라 모든 헬라스인들에게 미움 받고 있지요.	525
오레스테스	나도 그녀의 결혼[48]으로 말미암아 호되게 당했소.	
이피게네이아	아카이오이족은 귀향했다는 소문이 들리던데?	
오레스테스	그대는 한꺼번에 다 물어보려 하는군요.	
이피게네이아	그래요. 나는 그것들을 그대가 죽기 전에 알고 싶으니까.	
오레스테스	그러고 싶다면 따로따로 물어보시오. 대답해줄 테니까.	530
이피게네이아	예언자 칼카스[49]라는 자는 트로이아에서 돌아왔나요?	
오레스테스	뮈케나이인들이 말하기를, 그는 죽었다 하오.	
이피게네이아	존경스런 여신이시여, 잘됐나이다. 라에르테스의 아들[50]은 어떻게 됐지요?	
오레스테스	그는 아직 귀향하지 않았으나, 살아 있다고 들었소.	
이피게네이아	그가 죽어 다시는 고향에 돌아가지 못했으면 좋으련만!	535

오레스테스	그를 저주하지 마시오. 그는 온갖 고생을 다 하고 있으니까.
이피게네이아	네레우스의 딸 테티스의 아들[51]은 살아 있나요?
오레스테스	죽었소. 아울리스에서의 결혼도 그에게 도움이 되지 못했소.
이피게네이아	그것은 속임수였으니까. 당사자들은 알고 있어요.
오레스테스	그대는 대체 뉘시오? 헬라스 사정에 밝은 편이로군요. 540
이피게네이아	나도 그곳 출신이오. 어릴 적에 그곳에서 사라졌지요.
오레스테스	그럼 그곳 사정을 알고 싶어 하는 건 당연하오, 여인이여!
이피게네이아	행복하다고 칭송이 자자한 장군님은 어떻게 지내시오?
오레스테스	누구 말이오? 내가 알고 있는 그분은 행복하지 못하시오.
이피게네이아	그분은 아트레우스의 아들 아가멤논 왕이라고 불리셨소. 545
오레스테스	나는 모르오. 그 이야기는 하지 마시오, 여인이여!
이피게네이아	그러지 말고 좀 말해주시오, 이방인이여. 나를 기쁘게 해주시오.
오레스테스	그 가련한 분은 돌아가셨고, 다른 사람[52]까지 망쳐놓으셨소.
이피게네이아	그분께서 돌아가셨다고? 무슨 변고로? 가련한 내 신세!
오레스테스	그대가 왜 탄식하시오? 설마 그대의 친인척은 아니실 테고? 550
이피게네이아	나는 지난날 그분의 행복을 슬퍼하는 것이오.

46 오레스테스는 도시 당국에 의해 추방되지 않았으니 자의에 의한 추방자이고, 복수의 여신들에게 쫓겨났으니 타의에 의한 추방자인 셈이다.
47 아가멤논. 오레스테스를 가리키는 것으로 보는 이도 있다.
48 파리스와의 결혼.
49 트로이아 전쟁 때 그리스군의 예언자. 그는 테바이의 이름난 예언자 테이레시아스의 외손자인 예언자 몹소스(Mopsos)와 수수께끼 내기를 하다가 지자 분해서 죽었다고 한다.
50 오뒷세우스. 이피게네이아를 제물로 바치기를 칼카스와 오뒷세우스가 누구보다 강력히 주장했다.
51 아킬레우스.
52 오레스테스 자신. 그는 아폴론의 명령에 따라 아버지의 원수를 갚고자 어머니를 죽이고 복수의 여신들에게 쫓기는 신세가 되었다.

오레스테스	그분은 아내의 손에 끔찍하게 살해되었소.
이피게네이아	얼마나 가련한가, 죽인 여인도, 죽은 그분도!
오레스테스	이제 그만, 내게 더 이상 묻지 마시오!
이피게네이아	한 가지만 묻겠소. 불쌍하신 그분의 아내는 아직 살아 있나요? 555
오레스테스	죽었소. 그녀가 낳은 아들이 그녀를 죽였소.
이피게네이아	아아, 집안이 쑥대밭이 되었구나! 왜 아들이 그녀를 죽였소?
오레스테스	그녀에게 아버지를 죽인 원수를 갚기 위해서요.
이피게네이아	아아, 그는 사악하면서도 정당한 행위를 얼마나 훌륭하게 해치웠는가!
오레스테스	그는 정당하지만 신들께서는 그를 행복하게 해주지 않았소. 560
이피게네이아	아가멤논에게는 집에 다른 아이가 남아 있나요?
오레스테스	엘렉트라라는 딸이 하나 남아 있지요.[53]
이피게네이아	어때요? 제물로 바쳐진 딸에 관해서도 이야기들 하나요?
오레스테스	이야기라야 그녀는 죽어 햇빛을 보지 못한다는 그 정도지요.
이피게네이아	참 불쌍하군요, 그녀도, 그녀를 죽인 아버지도! 565
오레스테스	그녀는 사악한 여인[54] 때문에 무익하게 죽은 것이오.
이피게네이아	고인이 된 아버지의 아들은 아직도 아르고스에 사나요?
오레스테스	살지요, 비참하게. 도처에 살면서 어느 곳에도 살지 않아요.[55]
이피게네이아	꺼져라, 거짓 꿈들아! 너희들은 아무것도 아니니까.
오레스테스	지혜롭다는 신들도 경박한 꿈들 못지않게 570
	허황되지요. 인간들 사이에서와 마찬가지로
	신들 사이에서도 많은 혼란이 지배하니까요.
	특히 괴로운 것은 현명한 사람이 예언자들의
	말만 믿다가 파멸하는 것이오. 그가 어떻게
	파멸하는지 당해본 사람은 다 알지요.[56] 575
코로스장	아아, 슬프도다! 우리는 어떻게 되며, 우리 부모님들은 어떻게
	지내실까? 살아 계실까, 돌아가셨을까? 누가 말해줄 수 있을까?

| 이피게네이아 | 그대들은 내 말을 들으시오! 이방인들이여,
내 그대들에게도 이익이 되고 내게도 이익이 될
한 가지 제안을 하겠소. 같은 일이 모든 사람의   580
마음에 들어야만 가장 확실히 성공이 보장되니까.
(오레스테스에게) 내 그대를 살려줄 터이니,
그대는 나를 위해 아르고스로 가서 그곳에 있는
내 가족들에게 소식을 전하고 서찰을 전해주겠소?
그 서찰은 어떤 포로가 나를 불쌍히 여겨 써준 것이오.   585
그는 자기가 내 손에 죽는 것이 아니라, 여신께서
승인하신 법에 따라 죽는 것이라고 믿었기 때문이오.
여태껏 나는 아르고스로 돌아가 소식을 전하고
무사히 도착하여 내 가족 중 한 명에게 내 서찰을
전해줄 사람을 아무도 찾지 못했소. 하지만 그대는   590
좋은 집안에서 태어난 것 같고, 뮈케나이와, 내가
소식을 전하려는 사람들을 알고 있으니, 내가 그대를
살려주겠소. 그러니 그대는 가벼운 서찰 심부름의 대가로
그대의 목숨이라는 하찮다고 할 수 없는 보수를 받으시오.
(퓔라데스를 가리키며) 하지만 이 사람은 도시가 강요하니   595
그대와 헤어져 여신께 제물로 바쳐져야 하오.

---

53 에우리피데스의 『오레스테스』 23행에서는 아가멤논의 셋째 딸 크뤼소테미스(Chrysothemis)가 언급되고, 『아울리스의 이피게네이아』 1164행에는 딸이 셋이라는 말이 나온다. 소포클레스의 『엘렉트라』 457행에서는 이피아낫사(Iphianassa)라는 넷째 딸이 언급되고 있다.

54 헬레네.

55 사방으로 떠돌기 때문에 일정한 거처가 없다는 뜻이다.

56 오레스테스는 어머니를 죽이라는 아폴론 신의 명령을 이행한 탓에 자신이 불행한 삶을 살고 있다고 믿고 있다.

오레스테스	그대의 제안은 훌륭하오, 한 가지만 빼고, 이방인이여!
	이 사람이 죽어야 한다는 것은 내게는 큰 부담이오.
	내가 재앙을 향해 방향을 잡은 배의 선장이고,
	이 사람은 내 고난을 동정하여 동승했을 뿐이니까요. 600
	내가 그의 파멸로 그대의 호의를 사서 나 혼자만
	재앙에서 벗어난다면, 도리가 아닐 것이오.
	그러니 이렇게 하시오. 그에게 서찰을 주시오. 그는
	그대가 바라는 대로 서찰을 아르고스로 가져갈 것이오.
	죽이려거든 나를 죽이시오. 친구를 불행에 빠뜨리고 605
	나만 구원받는 것은 가장 수치스러운 짓이오.
	이 사람은 내 친구요. 나는 나 못지않게
	이 사람도 햇빛을 보기를 원한단 말이오.
이피게네이아	오오, 더없이 고결한 마음씨여! 그대는 얼마나 고귀한
	가문에서 태어났는가! 그대는 친구들에게 진정한 친구요. 610
	하나밖에 없는 내 오라비도 이랬으면 좋으련만!
	내게도 오라비가 있으니까 말이오, 이방인들이여!
	비록 내 눈으로 그 애를 볼 수는 없지만.
	그대의 뜻이 정 그렇다면, 나는 이 사람이 서찰을
	가져가도록 보낼 것이고, 그대는 죽게 될 것이오. 615
	그대가 친구에게 보여주는 성의는 참으로 대단하오.
오레스테스	누가 나를 제물로 바치고 끔찍한 짓을 행할 것이오?
이피게네이아	내가. 나는 여신을 위해 사제로서의 직무를 수행해야 하니까.
오레스테스	젊은 여인이여, 그대의 직무는 부럽지도 행복하지도 않구려.
이피게네이아	그것은 강요에 의한 것이고, 나는 거기에 따라야 하오. 620
오레스테스	여자인 그대가 손수 칼로 남자들을 죽이시오?
이피게네이아	아니, 그대의 머리털에 성수를 뿌리기만 할 뿐이오.

오레스테스	죽이는 자는 대체 누구요, 내가 알아도 된다면?
이피게네이아	신전 안에 그 일을 맡아보는 남자들이 있소.
오레스테스	내가 죽고 나면 나를 받아줄 무덤은 어떤 것이오? 625
이피게네이아	신전 안의 신성한 불과 넓은 바위틈이오.[57]
오레스테스	아아, 누나의 손이 내 시신을 보살펴줄 수 있었으면 좋으련만!
이피게네이아	오오, 가련한 자여, 그대가 뉘시든 그대의 기도는
	이루어지지 않으리라. 그대의 누나는 이 야만족의 나라에서
	멀리 떨어진 곳에 사니까. 하지만 그대가 630
	아르고스 출신이라니까, 내 힘닿는 대로 그대에게
	호의를 베풀 것이오. 나는 그대의 무덤에 장식물을
	많이 넣어주고,[58] 노란 기름으로 그대의 육신의
	재를 끌 것이며,[59] 황금빛 산(山) 벌의, 꽃에서
	흘러내리는 액즙[60]을 그대의 화장터에 쏟을 것이오. 635
	자, 나는 가서 여신의 신전에서 서찰을
	가져올 것이오. 그대는 나를 원망하지 마시오!
	하인들아, 이들을 지키되 묶지는 마라.
	(혼잣말로) 아마도 나는 아르고스로 내 가족 중 한 명에게,
	가장 사랑하는 그 애에게 뜻밖의 소식을 640
	전할 수 있겠지. 그 편지는 분명
	그 애에게 죽은 줄 알았던 여인이 살아 있다는
	반가운 소식을 전하게 될 테니까.
	(이피게네이아, 신전 안으로 퇴장)

---

57 신전 안에서 화장한 뒤 유골을 바위틈에 던져버린다는 뜻으로 보인다.
58 고대 그리스인들은 화장할 때 고인을 위해 장식물을 함께 태워주었다.
59 불이 완전히 꺼진 뒤.
60 꿀.

코로스	*(오레스테스에게)*[61] 내 그대를 위해 통곡하오. 그대가 피투성이	
	제물로 축성될 때가 임박했으니까요.	645
오레스테스	그렇다면 비탄할 필요 없소. 안심하시오, 낯선 여인들이여!	
코로스	*(필라데스에게)* 하지만 젊은이여, 우리는 경건한 마음으로 그대를	
	행복하다고 칭송해요. 다시 고향 땅을 밟게 되었잖아요.	
필라데스	친구의 죽음으로 얻은 것이니 부러울 것이 못 되오.	650
코로스	*(필라데스에게)* 아아, 비참한 귀향이로구나!	
	(오레스테스에게) 아아, 그대는 끝장났어요!	
	아아, 둘 중에 누가 죽게 되어 있는 것일까?	
	아직도 나는 마음속으로 망설이고 있소. 그대를 위해	655
	아니면 그대를 위해 애도의 노래를 불러야 할지.	

오레스테스	이봐, 필라데스, 자네도 나와 같은 생각을 갖게 되었는가?	
필라데스	모르겠네. 자네는 내가 대답할 수 없는 것을 묻고 있네.	
오레스테스	저 젊은 여인은 누구일까? 그녀는 유창한 헬라스 말로	660
	아카이오이족이 일리온 앞에서 겪은 고난과,	
	그들의 귀향과, 새점〔鳥占〕에 밝은 칼카스와,	
	아킬레우스에 관해 물었네. 그녀는 또 불행한 아가멤논과	
	나를 동정하여 그분의 아내와 자식들의	
	안부를 묻지 않았던가! 저 낯선 여인은 분명	665
	아르고스 출신이야. 그렇지 않다면 그녀는 서찰을	
	보내지도 않을 것이고, 아르고스의 행복이 자신의	
	행복인 양, 그런 것들을 캐묻지도 않았을 것이네.	
필라데스	내가 하려던 말을 자네가 한발 앞서 하는군.	
	한 가지만 빼고 말일세. 말하자면 왕들이 겪은 일은	670
	알려고만 하면 누구나 다 알 수 있는 것이라네.	

	나는 마음속으로 또 다른 생각을 하고 있다네.	
오레스테스	어떤 생각이지? 말해보게. 그러면 자네도 더 잘 알게 될걸세.	
퓔라데스	자네는 죽는데 나만 햇빛을 본다는 것은 수치스러운 짓이네.	
	나는 이곳으로 자네와 함께 항해해 왔으니, 죽음도 자네와	675
	함께해야만 하네. 아르고스와 주름 많은 포키스 땅에서	
	나는 비겁하고 의리 없는 자라는 말을 듣게 될 것이네.	
	그리고 대중은 생각할 것이네 — 대중은 사악하니까 —	
	내가 자네를 버리고 혼자 살아서 돌아왔다고 말일세.	
	아니, 내가 자네의 왕권이 탐나서 상속인이 된	680
	자네 누이와 결혼하기 위해 자네 집안이 쑥대밭이	
	된 틈을 타 자네를 죽여 없애버렸다고 말일세.	
	나는 그 점이 두렵고 또 심히 부끄럽네. 그러니	
	무슨 일이 있어도 나는 자네와 함께 숨을 거두고,	
	함께 도살되고, 함께 태워져야 하네. 나는 자네 친구고,	685
	또 남에게 욕 듣고 싶지 않으니까 말일세.	
오레스테스	자네 말조심하게! 내 불행은 내가 짊어져야 하며,	
	그것은 하나로 충분하니 갑절로 늘릴 필요가 없네.	
	자네가 괴롭다고, 비난받아 마땅하다고 말하는 것은,	
	내가 함께 고생한 자네를 죽이게 될 때 내게	690
	해당되는 것이니까. 나로서는 신들에게 이토록 당했으니,	
	목숨을 잃는다는 것이 재앙이 아닐세.	
	자네는 행복하고, 자네의 집도 정결하고 건강하네.	
	그러나 나는 신들께 미움 받는 불운한 사람일세.	
	자네가 목숨을 건져, 내가 자네에게 아내로 삼으라고 준	695

61 644~656행은 애탄가(哀嘆歌)다.

내 누이에게서 자식들을 보게 된다면, 내 이름은
계속해서 살아남을 것이고,[62] 내 아버지의 집도
후손 없이 사라지는 일은 없을 것이네. 그러니 자네는
가서 행복하게 내 아버지의 집에서 살도록 하게!
자네는 헬라스와 말〔馬〕의 고장 아르고스에 가거든   700
―내 자네 오른손을 잡고 부탁하네― 나를 위해
봉분을 짓고 기념비를 세워주게. 그리고 내 누이는
내 무덤에 눈물과 머리털을 바쳐야 할걸세.
그리고 그녀에게 전해주게, 나는 아르고스 출신의
한 여인에 의해 제단 가에서 축성되고 도살되었다고!   705
자네는 절대로 내 누이를 버리지 말게. 자네도 보다시피,
그녀의 집안과 아버지 집은 대를 이을 자손이 없으니까.
잘 가게! 자네는 내가 만난 가장 절친한 친구였고,
자네는 또 나와 함께 사냥하러 갔고, 나와 함께
자랐으며, 내 고난의 무거운 짐을 함께 져주었네.   710
하지만 포이보스께서는 나를 속이셨네. 예언의 신이시면서.
그분은 꾀를 써서 나를 헬라스에서 되도록 멀리
꾀어내셨네. 자신의 지난날의 예언을 부끄러워하시며.
나는 그분께 내 모든 것을 맡기고 그분의 명령에 따라
내 어머니를 죽였거늘 이제 내가 죽임을 당하는구나!   715

퓔라데스 자네를 위해 무덤이 지어질 것이며, 자네 누이를 나는
결코 버리지 않을 것이네. 오오, 불행한 자여! 나는 자네를
죽은 뒤에도 살아 있을 때보다 더 사랑하게 될 것이네.
하지만 아직까지는 신의 예언이 자네를 파멸시킨 것은
아닐세. 자네가 비록 죽음 가까이 서 있기는 하지만.   720
불행이 극에 달하면 오히려 최고의 행복으로

반전되곤 하는데, 아직은 그럴 기회가 남아 있네.

오레스테스 조용히 하게! 포이보스의 말씀들은 이제 내게 아무 쓸모도
없네. 저기 그 여인이 벌써 신전 밖으로 나오고 있네.

(이피게네이아, 손에 서찰을 들고 등장)

이피게네이아 *(하인들에게)* 너희들은 가서, 제물을 관장하는 자들을 위해 725
안에서 필요한 것들을 빠짐없이 준비하도록 하라!
(하인들 퇴장) 이방인들이여, 여기 여러 겹의 서판(書板)에 쓴
서찰이 있소. 그 밖에 내가 원하는 것을 들으시오.
처지가 어려울 때나 두려움에서 벗어나 새로운 희망을
품게 될 때나 늘 한결같은 사람은 세상에 아무도 없소. 730
그래서 나는 이 서찰을 아르고스에 전해주게 될 사람이
일단 이 나라를 떠나 고향에 도착하게 되면
내 서찰에 더 이상 관심을 갖지 않게 될까 두렵소.

오레스테스 원하는 게 뭐요? 무슨 일로 그토록 괴로워하시오?

이피게네이아 그는 아르고스에 가서 이 서찰을 내 가족 가운데 내가 735
전하기를 원하는 사람에게 전하겠다고 맹세해야 할 것이오.

오레스테스 그대도 똑같이 그에게 맹세하시겠소?

이피게네이아 말해보시오! 무얼 해야 하지요, 아니면 무얼 하지 말아야지요?

오레스테스 죽이지 않은 채로 그를 이 야만족의 나라에서 돌려보내겠다고.

이피게네이아 물론이죠. 그러지 않으면 그가 어떻게 전할 수 있겠소? 740

오레스테스 이 나라의 국왕도 그걸 허락할까요?

이피게네이아 그럼요. 내가 그분을 설득할 것이며,
내가 몸소 배 있는 데까지 데려다주겠소.

62 퓔라데스가 아들을 낳으면 오레스테스라고 부르지 않더라도 아가멤논가(家)
의 상속인인 엘렉트라와 결혼함으로써 아가멤논가는 지속될 것이라는 뜻.

오레스테스	*(필라데스에게)* 맹세하게!	
	(이피게네이아에게) 경건한 맹세의 말을 그에게 말해주시오!	
이피게네이아	자, 말하시오. "나는 이 서찰을 그대의 가족에게 전하겠소."	
필라데스	"나는 이 서찰을 그대의 가족에게 전하겠소."	745
이피게네이아	나는 그대가 검푸른 바위들을 통과하게 해줄 것이오.	
필라데스	그대는 신들 중에 어느 분을 그대의 맹세의 증인으로 부르겠소?	
이피게네이아	아르테미스 여신을. 나는 그분의 집에서 여사제로 봉사하고 있으니까.	
필라데스	나는 하늘나라의 왕이신 존엄하신 제우스를 부르겠소.	
이피게네이아	만일 그대가 맹세를 어기고 내게 불의를 저지른다면?	750
필라데스	내게 귀향길이 막히기를! 그대가 나를 구해주지 않는다면?	
이피게네이아	나는 결코 살아서 아르고스에 발을 들여놓지 못하게 되기를!	
필라데스	내 말 들어보시오. 우리가 등한히 한 게 한 가지 있소.	
이피게네이아	다시 맹세하도록 하시오, 그러는 것이 좋겠다면!	
필라데스	한 가지 단서를 다는 것을 양해해주시오. 말하자면	755
	배에 무슨 변고가 생겨 다른 물건들과 함께 서찰도 파도 속에	
	없어져버리고 나는 목숨만 건지게 된다면, 그때는	
	우리 사이의 맹세는 더는 구속력이 없다는 것이오.	
이피게네이아	내가 어떻게 하려는지 들어보시오! 방해도 많지만 방법도	
	많으니까요. 편지에 씌어 있는 것을 그대에게 빠짐없이	760
	다 말해주겠소. 그대가 내 가족에게 전할 수 있도록.	
	그것이 안전하겠소. 그대가 서찰을 잃어버리지 않는다면,	
	서찰 자체가 거기에 적힌 것을 말해줄 것이오.	
	그러나 서찰이 바닷물 속에 없어질 경우, 그대는	
	자신의 육신을 구하면서 서찰의 내용도 구할 것이오.	765
필라데스	그대는 신들을 위해, 그리고 나를 위해 좋은 말을 해주었소.	
	말해보시오. 내가 아르고스의 누구에게 이 서찰을 전해야 하며,	

	그대의 지시에 따라 그에게 무슨 말을 해야 하는지!
이피게네이아	아가멤논의 아들 오레스테스에게 전하시오. "전에
	아울리스에서 제물로 바쳐져, 그곳에서는 죽은 것으로 770
	알려져 있는 이피게네이아가 살아서 이 서찰을 전한다."
오레스테스	그녀가 어디 있단 말이오? 죽었다가 돌아왔나요?
이피게네이아	그대가 보고 있는 여인이 바로 그녀요. 내 말을 방해하지
	마시오. "오라비여, 죽기 전에 나를 야만족의 나라에서
	아르고스로 데려가고, 이방인들을 죽여야만 하는, 775
	여신을 위한 봉사에서 나를 구해다오!"
오레스테스	필라데스, 무슨 말을 해야 하나? 우리가 대체 어디에 와 있지?
이피게네이아	"그러지 않으면 내가 네 집에 저주가 될 것이다, 오레스테스야!"
	그대가 명심하도록 나는 그 이름을 되풀이해서 말하는 것이오.
오레스테스	오오, 신들이시여!
이피게네이아	어째서 그대는 이 일에 신들을 부르는 것이오? 780
오레스테스	아무것도 아니오. 내가 딴생각을 하고 있었소.
이피게네이아	그 애는 물어보며 그대의 말을 믿으려 하지 않을 것이오.
	그러면 말하시오. "아르테미스 여신께서 나 대신 암사슴
	한 마리를 보내주시어 나를 구해주셨고, 아버지께서는
	날카로운 칼로 나를 치시는 줄 알고 그 암사슴을 제물로 785
	바치셨단다. 하지만 여신께서는 내가 이 나라에서
	살게 해주셨다." 이것이 이 서찰에 적힌 내용이오.
필라데스	그대가 나더러 지키라고 요구한 맹세는 이행하기가 쉽고,
	그대는 내게 참으로 훌륭한 약속을 해주었소.
	나는 지체 없이 내가 맹세한 것을 이행하겠소. 790
	자, 보게! 나는 이 서찰을, 오레스테스, 여기 있는
	자네 누이한테서 받아 자네에게 전하고 있네.

오레스테스 받겠네. 하지만 나는 서찰을 읽는 대신
말로는 표현할 수 없는 기쁨을 먼저 택하겠네.
가장 사랑하는 누나, 아직도 약간의 의혹이   795
없는 것은 아니지만 나는 어쩔 줄 몰라 누나를 끌어안고
기뻐하고 있어요. 내게 기적이 일어났어요.

이피게네이아 (뒤로 물러서며) 이 무슨 망측한 짓이오, 이방인이여! 여사제의
신성한 옷에 손을 댐으로써 그대는 여사제를 더럽히고 있소.

오레스테스 내 친누이여, 누나는 나와 같은 아버지 아가멤논에게서   800
태어났어요. 내게서 돌아서지 마세요. 누나는 다시는
만나지 못할 줄 알았던 오라비를 찾은 거예요.

이피게네이아 그대가 내 오라비라니? 당장 입 닥치시오! 그 애는
아르고스나 나우플리아에서 이름을 날리고 있소.

오레스테스 그대의 오라비는 그곳에 없어요, 가련한 여인이여!   805

이피게네이아 라케다이몬 여인인 튄다레오스의 따님[63]이 그대를 낳아주었단 말이오?

오레스테스 그래요. 펠롭스의 아들의 아들[64]에게서. 그분에게서 나는 태어났어요.

이피게네이아 무슨 말을 하는 게요? 증거라도 있소?

오레스테스 있지요. 아버지의 집에 관해 물어보세요.

이피게네이아 그대가 말하고 나는 듣는 편이 좋겠소.   810

오레스테스 말하지요. 먼저 엘렉트라가 내게 말해준 것부터 들으세요.
그대는 아트레우스와 튀에스테스의 다툼을 알고 있나요?

이피게네이아 들었소. 두 분은 황금 새끼 양 때문에 서로 다투었소.

오레스테스 그대가 그 주제를 고운 천에다 짜 넣던 일이 기억나세요?

이피게네이아 가장 사랑스런 이여, 그대가 내 심금(心琴)을 울리는구려!   815

오레스테스 그대는 그 천에다 태양이 궤도를 바꾼 일[65]도 짜 넣었나요?

이피게네이아 그 장면도 고운 실로 짜 넣었소.

오레스테스 어머니는 그대에게 목욕물도 아울리스로 보내주었나요?[66]

이피게네이아	기억나요. 행복하지 못한 결혼이라 잊히지 않는군요.	
오레스테스	어때요? 그대의 머리카락을 어머니께 갖다 드리라고 보냈나요?	820
이피게네이아	내 무덤을 위해 내 시신 대신 기념물로 보냈지요.	
오레스테스	이제는 내가 직접 본 것을 증거로 들게요.	
	펠롭스 할아버지께서 피사에서 오이노마오스를 죽이시고	
	힙포다메이아를 아내로 얻으실 때	
	손에 들고 휘두르시던 오래된 창[67]은	825
	집에, 그대의 규방에 보관되어 있었지요.	
이피게네이아	가장 사랑하는 오라비여, 그래 틀림없이 너로구나!	
	오레스테스야, 나는 우리 고향 땅 아르고스에서 멀리	
	떨어진 곳에서 너를 다시 찾았구나, 귀염둥이야!	830
오레스테스	그리고 나는 벌써 죽은 줄 알았던 누나를 찾았고요.	

(오레스테스와 이피게네이아, 서로 얼싸안는다)

이피게네이아	고통의 눈물이, 환희의 눈물이 흘러내려	
	네 눈시울을 적시는구나, 그리고 내 눈시울도.	
	내가 네 곁을 떠날 때, 너는 아직 연약한	
	어린아이였고, 집에서 유모의 품속에서	835
	쉬고 있었지. 내 마음이여, 너는 너무나	
	행복하구나, 이루 말할 수 없을 만큼.	

63 클뤼타이메스트라.
64 아가멤논.
65 주 24 참조.
66 신랑 신부는 결혼식 전날 밤 또는 당일 아침에 고향 샘의 축성된 물로 목욕하는 관습에 따라, 아킬레우스와의 결혼식을 위해 아르고스의 물이 아울리스로 운반되었던 것이다.
67 피사 왕 오이노마오스는 전차 경주 때 전차에서 떨어져 죽은 것으로 알려져 있는데, 여기서는 펠롭스가 휘두른 창에 죽은 것으로 되어 있다.

	내가 무슨 말을 할 수 있겠는가? 방금 일어난 일은	
	기적 이상이며, 필설로는 다할 수 없는데.	840
오레스테스	아아, 우리가 앞으로도 함께 행복할 수 있었으면!	
이피게네이아	*(코로스에게)* 나는 지금 야릇한 기쁨을 느껴, 친구들아!	
	오레스테스가 내 품에서 대기 속으로	
	날아가버리지 않을까 두렵구나.	
	오오, 퀴클롭스들이 쌓은 성채여,	845
	선조들의 도시여, 사랑하는 뮈케나이여,	
	오레스테스를 살려주고 오레스테스를	
	길러주어서 고맙구나. 너는 내 오라비를	
	우리 집을 위한 빛으로서 길러주었으니까.	
오레스테스	우리는 혈통에서는 행운아들이지만, 누나, 지난날의	850
	고난을 돌아보면 우리는 불행한 인생을 타고났던 거예요.	
이피게네이아	나는 불행한 여인이야. 잔인하게도 아버지께서 내 목에	
	칼을 들이대셨을 때 나는 그것을 알게 되었지.	
오레스테스	나는 그곳에 없었지만, 그곳에서 누나를 보는 것 같아요.	855
이피게네이아	오라비여, 나는 축혼가도 없이 결혼침대로,	
	아킬레우스와의 사기 혼인식장으로 끌려갔지.	
	제단 옆에서는 눈물 속에 통곡 소리가 울려 퍼졌지.	860
	아아, 그곳에 있던 성수여! 아아, 슬프도다!	
오레스테스	나도 아버지의 비행을 개탄하지 않을 수 없어요.	
이피게네이아	운명은 내게 아버지다운 아버지를 거절했어.	
	불행에서 또 다른 불행이 생겨나는 법이지,	865
	어떤 신의 섭리에 의해서 말이야.	867
오레스테스	가여운 누나, 누나가 오라비를 죽였더라면 그렇겠지요.	866
이피게네이아	아아, 가련하게도 나는 얼마나 무서운 비행을,	

얼마나 끔찍한 짓을 저지르려 했던가, 오라비여!   870
하마터면 네가 내 손에 죽어
끔찍한 파멸을 당할 뻔했구나!
이 일들이 어떻게 끝날 것인가?
나는 어떤 운명을 맞게 될 것인가?   875
어떤 길을 찾아내어 내가 너를
이 도시에서, 이 도살장에서,
고향 땅 아르고스로 데려갈 수 있을 것인가,
칼이 네 피에 닿기 전에?   880
오오, 가련한 내 마음이여, 그 길을,
그 길을 너는 찾아내야 해.
육로로 갈까, 배를 타지 말고
잰걸음으로? 그러다간 너는   885
야만족들 사이로 길 아닌 길을 가다가
죽음 속으로 뛰어들게 되겠지.
하지만 해협의 검푸른 바위들 사이를   890
지나는 것은 도망가는 배들에는
너무나 먼 길이야. 가련한 내 신세,
가련한 내 신세, 신이든 인간이든,   895
아니면 뜻밖의 행운이든, 누가 여기
길 없는 곳에 길을 열어 아트레우스가에서
유일하게 살아남은 우리 두 오누이[68]에게

---

68 이피게네이아는 엘렉트라가 살아 있음을 알면서도, 소포클레스의 『안티고네』에서 안티고네가 아우 이스메네를 잊고 자신을 '왕가의 마지막 남은 유일한 딸'이라고 하듯(941행), 자신과 오레스테스만을 염두에 두고 있다.

코로스장	재앙으로부터의 구원자로서 나타날 것인가?
코로스장	말로 형언할 수 없는 이 기적을 나는 남에게 900
	들은 것이 아니라, 내 눈으로 보았어요.
필라데스	가족끼리 다시 만나 포옹하는 것은 물론
	인지상정이지, 오레스테스. 하지만 지금은
	우리가 감격을 억제하고 어떻게 하면 구원이라는
	훌륭한 명성을 얻어 야만족의 나라에서 905
	달아날 수 있을지 궁리해야 할 때네.
	〔지혜로운 사람들은 일단 기회를 잡으면, 다른
	쾌락들을 추구하느라 잡은 행운을 놓치지 않는다네.〕
오레스테스	자네 말이 옳아. 하지만 생각건대, 아직은 행운이
	우리 편인 것 같네. 누군가 열심히 노력하면 신께서도 910
	더 힘껏 도와주실 것으로 믿어도 될 것이네.
이피게네이아	그 어떤 것도 나를 제지하여, 먼저 엘렉트라의
	운명에 관해 물어보려는 내 의도를 막지는
	못할 것이야. 그런 다음에는 무엇이든 환영하겠다.
오레스테스	*(필라데스를 가리키며)*
	그녀는 이 사람과 결혼하여 행복하게 살고 있어요. 915
이피게네이아	그는 어디 출신이며, 누구의 아들로 태어났느냐?
오레스테스	그의 아버지는 포키스 사람으로 스트로피오스라고 불리지요.
이피게네이아	그는 아트레우스의 딸[69]의 아들이니 내게는 인척이 되겠구나.
오레스테스	내 고종사촌이며, 내게는 하나밖에 없는 친구지요.
이피게네이아	아버지께서 나를 죽이셨을 때 그는 아직 태어나지도 않았었지. 920
오레스테스	그래요. 스트로피오스께는 오랫동안 슬하에 자식이 없었으니까요.
이피게네이아	*(필라데스에게)* 내 아우의 남편이여, 만나서 반가워요.
오레스테스	그는 내 인척일 뿐만 아니라, 내 구원자이기도 해요.

이피게네이아	어떻게 너는 어머니에게 그런 끔찍한 짓을 할 수 있었니?	
오레스테스	그 일은 말하지 마세요. 나는 아버지의 원수를 갚았던 거예요.	925
이피게네이아	무슨 이유로 어머니가 아버지를 죽였느냐?	
오레스테스	어머니 일은 내버려두세요. 누나는 듣지 않는 편이 좋을 거예요.	
이피게네이아	그렇다면 말하지 않겠다. 아르고스가 너를 우러러보느냐?	
오레스테스	아니요. 메넬라오스께서 통치하시고 나는 추방당했어요.	
이피게네이아	숙부님이 설마 우리 집안의 어려움을 악용한 것은 아니겠지?	930
오레스테스	아뇨. 나는 복수의 여신들이 두려워 나라를 떠난 거예요.	931
이피게네이아	알겠다. 어머니 때문에 여신들이 너를 뒤쫓는 게로구나.	934
오레스테스	그분들이 내 입에 물린 재갈이 피투성이가 될 정도로요.	935
이피게네이아	그래서 이 해안에 네가 광기에 사로잡혔다는 소문이 났었구나.	932
오레스테스	사람들 눈에 고통스러워하는 모습이 띈 건 이번이 처음도 아녜요.	933
이피게네이아	무슨 이유로 이 나라에 발을 들여놓았느냐?	936
오레스테스	나는 포이보스의 신탁에 복종하여 여기로 온 거예요.	
이피게네이아	뭣 하러? 말해도 되는 게냐, 안 되는 게냐?	
오레스테스	말해도 돼요. 내 수많은 고뇌는 이렇게 시작됐어요.	
	내가 아직도 말하지 않은 내 어머니의 악행을 내 손으로	940
	복수하자, 복수의 여신들이 나를 뒤쫓으며 나라에서	
	내쫓았어요. 그러자 록시아스[70]께서 내 발걸음을	
	아테나이로 향하게 하시며 그곳에서 감히 그 이름을	
	부를 수 없는 복수의 여신들[71]의 재판을 받게 하셨지요.	

69 스트로피오스는 아트레우스의 딸이자 아가멤논의 누이인 아낙시비아 (Anaxibia)와 결혼했다.
70 아폴론.
71 그래서 '자비로운 여신들'(Eumenides) 또는 '준엄한 여신들'(Semnai)이라고 불리곤 했다.

그곳에는 신성한 법정이 하나 있는데, 그것은 전에 945
제우스께서 살인을 한 아레스를 위해 세워주신 거예요.[72]
나는 그리로 갔어요. 그러나 신들께 미움 받는 자라고 해서
어떤 친구도 나를 반가이 맞아주지 않았어요.
그리고 나를 불쌍히 여기는 사람들도 한집에 머물면서
내게 따로 밥상을 차려주는가 하면, 내게 말을 950
걸지 않음으로써 내가 말을 하지 못하게 했어요.
그래서 나는 그들과 함께 먹고 마실 수가 없었어요.
그들은 각자 따로따로 자기 주전자에다 같은 양의
포도주를 채우고는 그것을 마시는 것이었어요.
나는 친구들에게 그 까닭을 물어볼 마음이 내키지 않아 955
괴로워도 묵묵히 참고 모르는 척하며 몹시 신음했지요.
나는 모친 살해범이었으니까요.
들리는 소문으로는, 내 불행에서 아테나이인들에게는
한 가지 축제가 생겨나 아직도 관습으로 남아 있다는데,
그것은 곧 백성들이 각자 따로따로 팔라스를 위해 960
주전자를 비우는 것이래요.[73] 나는 아레스의 언덕에 있는
법정으로 가서 한쪽 자리에 앉았고, 다른 자리에는
복수의 여신들 가운데 제일 연장자가 앉았어요.
그리하여 모친 살해에 대한 심문이 시작되었을 때,
포이보스께서는 자신의 증언으로 나를 구해주셨고, 965
팔라스께서 계표(計票)를 하시자 찬반 동수가 되었고,
그래서 나는 살인 재판에서 승소했지요.
판결에 승복한 복수의 여신들은 법정 바로 옆에다
그들에게 신전을 지어준다는 조건으로 그곳에 눌러앉았어요.
그러나 판결에 불복하는 복수의 여신들은 970

쉴 새 없이 달리며 끊임없이 나를 뒤쫓았어요.
그래서 나는 마침내 다시 포이보스의 성역으로 가서
성소(聖所) 앞에 엎드려, 나를 파멸시키신
포이보스께서 나를 구해주시지 않는다면
그 자리에서 굶어 죽겠다고 맹세했지요. 그러자 975
포이보스께서 황금 세발솥에서 음성을 내보내시며
나를 이곳으로 보내셨는데, 하늘에서 떨어진 신상을
가져와 아테나이인들의 나라에 세우라는 것이었어요.
그분께서 내게 약속하신 구원이 이루어지도록
나를 도와주세요. 우리가 여신상을 손에 넣게 되면 980
나는 광기에서 해방되어 누나를 노(櫓)가 많이 달린
배에 태워 뮈케나이로 도로 데려갈 거예요.
자, 누나, 세상에서 내가 가장 사랑하는 누나,
아버지의 집을 구하고, 나를 구해주세요!

72 할리르로티오스(Halirrhotios)는 포세이돈의 아들로, 아테나이의 아크로폴리스 근처에서 아레스의 딸 알킵페(Alkippe)를 겁탈한 까닭에 아레스에게 살해된다. 그래서 아레스는 아레이오스 파고스(Areios pagos '아레스의 언덕'이라는 뜻)에서 살인죄로 재판을 받는다. '아레스의 언덕'에 법정이 창설된 경위가 아이스퀼로스의 『자비로운 여신들』 681행 이하에 나오는 이야기와는 다르지만 상충된다고 볼 필요는 없다. 제우스가 그곳에서 아레스를 재판했다 하더라도, 그곳을 인간을 위한 법정으로 창설한 것은 아테나로 볼 수 있기 때문이다.

73 안테스테리온(Anthesterion 지금의 2~3월) 달에 주신 디오뉘소스를 위해 아테나이에서 사흘 동안 열리던 안테스테리아(Anthesteria '꽃의 축제'라는 뜻)제(祭)의 둘째 날에 '주전자 축제'라는 공개적인 술자리가 마련되었는데, 이때 참가자들은 희석용 동이에다 함께 포도주를 물로 희석해 마시는 것이 아니라, 약 3리터들이 주전자를 따로따로 받아 경쟁적으로 마셨다고 한다.

	우리가 하늘에서 내려온 여신상을 수중에 넣지 못하면,	985
	내 모든 것도, 펠롭스가의 운명도 끝장나니까요.	
코로스장	신들의 노여움이 탄탈로스의 자손들을 무섭게 덮치며	
	그들을 고난의 바다로 휩쓸어 가는구나!	
이피게네이아	네가 이리 오기 전에도 나는 늘 아르고스가 그리웠고,	
	네가 보고 싶었단다. 오라비여! 네 소원은	990
	내 소원이기도 해. 나는 너를 역경에서 구하고,	
	무너져 내리는 아버지의 집을 일으켜 세우고 싶어,	
	나를 죽이신 분에게 원한을 품지 않고 말이야.	
	나는 네 피로 내 손을 더럽히지 않고 그 손으로 집안을	
	구할 수 있지만, 한 가지 두려운 것은 내가 어떻게	995
	여신을 속일 수 있으며, 신상의 대좌(臺座)가 빈 것을	
	국왕이 보게 되면 어떻게 그를 속일 수 있느냐 하는 거야.	
	그때는 나는 죽어야 해. 변명의 여지가 없으니까.	
	그러나 만일 한꺼번에 두 가지 일이 이루어진다면,	
	즉 네가 신상을 가져가고 동시에 고물이 아름다운 배에	1000
	나를 태워 간다면, 모험은 성공적으로 끝나겠지.	
	하지만 배를 못 타게 되면 나는 끝장이야. 그러나	
	너는 네 임무를 완수하고 무사히 귀향할 수 있을 거야.	
	너를 구할 수만 있다면 나는 죽음도 마다하지 않겠어.	
	남자가 죽고 나면 집안이 허전해지지만,	1005
	여자의 죽음은 그다지 대수로운 게 아니니까.	
오레스테스	어머니를 죽인 터에 나는 누나마저 죽이고 싶지 않아요.	
	어머니의 피로 충분해요. 나는 누나와 죽어도 같이 죽고,	
	살아도 같이 살고 싶어요. 나는 여기서 쓰러져	
	죽지 않고 누나와 함께 고향에 가게 되거나, 아니면	1010

죽어서 누나 곁에 머무를 거예요. 내 생각 좀 들어보세요.
우리의 계획이 아르테미스 여신의 뜻에 어긋난다면,
어떻게 록시아스께서 여신상을 팔라스의 도시[74]로
가져오라고 내게 명령하셨겠으며, 어떻게 누나의 얼굴을
볼 수 있게 해주셨겠어요? 이 모든 것을 종합해보건대,　　　　1015
나는 귀향할 수 있으리라는 희망을 갖게 돼요.

이피게네이아　어떻게 우리가 죽음에서 벗어나는 동시에 우리가
　　　　　　원하는 것을 얻을 수 있겠어? 거기에 우리 귀향의
　　　　　　어려움이 있어. 소망만으로는 될 일이 아니야.

오레스테스　우리가 국왕을 죽여 없애버린다면?　　　　1020

이피게네이아　나그네가 주인을 죽이다니, 그건 나쁜 조언이야.

오레스테스　그래서 나와 누나가 살 수 있다면 그런 모험이라도 해야지요.

이피게네이아　네 열의는 좋다만 난 그렇게 못해.

오레스테스　누나가 나를 이 신전 안에 숨겨주신다면 어떨까요?

[이피게네이아　우리가 야음을 틈타 도주할 수 있도록?　　　　1025

오레스테스　밤은 도둑 편이고, 빛은 진리 편이니까요.]

이피게네이아　안에는 신전 파수꾼들이 있어서 그들이 우리를 보게 될 거야.

오레스테스　우린 끝장났군요. 어떻게 해야 우리가 구원받을 수 있지요?

이피게네이아　한 가지 방법이 있을 것 같긴 한데.

오레스테스　어떤 방법이지요? 나도 알게 말해주세요.　　　　1030

이피게네이아　나는 네 고통을 핑계로 이용할까 해.

오레스테스　음모를 꾸미는 데는 역시 여자들이 능하군요.

이피게네이아　나는 네가 어머니를 죽이고 아르고스에서 왔다고 말할래.

오레스테스　이익이 된다면 내 고통을 이용하세요.

74　아테나이.

이피게네이아	여신께 그런 제물을 바치는 것은 도리가 아니라고 말할래.	1035
오레스테스	어떤 핑계를 대시려고요? 알 것 같기도 합니다만.	
이피게네이아	너는 정결하지 못하다고. 나는 흠 없는 것만 제물로 바친다고.	
오레스테스	그런다고 여신상을 훔치기가 수월해질까요?	
이피게네이아	너를 바닷물로 정화해야 한다고 말할래.	
오레스테스	우리 항해의 목표인 신상을 신전 안에 남겨둔 채로요?	1040
이피게네이아	네가 만졌으니 신상도 씻어야 한다고 말할래.	
오레스테스	어디서요? 파도에 씻기는 바다의 만(灣)에서 말인가요?	
이피게네이아	네 배가 밧줄을 매어놓고 정박해 있는 곳에서.	
오레스테스	신상은 누가 안고 가지요? 누나가, 아니면 다른 사람이?	
이피게네이아	내가. 나만이 신상을 만질 권한이 있으니까.	1045
오레스테스	필라데스는 이번 일에서 어떤 역할을 맡게 되지요?	
이피게네이아	그도 너와 마찬가지로 손이 피로 더럽혀졌다고 말할래.	
오레스테스	그러시되 왕이 알게 하실래요, 모르게 하실래요?	
이피게네이아	말로 그분을 설득할래. 그분 모르게 할 수는 없으니까.	1049
	다른 일들은 순조롭게 진행되도록 네가 보살펴야 해.	1051
오레스테스	좋아요. 내 쾌속선은 벌써 출항 준비가 되어 있어요.	1050
	이제 필요한 것은 이 여인들이 비밀을 지켜주는 것	1052
	한 가지뿐예요. 설득의 말을 찾아내어 간청해보세요.	
	여자는 동정심을 불러일으키는 데 재능이 있으니까요.	
	그렇게만 되면 다른 일들은 다 잘될 거예요.	1055
이피게네이아	오오, 가장 사랑하는 여인들이여, 내 시선은 너희들을	
	향하고 있어. 내가 행복해지느냐, 불행해지느냐,	
	조국과 오라비와 가장 사랑스런 아우를 빼앗기느냐	
	하는 것은 너희들에게 달려 있어. 나는 먼저 이렇게	
	시작하고 싶어. 우리는 여인들로서 서로 호의를 품고	1060

있으며, 여인에 관계되는 모든 일에 상부상조할
각오가 되어 있어. 그러니 너희들은 이 일을 비밀로 하고
우리가 도망할 수 있도록 도와다오. 입이
무겁다는 것은 참으로 좋은 일이야. 이것 봐,
더없이 사랑하는 우리 세 사람을 기다리는 것은   1065
한 가지 운명이야. 그것은 귀향 아니면 죽음이야.
내가 구원받으면 너희들도 내 행운을 공유하도록
너희들을 헬라스로 데려가겠다. 오른손을 잡고 너에게
애원해. 너에게도 간청해. 그리고 너에게도. 네 사랑스러운
볼과, 네 두 무릎과, 네 집에서 가장 소중한 것과,   1070
네 부모와, 네게 자식들이 있다면 네 자식들의 이름으로!
뭐라고 말할 테냐? 너희들 가운데 누가 찬성하고, 누가
반대하는지 말해봐! 너희들이 내 말에 찬성하지 않는다면
나는 끝장이고, 가련한 내 오라비도 마찬가지야.

코로스장 용기를 내세요, 사랑하는 여주인님. 부디 구원받으세요.   1075
위대하신 제우스께 맹세코, 그대가 내게 비밀로 하라고
명령하시는 것이면 나는 무엇이든 발설하지 않겠어요.

이피게네이아 그 말에 대한 보답으로 너희들에게 축복과 행복이 있기를!

(오레스테스와 퓔라데스에게)

이제 너는 신전 안으로 들어가도록 해. 그대도.
곧 이 나라의 국왕이 와서, 이방인들을 제물로   1080
바치는 일을 마쳤는지 묻게 될 것이다.
아울리스 만에서 사람 잡는 아버지의 무시무시한 손에서
나를 구해주셨던 존경스러운 여신이시여, 이번에도
나와 저들을 구해주소서! 그러지 않으면 그대 때문에
인간들은 더는 록시아스의 말씀을 믿지 않을 거예요.   1085

자비를 베푸시어 야만족의 나라에서 아테나이로 가소서!
축복받은 도시에서 거주하실 수 있는데도, 그대가
이곳에 거주하신다는 것은 그대답지 않은 일예요.

(이피게네이아, 오레스테스, 필라데스 신전 안으로 퇴장)

코로스⁷⁵(좌 1)　바다의 암벽에서
비탄의 노래 부르는　　　　　　　　　　　　　　　　1090
물총새야, 아는 사람은
알고 있다, 네가 쉬지 않고
노래로 남편을 애도한다는 것을!⁷⁶
나도 날개 없는 새가 되어
너와 함께 슬퍼하련다,　　　　　　　　　　　　　　1095
헬라스인들의 축제들을 그리워하며,
산고를 치르는 여인의 보호자이신
아르테미스를 그리워하며. 여신께서는
거주하신다네, 퀸토스⁷⁷ 산기슭에,
잎이 무성한 종려나무 옆에, 어린 가지들이　　　　　1100
아름답게 돋아나는 월계수 옆에,
은빛 올리브나무의 신성한 가지 옆에,
레토께서 출산하신 곳에, 그 물이
원을 이루며 흐르는 호숫가에, 백조가
노래로 무사 여신들을 찬미하는 곳에.　　　　　　　1105

(우1)　우리의 성벽들이 무너져
내가 적군의 노들과 창들 사이에서
배를 타고 그곳을 떠날 때,

내 두 볼을 적시며 수없이
흘러내리던 눈물이여!   1110
나는 황금에 팔려
야만족의 나라에 와서는
사슴을 사냥하시는 여신의 여사제인
아가멤논의 딸 곁에서
제물로 양을 바치지 않는   1115
제단 가에서 시중을 든다네.
차라리 철저히 불행한 사람이 부러워.
어려서부터 불행에 익숙한 사람은
고난 속에서도 쓰러지지 않으니까.
불행은 행복으로 반전되기 마련.   1120
그러나 행복이 불행으로 반전한다면
그것은 인간들에게 힘든 운명이라네.

(좌 2) 하지만 존경스러운 여주인이시여, 그대는
쉰 명의 선원이 노 젓는 아르고스의 배를 타고
고향으로 실려 가겠지요. 산신(山神)인 판의   1125
밀랍으로 이어 붙인 목적(牧笛) 소리도

75 1089~1152행은 두 번째 정립가다.
76 아이올로스(Aiolos)와 에나레테(Enarete)의 딸 알퀴오네(Alkyone 또는 Halkyone)는 텟살리아 지방에 있는 트라키스(Trachis) 왕 케윅스(Keyx)와 결혼하여 행복하게 살았으나, 남편이 배 타고 나갔다가 돌아오지 않자 절망하여 바다에 몸을 던진다. 그러자 신들이 그들을 불쌍히 여겨 물총새로 변하게 했다고 한다.
77 퀸토스(Kynthos)는 델로스 섬에서 가장 높은 산으로, 레토는 그곳에서 쌍둥이 남매 아폴론과 아르테미스를 낳았다.

노 젓는 소리에 맞춰 울려 퍼질 것이고,
예언자 포이보스께서도 요란한
칠현(七絃)의 뤼라를 들고 노래하시며
아테나이인들의 풍요한 땅으로　　　　　　　　　　　1130
그대를 무사히 인도하시겠지요.
그러나 그대는 나를 이곳에 남겨둔 채
찰싹거리는 노들과 함께 떠나겠지요.
바람이 불어와 앞 돛줄들이　　　　　　　　　　　　1135
이물 너머로 돛을 부풀리게 되면
배는 쏜살같이 달리겠지요.

(우2) 불타는 태양이 달리는 찬란한 주로(走路)를
내가 날 수 있다면!
그러면 나는 고향 집 위에서 내 등에 달린　　　　　　1140
날개들을 빨리 움직이지 못하게
멈추고는, 고귀한 분들의 결혼식에서
내가 처녀 때 춤추던
합창가무단에 끼일 수 있으련만!
그때 나는 사랑하는 어머니 곁을 떠나　　　　　　　1145
친구들과 어울려 격렬한 발춤을
추곤 했었지, 서로 우아함을 다투며,
숱이 많은 머리털을 겨루며.
그럴 때면 다채로운 면사포와　　　　　　　　　　　1150
고수머리가 턱 주위로 흘러내리며
내 얼굴에 그늘을 지워주곤 했었지.

(국왕 토아스, 시종들을 거느리고 등장)

토아스 *(코로스에게)* 신전을 지키는 헬라스 여인은 어디 있는가?

그녀는 이방인들을 벌써 제물로 바쳤는가?

〔그들의 육신은 성소 안에서 활활 불타고 있는가?〕 1155

(이피게네이아, 아르테미스 여신상을 들고 등장)

코로스장 저기 모든 것을 설명드릴 수 있는 그녀가 있나이다, 왕이시여!

토아스 *(깜짝 놀라며)* 저런!

아가멤논의 따님이여, 어인 일로 그대는

여신상을 대좌에서 들어내어 품에 안고 오는 것이오?

이피게네이아 왕이시여, 거기 입구에 그대로 서 계십시오.

토아스 신전 안에서 대체 무슨 괴이한 일이 생긴 것이오, 이피게네이아? 1160

이피게네이아 끔찍한 일이 생겼나이다. 정결한 의식을 위해 말씀드리옵니다.

토아스 대체 어떤 변고가 일어났단 말이오? 분명히 말해보시오.

이피게네이아 그대들이 사냥해주신 제물들은 정결하지 못하나이다, 왕이시여.

토아스 확실히 알고 하는 말이오? 아니면 추측일 뿐이오?

이피게네이아 여신상이 대좌에서 뒤로 돌아섰나이다. 1165

토아스 저절로? 아니면 지진이 여신상을 돌려놓았소?

이피게네이아 저절로 그랬나이다. 그러면서 여신상은 눈을 감았나이다.

토아스 그 이유가 뭐요? 이방인들이 부정(不淨)하기 때문인가요?

이피게네이아 바로 그 때문이옵니다. 그 둘은 끔찍한 짓을 저질렀으니까요.

토아스 그들이 해변에서 이민족 가운데 한 명을 죽였던가요? 1170

이피게네이아 그들은 제 집에서 살인을 하고 이리로 왔나이다.

토아스 누구를? 나는 그것이 알고 싶소.

이피게네이아 그들은 합세하여 어머니를 죽였나이다.

토아스 아폴론 신이시여! 그런 짓은 야만족도 할 수 없을 것이오.

이피게네이아 온 헬라스가 그들을 박해하고 추방했나이다. 1175

토아스	그래서 그 때문에 그대는 신상을 들고 나오는 것이오?
이피게네이아	살인에서 벗어나시도록 맑은 대기 속으로 모시고 나왔나이다.
토아스	그대는 두 이방인이 오염된 줄 어떻게 알았지요?
이피게네이아	여신상이 돌아섰을 때 내가 그들을 심문했나이다.
토아스	그토록 눈이 날카롭다니, 헬라스가 그대를 현명한 여인으로 길렀구려. 1180
이피게네이아	그런데도 그들은 달콤한 미끼로 내 마음을 호리려 했나이다.
토아스	그들이 아르고스로부터 반가운 소식을 전해주던가요?
이피게네이아	네. 하나뿐인 내 오라비 오레스테스가 잘 지내고 있다고 했나이다.
토아스	그대가 반가운 소식을 듣고 그들을 살려주도록 말인가요?
이피게네이아	내 아버지께서도 살아 계시며 잘 지내신다고 했나이다. 1185
토아스	그래도 그대는, 당연한 일이지만, 여신 쪽으로 기울어졌나요?
이피게네이아	네. 나를 파멸케 한 헬라스 전체를 나는 증오하니까요.
토아스	말해보시오. 우리가 저 두 이방인을 어떻게 하면 좋겠소?
이피게네이아	정해진 관습은 존중되어 마땅하옵니다.
토아스	축성할 물과 칼이 미리 준비되어 있지 않던가요? 1190
이피게네이아	나는 먼저 그들을 세정(洗淨)할까 하옵니다.
토아스	샘물로, 아니면 바닷물로?
이피게네이아	바다는 사람들의 모든 부정을 씻어주옵니다.
토아스	그러고 나면 그들의 희생이 더욱더 여신의 마음에 들겠지요.
이피게네이아	그러면 나도 내 의무를 더 충실히 이해하는 것이 될 것이옵니다. 1195
토아스	그런데 파도라면 신전 바로 가까이까지 밀려들지 않소?
이피게네이아	외딴 곳이라야 하옵니다. 우리는 그 밖에도 할 일이 있으니까요.
토아스	원하는 곳에서 하시오. 나는 금지된 것은 보고 싶지 않소.
이피게네이아	나는 이 여신상도 정화해야 하옵니다.
토아스	모친 살해범이 정말로 여신상을 만졌다면 그래야겠지요. 1200
이피게네이아	그렇지 않다면 여신상을 대좌에서 들어내지 않았을 것이옵니다.

토아스	그대의 경건과 염려는 적절한 것이오.
이피게네이아	이제 한 가지만 더 허락해주시옵소서!
토아스	그것을 말하는 것은 그대의 권한이오.
이피게네이아	이방인들을 사슬로 묶으소서!
토아스	그들이 그대에게서 달아난다 해도 어디로 갈 수 있겠소?
이피게네이아	헬라스인들은 믿을 수 없나이다.
토아스	자, 하인들아, 가서 그들을 묶도록 하라! 1205
이피게네이아	그리고 하인들은 이방인들을 이리로 끌고 나오도록 하라!
토아스	시행하라!
이피게네이아	그들의 머리를 옷으로 싸도록 하라!
토아스	그래, 불타는 태양이 오염되지 않도록!
이피게네이아	그대의 시종 몇 명을 딸려 보내주시옵소서!
토아스	*(자신의 시종 몇 명을 가리키며)* 이들이 그대를 따라갈 것이오.
이피게네이아	도시에 사자 한 명을 보내시어…
토아스	무엇 하게요?
이피게네이아	다들 집 안에 머물러 있으라고 전해주시옵소서!
토아스	그들이 살인자들과 만나지 않도록 말인가요? 1210
이피게네이아	만나면 부정을 타게 되옵니다.
토아스	*(시종 한 명에게)* 네가 가서 전하도록 하라!
이피게네이아	아무도 제 모습을 보여서는 안 된다고!
토아스	그대는 도시를 알뜰히도 보살피는구려.
이피게네이아	그리고 누구보다 그럴 필요가 있는 친구들도요.[78]
토아스	나를 두고 한 말이로군요.

---

[78] 이피게네이아가 오레스테스와 퓔라데스를 염두에 두고 한 말인데, 토아스는 자기를 두고 한 말이라고 생각한다.

이피게네이아	당연하지요.
토아스	도시 전체가 그대를 찬탄하는 것은 당연한 일이오.
이피게네이아	그대는 여기 신전 앞에 머물러 계시며…
토아스	여기서 내가 뭘 하지요?
이피게네이아	불로 집 안을 정화하시옵소서!⁷⁹
토아스	그러지요. 그대가 돌아왔을 때 집 안이 정결하도록.
이피게네이아	그리고 이방인들이 신전 밖으로 나가자마자…
토아스	어떻게 해야 하나요?
이피게네이아	겉옷으로 눈을 가리옵소서.
토아스	내가 살인에 오염되지 않도록 말이지요.
이피게네이아	내가 너무 오래 지체한다 싶으시면…
토아스	얼마나 오래 지체할 것으로 보아야 할까요?
이피게네이아	놀라지 마옵소서.
토아스	여신에 대한 의무를 서두르지 말고 천천히 잘 수행하시오.
이피게네이아	내 뜻대로 정화가 이루어졌으면 좋으련만.
토아스	나도 그렇게 되도록 기도하오.

(오레스테스와 퓔라데스, 사슬에 묶여 신전에서 끌려 나온다)

이피게네이아 저기 벌써 신전에서 나오고 있는 것이 보이는구나, 이방인들과,
여신의 장식품들과, 내가 피로써 피의 부정을 씻도록 새끼 양들과,
횃불과, 그 밖에 이방인들과 여신의 정화를 위해 내가 지시한
모든 것이. 시민들에게 큰 소리로 알리노니, 피로 더럽혀진
이들을 피하시오, 누구든지 신전지기로서 신들을 위해 손을
깨끗이 하는 사람과, 결혼식을 올릴 사람과, 아이를 가져
몸이 무거운 사람은! 피하시오, 비키시오, 그대들 중 누군가
부정을 타지 않도록! 순결하신 여왕이시여, 제우스와 레토의
따님이시여, 내가 그들의 살인죄를 씻고 제물을 바쳐야 할 곳에서

바치게 되면, 그대는 정결한 집에 거주하시게 되고,
우리는 행복할 거예요. 다른 말씀은 안 드릴게요. 전지하신
신들과 그대에게만, 여신이시여, 알려드리는 것이옵니다.

(이피게네이아, 오레스테스, 퓔라데스 일행은 바다 쪽으로 내려가고,

토아스는 신전 안으로 퇴장)

코로스[80](좌) 레토의 아드님[81]은 훌륭하시도다! 그분을

그녀[82]는 델로스 섬의 풍요한 골짜기에서 낳으셨다네, 1235

금발머리에 키타라의 명수이신 그분을,

활로 명중하기를 즐기시는 아르테미스 여신과 함께.

바위투성이 섬[83]에서, 이름난 출산의 장소에서,

어머니가 그분을 데려간 곳은 샘물이 1240

콸콸 흘러내리는 파르낫소스 산의 정상이니,

그곳은 디오뉘소스 신을 위해

환호성이 울려 퍼지는 곳.[84] 그곳은 또한

포도줏빛 용(龍)[85]이 등을 번쩍이며,

마치 청동 갑옷을 입듯이, 잎이 무성한 월계수 그늘에 1245

79 『오뒷세이아』 22권 481행 이하에서 오뒷세우스는 아내의 구혼자들을 죽이고 나서 유황으로 집 안을 정화한다.
80 1234~1282행은 세 번째 정립가다.
81 아폴론.
82 레토.
83 델로스.
84 파르낫소스 산의 정상 바로 아래 있는 고원에서 인근에 사는 여인들이 한겨울에 주신 디오뉘소스를 위한 축제를 격년마다 개최했다.
85 퓌톤(Python). 퓌토(Pytho)는 델포이의 옛 이름으로, 아폴론이 그곳을 지키던 퓌톤이라는 용을 죽인 까닭에 붙여진 이름이다.

숨어 대지의 여신의 끔찍한 괴물로서
　　　지하의 신탁소를 지키고 있던 곳.
　　　아직도 어머니 품에서 뛰어노는 어린아이로서, 　　　　　　1250
　　　포이보스시여, 그대는 용을 죽이시고 지극히
　　　신성한 신탁소에 드셨나이다. 그리하여 그대는
　　　황금 세발솥에, 거짓을 모르는 왕좌에 앉으셔서
　　　지극히 신성한 곳에서 인간들에게 신탁을 　　　　　　　　1255
　　　나눠 주시나이다. 카스탈리아 샘[86]의
　　　이웃으로서, 대지의 중심[87]에 거주하시면서.
(우)　그러나 아폴론께서 대지의 여신의 따님이신
　　　테미스를 신성한 신탁소에서 내쫓으시자,[88] 　　　　　　1260
　　　대지가 밤에 나타나는 꿈의 환영(幻影)들을
　　　낳으니, 이들이 많은 인간들에게 과거사와
　　　미래사를 말해주었다네. 어두운 밤
　　　인간들이 대지에 누워 자고 있을 때. 　　　　　　　　　　1265
　　　그리하여 대지의 여신은 딸 때문에
　　　원한을 품고 포이보스에게서 예언자의
　　　명성을 빼앗았다네. 그러자 준족(駿足)의
　　　왕[89]께서 올륌포스로 급히 달려가
　　　어린 손으로 제우스의 왕좌를 끌어안고 　　　　　　　　　1270
　　　애원하셨다네. 대지의 여신의 노여움을
　　　퓌토의 집에서 물리쳐 달라고. 아이가
　　　그토록 재빨리 나타나 황금이 많은 거처를
　　　차지하기를 원하자, 제우스께서 미소 지으셨다네. 　　　　1275
　　　그래서 제우스께서 고수머리를 흔드시며[90]
　　　밤의 목소리들을 그치게 하시고, 인간들에게서

밤의 예언들을 빼앗아 록시아스께 특권을 돌려주시고,   1280
인간들에게는 사람들로 붐비는 왕좌에서 읊는⁹¹
신탁에 대한 믿음을 회복해주셨다네.

(사자 등장)

사자   그대들 신전지기들이여, 제단의 수호자들이여,
이 나라의 국왕 토아스 님은 어디로 가셨소?   1285
튼튼히 이어 붙인 문짝들을 열고
국왕을 신전 밖으로 불러내주시오!

코로스장   무슨 일이지요? 요청은 받지 않았지만⁹² 내가 말해도 된다면.

사자   두 젊은이가 달아나버렸소. 그들은 지금
아가멤논의 딸의 계략에 의해 이 나라에서   1290
도망치고 있는 중이오. 헬라스 배〔船〕의 품속에
신성한 신상을 훔쳐 가지고 말이오.

코로스장   그대는 믿을 수 없는 말을 하는군요. 하지만 그대가
찾고 있는 국왕께서는 이미 신전을 떠나셨어요.

사자   어디로? 일어난 일을 그분께서 직접 들으셔야 하오.   1295

---

86   델포이의 신성한 샘.
87   고대 그리스인들은 제우스가 동쪽 끝과 서쪽 끝에서 동시에 날려 보낸 독수리가 델포이에서 만났다 하여 델포이를 '대지의 배꼽'이라 불렀다.
88   델포이, 일명 퓌토는 원래 대지의 여신의 딸 테미스의 신탁소였으나 아폴론이 그곳을 지키던 퓌톤이라는 용을 죽이고 빼앗았던 것이다.
89   아폴론.
90   약속의 표시로.
91   신탁은 산문이 아니라 헥사메터(hexameter) 시행으로 주어졌다.
92   사자는 신전 안에 있는 자들을 향해 소리칠 때 코로스가 있다는 것을 알아차리지 못했던 것 같다.

| 코로스장 | 우리는 몰라요. 가서 그분을 찾아보세요,
그분을 만나 그대의 말을 전할 수 있을 때까지.
| 사자 | 보시오, 여자란 얼마나 믿을 수 없는 족속인지!
그대들도 이번 사건의 공범들이오.
| 코로스장 | 미쳤군요. 이방인들이 달아난 것이 대체　　　　　　　1300
나와 무슨 상관이죠? 어서 궁전에나 가보세요!
| 사자 | 누가 내게 명확히 말해주기 전에는 가지 않겠소.
국왕께서는 신전 안에 계시오, 안 계시오? *(문을 두드리며)*
이봐요! 안에 있는 이들에게 말하겠소. 빗장을 벗기고
국왕께 아뢰시오, 내가 그분께 전해드릴 나쁜 소식을　　1305
한 짐 짊어지고 여기 문간에 와 있다고 말이오!
| 토아스 | *(신전에서 나오며)*
대체 어느 놈이 여기 여신의 신전 앞에서 이렇게 고함을
지르며 온 신전 안이 울리도록 문을 치는 게냐?
| 사자 | 이럴 수가! 이 여인들은 나를 신전에서 쫓아버릴 양으로
전하께서 안에 계시지 않는다고 했나이다, 안에 계시는데도.　1310
| 토아스 | 그들이 대체 어떤 이익을 바라거나 노리고 그랬던 것일까?
| 사자 | 그들에 관해서는 나중에 말씀드릴 터이니,
당장 급한 것부터 들으십시오. 여기서 제단을 지키던 여인이,
이피게네이아가 이 나라를 떠났나이다.
이방인들과 함께, 신성한 여신상을 갖고.　　　　　　　1315
정화는 속임수였사옵니다.
| 토아스 | 뭣이? 그녀가 갑자기 무슨 바람이 불었지?
| 사자 | 그녀는 오레스테스를 구하려 했사옵니다. 전하께서도 놀라시겠지만.
| 토아스 | 오레스테스라니? 튄다레오스의 딸이 낳은 아들 말이냐?
| 사자 | 여신께서 이 제단에 바치기로 정해놓으셨던 자 말이옵니다.　1320

| 토아스 | 이건 기적이로구나! 그보다 더 적절한 말이 어디 있을까?
| 사자 | 그 일에만 마음 쓰지 마시고 제 말을 들어보시옵소서!
| | 들어보시고 나서 잘 생각해보시옵소서,
| | 어떻게 추격해야 이방인들을 잡을 수 있겠는지!
| 토아스 | 말해보아라. 네 말이 옳다. 그들의 도주 목적지가   1325
| | 가깝지 않으니, 그들이 내 함선들을 피하지 못하리라.
| 사자 | 오레스테스의 배가 몰래 정박해 있던 해안에
| | 우리가 도착했을 때, 아가멤논의 딸은
| | 그녀가 행하고자 하는 번제(燔祭)와 정화의식은
| | 완전 비밀리에 행해져야 하는 양,   1330
| | 전하께서 이방인들의 간수로 딸려 보내신 우리더러
| | 멀찍이 떨어지라고 손짓하더니 자신은
| | 두 이방인이 묶인 사슬을 손에 잡고
| | 앞으로 나아갔사옵니다. 미심쩍기는 했으나
| | 전하의 하인들은 그 지시에 따랐사옵니다.   1335
| | 잠시 뒤 그녀는 우리에게 무엇인가 하고 있는 것처럼
| | 보이려고, 정말로 살인죄를 정화하는 양
| | 고함을 지르며 알아들을 수 없는 주문(呪文)을
| | 노래했사옵니다. 우리가 한참 동안 앉아 있었을 때,
| | 이방인들이 풀려나 그녀를 죽이고는 지체 없이   1340
| | 달아날 수도 있다는 생각이 문득 떠올랐사옵니다.
| | 그래도 우리는 금지된 것을 보는 것이 두려워 가만히
| | 앉아 있었사옵니다. 마침내 우리는 금지되긴 했어도
| | 그들이 있는 곳에 가보기로 의견을 모았사옵니다.
| | 그곳에서 우리는 헬라스의 배 한 척이 벌써 노들을   1345
| | 갖추고 출발 준비가 되어 있는 것을 보았는데,

쉰 명의 선원이 놋좆에 노를 걸어두고 있었고,
두 젊은이는 사슬에서 풀려나 뱃고물 앞에 서 있었사옵니다.
선원들 중 일부는 장대들로 이물을
붙들고 있었고,[93] 일부는 닻을 끌어올리고   1350
있었사옵니다. 또 일부는 고물 밧줄을
끌어들이고 있었고,[94] 일부는 이방인들을 위해
서둘러 사다리를 바다로 내리고 있었사옵니다.
우리는 그것이 간계임을 간파하고 사정없이
이방의 여인과 고물 밧줄을 붙잡았고,   1355
이어서 고물이 아름다운 배의 키를 키 집에서
빼내려 했사옵니다. 우리는 말했사옵니다.
"너희들은 무슨 권한으로 이 나라에서 신상들과
여사제를 훔쳐 가느냐? 너는 대체 누구의 아들
누구이기에 이 여인을 나라 밖으로 납치하려 하느냐?"   1360
그자가 말했사옵니다. "알아두어라. 나는 아가멤논의
아들 오레스테스로 이 여인의 친오라비다. 나는 전에
집에서 잃었던 내 누이를 도로 데려가는 것이다."
그래도 우리는 이방의 여인을 여전히 꼭 붙잡고 있었고,
전하 앞으로 따라오도록 그녀에게 강요하려 했사옵니다.   1365
그러자 우리의 턱에 주먹이 마구 날아들었사옵니다.
그자들도 우리도 손에 칼을 들고 있지 않았으니까요.
그래서 그들이 주먹을 날려 우리를 가격하는 데다
두 젊은이가 한꺼번에 우리의 옆구리와 배를
발길로 마구 차대는 바람에 우리는 아프기도 하고   1370
지치기도 하여 사지가 녹초가 되어버렸사옵니다.
그래서 우리는 몸에 매 도장이 찍힌 채 언덕 쪽으로

달아났는데, 더러는 머리가 피투성이가 되고
더러는 눈이 피투성이가 되어 있었사옵니다.
우리는 언덕 위에 자리 잡고 서서 그자들에게 돌을   1375
던져대며 좀 더 신중하게 싸움을 계속했사옵니다.
하지만 고물에 자리 잡고 선 사수들이 화살로 제지하는
바람에 우리는 더 뒤로 물러서지 않을 수 없었사옵니다.
그때 높은 파도가 배를 뭍으로 밀어붙였고,
하마터면 처녀의 발이 젖을 뻔했사옵니다.   1380
그러자 오레스테스가 그녀를 왼쪽 어깨에 떠메고
바다로 뛰어들어 재빨리 사다리를 타고 올라가더니
누이와, 옛날에 하늘에서 떨어진 제우스의 따님의
신상을 배 안에 안전하게 태웠사옵니다. 이어서
배 한가운데에서 우렁찬 목소리가 들려왔사옵니다.   1385
"헬라스 땅의 선원들이여, 노를 잡고 바닷물을 쳐
흰 거품을 일으키시오. 배를 타고 쉼플레가데스 바위들을
지나 손님에게 불친절한 바다로 들어올 때 우리가
얻으려던 것이 모두 우리 수중에 들어왔기 때문이오."
그러자 선원들이 크게 환성을 올리며 바닷물을 치기   1390
시작했사옵니다. 그리고 배는 포구 안에 있는 동안에는
어귀를 향하여 곧장 나아갔으나, 어귀를 통과하려는 순간
파도에 부딪혀 뒤로 밀려났사옵니다.
갑자기 돌풍이 불어닥쳐 배를 후진시켰기 때문이옵니다.

93　배가 바다로 나가지 못하도록.
94　당시에는 배를 정박할 때 출항하기 쉽게 고물은 육지로, 이물은 바다로 향하게 했다.

그자들은 있는 힘을 다해 파도에 1395
대항했으나, 파도는 배를 도로 뭍으로
몰고 갔사옵니다. 그러자 아가멤논의 딸이 일어나
기도하기 시작했사옵니다. "오오, 레토의 따님이시여,
그대의 여사제인 나를 야만족의 땅에서 헬라스로
구해주시고, 내 도둑질을 용서해주소서! 여신이시여, 1400
그대도 그대의 오라비를 사랑하십니다. 그러니
나도 내 형제자매를 사랑한다고 믿어주소서!"
그러자 선원들이 처녀의 기도에 호응하여
탄원의 노래를 부르며 소매를 어깨까지 걷어붙이고는
대장의 노랫소리에 맞춰 힘껏 노를 저어보려 했사옵니다. 1405
그러나 배가 암벽들 쪽으로 점점 더 가까이 밀려나자,
우리 가운데 더러는 걸어서 바닷물로 들어갔고, 더러는
고를 낸 밧줄의 한쪽 끝을 바위나 나무에 맸사옵니다.
하지만 나는 그곳에서 일어난 일을 전하께 아뢰도록
이곳의 전하 앞으로 곧장 파견되었사옵니다. 1410
자, 손에 사슬과 올가미들을 들고 서둘러 떠나도록
하시옵소서. 바람과 파도가 잔잔해지지 않는다면
이방인들은 구원받을 가망이 없사옵니다.
바다의 존엄하신 왕이신 포세이돈께서는
일리온[95] 편이시고,[96] 펠롭스의 자손들의 적이시옵니다. 1415
그러니 그분께서는 이번에도 당연히 아가멤논의 아들을
전하와 전하의 시민들 손에 넘겨주실 것이옵니다.
전에 아울리스에서 죽음을 면하게 해준 일을 잊고
여신을 배신한 그자의 누이와 함께.

코로스장 아아, 가련한 이피게네이아 님! 도로 왕의 수중에 1420

|토아스| 들어온다면 그대는 오라비와 함께 죽게 될 거예요.
오오, 이민족 나라의 전 시민들이여,
너희들은 말에 고삐를 매고 해안으로 달려가
그곳에 좌초되어 있는 헬라스 배를 나포하라!
그리고 여신의 도움으로 어서 달려가 그 불경한 자들을   1425
잡아 오도록 하라! 너희들 중 나머지는 바다로
쾌속선들을 끌어내려라! 우리는 쾌속선들을 타고
해로로 달리거나 육로로 말을 달려 그자들을
사로잡은 다음 가파른 암벽에서 떨어뜨리거나
아니면 그자들의 몸에 말뚝을 박도록 하자꾸나!⁹⁷   1430
(코로스에게) 여인들아, 너희들도 이 계획을 알고 있었으니,
나중에 한가할 때 너희들에게도 내가 벌을
내릴 것이다. 하지만 지금 당장은 급한 일이 생겨,
내가 한가로이 쉬고 있을 수가 없구나.

(아테나 여신이 신전 위에 나타난다)

|아테나| 어디로 이렇게 추격대를 보내는가, 토아스 왕이여?   1435
나는 아테나이니라. 그대는 내 말을 들어라!
그대는 추격을 멈추고 밀물 같은 군대를 철수하라.
오레스테스는 운명에 이끌려 록시아스의 명령에 따라
복수의 여신들의 노여움을 피하고자 이리로 온 것이니라,
누이를 아르고스로 데려가고 신성한 신상을   1440
내 나라로 모셔 가기 위해서. 그래야만 그가

---

95 트로이아.
96 포세이돈과 아폴론은 트로이아 왕 라오메돈을 위해 성벽을 쌓아준 적이 있다. 에우리피데스의 『트로이아 여인들』 6행 이하 참조.
97 척추에 말뚝 박는 것은 야만족에게서나 볼 수 있는 잔인한 형벌이다.

지금의 고난에서 숨을 돌릴 수 있을 테니까. 1441b
내 그대에게 이르노니, 그대가 바다의 거센 파도 속에서
사로잡아 죽이기를 바라는 오레스테스로 말하자면,
그가 잔잔한 바다를 항해할 수 있도록 나를 위해 지금 이 순간
포세이돈이 바다의 등을 반반하게 해주고 있노라. 1445
(먼 곳을 향하여) 오레스테스여, 그대는 내 명령을 들어라.
그대는 멀리 있어도 여신의 음성을 들을 수 있을 테니까.
그대는 그대의 누이와 신상을 모시고 가거라.
그리하여 그대가 신께서 세우신 아테나이에 당도하면,
거기 앗티케의 변경에, 카뤼스토스[98]의 암벽 맞은편 1450
그다지 멀지 않은 곳에 신성한 장소가 있는데
그곳을 내 백성들은 할라이라고 부르노라.
그대는 그곳에 신전을 세우고 신상을 모시되
타우로이족의 나라와, 그대가 복수의 여신들에게 쫓겨
헬라스를 두루 돌아다닐 때 겪은 고난에 따라 1455
이름을 지어드리도록 하라. 앞으로 백성들은 여신을
아르테미스 타우로폴로스[99]라 부를 것이니라.
그런 다음 다음과 같은 관례를 제정하도록 하라.
즉 백성들이 여신을 위해 축제를 거행하면
여신의 권리와 명예를 위해 그대가 죽음을 면한 대가로 1460
한 남자의 목에 칼로 상처를 내어 피가 나오게 하라.
이피게네이아여, 그대는 브라우론의 신성한 언덕에서
여신을 위해 열쇠의 권한을 맡아보아야 하느니라.[100]
그리고 그대는 죽으면 그곳에 묻히게 될 것이며,
사람들은 아이를 낳다 죽은 여인들이 집에 남겨둔 1465
곱게 짠 옷들을 그대에게 선물로 바치게 될 것이니라.[101]

여기 있는 이 헬라스 여인들[102]도 그들이 보여준
올바른 마음씨 때문에 나는 고향으로 돌려보낼 것이니라.
전에도 나는 아레스의 언덕에서
찬반 동수를 만들어 그대를 구해주지 않았더냐, 1470
오레스테스여! 그러니 앞으로 찬반 동수를 얻는 자는
승소한 자라는 법이 통용되게 하라!
자, 아가멤논의 아들이여, 그대는 이 나라에서 누이를
데려가라. 그리고 그대는 화내지 말라, 토아스!

토아스 아테나시여, 여왕이시여, 신들의 말씀을 듣고도 1475
복종하지 않는 자는 생각이 바르지 못한 자이옵니다.
나는 오레스테스가 여신상을 가져간다고 해서 그에게
화내지 않으며, 그의 누이에게도 화내지 않사옵니다.
〔강력하신 신들과 싸워서 우리에게 무슨 좋은 일이
있겠나이까?〕 그들이 여신상을 모시고 무사히 1480
그대 나라로 가서 그곳에서 그 신상을 편안히
모시게 되기를! 그대가 명령하신 대로 나는 이 여인들도

---

98 카뤼스토스(Karystos)는 에우보이아 섬 남부에 있는 도시로, 서쪽으로 에우리포스 해협을 건너면 앗티케 동부에 할라이(Halai)라는 마을이 있다. 거기에서 남쪽 내륙으로 들어가면 브라우론(Brauron)이라는 곳이 있는데, 그곳에 아르테미스 신전이 세워졌던 것이다.

99 타우로폴로스(Tauropolos)는 '타우로이족 곁에 머물던' 또는 '타우로이족에게서 유래한'이라는 뜻이다.

100 신전의 사제가 되어야 한다는 뜻이다.

101 출산하다 죽은 여인의 옷은 아르테미스 로키아(Artemis lochia '산모의 보호자 아르테미스'라는 뜻)에게 봉헌되었다. 여기서는 이피게네이아가 그러한 여신과 동일시되고 있다.

102 코로스를 구성하고 있는 여인들.

|아테나| 헬라스로 보내겠나이다. 그리고 이방인들을
뒤쫓도록 내보낸 창병들과 선원들도 나는,
여신이시여, 그대의 뜻에 따라 돌려세우겠나이다. 1485

아테나 잘했구려! 필연 앞에는 그대만이 아니라 신들도
복종해야 하는 법. 불어라, 순풍아! 아가멤논의 아들을
배에 태워 아테나이로 인도하라! 나도 동행하며
내 언니의 존경스러운 신상을 지켜주겠노라!

코로스 그대들은 구원받았으니 1490
기뻐하며 편히 가세요!
불사신들과 인간들에게 존경받으시는
팔라스 아테나시여, 우리는
그대의 명령에 따르겠나이다.
천만뜻밖의 반가운 말씀이 1495
내 귀에 들려왔으니까요.

(아테나와 토아스, 사자 퇴장)

〔위대하고 존경스러운 승리의 여신이시여,
내 인생을 지켜주시고, 내게
늘 승리의 화관을 씌워주소서!¹⁰³〕

---

103 에우리피데스의 『오레스테스』와 『포이니케 여인들』도 비슷한 구절로 끝나는데, 여기서 코로스는 시인을 대신해 비극경연대회에서의 우승을 기원하고 있다.

옮긴이 **천병희**(1939~2022)

서울대학교 독어독문학과를 졸업하고 같은 대학원에서 문학박사 학위를 받았다. 독일 하이델베르크대학교에서 5년 동안 독문학과 고전문학을 수학했으며 북바덴 주정부가 시행하는 희랍어검정시험(Graecum) 및 라틴어검정시험(Großes Latinum)에 합격했다. 단국대학교 인문학부 명예 교수로, 그리스 문학과 라틴 문학을 원전에서 우리말로 옮기는 작업에 매진했다. 대표적인 원전 번역으로는 호메로스의 『일리아스』와 『오뒷세이아』, 헤시오도스의 『신들의 계보』, 베르길리우스의 『아이네이스』, 오비디우스의 『변신이야기』와 『로마의 축제들』, 『아이스퀼로스 비극 전집』, 『소포클레스 비극 전집』, 『에우리피데스 비극 전집』, 『아리스토파네스 희극 전집』, 헤로도토스의 『역사』, 투퀴디데스의 『펠로폰네소스 전쟁사』, 크세노폰의 『페르시아 원정기』, 카이사르의 『갈리아 원정기』, 타키투스의 『게르마니아』, 플라톤의 『국가』『법률』, 아리스토텔레스의 『수사학/시학』『정치학』, 아우렐리우스의 『명상록』 등 다수가 있으며 주요 저서로는 『그리스 비극의 이해』 등이 있다.